国家骨干高职院校建设项目成果

人身保险实务

王怡然　查流星　主　编
黄赞平　彭易雄　副主编

经济科学出版社

图书在版编目（CIP）数据

人身保险实务／王怡然，查流星主编．—北京：经济科学
出版社，2012.12
ISBN 978 - 7 - 5141 - 2862 - 8

Ⅰ.①人…　Ⅱ.①王…②查…　Ⅲ.①人身保险－高等
职业教育－教材　Ⅳ.①F840.62

中国版本图书馆 CIP 数据核字（2012）第 308993 号

责任编辑：侯晓霞　刘殿和
责任校对：徐领柱
责任印制：李　鹏

人身保险实务
王怡然　查流星　主　编
黄赞平　彭易雄　副主编
经济科学出版社出版、发行　新华书店经销
社址：北京市海淀区阜成路甲 28 号　邮编：100142
教材分社电话：010 - 88191345　发行部电话：010 - 88191522
网址：www.esp.com.cn
电子邮件：houxiaoxia@ esp.com.cn
天猫网店：经济科学出版社旗舰店
网址：http://jjkxcbs.tmall.com
北京密兴印刷有限公司印装
787 × 1092　16 开　19.25 印张　470000 字
2012 年 12 月第 1 版　2012 年 12 月第 1 次印刷
ISBN 978 - 7 - 5141 - 2862 - 8　定价：39.00 元
（图书出现印装问题，本社负责调换。电话：010 - 88191502）
（版权所有　翻印必究）

前　言

　　虽然我国的人身保险事业起步较晚，但改革开放以后，随着我国经济的快速发展、人均可支配收入的提高，人身保险事业取得了长足发展。我国是世界上人口最多的国家，人身保险市场的潜力很大，养老、医疗、子女教育、资产管理、遗产保值等问题的出现和改革，使人们对人身保险有了进一步的需求。我国的人身保险事业适应新形势，不断进行产品开发和业务结构调整，保险覆盖面越来越大，业务规模增长较快，控制风险能力进一步加强，保险监管也在不断改善，人身保险的保障能力逐步提升，为我国经济发展、社会稳定和企业、居民的风险控制做出了积极贡献。

　　随着人身保险事业的快速发展，随之而来的就是整个市场对优质人身保险从业人员的迫切需求。如何为社会培养和提供高素质、高技能的高端技能型保险人才，成为我们面临的重大任务。为适应人身保险市场对从业人员的职业要求，我们根据岗位工作任务所需要的职业能力，组织了优秀教师和企业专家共同编写了《人身保险实务》。

　　本教材具有三个特点：

　　第一，校企合作开发。本教材由专业教师和保险行业专家共同讨论编写大纲和内容，双方共同参与编写。

　　第二，理实一体。本教材内容将理论教学和实际业务流程及操作要领有机结合，每个项目下设任务、任务下设活动，活动分目标、内容、指导和知识拓展，工学结合，达到了理论指导实践，实践验证理论的目的。

　　第三，视野开阔。本教材不仅介绍了人身保险相关知识和内容，而且穿插了很多小知识和拓展阅读材料，开拓了学生的视野，丰富了学生的知识面。

　　本教材共分七个项目，即人身保险从业认知、人身风险与人身保险、人身保险合同、人身保险产品及价格计算、人身保险的营销与营销管理、人身保险业务流程及业务处理和人身保险监管。

　　本教材由江西财经职业学院王怡然和新华保险九江中心支公司查流星副总

经理担任主编，项目一由查流星编写，项目二由九江职业大学周祥和中国人寿九江分公司侯艳红共同编写；项目三由江西财经职业学院王怡然和王珺勤共同编写；项目四由江西财经职业学院黄赞平和中国人寿九江分公司张再稳共同编写；项目五由王怡然和查流星共同编写；项目六由江西财经职业学院陈苏和泰康人寿九江中心支公司彭易雄共同编写；项目七由江西财经职业学院周莉和泰康人寿九江中心支公司彭易雄共同编写。本教材由王怡然总纂定稿，江西财经职业学院刘双红教授审议了编写大纲并提供了编写体例和修订建议。

本教材的编写得到了江西财经职业学院领导、新华保险九江中心支公司和中国人寿九江分公司领导的大力支持，同时还借鉴了国内外相关文献资料和网络资源，引用了相关研究者的成果，在此一并表示诚挚的感谢！

由于时间仓促，编写者水平有限，疏漏之处在所难免，恳请各位读者不吝指教。

编　者

2012 年 12 月

目 录

人身保险从业认知

项目描述		本项目旨在培养人身保险从业人员必须具备的基本认知，主要包括人身保险市场、寿险公司的岗位设置和职责、从业人员的基本素养和职业礼仪规范以及保险从业资格考试的相关知识。
项目目标	知识目标	◇ 熟悉人身保险市场的基本情况。 ◇ 熟悉寿险公司的岗位设置和职责。 ◇ 熟悉保险从业人员的基本素养和职业礼仪要求。 ◇ 熟悉保险从业资格考试情况。
	技能目标	◇ 能具备从业的基本素养。 ◇ 能掌握职业礼仪的基本要求。
项目任务		**任务1　认知人身保险市场及业务岗位。** 　　活动1　了解人身保险市场。 　　活动2　熟悉寿险公司的岗位设置和职责内容。 **任务2　培养从业素质和职业礼仪。** 　　活动1　熟悉人身保险从业素质要求。 　　活动2　训练保险职业礼仪。
建议学时		8学时

【引导案例】小张是今年刚毕业的保险专业大学生，来到某人寿保险公司应聘，面试官问了他三个问题：（1）你对我们公司了解吗？（2）你认为自己具有什么优点，适合我们公司的哪些岗位？（3）你能结合现在寿险市场的情况就我们公司未来发展发表一些看法吗？

小张每个问题都回答了一些内容，但是自己觉得并不十分满意，回校后找班主任帮他分析今天的面试情况，班主任总结了几点：（1）第一个问题主要是考小张对保险公司的了解程度，无论应聘哪一个公司，首先要对该公司有所了解；（2）第二个问题主要考小张对自己个人能力的分析和对保险公司各岗位的了解程度，应聘者应该对自己的职业定位有较好的把握；（3）第三个问题主要考小张对保险市场的关注程度及管理能力，对于职业人来说应该关注自己职业所处的大环境，是否能根据环境变化改变公司业务经营策略是一个优秀管理者的必备条件，这应该是考察小张的后期培养价值。

说到这儿，小张明白了原来这都是对自己基本从业认知的考核。

那么，各位同学，你们做好人身保险领域从业的准备了吗？

任务1　认知人身保险市场及业务岗位

【任务描述】保险市场是保险活动的场所，在这个市场上，融合了保险产品供给者和需求者之间的各种关系，是保险商品交换关系的总和与保险商品供给与需求关系的总和。本次学习任务是全方位的了解人身保险市场，熟悉一些著名的人身保险公司，了解保险机构的岗位设置与岗位职责。

活动1　了解人身保险市场

➤ 活动目标

了解人身保险市场的基本情况，掌握市场的供需关系，熟悉一些著名的人身保险公司。

➤ 活动内容

在老师的带领下，组织学生对本地的寿险公司进行参观，并走访社区居民了解其对寿险的需求情况，完成调研报告：

1. 有组织地在多家校企合作寿险公司进行参观见习，了解这些公司的性质、类型、组织形式及公司业务经营情况；

2. 设计社区居民寿险需求情况调研问卷；

3. 分小组在学校周边社区进行寿险市场需求情况调研活动；

4. 根据对寿险公司的了解及社区调研情况的汇总分析，完成一份小组的寿险市场供需情况调研报告；

5. 根据每个小组任务的完成情况与调研报告的撰写情况进行评分。

➤ **活动指导**

一、人身保险市场概述

（一）人身保险市场的概念、类型与特征

1. 概念。保险市场是指保险商品交换关系的总和或是保险商品供给与需求关系的总和。保险市场可以是固定的交易场所，即有形场所，如保险交易所，也可以是依赖于现代化的通信手段和计算机技术，由各种保险组织和其代理机构分散完成保险交易的一种形式，即无形市场。

在小商品经济和资本主义商品经济发展初期，科学技术不很发达，人们之间的交易活动都是在一定的固定的场所和时间，由当事人双方当面进行。随着科学技术的进步，交易方式从原来的直接方式发展为利用电话、电讯、电传、电脑等通信设施随时进行交易的方式，这种没有固定场所和时间，通过现代化技术手段进行的交易行为，即为无形市场。现代经济市场，特别是金融市场绝大多数为无形市场，保险这一金融活动包括展业、投保、签单、索赔、理赔、追偿等环节，都可通过现代化通信手段进行，不受固定场所和时间的限制，因此保险市场从空间概念来说越来越趋向于无形市场。

人身保险市场是专门为社会居民提供各种人身保险商品的市场。狭义的人身保险市场主要是指人身保险供求双方交换保险商品和提供保险服务的场所，是人身保险产品提供与人身保险服务同时进行的保险市场。广义的人身保险市场是指人身保险供求双方对于产品交换与服务的各种关系的总和。在人身保险市场上，保险公司提供人身保险产品，人身保险的投保人支付一定的对价取得人身保险产品，双方交易的对象是保险人为保险消费者提供的人身保险产品。

2. 类型。按照不同的角度，人身保险市场可以划分为多种具体的类型。

（1）按人身保险市场的竞争程度——完全垄断型、自由竞争型、垄断竞争型和寡头垄断型。

完全垄断型人身保险市场，是指人身保险市场完全由一家保险公司所操纵。在完全垄断型人身保险市场上，价值规律、供求规律、竞争规律受到极大限制，市场上没有竞争，没有可替代产品，没有可供选择的保险人。如20世纪80年代末我国刚恢复保险业时期，市场上仅有中国人民保险公司一家经营，就属于典型的完全垄断型保险市场。

自由竞争型人身保险市场，是指保险市场上存在数量众多的保险人和投保人或被保险人、保险商品交易完全自由、价值规律和市场供求规律充分发挥作用的保险市场。市场呈开放状态，外国保险公司基本可以较自由地进入。保险监管相对宽松，保险行业协会在市场管理中发挥重要作用。

垄断竞争型人身保险市场，是指大小保险公司在自由竞争中并存，少数大公司在保险市场中分别具有某种业务的局部垄断地位的保险市场。市场上有大量的人身保险产品供给者和需求者，各公司出售的人身保险产品略有差异，能够在一定程度上影响产品价格。目前世界上大多数国家的人身保险市场属于此类。

寡头垄断型人身保险市场，是指在一个保险市场上，只存在少数相互竞争的保险公司。在这种模式的市场中，保险业经营依然以市场为基础，但保险市场具有较高的垄断程度，保险市场上的竞争是保险垄断企业之间的竞争，形成相对封闭的保险市场。

（2）按人身保险的保障范围——人寿保险市场、人身意外伤害保险市场和健康保险市场。

人寿保险市场是经营寿险业务而形成的市场，在这个市场上，人的生死作为保险对象，如果被保险人在保险责任期内生存或死亡，由保险人根据契约规定给付保险金。

人身意外伤害保险市场是经营意外伤害保险业务而形成的市场，在这里以意外伤害而致身故或残疾为给付保险金的条件。

健康保险市场是经营健康保险业务而形成的市场，在这里被保险人的身体作为保险标的，保险人对被保险人发生疾病或意外事故所致伤害时发生的费用或损失进行补偿。

3. 特征。作为保险市场的一个重要组成部分，人身保险市场的交易对象是保险人为消费者提供的保险保障，即各类保险商品，它不同于劳动力市场和消费品市场，具有自己的独特性。

（1）人身保险市场是直接的风险市场。风险无处不在，任何市场都存在风险，交易双方都可能因市场风险的存在而遭受经济上的损失，但是，一般商品市场所交易的对象，其本身并不与风险联系，而人身保险市场所交易的对象是保险保障，即对投保人转嫁于保险人的各类风险提供保险保障。所以保险本身就直接与风险相关联，人身保险交易本质上就是风险聚集与分散的过程，"无风险，无保险"，风险的客观存在和发展是保险市场形成和发展的基础和前提。所以，就交易对象与风险的关系而言，人身保险市场是一个直接的风险市场。

（2）人身保险市场是非即时清结市场。在一般的商品市场和金融市场中，交易一旦结束，交易双方就立刻能够确切知道交易的结果，即所谓的即时清结。而人身保险交易活动，风险的不确定性和风险的射幸性使交易双方都不可能确切地知道交易结果。因此，人身保险交易不能立刻结清。为了确定双方当事人的保险关系和权利义务关系，保障双方的利益，必须订立人身保险合同，保险单的签发，看似保险交易的完成，实质是保险保障的开始，最终的交易结果还要看双方约定的保险事故是否发生。所以，人身保险市场是非即时清结市场。

（3）人身保险市场是特殊的"期货"交易市场。保险具有射幸性，保险合同的履行是建立在事件发生的不确定性基础上的，也就是说，保险人并不必然履行赔付义务，任何一笔保险交易，都是保险人对未来风险事件发生所致经济损失进行补偿的承诺，如果在保险合同约定的时间内发生了约定的风险事故，以及这种风险事故造成的损失达到了保险合同约定的补偿条件，保险人才会履约，而未来是否会发生人身风险事故，损失是否能达到约定条件，则取决于未来的"机会"。所以，人身保险交易实际上交易的是一种"灾难期货"，而人身保险市场则是一种特殊的"期货"市场。

（4）人身保险市场是政府积极干预型的市场。市场经济下，企业行为主要靠市场机制自动调节，政府干预越来越少，但是保险市场，包括人身保险市场却受到政府的严格监管。这主要是因为，首先，保险市场的主体之一保险公司具有高负债性，股东投入的资本金只占公司资产的一小部分，更多的资金来源于投保人的保费，然而投保人无表决权、股东知情权、股东代表诉讼等特殊权利保护制度，也没有特定的组织机构行使其权力，和股东相比，投保人尽管形成了公司利润的来源，却处于更不利的地位，更缺乏利益保障的机制。其次，保险市场存在信息不对称，保险合同极其复杂，大多数消费者无法理解保险产品，无法进行平等谈判，购买产品后也无力对保险公司的行为进行监督。最后，保险产品作为一种特殊的无形产品，被保险人不能通过保险获利，而是获得了出险时得到赔偿的承诺，这种承诺往往在几年甚至几十年后才兑现。期限和赔付的不确定性使得被保险人很难根据保险人经营的具体情况对保单做出有效评估。一旦保险人陷入财务困境，被保险人的利益将难以保障。因此，人身保险市场受到了政府的严格监管和干预。

（二）人身保险市场的构成

人身保险市场的构成包括主体和客体。

1. 人身保险市场的主体。

（1）保险商品的卖方或供给方。人身保险市场上保险商品的卖方或供给方是指保险人。保险人又叫承保人，是指经营保险业务的组织和个人，在保险活动中，保险人与投保人订立保险合同，并承担赔偿或者给付保险金的责任。他们以各类保险组织形式出现在保险市场上，如国有形式、私营形式、合营形式、合作形式等。

（2）保险商品的买方或需求方。人身保险市场上保险商品的买方或需求方是指在一定时间、一定地点等条件下，为寻求风险保障而对保险商品具有购买意愿和购买力的消费者的集合，包括保险市场上所有现实的和潜在的人身保险商品的购买者，即各类投保人。

（3）保险市场中介方。人身保险市场中介方既包括活动于保险人与投保人之间，充当保险供需双方的媒介，把保险人和投保人联系起来并建立保险合同关系的人，比如保险代理和保险经纪人；也包括独立于保险人与投保人之外，以第三者身份处理保险合同当事人委托办理的有关保险业务的公证、鉴定、理算、精算等事项的人，比如保险公证人（行）或保险公估人（行）、保险律师、保险理算师、保险精算师等。这些中介人主要是在人身保险商品交易中提供中介服务。

2. 人身保险市场的客体。人身保险市场的客体是指保险商品，即保险市场上供求双方具体交易的对象。保险商品是一种特殊形态的商品。具有无形性、非渴求性、隐形性、延后性、射幸性及灾难的联想性等诸多特点。保险商品看不见、摸不着，购买回来后并不能立刻发挥功效，绝大多数的人身保险合同的理赔都是在保险合同签订后的几年或几十年以后，且有可能在保险合同有效期内没有发生保险事故而得不到赔偿，此外，保险商品是应付风险、管理风险的工具，它不可避免地要涉及损失、死亡和疾病等，这些总会让人们联想到灾难而不愿意正视，所以，消费者在一般情况下很难主动去购买，因此，提高客户的保险意识，加强保险产品的宣传力度显得尤为重要。

（三）人身保险市场的组织形式

1. 一般形式。

（1）国营保险组织。国营保险组织是由国家或政府投资设立的保险经营组织。它们可以由政府机构直接经营，也可以由政府机构间接经营，也就是通过国家法令规定某个团体来经营。由于各国社会体制不同，国营保险组织可以分为完全垄断型、政策型和商业竞争型。完全垄断型国营保险组织是指采取"政企合一"形式，既作为保险管理机关，又经营保险业务；政策型国营保险组织是指为了保证国家某种社会政策的实施，将某些强制性或特定保险业务专门由国营保险组织经营；商业竞争型国营保险组织同其他组织形式一样，可以自由经营各类保险业务，并可与之展开平等竞争，同时还要追求公司最大限度的利润。

（2）私营保险组织。私营保险组织是由私人投资设立的保险经营组织。它多以股份有限公司的形式出现。保险股份有限公司是现代保险企业制度下最典型的一种组织形式。

（3）合营保险组织。合营保险组织一种是政府与私人共同投资设立保险经营组织，属于公私合营保险组织形式，公私合营保险组织通常也是以股份有限公司的形式出现，并具有保险股份有限公司的一切特征；另一种是本国政府或组织与外商共同投资设立的合营保险组织，我国称之为中外合资保险经营组织形式。

（4）合作保险组织。合作保险组织是由社会上具有共同风险的个人或经济单位，为了获得保险保障，共同集资设立的保险组织形式。如美国的蓝十字会和蓝盾医疗保险组织，是由医疗机构或人员为大众提供医疗与健康服务组织起来的。

（5）行业自保组织。是指某一行业或企业为本企业或本系统提供保险保障的组织形式，常以公司命名。欧美国家的许多大型企业集团，都有自己的自保保险公司。行业自保公司是在第一次和第二次世界大战期间首先在英国兴起的，到 20 世纪 50 年代美国也开始出现了这种专业性自保公司。

2. 典型形式。

（1）保险股份有限公司。保险股份有限公司又称"股份保险公司"。保险股份有限公司的性质为组织资本性、资本股份性。股份有限公司的资本以股东购买股票的形式募集资金，股东以领取股息或红利的办法分配公司的利润，并以自己认购的股份为限对公司的债务负责。

保险股份有限公司最早出现于荷兰，而后由于其组织较为严密健全，适合保险经营而逐渐为各国保险业普遍采用。保险股份公司是我国保险公司主要的组织形式，我国新成立的中资保险公司基本上采取这种组织形式。

（2）相互保险公司。相互保险公司是由所有参加保险的人自己设立的保险法人组织，是保险业特有的公司组织形式，与股份保险公司相比较，相互保险公司具有以下特点：

① 相互保险公司的投保人具有双重身份，相互保险公司没有股东，保单持有人的地位与股份公司的股东地位相类似，公司为他们所拥有。

② 相互保险公司是一种非盈利型公司，经营目的是为各保单持有人提供低成本的保险产品，而不是追逐利润。

③ 相互保险公司的组织机构类似于股份公司，其最高权力机构是由全体会员组成的代表大会，从代表大会中产生董事会，董事会再任命高级管理人员。

（3）相互保险社。相互保险社是同一行业的人员，为了应付自然灾害或意外事故造成的经济损失而自愿结合起来的集体组织。与保险合作社及相互保险公司相比较，相互保险社具有以下特征：

① 参加相互保险社的成员之间互相提供保险。

② 相互保险社无股本，其经营资本的来源仅为社员缴纳的分担金，一般在每年年初按暂定分摊额向社员预收，在年度结束计算出实际分摊额后，再多退少补。

③ 相互保险社保险费采取事后分摊制，事先并不确定。

④ 相互保险社的最高管理机构是社员选举出来的管理委员会。

（4）保险合作社。保险合作社是一种特殊的相互组织形式，它要求社员加入时必须缴纳一定金额的股本，并且合作社与社员的关系比较永久，社员认缴股本后即使不是保单持有人也具有社员资格，与合作社保持密切关系。一般属于社团法人，是非盈利机构。保险合作社如当年保费有盈余，原则上应留作准备金。在不影响赔付的情况下，可参加金融流通，如短期拆借、邮资、贷款等，以提高保险资金的使用效率，增强合作社自负盈亏的能力。如发生亏损，可在合作社之间互相调剂，如无能力调剂时，可向国家保险公司申请有偿调剂，以保证其经营稳定性和连续性。

保险合作社与相互保险社的差异在于：

首先，保险合作社是由社员共同出资入股设立的，加入保险合作社的社员必须缴纳一定金额的股本。社员即为保险合作社的股东，其对保险合作社的权利以其认购的股金为限。而相互保险社却无股本。

其次，只有保险合作社的社员才能作为保险合作社的被保险人，但是社员也可以不与保险合作社建立保险关系。而相互保险社的社员之间是为了一时目的而结合的，如果保险合同终止，双方即自动解约。

再次，保险合作社的业务范围仅局限于合作社的社员，只承保合作社社员的风险。

最后，保险合作社采取固定保险费制，事后不补缴。而相互保险社保险费采取事后分摊制，事先并不确定。

（5）劳合社。劳合社是伦敦劳合士保险社的简称，位于伦敦的英国劳合社总部大楼，它是英国最大的保险组织，也是当今世界上最大的保险垄断组织之一。劳合社本身是个社团，并不是一个保险公司，更确切地说是一个保险市场，只向其成员提供交易场所和有关的服务，本身并不承保业务。劳合社它仅是个人承保商的集合体，其成员全部是个人，各自独立、自负盈亏，进行单独承保，并以个人的全部财力对其承保的风险承担无限责任。

劳合社的成员经过劳合社组织严格审查批准，最先只允许具有雄厚财力且愿意承担无限责任的个人为承保会员，但是早在1995年劳合社就制定了长达48页的计划纲要，其中一点是将过去的劳合社进行改造，接纳一些实力雄厚的法人团体入社。

（四）人身保险市场的供需

1. 人身保险市场的供给分析。保险市场供给是指在一定的社会经济水平下，保险市场上各家保险企业愿意并且能够提供的保险商品的数量。保险市场供给可以用保险市场上的承保能力来表示，它是各个保险企业的承保能力之总和。

保险供给可以从质与量两个方面来理解。保险供给的质既包括保险企业所提供的各种不同的保险商品品种，也包括每一具体的保险商品品种质量的高低；保险供给的量既包括保险企业为某一保险商品品种提供的经济保障额度，也包括保险企业为全社会所提供的所有保险商品的经济保障总额。

保险市场的供给受到很多市场因素的制约，主要有以下方面：

（1）保险需求。保险供给是以保险需求为前提的。因此，保险需求是制约保险供给的基本因素。

（2）保险资本。作为保险供给者的保险公司经营保险业务必须有一定数量的经营资本。在一般情况下，可用于经营保险业的资本量与保险经营供给成正比关系。

（3）保险供给者的数量和素质。通常保险供给者的数量越多，意味着保险供给量越大。在现代社会中，保险供给不但要讲求数量，还要讲求质量，质量的提高，关键在于保险供给者的素质。保险供给者素质高，许多新险种就容易开发出来，推广得出去，从而扩大保险供给。

（4）保险价格。保险价格主要体现为保险费率，保险费率越高，保险价格越贵，就越刺激保险供给；反之，保险费率越低，保险价格越便宜，保险供给量就会萎缩。

（5）保险成本和利润。对保险人来说，如果保险成本低，在保险费率一定时，所获的利润就多，那么保险人对保险业的投资就会扩大，保险供给量就会增加；反之，保险成本高，保险利润少，保险供给就少。

（6）经营管理水平。保险业在经营管理上要求有相当的专业水平和技术水平，并且要具备能依托这些优势开发新险种和拓展新业务的能力，这样才能满足保险市场不断变化的保险需求，所以任何一项水平的高低，都会影响保险的供给，因而这些水平高低与保险供给成正比关系。

（7）保险市场竞争。保险市场竞争对保险供给的影响是多方面的，保险竞争的结果，会引起保险公司数量上的增加或减少，从总的方面来看会增加保险供给；同时，保险竞争使保险人改善经营管理，提高服务质量，开辟新险种，从而扩大保险供给。

（8）政府的政策。如果政府的政策对保险业采用扶持政策，则保险供给增加；反之，若采取限制发展的政策，则保险供给减少。

2. 人身保险市场的需求分析。保险需求就是指在一定的费率水平上，保险消费者从保险市场上愿意并有能力购买的保险商品数量。它是消费者对保险保障的需求量，可以用投保人投保的保险金额总量来计量。

保险需求的表现形式有两方面：一方面体现在物质方面的需求，即在约定的风险事故发生并导致损失时，它能够对经济损失予以充分的补偿；另一方面则体现在精神方面的需求，即在投保以后，转嫁了风险，心理上感到安全，从而消除了精神上的紧张与不安。然而，由于保险商品的特殊性所在，消费者除了要有投保欲望与缴费能力以外，保险利益的存在成为保险需求的首要前提。

影响保险市场需求的主要因素包括以下几个方面：

（1）风险。风险是保险产生、存在和发展的前提，无风险、无保险，所以风险的高低，风险范围的大小，直接影响到消费者对保险保障的需求程度，两者之间呈正相关性。

（2）保险费率。消费者购买保险商品，价格是必须考虑的因素之一，价格和需求呈反比关系。保险费率高，保险商品的价格就高，消费者的支出就多，这样就会制约消费者的购买，反之，如果保险费率低，就有可能刺激保险消费者的购买需求。

（3）保险消费者的货币收入。消费者的收入水平直接影响其购买能力的大小，若经济条件较好，消费者的收入或企业利润较高，其购买能力就强，保险需求也会随之扩大。

（4）互补品与替代品价格。同其他商品一样，保险产品也会受到互补品和替代品价格的影响。如果互补品的价格上升或者替代品的价格下降，保险产品的价格就会相应提高或缺乏吸引力，这样就会减少市场对保险产品的需求，同时也会制约保险供给的扩大。

（5）文化传统。有时保险需求还会受到当地各种文化传统的影响，比如很多人固执地保留"养儿防老"的思想，不愿意接受购买养老保险来转移风险；还有一些人认为买保险是不吉利的事，不愿意接受保险产品。这些行为自然会导致保险需求的减少。

（6）经济制度。市场经济下，个人和企业会面临很多的风险，保险作为分散风险的一种有效途径，会增加人们对其的需求，但是如果政府行政干预较大，保障较全面，那么，就会帮助个人和企业降低风险，对保险的需求也会减少。

3. 人身保险市场的供需平衡分析。保险市场的供求状况一般分为三种状况：保险市场供求平衡；保险供给大于保险需求；保险需求大于保险供给。

保险市场供求平衡，是指在一定费率水平下，保险供给恰好等于保险需求的状态，即保险供给与需求达到均衡点。保险市场供求平衡包括供求的总量平衡与结构平衡两个方面，而且平衡还是相对的。所谓保险供求的总量平衡，是指保险供给规模与需求规模的平衡。所谓保险供求的结构平衡，是指保险供给的结构与保险需求的结构相匹配，包括保险供给的险种与消费者需求险种的适应性；费率与消费者缴费能力的适应性以及保险产业与国民经济产业结构的适应性等。

保险市场均衡状态如图 1 - 1 所示。

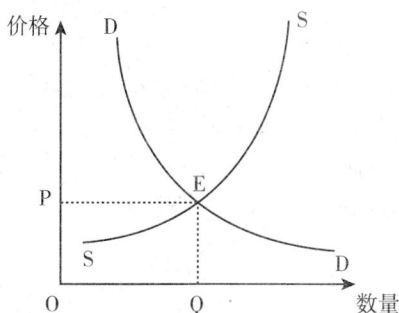

图 1 - 1　保险市场的均衡状态

说明：当 P 不变时，S = D，即为保险市场供求平衡。DD 曲线表示保险需求曲线，SS 曲线表示保险供给曲线，供给曲线和需求曲线相交的点 E 为均衡点。它表示保险需求与保险供给之间只有在该点时才能达到均衡，在均衡点上的价格（OP）为均衡价格，在均衡点上的量为均衡量，即保险需求量等于保险供给量，即 D = S，二者均为 OQ。因此，在图中，离开均衡点 E 以外的任何一点，均无法达到保险需求与保险供给的均衡。

保险市场供求平衡，受市场竞争程度的制约。市场竞争程度决定了保险市场费率水平的高低，因此，市场竞争程度不同，保险供求平衡的水平各异。而在不同的费率水平下，保险供给与需求的均衡状态也是不同的。保险市场有自动实现供求平衡的内在机制。如果保险市场在达到均衡状态后，市场费率比均衡费率高，则保险需求就会缩小，迫使保险供给也跟着缩小以维持市场均衡；反之，如果市场费率比均衡费率低，则保险供给会缩小，迫使保险需求下降来维持市场均衡。

小贴士：

保险深度是指某地保费收入占该地国内生产总值（GDP）之比，反映了该地保险业在整个国民经济中的地位。保险深度取决于一国经济总体发展水平和保险业的发展速度。

保险密度是指按当地人口计算的人均保险费额，反映了该地国民参加保险的程度，一国国民经济和保险业的发展水平。

二、人寿保险公司概述

（一）寿险公司概念

保险公司是销售保险合约、提供风险保障的公司。在我国，保险公司是指经中国保险监督管理机构批准设立，并依法登记注册的商业保险公司，分为人寿保险公司和财产保险公司。

人寿保险公司是指为弥补诸如死亡、伤残、衰老及其他健康问题等有关事件所造成的费用、损失及收入减少，向公民提供保障的金融中介机构。

由于各国对保险业务的分类不同，因此，即使在实行分业经营的国家，人寿保险公司的业务范围并不相同。如西欧国家的保险法一般将保险业务分为两大类，即寿险和非寿险。寿险是指狭义的人寿保险，包括生存保险、死亡保险、生死两全保险；非寿险则包括火灾保险、海上保险、意外伤害保险等。美国立法中将保险分为两大类，一类是火灾保险、意外保险；一类为人寿保险、健康保险。因此，在同为分业经营的情况下，两地的人寿保险公司的业务范围也不完全相同。我国《保险法》第92条规定保险公司的业务范围为：财产保险业务，包括财产损失保险、责任保险、信用保险等保险业务；人身保险业务，包括人寿保险、健康保险、意外伤害保险等保险业务。由于我国人寿保险公司可以经营人身保险业务，因此其业务范围包括人寿保险、健康保险、意外伤害保险等。

（二）著名寿险公司简介

1. 中国人寿保险股份有限公司。

中国人寿保险（集团）公司及其子公司构成了我国最大的商业保险集团，是中国资本市场最大的机构投资者之一。2011年，总保费收入达到3 573.75亿元，境内寿险业务市场份额为34.75%，总资产达到1.96万亿元。

中国人寿保险（集团）公司属国有大型金融保险企业，总部设在北京。公司前身是成立于1949年的原中国人民保险公司，1996年分设为中保人寿保险有限公司，1999年更名为中国人寿保险公司。2003年，经国务院同意、中国保险监督管理委员会批准，原中国人寿保险公司进行重组改制，变更为中国人寿保险（集团）公司。集团公司下设中国人寿保险股份有限公司、中国人寿资产管理有限公司、中国人寿财产保险股份有限公司、中国人寿养老保险股份有限公司、中国人寿保险（海外）股份有限公司、国寿投资控股有限公司以及保险职业学院等多家公司和机构，业务范围全面涵盖寿险、财产险、养老保险（企业年金）、资产管理、另类投资、海外业务等多个领域，并通过资本运作参股了多家银行、证券公司等其他金融和非金融机构。

中国人寿已连续9年入选《财富》全球500强企业，连续5年入选世界品牌实验室评选的世界品牌500强。2011年，中国人寿品牌价值高达1 035.51亿元人民币。

中国人寿所属寿险股份公司继2003年12月在纽约、香港两地同步上市之后，又于2007年1月回归境内A股市场，成为内地资本市场"保险第一股"和全球第一家在纽约、香港和上海三地上市的保险公司，目前已成为全球市值最大的上市寿险公司。

目前，中国人寿正致力于实施"资源配置合理、综合优势明显、主业特强、适度多元，备受社会与业界尊重的内含价值高、核心竞争力强、可持续发展后劲足"的集团化战略，奋力打造"实力雄厚、管治先进、制度健全、内控严密、技术领先、队伍一流、服务优良、品牌杰出、发展和谐"的国际顶级金融保险集团。

人寿保险服务作为中国人寿的主营业务，由中国人寿保险股份有限公司承担，经营范围涵盖寿险、人身意外险、健康险、年金等人身保险的全部领域。中国人寿的寿险业务在国内市场一直居领先地位，占有中国寿险市场最大的市场份额。2010 年，境内寿险市场份额为37.2%。中国人寿拥有寿险行业覆盖区域最广的机构网络和规模最大的分销队伍，共有遍布全国各省区市（台湾除外）、延伸至县乡的 4 800 多家分支机构、1.5 万多个营销网点、71.6 万名个人代理人、1.26 万名团险销售人员及 9.4 万多家分布在商业银行、邮局、信用社等的销售网点，与多家专业保险代理公司和保险经纪公司进行长期合作。

2. 中国平安人寿保险股份有限公司。

中国平安人寿保险股份有限公司是中国平安保险（集团）股份有限责任公司旗下的重要成员，于 2002 年成立。中国平安人寿与国内保险事业同步成长，历经 10 余年的发展，业务规模和业务品质位居国内寿险公司前列。

公司经营范围包括承保人民币和外币的各种人身保险业务，包括各类人寿保险、健康保险、意外伤害保险等保险业务；办理上述业务的再保险业务；办理各种法定人身保险业务；代理国内外保险机构检验、理赔及其委托的其他有关事宜；依照有关法律法规从事资金运用业务；经中国保险监督管理委员会批准的其他业务。

中国平安人寿首开国内个人寿险营销之先河，凭借先进的体制、优秀的经营理念、富有魅力的企业文化培养和建设了专业化内外勤队伍。目前拥有个险、银保、电销等三大销售渠道，产品体系清晰完整，涵盖从传统的储蓄型、保障型产品，到非传统的分红型、投资型产品，为客户提供"一个账户、多个产品、一站式服务"，与客户充分分享中国平安综合金融优势。

中国平安人寿还引进多名海内外资深保险专家进入管理高层，实现了将国际管理经验和本土实际情况的有机契合，保持和增强了在销售（包括 E 行销）、精算、产品、品牌、培训、后援及 IT 等诸多领域的优势地位。

3. 中国太平洋人寿保险股份有限公司。

中国太平洋人寿保险股份有限公司成立于 2001 年 11 月，是中国太平洋保险（集团）股份有限公司旗下专业寿险子公司。中国太平洋保险是在 1991 年 5 月 13 日成立的中国太平洋保险公司的基础上组建而成的保险集团公司，总部设在上海，2007 年 12 月 25 日在上海证交所成功上市，2009 年 12 月 23 日在香港联交所成功上市。

太平洋寿险目前开办险种 140 余个，覆盖人寿保险、年金保险、健康保险、意外伤害保险等多个领域。公司遵循寿险规律，大力发展保障型和长期储蓄型产品，重点拓展个人传统型保险、分红型产品的期缴业务和短期意外险业务；实施差异化的区域发展策略，在巩固优势市场的同时，积极拓展快速增长的潜力市场；围绕提升价值增长的能力，公司加大基础管理和改革创新力度，强化销售渠道建设，加强基础管理和培训支持，推广以客户为中心的产品组合销售模式，实现营销队伍的持续增长和产能提升；完善后援支持和集中运营平台，进一步提升集约化经营水平。公司业务结构持续优化，新业务价值的增长快于规模增长。截至2010 年年底，公司在全国拥有 4 069 万个个人客户和 47 万个机构客户，当年实现净利润46.11 亿元，公司内含价值 706 亿元，保费收入 879 亿元，资产总额 3 786 亿元。2010 年 9月公司注册资本增资为 76 亿元。

公司建立了基本覆盖全国的销售服务网络，包括个人营销、团体直销和银行代理三大分销渠道，以及电话销售、网络销售等新兴渠道日益发展壮大。截至 2010 年年底，公司在全国共设有 37 家分公司、280 家中心支公司及地市级营销服务部、1869 家支公司及县级营销服务部（营业部）、1450 家乡镇营销服务部。目前公司拥有 4.1 万名员工和 28 万名营销员，并与大量专业、兼业代理机构建立了良好的业务合作关系。

　　公司在后援支持系统方面按照管理集中、服务延伸的要求进行了全面的专业化建设。先后在上海、郑州、长沙建立三大营运中心，初步形成了"平台统一、数据集中、辐射全国、互为灾备"的营运两级作业体系；大力推行标准化柜面作业系统，进一步完善分支机构的销售和服务功能，贴近市场、贴近客户，提高客户服务效率和质量；建立和完善区域化集中出单、银保通（信保通）、柜面出单、GPRS 移动出单、传真出单、VPN 出单、嵌入式出单、在线出单等 8 大电子化出单模式。领先行业的电子化全覆盖出单系统有效地增强了业务发展支持能力和营运风险管控能力。

　　4. 新华人寿保险股份有限公司。

　　新华人寿保险股份有限公司（简称"新华保险"）成立于 1996 年 9 月，总部位于北京市，是一家大型寿险企业，旗下控股新华资产管理股份有限公司。2011 年，新华保险在香港联交所和上海证券交易所同步上市。

　　针对客户的不同需求，新华人寿建立了完善的产品体系，涵盖传统保障型产品和新型人身保险产品，可满足各个年龄阶段客户在意外伤害、医疗、养老、子女教育、家庭理财等方面的需求。新华保险在国内寿险市场率先采用"保额分红"方式，并在此基础上形成了独具特色的分红产品体系。保额分红产品通常采用"年度红利"和"终了红利"双重红利设计，一般情况下，公司使年度红利保持相对平稳，满足客户相对合理的预期，并通过终了红利"以丰补歉"，平滑回报。

➤ 知识拓展

　　2011 年中国家庭寿险需求研究报告有十大发现：

　　发现一：中国家庭小型化趋势明显，老龄化压力增大；

　　发现二：县城家庭风险意识和存款意识低；

　　发现三：家庭抗风险能力低，渠道集中于存款和向亲友借款；

　　发现四：社会保障高覆盖低保障，商业寿险多是锦上添花；

　　发现五：家庭责任意识高，投保对象首选子女；

　　发现六：寿险实际客户群以中高收入家庭为主体；

　　发现七：一般家庭成为寿险未来的潜在消费群体；

　　发现八：寿险代理人渠道营销优势明显；

　　发现九：寿险认知水平与寿险购买意愿正相关；

　　发现十：寿险行业服务满意度高，而产品设计难获认可。

　　（资料来源：载于百度文库《2011 中国家庭寿险需求研究报告》，泰康人寿保险股份有限公司、北京大学中国保险和社会保障研究中心，2011 年 7 月）

活动 2　熟悉寿险公司的岗位设置和职责内容

➤ 活动目标

　　了解寿险公司的岗位设置及相应的基本职责。

➤ **活动内容**

在老师的组织下，利用全景模拟体验中心、校内生产性实训基地、保险模拟业务软件了解寿险公司的岗位设置和职责内容，并撰写体验报告：

1. 参观专业建设的全景模拟体验中心，了解人身保险各模拟岗位的设置情况；

2. 在校外生产性实训基地"金融理财工作室"进行岗位体验一小时的见习活动，亲身体验人身保险各岗位的职责内容；

3. 在校内实训室，利用保险实务教学软件逐一了解人身保险业务活动中涉及的主要岗位及岗位职责，为后期利用软件进行业务办理奠定基础；

4. 根据见习体验情况写一份个人体验报告；

5. 根据见习体验的参与情况及报告完成情况进行评分。

➤ **活动指导**

一、寿险公司的组织结构

组织结构是全体组织成员为实现组织目标进行分工协作时，在职务范围责任、权力等方面所形成的结构体系。保险公司的经营活动对保障整个社会经济生活的安定具有非常重要的作用，因此具有一个合理的内部组织结构十分必要。

保险公司要建立一个合理的内部组织结构，必须满足以下几个方面的要求：第一，要有特定的经济目标，这个目标要能被全体职工理解和接受，以此来保障公司经营运作的顺利进行；第二，要保证内部结构和外部的联系；第三，必须拥有自己的领导核心和权力结构系统，使整个企业能实现统一指挥、统一意志和统一行动；第四，内部要有科学的规章制度来保证企业经济活动有秩序的进行，调动起广大职工的积极性；第五，还要有一定的物质基础。

我国寿险公司目前的组织结构主要是直线职能型为基础的金字塔式结构。如图1-2所示。

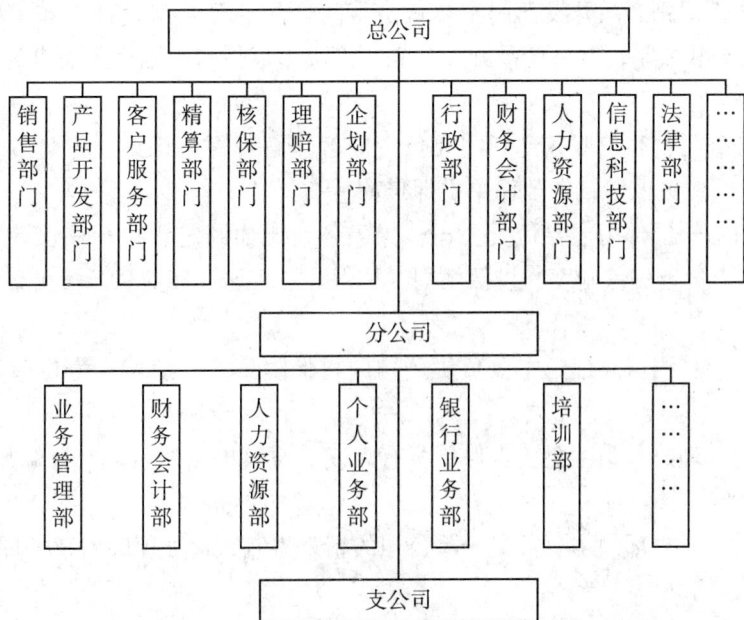

图1-2　我国寿险公司的组织结构

总公司是管理部门，分公司是业务经营部门，支公司是直接的保单销售部门。其中总公司和分公司会设立一些职能部门进行专业化管理工作。在上下级公司之间是直线管理关系，即领导与被领导关系；上级公司的职能部门对下级公司的职能部门只能是业务指导关系，不是直接的领导关系；下级公司的职能部门受该公司经理领导。

二、寿险公司的职能部门设置及主要职责

保险公司从事风险管理业务，需要进行程度较高的专业化分工。其主要经营管理活动包括产品开发、市场营销和销售、承保、再保险、客户服务、投资、理赔，以及其他支持性经营管理活动。总体来说，保险公司基于这些基本经营管理活动所设置的部门可以分为三类：前台部门、中台部门和后台部门。

（一）前台部门

前台部门负责业务发展和客户开发，主要包括营销管理部门和销售部门。

1. 营销管理部门：营销管理部门主要负责公司产品销售的管理工作。比如销售人员的管理、销售计划的制订、销售业绩的考核等。

2. 销售部门：寿险公司的销售部门主要负责进行调查和识别公司的目标客户；与公司其他部门合作开发新产品，修改现有产品以满足客户需求；建立和管理公司产品的销售系统；编制宣传广告和促销资料。

（二）中台部门

中台部门管理运营环节，为前台部门提供支持服务，对业务风险进行管控，为客户提供售后服务，具体包括产品开发部门、客户服务部门、核保部门、再保险部门、理赔部门和精算部门等。

1. 产品开发部门：产品开发部门主要负责寿险产品的开发与设计工作。比如制定产品开发业务发展规划和战略，制订产品开发计划；搜集市场信息，以客户需求为导向，进行产品开发与组合等。

2. 客户服务部门：客户服务部门主要负责向客户解释保单用语、保险责任范围、提供信息；处理客户的变更申请；处理保单质押贷款等。

3. 核保部门：核保部门主要负责公司核保事务，比如制定和执行核保政策、进行风险评估和选择工作、负责核保制度、投保规则、核保评点手册、职业风险分类评定手册等的编写与修订等。

4. 再保险部门：再保险部门主要负责公司的再保险事宜。随着人寿保险承保金额的增加，这个部门的工作显得日益重要。

5. 理赔部门：理赔部门主要负责保单所有人或受益人提出的索赔、计算赔付的保险金，并授权给付保险金等。

6. 精算部门：精算部门主要负责寿险公司的精算事宜，比如保险费率的厘定等。

（三）后台部门

后台部门为整个公司提供支持性服务，具体包括办公室或行政部、人力资源部、财务会计部、信息科技部、法律部、企划部等。

1. 行政部门：行政部门主要负责公司的各项行政事务，如后勤服务、日常管理等，有些中小型的寿险公司还会将财务、人事和法律等职能归于此部门。

2. 人力资源部：人力资源部门主要是负责保险公司雇员的有关事务。比如雇员的聘用、培训、解雇；确定雇员的薪酬水平及福利计划；制定、修改各项人力资源管理制度、管理办法和体系；明确部门、岗位职责及岗位任职资格；做好员工人事档案管理工作；做好劳动合同管理、劳动纠纷处理和劳动保护工作等。

3. 财务会计部：财务会计部主要负责公司业务交易的财务结果，管理公司普通会计记录，编制财务报表，遵守财务报告规定，控制现金收支，监督公司预算执行等。

4. 信息科技部：信息科技部主要负责整个公司的信息，包括开发和维护寿险公司的计算机系统。

5. 法律部：法律部主要负责处理公司所有的法律事务，如理赔纠纷等。

6. 企划部：企划部主要负责公司项目企划工作的全面掌控。包括组织、参与、指导企划方案的制订，媒体活动计划的审定，完成公司营销推广项目的整体策划创意、设计与提报，并指导专案策划与设计，配合完成日常推广宣传工作等。

➤ **知识拓展**

泰康人寿保险股份有限公司组织机构如图 1 - 3 所示。

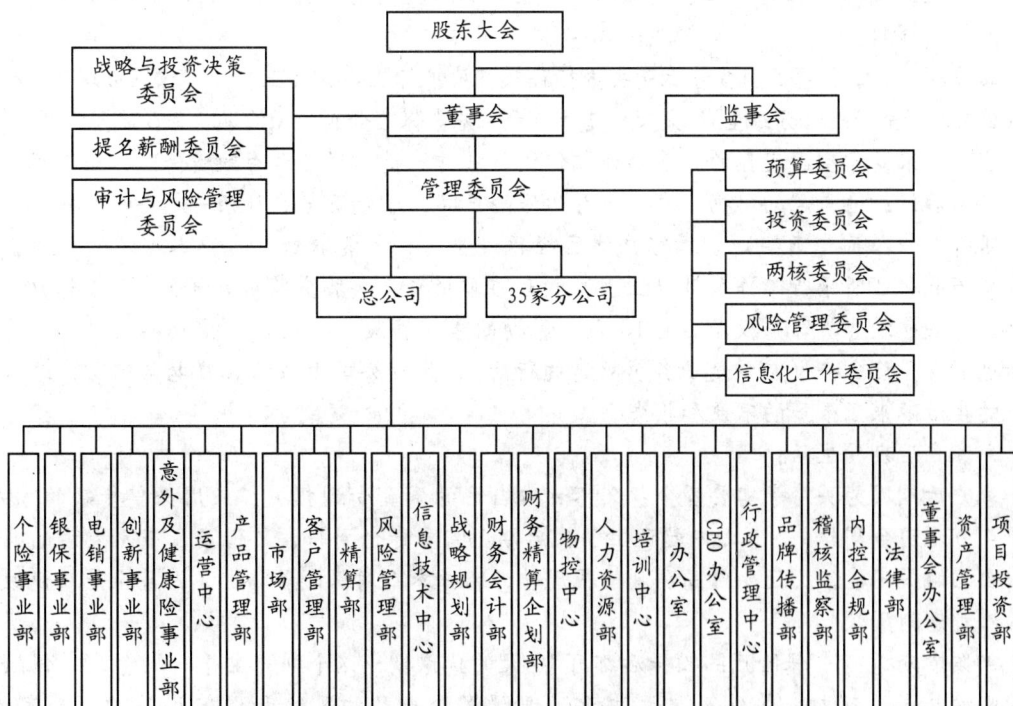

图 1 - 3　泰康人寿保险股份有限公司组织机构

（资料来源：泰康人寿保险股份有限公司官网，http：//www.taikang.com/tab1023）

任务2　培养从业素质和职业礼仪

【任务描述】保险从业素质是保险从业人员在从事保险实践活动中作为职业行为内在基础的品质。本次学习任务介绍了保险从业的道德规范和职业礼仪，通过学习学生要具备优良的职业操守和良好的从业素质，具备专业的工作能力。

活动1　熟悉人身保险从业素质要求

➤ 活动目标

　　了解人身保险业务从业素质要求，具备基本职业道德。

➤ 活动内容

　　在老师的组织下，对下面的案例进行分析讨论：

　　●客户信息：

　　刘先生，27岁，工厂职工，有城镇居民医疗，家里另外经营一餐馆，经济条件中等。

　　●背景资料：

　　客户本人于2010年5月6号上午去银行存款，被银行业务员（王某）建议，办理了一份某保险公司的两全保险（分红型），趸交保费5万元，基本保险金额58 050元，保险期限5年。

　　客户本来是希望存定期的，就因为相信银行工作人员，说什么存款送保险，送保障，等客户回家后仔细看手里的单据，发现是存的保险产品，于是下午和母亲一起去银行想办理退保，银行工作人员（王某）告诉客户钱已经存进去了，不能取钱，客户本人不懂保险，以为真的不能取，听银行工作人员（王某）说现在取的话，要损失将近6 000多元，客户就迟疑了，王某也没告诉客户投保后有10天犹豫期的事，保险单登记客户信息的时候，客户的电话也没有登记上去（应该是业务员故意的行为），导致公司无法给客户电话回访，给客户后来的生活带来了很多的不便和损失。

　　●客户后期的生活：

　　客户后期因为买房子需要资金，又不甘心自己的资金受到损失，采用保单贷款的方式，贷了4万元现金周转，2天之内就还上了，后期还需要资金周转，又借了3万元左右的高利贷，自己的钱不能拿，还要付高利息借钱周转，客户本人对保险是伤透了，甚至是听说做保险的人都感到厌烦。

　　●案情分析：1. 保险产品投保后都有10天的犹豫期，这个刘先生并不知情。2. 保险公司的回访电话没有打，导致客户无法正确理解保险产品的风险和保单利益的不确定性。3. 投保时业务员没有和刘先生对保险产品的保险责任，免责条款，以及提前退保会有损失做仔细的讲解。综上所述：可以确定客户被业务员忽悠了。

　　　　　　　　　　　　　　资料来源：向日葵保险网（作者：柏法元，荆门泛华代理）

　　请认真阅读上述案例，进行讨论，问答以下问题：

　　1. 你认为在这个案例中，保险业务员违反了哪些职业道德要求或职业行为准则？

2. 请分析保险业务员违反职业道德和行为准则的后果是什么？

3. 请谈一谈如果自己是这个业务员，应该怎么做可以避免伤害客户的事发生？

➤ **活动指导**

一、职业道德

（一）概念

职业道德，是同人们的职业活动紧密联系的符合职业特点所要求的道德准则、道德情操与道德品质的总和，它既是对本职人员在职业活动中行为的要求，同时又是职业对社会所负的道德责任与义务，它通过公约、守则等对职业生活中的某些方面加以规范。

人身保险从业中的职业道德既是保险行业人员在职业活动中的行为规范，又是保险行业对社会所负的道德责任和义务。

（二）特点

1. 职业性。每一种职业及其实践活动都具有自己鲜明的特色，而职业道德就是要反映职业活动对从业人员的道德要求，所以职业道德的内容与职业实践活动紧密相连，每一种职业道德都只能规范本行业从业人员的职业行为，在特定的职业范围内发挥作用。

2. 实践性。职业行为过程，就是职业实践过程，只有在实践过程中，才能体现出职业道德的水准。职业道德的作用是调整职业关系，对从业人员职业活动的具体行为进行规范，解决现实生活中的具体道德冲突。

3. 时代性。一定社会的职业道德会受到一定社会的经济关系、经济体制的影响，所以不同的历史时期有不同的道德标准。市场经济下职业道德的内容要适应市场经济运行的要求，要能体现公平公正、诚实守信、务实创新、团结协作、敬业爱岗等诸多内容的要求。

4. 继承性。职业道德是在长期职业实践活动过程中形成的，会被作为经验和传统继承下来。即使在不同的社会经济发展阶段，同样一种职业因服务对象、服务手段、职业利益、职业责任和义务相对稳定，职业行为的道德要求的核心内容将被继承和发扬，从而形成了被不同社会发展阶段普遍认同的职业道德规范。

5. 多样性。不同的行业和不同的职业，有不同的职业道德标准。

（三）作用

职业道德是社会道德体系的重要组成部分，具有重要的作用，具体表现在：

1. 职业道德是职员步入职业生涯的第一课。在一个人的职业生涯中，只有具有良好的职业道德素质，才能产生强烈的职业情感，忠诚于自己的本职工作，激发出自己的职业责任感。良好的职业道德素质是职业人取得职业成功的重要前提。

2. 职业道德是调节人际关系的纽带。职业道德的基本职能是调节职能。它一方面可以调节从业人员内部的关系，即运用职业道德规范约束职业内部人员的行为，促进职业内部人员的团结与合作。如职业道德规范要求各行各业的从业人员，都要团结、互助、爱岗、敬业、齐心协力地为发展本行业、本职业服务。另一方面，职业道德又可以调节从业人员和服务对象之间的关系。如职业道德规定了制造产品的工人要怎样对用户负责；营销人员怎样对顾客负责；医生怎样对病人负责；教师怎样对学生负责等。

3. 有助于维护和提高本行业的信誉。一个行业、一个企业的信誉，也就是它们的形象、信用和声誉，是指企业及其产品与服务在社会公众中的信任程度，提高企业的信誉主要靠产品的质量和服务质量，而从业人员职业道德水平高是产品质量和服务质量的有效保证。若从业人员职业道德水平不高，很难生产出优质的产品和提供优质的服务。

4. 促进本行业的发展。行业、企业的发展有赖于高的经济效益，而高的经济效益源于高的员工素质。员工素质主要包含知识、能力和责任心三个方面，其中责任心是最重要的。而职业道德水平高的从业人员其责任心是极强的，因此，职业道德能促进本行业的发展。

5. 有助于提高全社会的道德水平。职业道德是整个社会道德的主要内容。职业道德一方面涉及每个从业者如何对待职业，如何对待工作，同时也是一个从业人员的生活态度、价值观念的表现；是一个人的道德意识，道德行为发展的成熟阶段，具有较强的稳定性和连续性。另一方面，职业道德也是一个职业集体，甚至一个行业全体人员的行为表现，如果每个行业，每个职业集体都具备优良的道德，对整个社会道德水平的提高肯定会发挥重要作用。

二、保险从业人员行为准则

为规范保险从业人员职业行为，根据《中华人民共和国保险法》、中国保监会有关政策规定，制定了保险从业人员行为准则。

（一）保险从业人员基本行为准则

1. 应依法合规，自觉遵守法律法规、规章制度，接受中国保监会及其派出机构的监督与管理，遵守中国保险行业协会的自律规则，执行所在机构的规章制度。

2. 应诚实守信，不隐瞒、不说谎、不作假，不损害投保人、被保险人和受益人权益。

3. 应爱岗敬业，尽职尽责，努力提高服务质量。

4. 应专业胜任，热爱学习，钻研业务，不断提高专业素养。

5. 应保守秘密，不泄露商业秘密和客户资料。

6. 应公平竞争，自觉抵制不正当竞争。

（二）保险机构高级管理人员行为准则

1. 应统筹兼顾，妥善处理企业与客户、企业与员工、企业与股东、个人与企业之间的利益关系。

2. 应树立科学的发展观和正确的业绩观，创新进取，努力提高所在机构的发展质量、竞争能力和服务水平。

3. 应坚持科学决策、民主决策，正确行使权力，遵守决策程序，尊重员工民主管理权利。

4. 应稳健经营，加强内控，提高管理能力，防范化解风险。

5. 应以人民群众需求和利益为导向，积极开发保险产品，制止销售误导，确保公正、及时理赔。

6. 应恪尽职守，勤勉高效，严格自律，发挥表率作用。

（三）保险销售、理赔和客户服务人员行为准则

1. 应根据客户需求、经济承受能力推荐适合的保险产品。

2. 应以客户易懂的方式提供保险产品的信息，不得进行任何形式的误导。

3. 应主动提示保险产品可能涉及的风险，不得有意规避。

4. 应确保所有文件的有效性和准确性，不得代签名、代体检、伪造客户回访记录。

5. 应客观、公正、及时理赔，不得拖赔、惜赔。

6. 应迅速回应客户咨询，及时提供服务，不得推诿懈怠。

三、保险代理从业人员职业道德指引

为保护投保人和被保险人的利益，提高保险代理从业人员的职业道德水准，促进保险业的健康发展，制定了保险代理人从业人员职业道德指引。

这里所称的保险代理从业人员是指接受保险公司委托从事保险代理业务的人员或者在保险专业代理机构和保险兼业代理机构中从事保险代理业务的人员。

保险代理从业人员在执业活动中应当做到：守法遵规、诚实信用、专业胜任、客户至上、勤勉尽责、公平竞争、保守秘密。

（一）守法遵规

1. 以《中华人民共和国保险法》为行为准绳，遵守有关法律和行政法规，遵守社会公德。

2. 遵守保险监管部门的相关规章和规范性文件，服从保险监管部门的监督与管理。

3. 遵守保险行业自律组织的规则。

4. 遵守所属机构的管理规定。

（二）诚实信用

1. 在执业活动的各个方面和各个环节中恪守诚实信用原则。

2. 在执业活动中主动出示法定执业证件并将本人或所属机构与保险公司的关系如实告知客户。

3. 客观、全面地向客户介绍有关保险产品与服务的信息，并将与投保有关的客户信息如实告知所属机构，不误导客户。

4. 向客户推荐的保险产品应符合客户的需求，不强迫或诱骗客户购买保险产品。当客户拟购买的保险产品不适合客户需要时，应主动提示并给予合适的建议。

（三）专业胜任

1. 执业前取得法定资格并具备足够的专业知识与能力。

2. 在执业活动中加强业务学习，不断提高业务技能。

3. 参加保险监管部门、保险行业自律组织和所属机构组织的考试和持续教育，使自身能够不断适应保险市场对保险代理从业人员的各方面要求。

（四）客户至上

1. 为客户提供热情、周到和优质的专业服务。

2. 不影响客户的正常生活和工作，言谈举止文明礼貌，时刻维护职业形象。

3. 在执业活动中主动避免利益冲突。不能避免时，应向客户或所属机构作出说明，并确保客户和所属机构的利益不受损害。

（五）勤勉尽责

1. 秉持勤勉的工作态度，努力避免执业活动中的失误。

2. 忠诚服务，不侵害所属机构利益；切实履行对所属机构的责任和义务，接受所属机构的管理。

3. 不挪用、侵占保费，不擅自超越代理合同的代理权限或所属机构授权。

（六）公平竞争

1. 尊重竞争对手，不诋毁、贬低或负面评价保险中介机构、保险公司及其从业人员。

2. 依靠专业技能和服务质量展开竞争，竞争手段正当、合规、合法，不借助行政力量或其他非正当手段开展业务，不向客户给予或承诺给予保险合同以外的经济利益。

3. 加强同业人员间的交流与合作，实现优势互补、共同进步。

（七）保守秘密

对客户和所属机构负有保密义务。

小贴士：闪光的品格——诚信

　　一个顾客走进一家汽车维修店，自称是某运输公司的汽车司机。"在我的账单上多写点零件，我回公司报销后，有你一份好处。"他对店主说。但店主拒绝了这样的要求。顾客纠缠说："我的生意不算小，会常来的，你肯定能赚很多钱！"店主告诉他，这事无论如何也不会做。顾客气急败坏地嚷道："谁都会这么干的，我看你是太傻了。"店主火了，他要那个顾客马上离开，到别处谈这种生意去，这时顾客露出微笑并满怀敬佩地握住店主的手："我就是那家运输公司的老板，我一直在寻找一个固定的、信得过的维修店，你还让我到哪里去谈这笔生意呢？"

　　面对诱惑，不怦然心动，不为其所惑，虽平淡如行云，质朴如流水，却让人领略到一种山高海深。这是一种闪光的品格——诚信。

（资料来源：百度知道）

四、保险经纪从业人员职业道德指引

　　为保护投保人和被保险人的利益，提高保险经纪从业人员的职业道德水准，促进保险业的健康发展，制定了保险经纪人从业人员职业道德指引。

　　保险经纪从业人员在执业活动中应当做到：守法遵规、诚实信用、专业胜任、勤勉尽责、友好合作、公平竞争、保守秘密。

（一）守法遵规

1. 以《中华人民共和国保险法》为行为准绳，遵守有关法律和行政法规，遵守社会公德。

2. 遵守保险监管部门的相关规章和规范性文件，服从保险监管部门的监督与管理。

3. 遵守保险行业自律组织的规则。

4. 遵守所属保险经纪机构的管理规定。

（二）诚实信用

1. 在执业活动的各个方面和各个环节中恪守诚实信用原则。

2. 在执业活动中主动出示法定执业证件并将本人或所属保险经纪机构与保险公司的关系如实告知客户。

3. 客观、全面地向客户介绍有关保险产品与服务的信息，向保险公司披露与投保有关的客户信息，不误导客户和保险公司。

（三）专业胜任

1. 执业前取得法定资格并具备足够的专业知识与能力。

2. 在执业活动中加强业务学习，不断提高业务技能。

3. 参加保险监管部门、保险行业自律组织和所属保险经纪机构组织的考试和持续教育，使自身能够不断适应保险市场对保险经纪从业人员的各方面要求。

（四）勤勉尽责

1. 秉持勤勉的工作态度，努力避免执业活动中的失误。

2. 代表客户利益，对于客户的各项委托尽职尽责，确保客户的利益得到最好保障，且不因手续费（佣金）或服务费的高低而影响客户利益。

3. 忠诚服务，不侵害所属保险经纪机构利益；切实履行对所属保险经纪机构的责任和义务，接受所属保险经纪机构的管理。

4. 不擅自超越客户的委托范围或所属保险经纪机构的授权。

5. 在执业活动中主动避免利益冲突。不能避免时，应向客户或所属保险经纪机构作出说明，并确保客户和所属保险经纪机构的利益不受损害。

（五）友好合作

1. 与保险公司、保险代理机构和保险公估机构的从业人员友好合作、共同发展。

2. 加强同业人员间的交流与合作，实现优势互补、共同进步。

（六）公平竞争

1. 尊重竞争对手，不诋毁、贬低或负面评价保险中介机构、保险公司及其从业人员。

2. 依靠专业技能和服务质量展开竞争，竞争手段正当、合规、合法，不借助行政力量或其他非正当手段开展业务，不向客户给予或承诺给予保险合同以外的经济利益。

（七）保守秘密

对客户和所属保险经纪机构负有保密义务。

小贴士：永远不要忘记自己的使命

法里斯年少时在父亲工作的地方帮忙，曾碰到过一位难缠的老太太。每次当法里斯把她的车清理好时，她都要再仔细检查一遍，然后让法里斯重新打扫，直到她满意为止。后来法里斯实在受不了了，便拒绝为这个老太太服务。他的父亲告诫他说："孩子，记住，这是你的责任！不管顾客说什么或做什么，你都要做好你的工作。"从那以后，无论做什么，法里斯都保持着高度的责任感。后来他成为美国的独立企业联盟主席。

永远不要忘记自己的使命，对人对事保持一种高度认真负责的态度，生活就不会亏待我们。

无论做什么工作，都要有一种敬业精神

弗雷德是职业化的典范，他身上体现了真正的敬业精神. 他真正做到了"以此为生，精于此道"。

弗雷德虽然是一名普通的邮差，但他的事迹却闻名世界。

弗雷德负责为小区的住户收、送邮件。他听说小区内有一位叫桑布恩先生的职业演说家。这位桑先生一年有 200 天左右在外出差，于是他向桑先生索要一份全年行程表。桑先生很奇怪，问："您有什么用？"

他回说："以便您不在家时，我暂时代为保管您的信件，等您回来再送给您。"这让桑先生很吃惊！因为他从未碰到过这样的邮差。

桑先生回答道："没必要这么麻烦，把信放进信箱就好了，我回来再取也是一样的。"弗雷德解释说："窃贼经常会窥探住户的邮箱，如果发现是满的，就表明主人不在家，那住户的家就可能要遭遇窃贼了。"

弗雷德想了想，又接着说："这样吧，只要邮箱的盖子还能盖上，我就把信放到里面。塞不进邮箱的邮件，则搁在房门和屏栅门之间。如果那里也放满了，我把其他的信留着，等您回来。"

（资料来源：百度知道）

五、保险从业资格考试

（一）保险从业资格考试

进入 20 世纪 90 年代以后，中国的保险业伴随着国民经济的增长，在国家政策的支持下，走上超速发展的"快车道"，并成为国民经济生活中一个新的增长点。与快速发展的保险业相比，保险从业人员的建立与培养则显得明显滞后。这种滞后将会阻碍或限制保险业的发展。为了顺应和促进保险业的发展，与国际接轨，并规范保险交易行为，培养保险从业人员已是迫在眉睫。保险从业资格考试是建立与完善保险市场主体体系的需要；是规范保险市场交易行为，降低保险商品交易成本的需要；也是建立一支高素质职业保险从业人员队伍的需要。

保险从业资格分保险经纪从业人员、保险公估从业人员以及保险代理从业人员资格。

（二）中国人身保险从业人员资格考试

中国人身保险从业人员资格考试项目（CICE）是中国自己建立的人身保险行业标准化资格认证体系，是唯一由监管部门和行业共建的资格考试认证和专业知识学习平台，其目的是通过中国保险行业知识体系标准化、系统化及现代化的建设和普及，培养公司核心竞争力与从业人员专业价值，推动中国保险事业持续、健康、快速发展。

CICE 包含教材平台、考试平台、资格认证平台及后续教育与培训平台等四大平台，现有中国寿险管理师、中国寿险理财规划师及中国员工福利规划师三类职业资格认证。

CICE 资格考试按照分级分类方式设计，为不同岗位、不同专业人员量身定制不同认证资格，不同认证资格由不同课程组合而成。资格体系分为三大类，即管理资格、销售资格和专业技术资格，目前已经正式公开考试的有管理资格和销售资格，专业技术资格正在开发当中。

管理资格即"中国寿险管理师"，分为中级资格和高级资格，主要针对内勤人员。

销售资格由"中国寿险理财规划师"和"中国员工福利规划师"两类资格组成。前者主要针对个人保险销售人员，按照新型寿险产品、健康保险产品及养老保险产品三个方向分别设计为三个中级资格，三个中级资格全部取得后即自动获得高级资格。后者主要适用于团体保险销售人员，由自身专业课程产生中级资格后，叠加中国寿险规划师的健康、养老方向两个中级资格后即可获得高级资格。

1. 中国寿险管理师。中国寿险管理师主要针对内勤管理人员。该资格知识体系能够帮助初入人身保险行业的从业人员系统、迅速了解人身保险行业运营架构、内容、监管要求和主体业务技能，使其能更全面地做好本岗位工作；帮助进入人身保险行业数年的从业人员总结过去实践经验，加深理解，进一步提升完成未来任务的能力；帮助行业各类销售人员及讲师人员进一步理解保险知识、监管要求及公司的运营实务，更好地服务行业与客户。

2. 中国寿险理财规划师。中国寿险理财规划师主要针对保险公司及保险中介机构的各类销售人员、营销管理人员、培训人员以及银行的理财服务人员等。该资格知识体系能够帮助保险公司及保险中介机构的各类销售、营销管理、培训、服务、行政人员以及银行、证券等从业人员对寿险理财相关产品、技术、内外部环境及政策更好地理解和融会贯通，在激烈竞争的金融理财规划时代提升竞争力，更专业地服务行业及客户，提升行业声誉；使专业技术人员能进一步了解销售系统的各环节和产品，协助其在公司营销管理和产品开发方面更能全面和科学化。

3. 中国员工福利规划师。中国员工福利规划师主要针对团体保险销售人员，是目前国内唯一一针对员工福利规划的专业资格考试。在金融产品交叉销售的大环境下，保险营销人员及其他金融理财人员在为个人做理财规划时，客户的员工福利也是不可忽视的领域，因此所有金融从业者都有必要参加该资格考试，以更有效地实现专业价值。

➤ **知识拓展**

保险精算师

保险精算师是运用精算方法和技术解决经济问题的专业人士，是评估经济活动未来财务风险的专家，是集数学家、统计学家、经济学家和投资学家于一身的保险业高级人才。总之，精算师是同"未来不确定性"打交道的，宗旨是为金融决策提供依据。

精算师在世界各国都是一种热门而诱人的职业，被称为"金领中的金领"。

由于中国保险业起步较晚及其他历史原因，精算、尤其是精算教育在我国长期处于空白，直到 1987 年，南开大学与北美精算学会建立精算学合作项目，才将精算教育系统地引入中国。在发达国家，精算师既是商业保险界的核心精英，又可在金融投资、咨询等众多领域担任要职。而中国目前的现状是：精算师奇缺。

要想成为精算师，首先必须掌握一些基础课程，如微积分、线性代数、概率论与数理统计、保险学和风险管理等。不仅如此，由于精算师所从事的是经济领域的职业，因而他们还必须有较高的经济学修养，掌握会计、金融、经济学和计算机等科学。这样，精算师才能对经济环境的变化有较强的反应能力。此外，精算师的职业还要求掌握语言表达、商业写作、哲学等科学知识，取得精算师资格必须通过一些科目的严格考试，并获得精算组织的认可。

"中国精算师"资格考试分为准精算师和精算师两种。准精算师部分考试共 9 门必考课程，考生通过全部 9 门课程考试后，将获得准精算师资格。精算师部分考试计划设置10 门课程，其中包括必修课和选修课，获得准精算师资格的考生，通过 5 门精算师课程的考试并满足有关精算专业培训要求，答辩合格后，才能取得"精算师考试合格证书"。

需要强调指出的是，对取得"精算师考试合格证书"者，还需经过特别申请，经审查同意后方可以"精算师"名义在商业保险机构中执业。

（资料来源：百度百科 http：//baike. baidu. com/view/271841. htm.）

活动 2 训练保险职业礼仪

➤ **活动目标**

掌握保险职业礼仪，具备基本的礼仪知识。

➤ **活动内容**

在老师的组织下，学生完成角色扮演练习：

1. 请几位同学扮演保险公司职员，其他同学针对他们的衣着打扮做出评价；

2. 请几位同学分别扮演保险公司职员和客户，角色模拟迎接客户和送别客户的场景，其他同学对其职业行为进行评价；

3. 组织学生参加职业礼仪秀，展示同学们的职业风采。

➤ **活动指导**

一、职业礼仪

职业礼仪是在职业活动中，以一定的约定俗成的程序方式来表现的律己敬人的过程，涉及穿着、交往、沟通、情商等多方面内容。职业礼仪是一个人内在修养和素质的外在表现；是人际交往中适用的一种艺术、一种交际方式或交际方法；也是在职业活动中进行相互沟通的技巧。

在工作场合中，要运用职业礼仪创造最佳人际关系状态，遵守礼仪原则。

（一）真诚尊重

真诚尊重是职业礼仪的首要原则，只有真诚待人才是尊重他人，只有真诚尊重，方能创造和谐愉快的人际关系，真诚和尊重是相辅相成的。

真诚是对人对事的一种实事求是的态度，是待人真心实意的友善表现，真诚和尊重首先表现为对人不说谎、不虚伪、不骗人、不侮辱人；其次表现为对于他人的正确认识，相信他人、尊重他人。

（二）平等适度

在工作中，自己和客户双方必须讲究平等的原则，平等是人与人交往时建立情感的基础，是保持良好的人际关系的诀窍。平等在交往中，表现为不要骄狂，不要我行我素，不要自以为是，不要厚此薄彼，不要傲视一切，目空无人，不能以貌取人，或以职业、地位、权势压人，而是应该处处时时平等谦虚待人。

而适度原则是指把握礼仪分寸，根据具体情况、具体情境而行使相应的礼仪，比如在向客户推销产品时既要彬彬有礼，又不能低三下四；既要热情大方，又不能轻浮谄谀；要自尊却不能自负；要坦诚但不能粗鲁等。

（三）自信自律

自信的原则是社交场合中一个心理健康的原则，唯有对自己充满信心，才能如鱼得水，得心应手，一个缺乏自信的人，就会处处碰壁。

自信但不能自负，自以为了不起、一贯自信的人，往往就会走向自负的极端，凡事自以为是，不尊重他人，甚至强人所难。而自律原则正是正确处理好自信与自负的又一原则。自律乃自我约束的原则，在职场工作中，要在心中树立起一种内心的道德信念和行为修养准则，以此来约束自己的行为，严于律己，实现自我教育，自我管理。

（四）信用宽容

信用就是要讲究信誉，特别是工作中，信誉是非常重要的。守信是我们中华民族的美德，在工作中首先要守时，与客户约定时间的约会、会见、会谈、会议等，决不应拖延迟到；其次要守约，即与人签定的协议、约定和口头答应他人的事一定要说到做到，所谓言必信，行必果。

二、保险从业人员的基本礼仪

（一）仪容仪表礼仪

1. 发部仪容礼仪。保险行业从业人员在进行个人发部修饰时，除了做一般性的处理外，必须严格按照本行业、本岗位的特殊要求进行修饰。这既是保险职业礼仪的内在要求，又是保险职业礼仪的外在表现。

（1）确保发部整洁。定期清洗头发、及时修剪头发、适时梳理头发。

按照常规，保险行业的员工每天必须梳理头发，而且头发的梳理一天中往往是不止一次。在下述情况下，皆应自觉进行梳理头发：一是出门上班前，二是换装上岗前，三是摘下帽子时，四是其他必要时。

员工在梳理自己的头发时，应注意以下三不原则：一是不当众梳理头发，难免造成工作准备不充分的不良印象；二是不直接用手梳理头发，以免发丝遗留手上；三是不随地乱扔断发、头屑，给人一种缺乏教养的表现。

（2）慎选发部造型。保险从业人员选择发部造型时应该选择风格庄重、长短适当的发型。

（3）注意发部美化。保险从业人员在护发方面，要长期坚持正确的护法方式，使自己的头发完美无损；一般若无特殊需要，不宜染发；如果要烫发，应选择端庄大方的发型，避免将头发烫得过于膨胀、凌乱或华丽、美艳的发式，在头上烫出大型花朵，或烫出图案、文字的做法都是必须禁止的；当自己的发部出现掉法、秃发时，可适当佩戴假发，以弥补自己头部的缺陷，更好地开展工作，但任何出于妆饰方面的原因佩戴假发，都是不提倡的；工作中最好不佩戴任何发饰，即使是容许佩戴，也应是处于"管束"女性的长发之用，而非有意打扮之需，女性在选择佩饰时，只宜选择黑色、藏蓝色且无任何花色图案的发卡、发箍和发带；在工作中，只能佩带单位统一配置的工作帽。

2. 面部化妆礼仪。

（1）面部化妆应该遵守庄重、淡雅、简洁和修饰缺陷的原则。

（2）化妆忌禁。一般来说，保险行业从业人员化妆的禁忌主要有下面五个方面：一忌离奇出众或哗众取宠；二忌技法不当、角色缺失；三忌残妆示人、有失庄重；四忌岗上化妆、轻浮失礼；五忌指教客户、甚为不妥。

3. 肢体修饰礼仪。

（1）上肢的修饰。由于保险行业员工平日运用手臂较多，所以员工一定要高度重视保养自己的手臂，尤其是要保养好自己的双手。在正常情况下，不允许一位行业员工的手臂上总是粗糙、开裂、红肿、生疮、长癣，或者创伤不断等情况的发生。所以平时要注意手臂的保洁，上岗之前，手脏之后，接触精密物品或入口之物前，规定洗手之时，上过卫生间之后，下班之前应该洗手。在一些特殊的工作岗位服务时，为了卫生保洁，必须戴上专用的手套，忘记戴或有意不戴，都是坚决不允许的。

一般情况下，不要蓄长指甲，要勤剪勤修，可以使用无色指甲油，但一般不允许在自己的工作岗位上，指甲上涂抹彩色指甲油，或者在指甲上进行艺术绘画，在手臂上刺字、刻画，更是不适宜的。

假若因为工作的特殊需要，员工必须穿着肩部外露的服装上岗服务时，则必须切记此前最好剃去自己的腋毛，做到腋毛不要外露。另外，有个别人手臂上其他部位往往长有较为浓密的汗毛，在着外露手臂的服装时，也应当采取行之有效的方法将其去除。

（2）下肢的修饰。对于下肢，平时要注意不要光腿、光脚、露脚趾和脚跟，同时要注意修遮腿毛、修剪指甲和不对脚趾进行彩妆修饰。

（二）服饰仪态礼仪

1. 服饰礼仪。保险行业从业人员一般都要求统一着装，这种统一着装一方面能够最大限度地发挥服装所具有的体现职业的职能，具体体现职业装的标识作用、激励作用、保护作用和宣传作用；另一方面也减少了从业人员在着装精力上的消耗，保证了全体员工着装的整齐划一，同时也增强了员工的归属感、同心力和凝聚力。

一般在选择制服时应尽可能地考虑制作精良、做工精细和外观整洁的服饰，而全体员工在穿着制服时也应遵循服饰礼仪规范。

规范穿着职业服装的要求是整齐、清洁、挺括、大方。

整齐：服装必须合身，袖长至手腕，裤长至脚面，裙长过膝盖，尤其是内衣不能外露；衬衫的领围以抵入一指大小为宜，裤裙的腰围以抵入五指为宜。不挽袖，不卷裤，不漏扣，不掉扣；领带、领结、飘带与衬衫领口的吻合要紧凑且不系歪；如有工号牌或标志牌，要佩戴在左胸正上方，有的岗位还要戴好帽子与手套。

清洁：衣裤无污垢、无油渍、无异味，领口与袖口处尤其要保持干净。

挺括：衣裤不起皱，穿前要烫平，穿后要挂好，做到上衣平整、裤线笔挺。

大方：款式简练、高雅，线条自然流畅，便于岗位接待服务。

2. 仪态礼仪。仪态是指一个人举止的姿态和风度，是指一个人身体显现出来的样子，如站立、行走、弓身、就座、眼神、手势、面部表情等。它既依赖于人的内在气质的支撑，同时又取决于个人是否接受过规范和严格的体态训练。

（1）站姿。标准的站姿，整体上应该是全身笔直，精神饱满，双眼平视，下颚微收，挺胸收腹，腰背挺直，整个身体庄重挺拔。

具体可分为以下几个方面：

头正：两眼平视前方，嘴微闭，收颔梗颈，表情自然，稍带微笑。

肩平：两肩平正，微微放松，稍向后下沉。

臂垂：两肩平整，两臂自然下垂，中指对准裤缝。

躯挺：胸部挺起、腹部往里收，腰部正直，臀部向内向上收紧。

腿并：两腿立直，贴紧，脚跟靠拢，两脚夹角成60°

在站姿中，最忌东倒西歪、耸肩勾背、双手乱放、脚位不当和做小动作。

小贴士：站姿的训练方法

　　靠墙站立，双脚距离与肩同宽，收腹使臀部与背部贴墙；立腰是挺胸的关键、收腹的基础，因此腰要尽量挺起。

　　刚开始训练时，每次的时间间隔可安排 10～15 分钟为一个单元，而后可根据训练情况逐渐增强至每次 1 个小时。经过长期规范而系统的训练，逐步形成良好的习惯，人的姿态美也就可以展现出来了。

　　（2）坐姿。正确而优雅的坐姿是一种文明行为，它既能体现一个人的形态美，又能体现行为美。正确的坐姿要求是"坐如钟"，即坐相要像钟一样端正。职业坐姿一般要求如下：

　　入座要轻而稳，女士着裙装要先轻拢裙摆，而后入座。

　　面带笑容，双目平视，嘴唇微闭，微收下颌。

　　双肩平正放松，两臂自然弯曲放在膝上，也可放在椅子或沙发扶手上。

　　立腰、挺胸、上体自然挺直。

　　双膝自然并拢，双腿正放或侧放。

　　至少坐满椅子的 2/3，脊背轻靠椅背。

　　起立时，右脚向后收半步而后起立。

　　谈话时，可以侧坐，此时上体与腿同时转向一侧。

　　在坐姿中，切忌坐椅时的前俯后仰、东倒西歪；不可翘腿、跷脚或将双膝分开，工作场合不要跷二郎腿；不可过于放松或瘫坐在椅子上；离座时须以语言或动作向对方示意，随后轻起离座，切忌"一跃而起"。

　　（3）走姿。行走时，上体要正直，身体重心略向前倾，头部要端正、颈要梗、双目平视前方、肩部放松、挺胸立腰，腹部略微上提，两臂自然前后摆动（摆动幅度为 35 厘米左右），双臂外开不要超过 30 度，走时步伐要轻稳、雄健，女子要行如和风。

　　两脚行走线迹应是正对前方成直线，不要两脚尖向内形成"内八字"或是"外八字"，步幅均匀、步速不要过快，行进间不能将手插在口袋里，也不能扒肩搭背、拉手搂腰。

　　不跑动，相对而行，应主动让道，尽量走右边；相向而行，不抢道；穿行时，遇别人在地方狭小的通道、过道或楼梯间谈话时，不能从中间穿行，应先道一声："对不起，请让一下"，待对方挪动后再从侧面或背面通过。如果无意中碰撞了别人，应主动表示道歉，说声："对不起"方可离开；超越别人时，要礼貌致歉。说声对不起；引领别人时，让客户、上级走在自己的右侧；3 人同行时，中间为上宾；在人行道让女士走在内侧，以便使她们有安全感；与上级、客户相遇时，要点头示礼致意。

　　（三）语言沟通礼仪

　　语言是双方信息沟通的桥梁，是双方思想感情交流的渠道，语言交流在人际交往中占据着最重要的位置。保险行业是直接服务于客户的，每天都要和各类人打交道，因此，语言沟通礼仪对于保险工作的开展具有十分重要的作用。

　　在交谈中，要遵守交谈礼仪原则。

　　1. 态度要平和。与客户交谈时，态度要平和，语气要亲切，目光要专注。要能够做到通过耐心的倾听、细致而全面的解答、和颜悦色的面部表情、清晰悦耳的声音，将尊重、热情、关怀、专业与职业等信息传达给对方，让服务对象在享受到专业服务的同时，也获得美的享受。

2. 表情要自然。与客户交谈时，表情要自然、大方，要注意与客户在眼神上的交流。目光的高度要恰到好处，根据所需解决问题的实际情况，与客户保持适当的空间距离，假若不是柜台业务，与客户的交谈距离应保持在1米左右为宜，目光始终正视客户，但不要盯视对方。

正视客户时，目光应停留在客人的鼻眼三角区，这样可以让客人感受到交流者的诚意和专注，而没有被人盯视的尴尬。与客户交流时，要落落大方、态度积极，切不可畏畏缩缩、躲躲闪闪，更不能表情冷漠、面带倦意，更不能在交谈时，打哈欠、搔头弄耳、抠指甲、卷衣角、玩弄小物件等，这些都属不礼貌的行为。

3. 姿势应大方。与客户交流时，姿势应大方、得体。站立服务时应按照站立服务的规范要求，不要将身体倚靠在墙边或柜台上，或将手抱在胸前、放在裤袋里。为更清楚地解释问题，增强谈话的效果，可适当增加手势，但动作不宜过大或太频繁，更不允许出现指指点点的不礼貌行为。

同时，在与客户交谈时，要注意一些禁忌：

切忌在公共场合旁若无人地高声谈笑，或我行我素地高谈阔论，应顾及周围人的谈话和思考。

切忌喋喋不休地谈论对方一无所知且毫不感兴趣的事情。

应避开让客户不愉快的话题，以免影响情绪和气氛。

不要问过于私人的问题，例如，询问女性的年龄、是否结婚等，这是很不礼貌的行为。

不要在社交场合高声辩论，也不要当面指责，更不要冷嘲热讽。

不要出言不逊，恶语伤人。

切忌在社交场合态度傲慢、自以为是、目空一切、夸夸其谈。

切忌与人谈话时左顾右盼，注意力不集中。

谈话时不要手舞足蹈。

谈话前忌吃洋葱、大蒜等有气味的食品。

小贴士：人际交往中的"界域"（人际交往中的"禁忌距离"）

1. 亲密距离。

距离在15厘米之内或15～46厘米之间，是人际交往的最小距离。

2. 个人距离。

其距离近段在46～76厘米之间，适合握手、相互交谈，其远段在0.76～1.2米之间，普遍适用于公开的社交场合。

3. 社交距离。

主要适合于礼节性或社交性的正式交往。其近段为1.2～2.1米之间，多用于商务洽谈、接见来访或同事交谈等。

4. 公众距离。

近段在3.6～7.6米之间，远段则在7.6米以外，它适合于作报告、演讲等场合。

5. 服务距离。

服务距离是员工与客人之间所保持的一种最常规的距离。以 0.5～1.5 米之间为宜。

6. 展示距离。

即在客人面前进行操作示范，以便使客人对服务项目有更直观、更充分、更细致的了解。展示距离以 1～3 米之间为宜。

7. 引导距离。

引导距离是员工在为客人带路时彼此间的距离。根据惯例，在引导时，员工行进在客人左前方 1.5 米左右为宜。

8. 待命距离。

待命距离特指员工在客人尚未传唤要求自己为之提供服务时，与对方自觉保持的距离。待命距离最佳为对方侧后方 3 米左右。

（资料来源：百度文库）

➤ **知识拓展**

大学生礼仪常识

● 课堂礼仪

作为一名大学生，遵守课堂纪律是最基本的礼仪。

上课前，必须带好上课所需教材及资料，不能穿短裤、背心、拖鞋等进入教室。上课铃一响，学生应端坐在教室里，安静地等待老师上课。当老师宣布上课时，全班应迅速起立，向老师问好，待老师答礼后，方可坐下。学生应准时到教室上课，如果因特殊情况不得已迟到的，应先喊"报告"，得到老师允许后，方可进入教室。如果因家里或个人身体等原因不能来上课，需按学校规定办理请假手续。

上课时，要认真听讲，集中注意力，独立思考，做好笔记。要姿态端正，坐有坐相，不要趴在课桌上，不要将脚伸到通道，更不能吃东西。要把手机关闭或调到震动状态，上课时不能接打电话。向老师提问时，应该先举手，待老师示意后才可站起来回答。发言时，身体要立正，要落落大方，声音要清晰响亮，并且应当使用普通话。其他同学发言时，要尊重对方，不能随便插话，更不能取笑同学，如果回答的内容和自己的不一致，可加以补充。

下课铃响后，如果老师还没有宣布下课，学生不要忙着收拾书本，更不要起哄，应当继续安心听讲。下课时，全体同学起立，与老师互道"再见"。如果教室开了灯或电风扇，下课后，应及时关掉。要时刻注意保持教室的卫生和秩序，尊重劳动成果。不要在黑板、墙壁、课桌椅上乱写乱画，更不能在课桌椅上刻字。不在教室里乱扔果皮、纸屑，不随地吐痰，下课时将垃圾丢进垃圾桶。维持教室的良好学习环境，课间也不要追逐打闹，以免影响同学的学习和休息。

● 宿舍礼仪

大学生宿舍是大学生在校期间共同生活的家，是展示高校校园文明成果的重要窗口，大学生大部分时间是在宿舍里度过的，所以要学会正确处理同学之间的人际关系，互相体谅，友好相处。尊重宿舍管理人员，服从管理，积极配合他们进行安全、纪律检查。

养成良好的卫生习惯，保持宿舍内外的干净整洁。经常自觉打扫寝室卫生，每天主动整理好自己的内务，床上用品保持干净、整洁，被褥、衣服等叠放整齐，不要让床单露出床沿，床上也不要放置其他物品。蚊帐悬挂整齐一致。其他所有生活和学习用品都要摆放整齐，合理收纳。换下的脏衣服、脏鞋袜等要及时清洗。不要乱扔果皮纸屑，不要随地吐痰、不要乱贴乱画，不要乱倒废水。

严格遵守学校寝室管理规定，严禁私安、私接电源和使用超功率灯泡、电炉、电饭煲、电热毯、电熨斗、微波炉等电器。严禁在寝室炒菜做饭。用水用电要节约，有些高校用水用电实行计量管理，以寝室为单位核算，定额配给，超额要自觉付费。

如果要到其他寝室去串门，进门后，应主动跟同学打招呼，不要随处乱坐，不要乱翻别人的东西，更不要未经允许乱用别人物品。要注意时间的把握，不要待得太久，以免影响同学的正常作息。学校原则上是不允许进入异性宿舍的，如确需进入，要按学校规定办理手续，同时要注意，必须得到该寝室同学允许后方可进去，并且要选择好时间，不要选择在多数同学要处理生活问题的时候，更不要熄灯后过去。谈吐要文雅，逗留时间要短。如果在寝室接待亲友或外人来访时，事先应向同寝室的同学打招呼。进入后，主动为同学作介绍。

寝室是集体宿舍，是大家共同学习、生活、娱乐的场所，同学之间要互相尊重、互相关心，但一定记住不要侵犯同学的隐私权，不要干预同学的私事。要记住：不能私自翻看别人的日记，即使同学的日记本随意摆放也不能私自翻阅；不能私拆、私藏别人的信件；不能随意散布同学个人信息，更不能制造谣言，诋毁同学。再好的朋友，也要尊重别人的隐私。千万不能因为好奇去打探，更不能把别人的隐私公之于众。否则，不管出于什么目的，都是不道德的。

● 求职面试礼仪

遵时守信。求职者一定要遵时守信，千万不要迟到或毁约。迟到和毁约都是不尊重主考官的一种表现，也是一种不礼貌的行为。如果求职者有客观原因不能如约按时到场应事先打个电话通知主考官，以免对方久等。如果已经迟到，不妨主动陈述原因，宜简洁表达，这是必需的礼仪。

放松心情。许多求职者一到面试点就会产生一种恐惧心理，害怕自己思维紊乱，词不达意，出现差错，以致痛失良机。于是往往会因为紧张而出现心跳加快，面红耳赤等情况。此时，应控制自己的呼吸节奏，努力调节，尽量达到最佳状态后再面对招聘考官。

以礼相待。求职者在等候面试时，不要旁若无人，随心所欲，对接待员熟视无睹，自己想干什么就干什么，给人留下不好的印象。对接待员要礼貌有加，也许接待员就是公司经理的秘书，办公室的主任或人事单位的主管人。如果你目中无人，没有礼貌，在决定是否录用时，他们可能也有发言权，所以，你要给所有的人留下良好的印象，而并非只是对面试的主考官。面试时，自觉将手机等关掉。

入室敲门。求职者进入面试室的时候，应先敲门，即使面试房间是虚掩的，也应先敲门，千万别冒冒失失地推门就进，给人鲁莽，无礼的感觉。敲门时要注意门声的大小和敲门的速度。正确的是用右手的手指关节轻轻地敲三下，问一声：我可以进来吗？待听到允许后再轻轻地推门进去。

微笑示人。求职者在踏入面试室的时候，应面露微笑，如果有多位考官，应面带微笑地环视一下，以眼神向所有人致意。一般而言，陌生人在相互认识时，彼此会首先留意对方的面部，然后才是身体的其他部分。面带真诚，自然、由衷的微笑，可以展示一个人的风度、风采。有利于求职者塑造自己的形象，给人留下美好的印象。求职者与主考官相识之后，便要稍微收敛笑容，集中精神，平静的面容有助于求职者面试成功。

莫先伸手。求职者进入面试室，行握手之礼，应是主考官先伸手，然后求职者单手相应，右手热情相握。若求职者拒绝或忽视了主考官的握手，则是失礼。若非主考官主动先伸手，求职者勿切贸然伸手与主考官握手。

请才入座。求职者不要自己坐下，要等主考官请你就座时再入座。主考官叫你入座，求职者应该表示感谢，并坐在主考官指定的椅子上。如果椅子不舒适或正好面对阳光，求职者不得不眯着眼，那么就最好提出来。

递物大方。求职者求职时必须带上个人简历，证件，介绍信或推荐信，面试时一定要保证不用翻找就能迅速取出所有资料。如果送上这些资料，应双手奉上，表现得大方和谦逊。

（资料来源：根据百度文库资料及 http：//wx. sina. com. cn/fashion/wanygo/2013 - 05 - 29/064516372_2. html 资料整理）

※项目考核要点※

1. 人身保险市场的概念、类型与特征。
2. 人身保险市场的主体和客体。
3. 人身保险市场的组织形式。
4. 人身保险市场的供给和需求。
5. 寿险公司的组织结构。
6. 人身保险从业职业道德和行为准则。
7. 人身保险从业人员职业礼仪。

项目二

人身风险与人身保险

项目描述	本项目旨在培养保险从业人员必须具备的职业基本知识，主要包括人身风险和人身保险的基本概念和基本原则、人身保险的产生发展和社会价值，使学生能够了解我国人身保险的产生、发展历程，能够掌握保险与理财、风险管理之间的关系等基本职业知识。	
项目目标	知识目标	☆ 理解人身风险和人身保险的基础知识。 ☆ 了解人身保险的产生和发展。 ☆ 掌握人身保险的基本原则。 ☆ 能够区分人身保险和储蓄活动。
	技能目标	☆ 掌握人身风险管理的方法和步骤。 ☆ 能针对具体的人身风险制定有效的风险管理措施。
项目任务	**任务1　认知人身的风险。** 　　活动1　识别人身风险的类型和特征。 　　活动2　掌握人身风险管理的程序及技术。 **任务2　学习人身保险基础知识。** 　　活动1　走进人身保险。 　　活动2　解读人身保险的基本原则。 　　活动3　体会人身保险的社会价值。 **任务3　走过人身保险发展之路。** 　　活动1　翻开人身保险的发展历史。 　　活动2　展望人身保险发展的未来。	
建议学时	8学时	

【引导案例】针对人身风险，你有所准备吗？

在世界范围内，中国人讲究吉利是出了名的。特别是在逢年过节时，吃、穿、住、行都要贴上吉利的标签。这是中国传统文化心态使然，反映了我国人民千百年来对美好生活的祈盼。然而，祈盼并不代表现实，生活中的风险往往不以人的意志为转移，正所谓"天有不测风云，人有旦夕祸福"。很可能，人们尚在睡梦里、在休憩间或在远行中，一场横祸突然袭来。可以说，在每个人漫长的一生中，风险是无时不在、无处不在的。如何进行风险管理，控制风险，降低由风险引发的损失，是每一个现代家庭都必须优先考虑的问题。那么每一个家庭应该如何来避免人身风险所造成的人身伤亡和财务波动呢？

不妨给自己列一张清单，一边是面临的风险，一边是已经获得的保障，看看自己是否已经做好应对各项风险的准备？

任务1　认知人身的风险

【任务描述】人身风险是指导致人的伤残、死亡、丧失劳动能力以及增加费用支出的风险，为了有效地规避此类风险，选择合适的人身保险就显得尤为重要。本次学习任务是掌握人身风险概念，了解可保人身风险的特征以及人身风险管理的程序及技术。

活动1　识别人身风险的类型和特征

➤ **活动目标**

掌握人身风险的类型和可保人身风险的特征。

➤ **活动内容**

在老师的组织下，学生分小组进行讨论：

1. 人的一生中可能会遇到哪些风险？
2. 为什么保险公司会将风险进行可保与不可保的分类，为什么保险不能保所有风险？

➤ **活动指导**

一、人身风险的类型

风险是指损失发生及其程度的不确定性，按风险损失的后果为依据，任何危险导致的风险损失不外乎财产风险、责任风险、信用风险与人身风险四种。其中，人身风险是指导致人的伤残、死亡、丧失劳动能力以及增加费用支出的风险。人身风险包括生命和健康方面的风险。其中，生命危险是与人的生存与否有关的危险，包括生存危险与死亡危险；健康危险主要影响的是人身体的健康或健全程度。因为人的死亡是必然的事实，并无任何不确定性可言，但死亡发生时间却是不确定的；而健康危险则具有明显的不确定性，如伤残是否发生、疾病是否发生，在什么时候发生，损害健康的程度等，均是不确定的。

（一）生命风险

对于生命风险，一个人会面临早逝或退休两种情况。早逝风险是指死亡发生时还有其他人依赖死者收入的风险，老年退休风险是指那些退休时没有积蓄，或没有足够积蓄来满足退休期间的个人或家庭生活费用之需的风险。

1. 早逝风险。如果一个人没有家庭负担，其死亡就不会对别人造成影响，那么他就不存在经济损失风险，也就无所谓采取什么防范经济损失的保护措施。但在现实生活中，这种情况毕竟是少数，大多数人生活在家庭、社会之中，一个人生命的终结往往意味着多个人的悲哀与损失，从而人们也就产生了对早逝风险进行保障的需求。

2. 老年退休风险。随着人逐渐地趋向衰老，身患疾病或遭受伤残的风险程度也在不断地提高，再加上法律规定、社会习俗、生活消费水准不断提高等均会导致老年风险。退休在人类历史上也只是在相对较晚的时候才形成的一种做法。在古代并没有"退休"的概念，人们通常是一直工作至死的，或者直至不能工作为止。而在今天，退休已经成为个人生活中的一件非常重大的事情。在现实生活中存在着这样一种说法，"人是在用一生的时间为退休做准备"。故而，人们在收入充裕的时候也需要留存一部分积蓄以备不测之需，而数额多少则取决于环境。

（二）健康风险

健康风险包括疾病风险和残疾风险，这类风险对个人或家庭经济方面的影响表现为医疗费用高昂及收入损失巨大。

1. 疾病风险。首先，疾病风险的危害具有严重性。疾病风险发生后，会对人体健康造成伤害，造成暂时性或永久性劳动能力的丧失甚至消灭。其风险损失不仅仅是经济上的损失，而且还有健康和生命的损失以及心理的损伤。其次，疾病风险具有普遍性。疾病风险对于每个人或每个家庭而言都是无法回避的，其发生频率也高。再次，疾病风险具有复杂性。人类已知的疾病种类繁多，每一种疾病又因个体差异而表现不同。此外，环境污染、生活方式、精神工作压力和心理因素等各种因素所致疾病，以及未知疾病、潜在疾病和亚健康状况随意蔓延发展等均使得疾病风险很难化解。最后，疾病风险具有社会性。由于某些疾病具有传染性，这类疾病风险不仅直接危害个人健康，而且会涉及整个地区乃至社会。

2. 残疾风险。残疾风险是指由于疾病、伤害事故等导致人体机体损伤、组织器官缺损或功能障碍等的风险。残疾者指工作能力受到损害、不得不依赖某些工作之外的经济来源获得收入的人。因此，如果残疾者所在家庭中的其他人都依赖于其收入来源而生活，那么残疾给个人和家庭造成的财务负担也就更大，直接影响到残疾者家庭和个人的生活幸福指数。

小贴士：人生注定与风险共存

人离开母体的第一刻就在风险中诞生了，这就注定了人的一生必将与风险共存。危险往往是潜伏在我们身边的，人们一生遇到的危险可能会有多少呢，看看如下的危险概率吧——受伤：1/3；难产（将生育的妇女）：1/6；车祸：1/12；心脏病突发（超过35岁者）：1/77；在家中受伤：1/80；受到致命武器的攻击：1/260；死于心脏病：1/340；家庭成员死于突发事件：1/700；乳腺癌（女性）：1/2 500；死于中风：1/1 700；死于突发事件：1/2 900；死于车祸、火灾、溺水、男性自杀：1/5 000；死于怀孕或生产（女性）：1/14 000；受二手烟污染死于肺癌、被刺伤而死：1/60 000；死于手术并发症：1/80 000；因中毒、骑自行车遇车祸而死：1/86 000；死于飞机失事：1/250 000；被空中坠落物体砸死：1/290 000。

（资料来源：根据 http：//bbs. pinggu. org/thread－714737－1－1. html 整理）

二、可保人身风险

人身保险，顾名思义是为人身风险提供保障，解除各种后顾之忧。但事实上并不是所有的人身风险都是可保风险，可保风险要满足如下具体条件：

（一）风险的发生必须是偶然性的，是不确定的

如果风险发生的时间或事故的发生原因可以预知，就不能构成可保风险。例如，一个身患绝症者，命在旦夕之间，再去投保人身险，那是无效的；或者一个人企图自杀，再去投保人身险，也是不行的。对于前一种，保险人当然不予承保，对后一种在表面上觉察不出来，可能会承保，但即使订了合同，保险人在自杀事故发生后发现了证据，也可以不承担保险责任。这些人身风险都是属于确定性的危险，不能成为可保风险。

（二）风险必须是存在于多数人的同类风险

风险必须存在普遍性，不是集中少数人的风险。不然，大数法则所显示的规律就无法体现，发生风险的偶然性亦无法排除，这种风险也无法由众多的人来共同分担。由于这种风险发生的或然率无从测定，使保险经营者存在很大的盲目性，势必造成保险经营不稳定，达不到分散风险的目的，相反，会将各种风险集中到保险人身上。

（三）属于违法行为的风险不是可保风险

如果是违法行为造成人身伤亡，那就不属于保险责任范围。例如，被保险人在盗窃国家财物时，被人发现逃跑时摔死、摔伤；或者受益人为图谋较大数额的保险金、遗产而加害于被保险人。凡属非法犯罪行为，均不在保险责任范围之内。但为了抢救国家财物、抢救他人生命而遭受伤亡，是合法合理，属于保险责任范围。

（四）风险必须是可以分散的

如果危险集中，无法分散，一旦发生事故将使保险缺乏承受能力。例如，战争、毁灭性地震等造成的人身伤亡，或逆选择而投保，势必会造成危险高度集中。

（五）风险损失的发生概率是可以估算的

保险人根据历史上大量人身事故的统计资料，运用大数定律，一般可以测算出某年龄的人在正常情况下的死亡概率，以此来制订保险费率。如个别被保险人年龄较大，身体较弱，保险人可根据情况不保、或采取加收保费和限制保险金额等方法给予承保。

（六）适应保户承担保费能力的风险

保险是危险的分摊，分摊危险既要公平合理，又要适应保户的承受能力。所以在设计险种时要考虑保险费率适应大多数投保人的承受能力，要考虑众多人能够承受保险费率的危险，不能超越人们实际生活水平。

➤ 知识拓展

2010 年十大灾难：强震频发　中国 3 席

一、海地地震

加勒比岛国海地当地时间 2010 年 1 月 12 日 16 时 53 分（北京时间 13 日 5 时 53 分）发生里氏 7.3 级地震，首都太子港及全国大部分地区受灾情况严重，联合国官员表示，此次海地地震造成 25 万~30 万人丧生。此次地震中遇难者有联合国驻海地维和部队人员，其中包括 8 名中国维和人员遇难。地震发生后，国际社会纷纷伸出援手，表示将向海地提供人道主义援助。但由于海地地震后对尸体的处理不当，发生了海地霍乱，迄今为止已经造成了

1 000多人死亡。

二、智利地震

美国地质勘探局报告称，智利南部康塞普西翁市2010年2月27日发生里氏8.8级地震，当地有剧烈震感，同时造成首都圣地亚哥部分地区停电。地震发生后，又连续发生多次6.0级以上的余震并引发海啸，波及包括澳大利亚在内的多个国家，地震已经造成至少750人死亡。在海地地震发生仅仅1个多月的时间里，智利高级别的地震发生也是引发了全球的恐慌。

三、西南五省旱灾

中国在2010年3月西南5省遭遇了干旱的侵袭，旱灾致使广西、重庆、四川、贵州、云南5省（区）受灾人口达6 130.6万人，饮水困难人口达1 807.1万人，饮水困难大牲畜1 172.4万头，农作物受灾面积503.4万公顷，绝收面积111.5万公顷，直接经济损失达236.6亿元。直至4月底，旱情才停止，耕种生活正常化。这场干旱对于中国民众来说也是有着深刻的意义，对于极端的天气，中国需要更强的抵御能力。

四、玉树地震

就在西南5省和干旱作斗争的时刻，青海省玉树县在4月14日晨发生两次地震，最高震级7.1级，地震震中位于县城附近。玉树地震造成2 220人遇难，失踪70人。为表达全国各族人民对青海玉树地震遇难同胞的深切哀悼，2010年4月20日国务院决定，2010年4月21日举行全国哀悼活动，全国和驻外使领馆下半旗志哀，停止公共娱乐活动。中国民众也是纷纷献出爱心，为玉树的同胞捐款捐物，齐心协力共渡难关。

五、冰岛火山爆发

位于冰岛南部亚菲亚德拉冰盖的艾雅法拉火山，当地时间2010年4月14日凌晨1时（北京时间9时），火山开始喷发，喷发地点位于冰岛首都雷克雅未克以东125公里，岩浆融化冰盖引发洪水，附近约800名居民紧急撤离。此次冰岛火山喷发导致欧洲航运停歇，直接损失高达17亿美元。

六、飓风袭击墨西哥

6月30日登陆墨西哥东北部的飓风"亚历克斯"造成至少6人死亡。政府还立刻发布了红色警戒，动员了墨西哥北部1.7万人撤离了该地区。随后墨西哥遭遇到了暴雨的侵袭，大量地区形成洪灾，同时两个10年来首个双4级飓风横扫大西洋，使得墨西哥的灾情雪上加霜，导致了25人死亡，近100万人受灾。

七、巴基斯坦水患

巴基斯坦7月底洪灾影响也是非常的严重，总计造成巴基斯坦逾1 600人丧生、20%国土被水淹没。并且南亚与中东地区都在受不同程度的水患侵害。

八、莫斯科森林大火

2010年7月30日莫斯科大火开始燃起，导致莫斯科居住地上空空气污染严重，莫斯科政府极力投入资金与灭火器材以及人力进行强制性的灭火。8月5日，由于风向转变火势开始从俄罗斯中部向南部蔓延。到8日，这场俄罗斯近130年来最严重的森林大火已经造成至少53人死亡、500多人受伤，超过2 000间房屋被毁，才最终被扑灭。

九、甘肃舟曲特大泥石流

2010年8月7日22时许，甘南藏族自治州舟曲县突降强降雨，县城北面的罗家峪、三眼峪泥石流下泄，由北向南冲向县城，造成沿河房屋被冲毁，泥石流阻断白龙江、形成堰塞湖。此次泥石流共造成 1 478 人遇难，失踪 287 人。在中国政府的努力下，舟曲在 8 月 17 日开始重建。

十、印度尼西亚地震海啸火山喷发

印度尼西亚当地时间 7 月 17 日消息，爪哇岛南部海域发生里氏 7.7 级强震，5 分钟后引发海啸，袭击爪哇南部沿海一带。印度尼西亚政府 11 月 22 日向外界透露，在印度洋地震引发的海啸中遇难的人数目前已经升至 668 人，此外，还有 287 人失踪，7.41 万人被转移。另外印度尼西亚当地火山喷发造成了近百人死亡。

（资料来源：科学网 http：//nature. kexue. com/2010/1123/11501. html）

活动 2　掌握人身风险管理的程序及技术

➤ **活动目标**

掌握人身风险管理的基本程序和技术。

➤ **活动内容**

在老师的组织下，完成风险管理措施设计方案：

1. 对本任务活动 1 中了解的各种人身风险进行危害性分析；

2. 将学生分小组，每一个小组负责若干个风险，在老师的指导下根据对这些风险危害性的分析，为该风险设计风险管理措施；

3. 根据每个小组风险管理措施设计方案的完成情况评分。

➤ **活动指导**

一、人身风险管理的程序

人身风险管理的基本程序分为风险识别、风险估测、风险评价、选择风险管理技术和评估风险管理效果五个环节。

（一）风险识别

是指在风险事故发生之前，人们运用各种方法系统地、连续地认识所面临的各种风险以及分析风险事故发生的潜在原因。风险识别过程包含感知风险和分析风险两个环节。风险在一定时期和某一特定条件下是否客观存在，存在的条件是什么，以及损害发生的可能性等都是风险识别阶段应予解决的问题。

（二）风险估测

是在风险识别的基础上，通过对所收集的大量资料进行分析，利用概率统计理论，估计和预测风险发生的概率和损失程度。从而使风险分析定量化，为风险管理者进行风险决策、选择最佳管理技术提供科学依据。

（三）风险评价

是指在风险识别和风险估测的基础上，对风险发生的概率、损失程度，结合其他因素进行全面考虑，评估发生风险的可能性及其危害程度，并与公认的安全指标相比较，以衡量风险的程度，并决定是否需要采取相应的措施。

（四）选择风险管理技术

根据风险评价结果，为实现风险管理目标，选择最佳风险管理技术是风险管理中最为重要的环节。风险管理技术分为控制型和财务型两类。前者的目的是降低损失频率和缩小损失范围，重点在于改变引起意外事故和扩大损失的各种条件；后者的目的是以提供基金的方式，对无法控制的风险做财务上的安排。

（五）评估风险管理效果

是指对风险管理技术适用性及收益性情况的分析、检查、修正和评估。同时，在实务中还要考虑风险管理与整体管理目标是否一致，是否具有具体实施的可行性、可操作性和有效性。

二、人身风险管理技术

（一）控制型风险管理技术

其重点在于改变引起自然灾害、意外事故和扩大损失的各种条件。主要表现为：在事故发生前，降低事故发生的频率；在事故发生时，将损失减少到最低限度。主要包括下列方法：

1. 避免。避免即指采取主动放弃或改变该项活动的方式。它是一种最彻底、最简单的方法，但也是一种消极的方法。采取避免方法有时在经济上是不适当的，虽然避免了某一种风险，却有可能产生新风险。

2. 预防。是指在风险事故发生前，为了消除或减少可能引起损失的各种因素而采取的处理风险的具体措施，其目的在于通过消除或减少风险因素而降低损失发生的频率。

3. 抑制。是指在损失发生时或损失发生之后为降低损失程度而采取的各项措施，它是处理风险的有效技术。

（二）财务型风险管理技术

是指通过事故发生前的财务安排，来解除事故发生后给人们造成的经济困难和精神忧虑，为恢复企业生产，维持家庭正常生活等提供财务支持。主要包括以下方法：

1. 自留风险。自留风险是指对风险的自我承担。即企业或个人自我承受风险损害后果的方法。自留风险是一种非常重要的财务型风险管理技术。自留风险的成本低，方便有效，可减少潜在损失，节省费用。

2. 转移风险。转移风险是指一些单位或个人为避免承担损失，而有意识地将损失或与损失有关的财务后果转嫁给另一些单位或个人去承担的一种风险管理方式。转移风险包括财务型非保险转移风险和财务型保险转移风险。

财务型保险转移风险是指单位或个人通过订立保险合同，将其面临的财产风险、人身风险和责任风险等转嫁给保险人的一种风险管理技术。财务型非保险转移风险即指通过外部收入来支付可能发生的损失，转移个人的财务负担。保险作为风险转移方式之一，有很多优越之处，是进行风险管理最有效的方法之一。

➤ 知识拓展

国王与影帝：凭保险金安享晚年

● 失业保险金使前国王安享退位后的余生

曾任泰国国王的帕拉贾德希波克一生中最值得称道的事情之一，就是他在地位声望达到巅峰的时候，对自己未来命运有着清醒的预测。帕拉贾德希波克1925年登基，当上了泰国国王。执政之后，由于政绩平平、无所建树，他终日担心，害怕有朝一日被政敌废黜，成为一个一贫如洗的平民。

为防不测，他同时向英国和法国的两家知名保险公司投保了失业保险。那两家保险公司虽然都从未办理过以国王作为被保险人的失业保险，但谁也不愿意错过这一扩大公司影响的大好机会，皆欣然接受了投保，开出了保险金额非常可观的保险单。

事实的发展证明了帕拉贾德希波克并非杞人忧天，1935年，他被迫放弃了王位。

成为平民的前国王虽不能再享受一国之君的荣华富贵，但也无穷困潦倒之虞。帕拉贾德希波克靠着两家保险公司为他支付的丰厚的失业保险金，安然度过了退位后的6年余生。

● 昔日影帝晚年靠社会保险金度日

2004年7月2日，片酬价码曾高居世界第一的奥斯卡影帝马龙·白兰度辞世。美国媒体披露，其晚景虽然凄凉，但却靠保险金平安度过了余生。

白兰度从小就是个调皮孩子，因厌恶读书而被多所学校开除，最后他决定去当演员，于是进入纽约一家戏剧学校专攻表演艺术。事实证明，他选对了行业，从20岁起，他就进入百老汇演出，很快在名剧《欲望号街车》中饰演重要角色，并以出色的演技受到观众欢迎。

1950年，白兰度第一次出演电影《男人》，扮演一个性格孤僻、下半身瘫痪的人，他的精彩表演吸引了好莱坞大导演们的目光。1年后，白兰度出演电影《欲望号街车》，获得了奥斯卡提名；1953年，凭借《码头风云》中的过人演技，他终于赢得了奥斯卡最佳男主角奖。此后，他又接演了《红男绿女》、《秋月茶室》、《樱花恋》、《幼狮》、《漂泊者》、《叛舰喋血记》等电影，这期间曾三次获得奥斯卡奖提名；1972年的《教父》给了他再次表现的良机，他得到了第二个奥斯卡金像奖，演艺事业达到了最高峰。接着他出演了《巴黎的最后探戈》、《超人》和《现代启示录》等优秀影片，随后淡出影坛。

在演艺事业巅峰时期，马龙·白兰度的个人片酬价码在国际影坛中多年高居第一。1978年时，他所参加的电影《超人》仅几个简单镜头的演出，就轻松获得1 400万美元酬劳，创下轰动一时的天价纪录。

转眼到了1999年，马龙·白兰度的儿子克里斯汀卷入了一起凶杀案，他不得不花了大笔钞票为儿子请辩护律师打官司。同时，由于其本人健康状况日渐恶化，需要大笔的医疗费支出，至去世时马龙·白兰度总共背负着高达1千多万美元的欠款，只能依靠社会养老保险金生活。当时，他的养老金是由美国演员协会提供的。

2003年年初，这位老牌影星曾透露，他当时每个月的收入来源就是演员协会6 000美元的养老保险金，外加1 860美元的政府退休津贴。

（资料来源：唐金成，国王与影帝：凭保险金安享晚年. 中国保险报，2008-11-27）

任务2 学习人身保险基础知识

【任务描述】人身保险是以人的寿命和身体为保险标的的一种保险。因此，人身保险与其他保险相比具有不同的特点。人身保险的特点可以从人身保险事故、人身保险产品和人身保险业务等方面来论述。本次学习任务是掌握人身保险的事故特点、产品特点以及业务特点。

活动1 走进人身保险

➤ **活动目标**

掌握人身保险的概念、特点、类型和原理。

➤ **活动内容**

在老师的组织下，对下列问题进行调查讨论：

1. 借助各种工具，了解商业人身保险、互助保险、社会保险以及救济活动的基本情况；

2. 一起讨论商业人身保险和其他各种活动的区别是什么？

➤ **活动指导**

一、人身保险的概念

人身保险是以人的寿命和身体为保险标的的一种保险。人身保险的投保人按照保单的约定，向保险人缴纳保险费，当被保险人在合同期限内发生死亡、伤残、疾病等保险事故或达到人身保险合同约定的年龄、期限时，由保险人依照合同约定承担给付保险金的责任。

二、人身保险的特点

由于人身保险的保险标的是人的寿命和身体，具有特殊性，因此，人身保险与其他保险相比具有不同的特点。人身保险的特点可以从人身保险事故、人身保险产品和人身保险业务等方面来论述。

（一）人身保险事故的特点

人身保险的保险标的是人的生命和身体，与非人身保险的标的具有本质的不同：

1. 人身保险的保险事故的发生通常具有必然性。在人身保险中，人的生命、身体是保险标的，人的生存、死亡、意外伤害、疾病等成为人身保险的保险事故。在以人的生命为标的，以生存或者死亡为保险事故的人身保险中，保险事故的发生具有必然性：不是生就是死，只是何时死亡具有不确定性。在将人的生存、死亡或伤残都作为保险事故时，保险事故的发生也完全是必然的。"人有旦夕祸福"是人们遭遇意外伤害事故的真实写照。"吃五谷，生百病"则是人们对疾病的认识。

2. 人身保险事故的发生具有分散性。相对于财产保险来说，人身保险的保险事故的发生比较分散，一般不会发生大量标的同时发生保险事故的情况。其发生完全按照人的生命规律等自然规律，因此，在同一时间段，人身保险的保险事故分散于不同的家庭及地区。只有意外的大型灾害的出现，如火山爆发、特大洪灾发生时，才可能导致大量保险标的同时遭受损失。

3. 人身保险中的死亡事故的发生概率随被保险人年龄的增长而增加，但具有相对稳定性。

在人身保险中，特别是死亡保险，保险事故的发生与被保险人年龄的大小紧密相关。根据人的生命规律，被保险人的年龄越大，死亡的概率越大，因此，死亡事故的发生概率是随被保险人的年龄的增长而增加的。但同时，对于整体死亡率来讲，死亡率因素较其他非寿险危险事故发生概率的波动而言，又具有相对稳定性。这是由许多专业机构对死亡率研究后得出的结论。因此，人身保险的死亡事故的发生概率，在随被保险人的年龄增长而增加的同时，整体而言具有相对稳定性。

（二）人身保险产品的特点

人身保险产品的特点，与人身保险标的的特殊性有关。具体来说，反映在保险产品的需求、保险金额的确定、保险金的给付、保险利益的确定、保险期限的长短和寿险保单的储蓄性等方面。

1. 人身保险产品的需求面广，但需求弹性较大。一方面，无论人的年龄大小、性别、财富状况如何，都会面临生、老、病、死的问题，因此，与人的切身利益关系密切的人身保险产品有广泛的市场需求。但是另一方面，人身保险产品却具有较大的需求弹性，这主要是由于观念上的原因，人们对于死、伤等字眼的忌讳，导致人身保险的推销难度较大，而且，人身保险产品通常是自愿购买，在经济状况不好，对人身保险产品品种及对保险公司的了解不够时，往往会放弃购买。另外，人们对银行储蓄、现金的依赖，对证券投资的期望，以及受养儿防老思想的影响，都使得人们对人身保险产品的需求具有较大的弹性。

2. 人身保险的保险金额是依据多种因素来确定的。在财产保险中，保险金额的确定以保险标的的价值为依据，而在人身保险中，人的生命和身体是保险标的，其价值难以衡量。因此，在人身保险中，保险金额不是以保险标的的价值来确定的，而是依据被保险人对保险的需求程度和投保人的缴费能力及保险人的可承受能力来确定的。另外，在一些保险中还存在没有确定的最高给付限额，而只规定保险人在一定时期内定期给付保险金的数额的情况。如养老金保险，受益人通常在约定的领取期开始后，一直领取保险金直至死亡，其领取期限总是不确定的。

3. 人身保险的保险金给付属于约定给付。与财产保险的补偿赔付方式不同，人身保险通常采用约定给付方式。人身保险合同一般为给付合同。作为定额保险的人身保险，当发生保险事故时，保险人按照合同约定的保险金额承担保险金给付责任，而不能有所增减。在健康保险和意外伤害保险中，也可以采用补偿方式，但补偿金额不能超过约定的保险金额。另外，人身保险的给付不实行比例分摊，不实行代位追偿原则（医疗费用保险除外）等损失补偿原则。

4. 人身保险的保险利益决定于投保人与被保险人之间的关系。人身保险的保险利益与财产保险不同，它是以人与人的关系来确定，而不是以人与物或责任的关系来确定的。具体来讲，投保人对自己的生命或身体具有保险利益，投保人对有亲属血缘关系的人一般具有保险利益，投保人对与其有经济利益关系且同意作为被保险人的人具有保险利益。

5. 人身保险的保险期限具有长期性的特点。人身保险的保险期限大都是长期性的，特别是人寿保险，保险的有效期限往往可以持续几年甚至十几年、几十年；而且，保险的缴费期和领取期也可以长达几十年。具体情况与保险险种和被保险人的年龄、投保人的选择有关，视具体情况不同而不同。

6. 寿险保单的储蓄性。人寿保险在为被保险人提供危险保障的同时，兼有储蓄性的特点。这主要是由于人寿保险的保险费可以分为危险保费和储蓄保费两部分，在长期的缴费期间，储蓄保费以预定利率进行积累的缘故。对于终身死亡保险和两全保险来说，其储蓄性非常强，储蓄保费的投资收益使投保人不仅用以获得保障，还可以享受到投资所带来的收益。由于保单具有储蓄性，保单所有人可以用保单作抵押贷款，在中途退保时还可以得到退保金。

(三) 人身保险业务的特点

人身保险的保险事故和保险产品的特点对人身保险的业务经营产生的影响，使其与财产保险明显不同。主要表现在保费的收取、准备金的提取、资金的运用、保单的调整和连续性管理等方面。

1. 人身保险通常按年度均衡费率计收保险费。这是由于人身保险期限的长期性和死亡率的变动性决定的。因为人身保险一般都是长期性业务，而人身保险的死亡事故发生概率往往随被保险人的年龄的增大而增加。如果保险费的计收依据是当年的死亡率，则易出现年老的投保人的保险负担过重而放弃续保的情况，不利于保险业务的开展。因此，对于长期的人身保险，通常采用年度均衡费率来计收保险费。年度均衡费率计收保险费的具体做法是：保险人每年向投保人收取相同的保险费，保险费率在整个保险缴费期间保持不变。显然，在投保人缴费的早期，均衡费率高于自然费率；而在缴费后期，均衡费率低于自然费率。保险人通过用投保人早期多缴纳的保险费来弥补后期的保费不足，均衡投保人的经济负担，保证被保险人在晚年也能得到保险保障。

2. 人身保险的保险人对每份人身保单逐年提取准备金。由于人身保险以投保人缴纳保费为保险人履行赔付责任的前提，投保人缴纳的保费相当于是保险人对被保险人的负债。因此，为了履行将来的给付责任，保险人必须计提保险准备金。在人身保险中，由于每份保单的具体情况不同，每年保险金给付责任准备不同，因此需要对每份保单在保险期间通常为1年的准备金进行精确计算，以便于提取。通常，保险人在保单确立时就计算出保险期间每年的准备金数额。

3. 人身保险的保险人有更多资金用于投资。在人身保险中，保险人可以从长期稳定的保费中获得长期稳定的资金。保险人采取年度均衡费率收取保险费，这意味着在每笔业务的缴费期，保险人都可以获得稳定的保险费，而在保险前期多收的保费，通常需要经过很长时间才被用于保险支付。因此，保险人可以将此笔可观的资金用于各种投资。而财产保险的保险期间通常为1年，不存在均衡缴费的问题和多年后保费才被应用于支付的问题，因此，相对而言，人身保险的保险人有更多资金用于长期投资。

4. 人身保险单的调整难度大。人身保险合同，特别是人寿保险合同，大多为长期性的合同，在保险合同签订之初确立的保险费率和保险金额，可能会不再适应新形势的变化，此时，要对原保险单进行调整，将会对投保人和保险人产生重大影响。如通货膨胀的存在，对保险人来说存在提高保险费率的需要，但提高保险费率将增加投保人的经济负担，投保人可能会选择退保，将影响保险业务的稳定发展。如果投保人的经济状况在投保后有所提高，对保险的需求也会随之增加，投保人若按原有的保单确定的保险费率增加保额，则对保险人不公平。因此，人身保险单的保险费率和金额的调整存在较大的难度。

5. 人身保险经营管理具有连续性。人身保险业务的长期性特点，要求人身保险经营管理具有连续性。在比较长的保险期内，被保险人可能会发生各种变化，可能会出现要求减保或加保，以及迁移或退保的情形。这些情况的变化，要求保险人必须有严格的经营管理制度，对被保险人的变化进行及时记录，以便准确核算，并随时查阅。投保人缴纳的保费有相当数量可用于各种投资，从人身保险业务的连续性出发，在资金运用上也要求保险人考虑资金的安全性、效益性和流动性等。

三、人身保险的原理

损失的分担、风险的同质性以及大数定理是保险理论的三大基础。人身保险作为保险的一种，其理论自然亦奠基于此。

（一）损失的分担

"损失的分担"是保险学理论的一个基本思想。人身保险通过将众多面临人身危险的人集中起来，收缴保险费建立保险基金，对人身方面发生保险事故引起的经济责任实现分担。单就人寿保险而言，所谓损失的分担也就是死亡成本的分担。假定有 1 000 人（男女各半），每人死亡成本（丧葬费用以及死亡的机会成本等）假设为 20 000 元，经验显示每年死亡 1 人。那么一个人的死亡成本 20 000 元由 1 000 人分担，平均每人只分担 20 元。对于发生了死亡事故的家庭而言，由承担 20 000 元到只需承担 20 元，这其中的巨大变化正是人身保险所发挥的作用。人身危险是普遍存在的，而实际发生危险事故并造成经济损失的毕竟也是有限的，从而保证了损失分担的可能。

（二）人身危险的同质性

人身危险是客观存在的，人的死亡、伤残、患病、衰老等均是难以预测的随机事件。天灾、人祸以及各类疾病都会给人们带来生命危险或增加人们的经济负担。危险对每一个人而言是平等的，在条件相同的情况下，并不会偏爱或鄙视于谁，因此人们在分担损失之时也是平等的。就寿险而言，影响危险同质性的因素有性别、年龄、职业、健康状况、体格、居住环境、家庭病史等方面。也正是因为风险的同质性，保险人才可以根据长期经营的经验来测定危险，从事新的业务。

（三）大数定律

保险公司所承保的各种危险，包括自然灾害和意外事故，都是随机现象。从个别来看其发生是偶然的，对个人来讲这些危险客观存在着，随时可能发生，随时可能带来损害，发生的原因和后果事先都无法预知；但是从整体来看，这些现象也呈现一定的规律性，带有某种必然性，表面上的偶然性受其内部规律性制约，通过长期的观察可以找到它们的内在规律。根据大数定律的原理，保险人通过一定的组织形式，结合大量的特定的危险单位，依据以往长期的统计资料，运用概率论基本方法，即可排除偶然因素的干扰来预测未来损失可能发生的规律，从而合理地计算保险费率，建立保险基金，为保险经营建立科学基础。生命表的建立就是依据这些基本原理，进而成为经营人寿保险业务的基础。

当然保险的预测不可能做到绝对准确，总会与实际情况有出入，其原因可能是：（1）同质风险单位有限，即保险人的业务量有限，未能把某种特定危险承保到足够巨大的数量，使实际值与预期值存在偏差；（2）关于同质风险的分类过粗或过细，影响了预测的准确性。过粗则无法回避不完全重合的部分因素相互干扰，过细基数又不足够大；（3）客观条件不断变化，用过去的经验预测未来情况总会存在一定的偏差；（4）客观上影响危险损失后果的因素是复杂的，不可能无一遗漏地将它们正确地计算进去，尤其是道德危险因素、心理危险因素的影响更会干扰了预测的准确性。但总体对保险人而言，在大数定律基础上运用概率论的方法仍然是预测危险损失的最好途径。

四、人身保险的类型

（一）按照保险责任划分

1. 人寿保险。人寿保险是人身保险的一种。和所有保险业务一样，被保险人将风险转嫁给保险人，接受保险人的条款并支付保险费。与其他保险不同的是，人寿保险转嫁的是被保险人的生存或者死亡的风险。也称生命保险。

2. 人身意外伤害保险。人身意外伤害保险，简称意外伤害保险，是以被保险人因在保险期限内遭受意外伤害造成死亡或残疾为保险事故的一种保险。

3. 健康保险。健康保险是以人的身体为保险对象，保证被保险人在疾病或意外事故所致伤害时的费用支出或损失获得补偿的一种人身保险。

这种分类将在后面专门介绍，这里不再详述。

（二）按照经营方式划分

1. 人身保险机构经营的人身保险。

指投保人直接与经营人身保险的保险人本人订立人身保险合同，直接填制正式保单，在保险人与投保人之间直接建立权利义务关系。

2. 人身保险代理人经营的人身保险。

指投保人通过保险代理人与人身保险人订立保险合同，先填制暂保单，间接地与人身保险人建立权利义务关系。《保险法》第125条规定，"保险代理人是根据保险人的委托向保险人收取代理手续费，并在保险人授权范围内代为办理保险业务的单位或者个人"。《保险法》第128条又规定，"保险代理人根据保险人的授权代为办理保险业务的行为，由保险人承担责任"。可见，保险代理除具有一般民事代理的特征外，还具有本身的特点：保险代理人与保险人在法律上视为一人，保险代理人以保险人名义签订保险合同产生的一切权利义务，均由保险人享受和承担，即使代理人的行为侵害了保险人本人或他人的利益也对保险人有约束力。保险代理人所知道的事情，均假定为保险人知道，保险人不能以投保人不如实告知而拒绝赔偿。最大诚信原则的具体体现之一的弃权与禁止反言所指的正是保险人与其代理人之间在代理人弃权之后，保险人也不得反悔的情况，用这种规定来约束保险人，保护投保人的利益不受损害。

（三）按照投保方式划分

1. 个人保险。单个被保险人在自愿选择基础上投保人身保险称为个人保险，保险对象为个人。保险人承保时要进行较严格的审查，必要时对其身体状况进行医务检查，如普通个人人寿险、个人健康保险等；但也有无须体检的情况，如简易人身保险、个人意外伤害保险等。

2. 联合保险。将存在一定利害关系的 2 个或 2 个以上的人视为一个被保险人，如父母、夫妻、子女、兄弟姐妹或合作者等，作为联合被保险人同时投保的人身保险称为联合保险。联合保险中第一个被保险人死亡，保险金将给付其他生存的人；如果保险期限内无一死亡，保险金给付给所有联合被保险人或其指定的受益人。

3. 团体保险。以一份总的保险合同承保某一机关、企业、事业单位或其他团体的全体或大多数成员的人身保险称为团体保险。对于团体保险，保险人在承保时并不对团体内各个被保险人一一进行审查、选择，而是考虑这一团体的总体危险程度能否承保。在团体保险中，投保人是团体组织，被保险人是团体中的在职人员，由团体组织缴纳保险费为其内部成员投保人身保险。团体保险可以分为团体人寿保险和团体健康保险，与个人保险相比有许多不同之处。

（四）按照投保动因划分

1. 自愿保险。自愿保险是保险双方当事人在公平自愿的基础上，通过签订合同而形成保险关系，双方均可自由选择。自愿保险的投保人可以自由选择险种、保险期限和保险金额。只要符合承保条件，保险人一般不得拒绝；合同一经成立，具有法律效力之后，保险人不得随意终止合同。人身保险业务中绝大部分都属于此类。

2. 强制保险。强制保险是根据国家法律的规定而自动生效的，是国家为保护社会公益立法规定的，无论当事人双方愿意与否都必须依法建立保险关系。因此也叫做法定保险。在保险法规规定的范围内，无论投保人或保险人是否愿意，都必须保险。凡属于保险承保范围内的保险标的，其保险责任自动产生。其保险金额和保险期限投保人不能选择，统一规定。一般只有旅客意外伤害保险等少数险种属于强制保险。

（五）按照保险事故发生可能性划分

1. 健体保险。又称为标准体保险，是指对于身体、职业、道德等方面没有明显缺陷的被保险人，保险人按照所制定的标准或正常的费率来承保的保险。大部分的人身保险险种都是健体保险。

2. 弱体保险。又称为次健体保险或非标准体保险，是不能用标准或正常费率来承保的保险。此类保险的被保险人发生保险事故的可能性较高，超过了正常人的标准，若使用正常费率将增加保险人的赔付率，只能用特别条件来承保。弱体保险在承保时通常采用保额削减法、年龄增加法、附加保费法等方法来进行。

（六）按照保险期间划分

1. 长期保险。保险期间在 1 年以上的保险称为长期保险，人寿保险中大多数业务为长期业务，如终身保险、两全保险、年金保险等，其保险期间长达十几年、几十年，甚至终身。

2. 短期保险。保险期间 1 年以下（含 1 年）的保险称为短期保险。人身保险中的意外伤害保险和健康保险及人寿保险中的定期保险大多为短期业务，其保险期间为 1 年或几个月。

（七）按照是否分红划分

1. 分红保险。分红保险是指保险公司将其实际经营成果优于保守定价假设的盈余，按一定比例向保单持有人分配的人寿保险。这种保单最初仅限于相互保险公司签发，但现在股份制保险公司也可采用。一般来说，在分红保险保费计算中，预定利率、预定死亡率及预定费用率的假设较为保守，均附加了较大的安全系数，因而保费相对较高。

2. 不分红保险。不分红保单中，所附安全系数较小，因为这种保单的成本结余，不能事后退还保单持有人，同时为业务竞争的需要，保费的计收必须反映提供保险的实际成本。因此，不分红保险的正常利润，仅以红利分配给股东或提存准备金。

➤ **知识拓展**

大数定律

概率论历史上第一个极限定理属于伯努利，后人称之为"大数定律"，是概率论中讨论随机变量序列的算术平均值向常数收敛的定律。作为概率论与数理统计学的基本定律之一，又称弱大数理论。

1733 年，德莫佛·拉普拉斯在分布的极限定理方面走出了根本性的一步，证明了二项分布的极限分布是正态分布。拉普拉斯改进了他的证明并把二项分布推广为更一般的分布。1900 年，李雅普诺夫进一步推广了他们的结论，并创立了特征函数法。这类分布极限问题是当时概率论研究的中心问题，卜里耶为之命名"中心极限定理"。20 世纪初，主要探讨使中心极限定理成立的最广泛的条件，二三十年代的林德贝尔格条件和费勒条件是独立随机变量序列情形下的显著进展。伯努利是第一个研究这一问题的数学家，他于 1713 年首先提出后人称之为"大数定律"的极限定理。

例如，在重复投掷一枚硬币的随机试验中，观测投掷 n 次硬币中出现正面的次数。不同的 n 次试验，出现正面的频率（出现正面次数与 n 之比）可能不同，但当试验的次数 n 越来越大时，出现正面的频率将大体上逐渐接近于 1/2。又如称量某一物体的重量，假如衡器不存在系统偏差，由于衡器的精度等各种因素的影响，对同一物体重复称量多次，可能得到多个不同的重量数值，但它们的算术平均值一般来说将随称量次数的增加而逐渐接近于物体的真实重量。

（资料来源：百度百科）

活动2 解读人身保险的基本原则

➤ **活动目标**

掌握人身保险的基本原则，能够利用基本原则分析案例。

➤ **活动内容**

在老师的指导下，学生分小组针对以下两个案例进行讨论分析：

1. 高某与其妻李某婚后不育，于 1999 年 6 月 2 日抱养一弃婴，并于 6 月 12 日在该市公安局为其申请了户口，户口簿载明：姓名高甲，与高某和李某分别为父女、母女关系。高某夫妇未向民政管理部门办理收养手续。同日，高某持户口簿到某人寿保险公司为其养女高甲投保，在告知抱养事实和出示户口簿后，与保险公司订立了独生子女生死两全保险合同。保险合同约定：投保人、受益人为高某，被保险人为高甲，保险期间为自合同生效时起至被保险人年满 18 岁止，身故保险金额为 5 万元。2000 年 3 月 12 日，李某携高甲去公园游玩，高甲不慎落水身亡。4 月 5 日高某通知保险公司高甲死亡并提出索赔，保险公司拒绝赔偿，高某遂诉至法院。

法院经审理认为，由于高某夫妇未向民政部门办理合法的收养手续，不符合《收养法》

的相关规定，因此收养关系不成立，高某对高甲不具有保险利益，遂判决如下：原告与被告订立的保险合同无效；被告退还原告已经缴纳的保险费。

请根据所学知识，分析回答：上述案例法院的判决正确吗？为什么？

2. 1998 年 8 月 12 日，某市百货商店向该市人寿保险公司投保团体人身意外伤害保险，保险期限 1 年，保险金额每人 5 000 元。1999 年 5 月 8 日，该商场职工吴某被摩托车撞伤，随即入院治疗，被诊断为右侧额部慢性硬膜下血肿，9 月 20 日死亡。吴某的指定受益人凭事故处理协议书与医院出具的"车祸脑外伤术后诱发肝昏迷死亡"证明向保险公司申请给付。保险公司为慎重处理本案，进一步查阅了吴某住院病历，获知：吴某 1994 年曾患甲型肝炎住院治疗，1999 年 5 月 8 日车祸受伤入院，手术消除脑血肿，术后无异常。6 月 9 日，吴感觉腹部不适，经检查发现肝炎转化为肝硬化，转内科住院治疗，9 月 20 日肝昏迷导致全身衰竭死亡。据此，保险公司认为吴某死亡之近因为肝炎而非车祸，而疾病不属于团体人身意外伤害保险的责任范围，故拒绝给付保险金，为此与受益人发生争执。

请根据所学知识，谈谈自己对此案例的看法？

➢ 活动指导

长期的人身保险业务发展过程中逐步形成了几个基本原则，为各国保险法所共同认可并遵守。各国人身保险的实践证明，坚持这些基本原则有利于维护保险双方的合法权益，更好地发挥人身保险的职能和作用，促进人身保险的健康稳定发展，有利于保障人们的生活安定、社会进步。

一、保险利益原则

（一）保险合同生效的前提条件是应具有保险利益

《中华人民共和国保险法》第 11 条规定，"投保人对保险标的应当具有保险利益。投保人对保险标的不具有保险利益的，保险合同无效。保险利益是指投保人对保险标的具有的法律上承认的利益。"可见，保险利益是保险合同的客体，是其生效的前提条件，要求投保人或被保险人对保险标的无论因何种利害关系而必须具有确定的经济利益，这种经济利益使得投保人或被保险人因保险标的有关危险事故的发生而受损害，因其不发生而继续拥有并受益。

（二）确立保险利益原则的意义

一是与赌博从本质上划清了界限，防止投保人利用保险进行赌博，遏制了对毫无关系的人的生命或身体投保以赚取保险金的行为。

二是防止道德危险的产生，使投保人或被保险人从自身利益出发自觉从事防灾减损工作，消除了"盼望保险事故的发生"或故意损伤被保险人等道德危险产生的根源。

三是限制保险赔偿金额。要求投保人或被保险人在保险事故不发生时具备保险利益，事故发生后其请求损害赔偿或给付的范围应以此为限。

（三）保险利益的确定较为复杂

不同种类的保险合同，其保险利益的性质、确认方法、存在时间以及转移、消灭等各有详尽的规定，人身保险合同以人的寿命和身体为保险标的，其在保险利益的确定、金额限定等方面比较复杂。

1. 我国《保险法》第 52 条规定，"投保人对下列人员具有保险利益：（一）本人；

（二）配偶、子女、父母；（三）前项以外与投保人有抚养、赡养或者扶养关系的家庭其他成员、近亲属。除前款规定外，被保险人同意投保人为其订立合同的，视为投保人对被保险人具有保险利益"。这里仍然强调经济利益，所以债权人对债务人有保险利益，该项保险利益以债务人实际承担的债务为限；本人对为本人管理财产或具有其他利益关系的人具有保险利益，如企业对其重要职员（总经理、总经济师等）的生命有保险利益，合伙人对其他任一合伙人的生命有保险利益，雇佣人或委托人对受益人或受托人的生命具有保险利益。

2. 对于人身保险，保险利益原则要求投保人订约之时对被保险人具有保险利益，而不管保险事故发生时是否具有。

3. 如果被保险人因合同"除外责任"规定的原因死亡，如自杀、刑事犯罪被处决等，则均构成保险利益的消灭，从而保险合同失效。由于人身保险标的物的特殊，一般不存在保险利益的转移。只有那些为一般利害关系而订立的人身保险合同，如债权债务关系，可以作为继承人的利益继续存在。否则，人身保险的保险利益不得继承或转让。

二、最大诚信原则

诚信是指诚实、守信，是一般经济合同关系中双方当事人都应遵守的先决条件。诚信原则也是世界各国民事立法对民事、商事活动的基本要求。人身保险合同是经济合同的一种，又具有自身的特殊性，当事人一方的保险人对另一方投保人情况知之甚少，只能根据投保人的陈述来决定是否承保和如何承保。投保人陈述完整、准确，对保险人承担的义务意义重大，为了保护保险人的利益，必须要求投保人或被保险人的最大诚信。

同时，保险合同尤其是保险条款是保险人单方面拟订的，比较复杂，又有较多的技术性要求，如人寿保险中保险费率的确定，非一般的投保人或被保险人能够充分了解和掌握的，所以要求保险人从最大诚信原则出发，正确计算保费，认真履行保险合同的责任和义务。因此，这一原则适用于当事人双方，任何一方的隐瞒欺诈行为都可能导致合同的失效或在法律诉讼中置其自身于不利处境。

所谓最大诚信，比较典型的是体现在保险实务中的告知和保证。

（一）告知

1. 告知保险标的的危险程度。投保人在投保时必须将有关保险标的危险的重要事实如实告诉保险人。其中重要事实是指会影响到保险人决定是否接受承保或对保险费率的厘定起决定作用的事实。投保人在投保时及合同有效期间，对危险的显著增加或者保险事故的发生都有及时通知保险人的义务。比如我国《保险法》第16条规定，"订立保险合同，保险人应当向投保人说明保险合同的条款内容并可以就保险标的或者被保险人的有关情况提出询问，投保人应当如实告知，投保人有意隐瞒事实，不履行如实告知义务的，或者因为过失未履行如实告知义务的，足以影响保险人决定是否同意承保或者提高保险费率的，保险人有权解除保险合同。"

2. 须告知的事实。对人身保险而言，告知义务主要体现在投保人在投保时要如实申报被保险人的年龄、健康状况、职业工种、家族病史等重要事实；保险事故发生后，提供保险人要求的各种真实证明；续保时，要向保险人申报不同于前期的危险情况。规定投保人告知义务的目的在于方便保险人测定危险程度和决定保险费率，防止投保人不当行为的发生，维护正常保险业务的进行。

3. 告知的两种做法。一是无限告知，即投保一方要尽量将有关情况提供给保险人，告知范围包括所有可能影响保险人决定承保与否的事实情况；二是询问回答，投保人对保险人在了解情况时所提出的询问均要如实回答。两种做法相比，后一种比较合理，因为投保人并不十分清楚哪些是保险人所需要掌握的情况，要求投保人单方面负责告知义务显然是不合理的，因此只要能如实回答保险人的问题即可。最常见的做法是由保险人根据不同的险种设计出被保险人的健康、财务状况调查表，并在表中列出保险人认为重要的问题，由投保人如实填写。

（二）保证

保证是投保人或被保险人对保险人所做出的特定担保事项，这是严格控制危险的原则之一，即担保事项的作为或不作为，某种事项的存在或不存在。保证条款是广义的特约条款的一种，主要是对投保人的一种利益约束，以保护保险人的利益。保证按其形式可分为明示保证和默示保证。

1. 明示保证。明示保证是以文字或书面的形式在保险合同中载明，成为合同条款的保证。明示保证又可分为认定事项保证和约定事项保证。认定事项保证又叫确认保证，该类保证事项涉及过去与现在，它是投保人对过去或现在某一特定事实存在或不存在的保证。如某人保证从未得过某种疾病是指过去及现在从未得过，但并不保证将来是否会患该种疾病。约定事项保证又称承诺保证，是指投保人对未来某一特定事项的作为或不作为，其保证的事项涉及现在和将来。如某人承诺今后不从事高危险性的运动是指从现在开始不参加危险性高的运动，但在此前是否参加过并不重要，也无须知晓。

2. 默示保证。默示保证是指并未在保单中明确载明，但订约双方在订约时都清楚的保证。默示保证无须在保险合同中以文字表述，一般是国际惯例所通行的准则、习惯上或社会公认的在保险实践中遵守的规则。其内容通常是以往法庭的判决结果，也是某行业习惯的合法化，与明示保证一样对被保险人具有约束力。默示保证在海上保险中应用较多。

3. 弃权与禁止反言。随着保险业务的开展，又出现了所谓"弃权与禁止反言"的规定。弃权指保险合同当事人一方放弃其在合同中可以主张的某种权利；禁止反言是指合同一方既已放弃其在合同中的某项权利即弃权，日后不得再向另一方主张这种权利，也称为禁止抗辩。这大多与保险代理人的权利行为有关。显然这一规定在保险实践中主要是约束保险人的。弃权与禁止反言的限定，可以约束保险人的行为，要求保险人对其行为及其代理人的行为负责，以防止对投保人或被保险人的利益造成侵害，维护被保险人的权益，有利于保险人权利义务关系的平衡，同时使得保险合同当事人双方在法律上地位趋于平等。

三、近因原则

（一）近因原则用以判断保险事故与保险标的损失之间的因果关系

所谓近因，是一种能动而有效的原因，它与结果之间有着必然的直接联系，同时这种原因又十分强大有力，以至在一连串事件中，人们从各个阶段上都可以逻辑地预见下一事件，直到发生意料中的结果；如果有数种原因同时起作用，近因是导致该结果的起决定作用或强有力的原因。这种原因具有不可避免产生损失的作用，与在时间上或空间上最为接近的原因有不同的意义。

由于保险人对其承保的危险所引起的保险标的损害承担责任，这就要求保险人承保危险的发生与保险标的损害之间必须存在着确定的因果关系，大多数国家的保险业以"近因原则"作为实务操作的基础。

（二）近因原则是保险理赔过程中必须遵守的原则

当被保险人的损失是直接由于保险责任范围内的事故造成的，保险人才给予赔偿。即保险事故的发生与损失事实的形成二者之间必须有直接因果关系存在，即承保危险是损失发生的近因时，才能构成保险赔偿的条件。例如，乘坐民航班机的旅客在途中因意外事故出现了伤亡，虽然大多数旅客在购买机票的同时都投保了人身意外伤害保险，但保险公司是否履行保险金的给付就必须分析发生事故的原因。如果调查结果表明，近因，即引起空难的直接有效原因是飞机的性能或驾驶者的错误操作等，则属于责任保险范围之中的责任意外伤害保险，人身保险公司并不承担给付保险金责任。由此可见，运用这一原则的目的，是保障保险人的利益，限制保险人的赔偿范围，对损失近因不属于责任范围中的不负赔偿责任。引起保险事故发生的原因有时十分复杂，要具体问题具体分析，近因原则在运用过程中也会因情况的复杂而引起争执或纠纷，要求当事人各方实事求是，协商解决。

需要注意的是，上述保险利益原则、最大诚信原则和近因原则是从事所有人身保险业务都必须共同遵循的一些基本原则，也是从事其他保险业务所要遵循的基本原则。基于人身保险标的是人的生命、身体或健康，不能用确定的货币来衡量，因此除个别情况外，人身保险合同一般属于定额给付性合同，因此不适用保险四大基本原则中的损失补偿原则，但人身保险中的医疗等伤害性保险既可以采用定额给付方式，也可以采用补偿方式。如果选择后者，就适用损失补偿原则，保险人对被保险人支付的医疗保险金不得超过被保险人实际支出的医疗费用。同样伤害性保险也适用由补偿原则派生出来的比例分摊等原则（根据《保险法》第67条规定，所有人身保险业务均不适用代位追偿原则）。

➤ **知识拓展**

损失补偿原则

损失补偿原则是指当保险事故发生时，保险人必须在保险责任范围对被保险人所受的损失进行补偿。损失补偿原则是由保险的经济补偿职能确定的，这是财产保险理赔的基本原则。通过补偿，使被保险人的保险标的在经济上恢复到受损前的状态，不允许被保险人因损失而获得额外的利益。补偿原则的实现方式通常有现金给付、修理、更换和重置。

损失补偿原则具体内容有：

1. 保险赔偿金额应当公平合理，充分补偿，协商一致。所谓公平合理，充分补偿，就是说保险人在保险事故发生后的具体赔偿数额应当有利于保险人和被保险人的双方利益。一方面，要充分补偿被保险人的实际损失，达到保险保障的目的；另一方面，不能使赔偿数额超过实际损失，使被保险人获取额外收益而损害保险人的合法权益。至于协商一致，则是说海上保险合同的保险金额作为保险赔偿的最高限额，应由保险人和被保险人根据保险标的的实际价值，协商确定。而赔偿数额的计算方法也须经双方协商一致才予以适用。

2. 保险金额是计算赔偿数额的依据，一般不允许超值保险。

3. 防止道德危险的发生。海上保险合同是对被保险人的保险保障措施，并非其牟利的手段，所以要防止道德危险的发生。

4. 保险人的赔偿责任依法律和海上保险合同予以限制。

损失补偿原则的例外情况：

1. 定值保险。

定值保险中，在发生全部损失时，不论保险标的价值如何变化，保险人仍按保险合同上约定的保险金额计算赔款。从以赔偿实际损失为本质的损失补偿原则的角度来看，该保险是一种例外。

2. 重置成本保险。

重置成本保险又称复旧保险或恢复保险，是按照重置成本确定损失额的保险。由于这种保险在确定损失赔付金额时不扣除折旧，而按重置成本确定损失额，所以，对于损失补偿原则而言，也是一种例外。

3. 人身保险。

人身保险是由投保人与保险人互相约定保险金额，并按照约定的保险金额给付的保险。人的生命是难以用货币衡量的，人身保险中的保险金额是由投保人或被保险人自行确定的，而且当发生保险事故时，倘若其持有多份保单，被保险人或受益人可获得多重给付。因此，对于损失补偿原则，人身保险也是一种例外（但人身保险中的医疗费用保险仍然适用损失补偿原则）。

（资料来源：百度百科及中国保监会保险知识大讲堂资料整理）

活动3　体会人身保险的社会价值

➤ **活动目标**

掌握人身保险的一般功能和特殊效用。

➤ **活动内容**

在老师的指导下，学生分小组进行市场调研，调研要求如下：

1. 调研身边的人发生过哪些风险；
2. 调研身边的人买过哪些保险；他们都有何感受；
3. 总结分析人身保险在人们生活中的作用，并完成调研报告；
4. 根据调研活动参与情况和调研报告撰写情况评分。

➤ **活动指导**

一、人身保险的一般功能

社会经济补偿制度由自保、集中和保险三种经济补偿制度构成。随着商品经济的发展，保险日益地成为三种经济补偿制度的主导，自保和集中处于辅助地位。人身保险作为保险的一种，自然具有保险的一般功能。

积聚保险基金、组织经济补偿是保险的基本职能，由此而派生出保险的防灾、防损、融资等职能。人身保险同样也具有这样的功能，发挥着保障社会经济生活和调整国民经济运转的作用。

（一）风险分散功能

社会生产和社会生活常面临危险。危险的发生具有偶然性，对个人来说要完全防止危险的出现或回避危险事故造成的损失几乎是不可能的，一方面个人经济力量不足；另一方面防范风险的技术手段也极为有限。而通过建立保险机制，可以将少数受害者的损失分摊在处于同样危险中的多数人身上，对个体而言就实现了对风险的防范，这就是保险的风险分散功能，体现着保险的互济性。保险不仅是一种法律关系，更是一种经济互助制度，保险的实质就是多数人基于合作互助分担个别人在财产和人身上所受损失的经济行为。

风险分散在现代生产和现代生活中意义重大。将危险转移出去，让众多的企业或个人分担，减轻了危险对社会某个环节或单个人的严重侵害，保障了社会生产的正常进行。

小贴士：人生有三怕

走得太早——死亡也许并不可怕，但谁希望家人由此而陷入失去经济依靠的困窘之中？

活得太老——长命百岁是美好的愿望，但漫漫未来的生活费用该谁来准备？

想走也走不了——重疾、残疾等人生的意外，是每个人生命中必须计算的成本。

事实上，风险是任何保险（无论是人身保险、财产保险，还是社会保险）的核心之所在。正是人身风险的存在，才使人们产生了人身保险的需求。

（资料来源：根据 http：//bbs. pinggu. org/thread－714737－1－1. html 整理）

（二）保险金给付功能

这个功能相当于财产保险中的经济赔偿功能。给付与赔偿并不同义。需要赔偿的损失可以通过价值形式明确计量，保险金给付项目则很难用一个固定金额去计量。给付是人身保险支付保险费的特定说法，有时是一次性的，有时也分期进行。

人的生存、年老、死亡、伤残等均不能用货币估值，保险人只能根据被保险人生、老、病、残、伤、亡的一般特征和具体情况确定投保费率，征收保险费，建立保险基金。保险当事人双方事先要对保险的条件、期限和金额标准达成协议，保险人按照协定一次或分期付给被保险人保险金。

现代社会经济的正常运行要求劳动力不断扩大再生产。工资收入具有保障劳动力扩大再生产的功能，保险金给付也起到了同样的作用。试想没有保险金给付的情况下，一旦患病、伤残、生育、年老或是丧失了劳动能力，使被保险人本人或家属失去了经济来源，就无法维持劳动力扩大再生产。而这些情况发生时，人身保险的保险金给付在一定程度上维护了受益人的经济利益，对维持劳动力扩大再生产有十分积极的作用。

（三）调节收入分配功能

保险是调节收入分配的手段之一。它通过投保人缴纳保险费，使分散的短期资金集中起来，建立人身保险长期的保险基金，而保险人根据保险合同履行保险金给付义务，积极运用保险资金从事投资，增加投保人的储金价值。这相当于对国民收入的再次分配，即把各个投保人的保险费收入的一部分转移到那些发生了保险事故的投保人名下。

保险调节收入分配的重要意义表现在：遭受了危险事故的投保人能够通过人身保险机构及时得到经济补偿，不致丧失收入来源或其他经济利益。这不仅保证了社会安定，而且促进了社会公平，一定程度上调节了社会成员财产和收入的高低差异。

（四）金融融资功能

资金融通的功能是指将形成的保险资金中的闲置的部分重新投入社会再生产过程中。

保险人为了使保险经营稳定，必须保证保险资金的增值与保值，这就要求保险人对保险资金进行运用。保险资金的运用不仅有其必要性，而且也是可能的。一方面，由于保费收入与赔付支出之间存在时间差；另一方面，保险事故的发生不都是同时的，保险人收取的保险费不可能一次全部赔付出去，即保险人收取的保险费与赔付支出之间存在数量差。这些都为保险资金的融通提供了可能。保险资金融通要坚持合法性、流动性、安全性、效益性的原则。

（五）社会管理的功能

社会管理是指对整个社会及其各个环节进行调节和控制的过程。目的在于正常发挥各系统、各部门、各环节的功能，从而实现社会关系和谐、整个社会良性运行和有效管理。

1. 社会保障管理：保险作为社会保障体系的有效组成部分，在完善社会保障体系方面发挥着重要作用，一方面，保险通过为没有参与社会保险的人群提供保险保障，扩大社会保障的覆盖面；另一方面，保险通过灵活多样的产品，为社会提供多层次的保障服务。

2. 社会风险管理：保险公司具有风险管理的专业知识、大量的风险损失资料，为社会风险管理提供了有力的数据支持。同时，保险公司大力宣传培养投保人的风险防范意识；帮助投保人识别和控制风险，指导其加强风险管理；进行安全检查，督促投保人及时采取措施消除隐患；提取防灾资金，资助防灾设施的添置和灾害防治的研究。

3. 社会关系管理：通过保险应对灾害损失，不仅可以根据保险合同约定对损失进行合理补偿，而且可以提高事故处理效率，减少当事人可能出现的事故纠纷。由于保险介入灾害处理的全过程，参与到社会关系的管理中，改变了社会主体的行为模式，为维护良好的社会关系创造了有利条件。

4. 社会信用管理：保险以最大诚信原则为其经营的基本原则之一，而保险产品实质上是一种以信用为基础的承诺，对保险双方当事人而言，信用至关重要。保险合同履行的过程实际上就为社会信用体系的建立和管理提供了大量重要的信息来源，实现社会信息资源的共享。

二、人身保险的特殊效用

人身保险的主要目的在于确保经济生活的安定。一方面要根据合理的计算来测定危险，而做好充分的准备；另一方面在保险事故发生时，要力使原有经济生活所遭受的不安定可以迅速得到恢复。因而人身保险在整个经济体系中有其特殊的效用，可以从以下三个角度进行考察：

（一）对个人和家庭的效用

1. 有助于增加积蓄，安排生活。

平时每个人或家庭只要花少量的、为数不多的保险费，而这些保险费通过各种形式予以返还，使生活可以有计划地安排，而一切意外的影响和不安全因素都由保险人为之承担，使家庭和个人生活得到保障。

2. 应对日益膨胀的医疗费用。

随着医疗技术的发展，医学技术日新月异，不断有重大技术突破，许多以前被认为是绝症的病例，利用现代医疗技术都可以治疗。但问题是，医疗费用也随着医疗技术的发展而提高。所以，疾病本身不可怕，可怕的是你能否支付昂贵的医疗费用。

3. 可以有效避税。

社会贫富差距不断加剧是一个不争的事实，而且这种趋势会越来越明显。征收遗产税作为平衡或调节的手段是一个必然趋势，我国之所以现在还没有开征主要是一些基础性的工作还没有到位。但事实上，银行账户的实名制、财产的登记制度、高额收入（年收入 12 万元以上）的申报制度等，无一不是在为开征遗产税奠定基础。

4. 可以有效保全家庭财产。

目前中国绝大多数家庭最大的资产往往就是房产。这些房产中的大多数都是有贷款的，尤其是年轻一族，贷款的额度一般较高，月供的数额较大。如果一旦发生风险导致收入中断，无法继续供房，房子就会被收回。而保险可以帮助我们保全我们的房子不会被银行收回。

5. 可以作为良好的投资工具。

投资型保险（如投连险）采用 FOF 的运营模式，通过专家理财，可以有效避免个人直接投资股票和基金的盲目性和冲动性。通过长期投资获得比较理想的投资收益，从而避免通货膨胀所带来的货币贬值风险。

6. 还可以帮助我们解决（或者部分解决）以下一些问题。

我们一生还有可能需要以下众多费用，如教育金、创业基金、婚嫁基金、家庭应急金、重振基金、养老基金、最后一笔费用（丧葬费）等，这些费用都可以通过保险来进行很好的规划，让我们生活得更从容、更精彩。

（二）对企业的作用

现代社会中，随着工业化进程加快，越来越多的人在企业中工作。企业作为投保人，缴纳保费为员工投保人身保险，当员工发生死亡、伤残、疾病等事故时或年老退休后可以从保险公司领取一笔保险金，从而稳定企业支出，提高员工福利，增强企业凝聚力。而且不少国家还对此采取鼓励措施，规定企业为员工投保人身保险支出的保险费，在一定金额以内的部分，可以列入成本，作为税前支出。

因而，通过投保人身保险，尤其是人寿保险，可以使企业经营不受重要职员突然死亡的影响，可以使合伙事业不因任一合伙人的死亡而解散，可以使职工安居乐业，同时提高企业凝聚力。

（三）对社会的效用

人身保险，尤其是长期人寿保险在其经营过程中聚集大量资金（相当部分是长期资金），可由保险公司进行投资运用，以便保值增值。人身保险资金的投资运用，实际是把部分个人消费在一定时期内投入生产领域或其他经济领域，发挥促进经济发展的作用。发展中国家需要资金，可以采用发展储蓄、引进外资、发行国债、借外债等手段，发展人身保险也可作为筹集资金的一种手段。即使在发达国家，人身保险也是提供经济发展所需资金的一条重要渠道。保险业与银行业、证券业同属金融行业，其经营活动对国家金融事业的稳定负有较大责任。此外，人身保险对社会的效用还表现在以下几个方面：

1. 有助于稳定社会生活。人身危险无处不在，随时随地对每个社会成员构成潜在的威胁，给人们的日常工作和生活带来不良影响，从而形成整个社会的成本支出。同时，若各种潜在的人身危险因素发生作用使潜在危险变成为现实，那么整个社会为之付出的代价就将会更大，社会生活的稳定性也会因此而大受影响。人身保险是社会保障体系的重要组成部分，并且世界各国都把建立和健全社会保障体系作为现代化国家的重要标志之一。社会保险和商业保险是社会保障体系中居于重要地位的两个保障系统，但由于社会保险无法完全提供和解决个人和家庭的经济保障，所以需要由商业保险作为重要补充。因而，美国学者把社会保险、企业保险和个人保险比喻为"三条腿的椅子"。因此，人身保险作为构建社会"稳定器"与"安全网"的重要部分之一，可以为社会成员提供多层次危险保障的经济补偿。人们通过平等自愿地参与人身保险，能够在很大程度上消除后顾之忧，或者补偿因人身危险所遭受的经济损失，从而促进全社会的持续发展。

2. 有助于扩大社会就业。人身保险实质是一项以人为本的行销策略，增员管理是人身保险行业的一个重要经营理念，表现为整个行业的人员流动量很大，不断有许多素质欠缺或缺乏适应性的员工被淘汰出局，但同时又会有更多吃苦耐劳、素质较高的新员工加盟进来，使得人身保险行业可以容纳数量极大的社会富余劳动力，从而可以为社会解决一定的就业问题。近年来，我国人身保险行业的从业人员总数也有较大幅度的增加。从某种程度上说，人身保险行业是全社会劳动力的蓄水池，它的发展对保证整个社会稳定发展的作用是不容忽视的。

3. 有助于解决社会老龄化问题。人口老龄化问题正在成为当前世界各国政府急于解决的一个十分棘手的问题，并被列为 21 世纪妨碍人类顺利发展的十大难题之一。根据联合国制定的划分标准，当一国总人口中 60 岁以上的老年人达到 10% 时，即被认为是进入了老龄化社会。这就意味着在全体社会成员中，每 10 人中就有一个老年人需要其他劳动者来供养，再加上社会成员中还有未成年人或丧失劳动能力的人，在业劳动者的负担之重也就可想而知了。根据世界银行的统计，我国在 2000 年就已跨入了老龄化社会。目前我国 60 岁以上老年人口已达 1.32 亿，并以年 3.2% 的速度急剧增长，到 2026 年中国 60 岁以上的老年人口将占总人口数的 18%，也就是说，全世界将有 1/4 的老年人集中在中国。面对如此严峻的形势，探寻一条有效解决老龄化问题的道路，使得老年人能够老有所养，已是迫在眉睫。虽然社会保险、社会保障体系在处理这个问题时也有其独到之处，但由于其保障范围、保障程度等因素的限制，单靠社会保险来解决养老问题是不能得到切实、彻底地解决的。而人身保险与社会保险相比，有着后者所无法比拟的优势。因此将二者有机地结合起来，取长补短，互为补充，构建起一个全面、有效的社会保障体系，可以更好地解决人类社会面临的老龄化问题。

➤ **知识拓展**

汶川地震保险理赔基本完成　合计赔付逾 16 亿元

来自中国保监会 11 日的消息称，"5·12"汶川特大地震保险理赔工作已基本完成，截至 2009 年 5 月 10 日，保险业合计支付保险金 16.6 亿元人民币。

其中，已赔付保险金 11.6 亿元，预付保险金 4.97 亿元。保监会数据还显示，保险业共处理有效赔案 32.9 万件，已结案 32.1 万件，结案率 96.7%；赔案涉及遇难人员 1.29 万人、伤残 743 人、受伤医治 3 343 人。

对重灾区的农房险、查勘定损复杂的工程险和企财险及涉及人身伤亡的险种，保险业均给予了合理赔付。保监会表示，目前尚未结案的，主要是部分修复周期长、损失尚未确定的工程险，以及少量人员失踪无法联系的人身险案件。

为引导保险公司参与灾区重建工作，保监会出台了保险资金投资政策。保监会表示，部分保险公司同其他企业合作，通过设立债权投资计划或成立产业投资基金的方式支持灾区重建，投资总额已达 100 亿元。

此外，保险业在地震发生后共向地震灾区捐款逾 4.5 亿元，还向在抗震救灾一线的 30 余万名武警官兵、公安干警、医护人员等赠送了人身意外伤害保险，平均保额超过 15 万元。

（资料来源：中国新闻网，作者为张潞璐）

任务 3　走过人身保险发展之路

【任务描述】从人身保险的历史发展脉络上来看，古代、近代、现代人身保险的发展内容十分丰富，呈现出不同的特点。本次学习任务是掌握人身保险在我国的发展历程，并对未来人身保险的发展有所了解。

活动 1　翻开人身保险的发展历史

➤ 活动目标

掌握人身保险发展的过程。

➤ 活动内容

在老师的组织下，完成下面的调查和讨论任务：

1. 从古到今，人们的很多行为和思想都具有一定的保险含义，请利用各种途径寻找一些这样的做法和思想；

2. 根据大家搜集到的资料进行讨论，它们如何体现出了保险思想？

➤ 活动指导

一、古代的人身保险思想

人类产生早期，生产力水平低下，原始人的生活朝不保夕，于是就选择了群居。从原始人群到氏族公社，人们以某种关系而聚居在一起，共同劳动、共同生活、彼此扶助、相互提携，氏族成员共同抵抗外来的危险，共同克服彼此的困难。当一个成员发生伤残、疾病或是年老等危险事故时，其他成员就会自觉地予以扶助。可以说，是生存的需要导致了这种原始互助行为的产生。

随着生产力水平的逐渐提高，出现了剩余产品，产生了私有制和家庭。而实践证明，在单个家庭内部建立应付人身危险的后备，既不可靠，也不经济：不可靠是因为时间上的不匹配，人身危险随时都有发生的可能，而单个家庭的经济能力有限，要积蓄起足够的后备势必是个长期的过程，一旦危险事故发生在前，而后备尚不足够，也是杯水车薪，无法解决根本问题；不经济则是由于消费的客观需要，单个家庭的经济承受能力有限，长期积蓄后备必然影响现时的日常消费，而只有维持正常消费才能保证一定生活水平，所以在有限的经济能力条件下存在着即期生活水平与远期生活保障协调的问题。故而就产生了以互助形式建立社会化应付人身危险后备的人身保险思想。

　　早在公元前 4 500 年的古埃及，由于大规模的修建金字塔的工程，许多石匠死于各种人身伤亡事故。为了得到适当的补偿和保障，石匠之间就组织了应付人身危险的原始互助团体。参加者订立契约，每个成员缴付一定数额的互助会费用以支付会员死亡、受伤所需的各种费用支出或抚恤其遗属。我国古代很早也产生了预先提存后备、养老恤贫、互助共济以保生活安定的思想。据记载，早在公元前 3 000 年，我国一些商人在扬子江的危险水域运输货物时就采用了分船装货的办法，即将每个人的货分装在数条船上，如有某只船遇险，每人只受到部分损失，这就体现了"分散危险"的基本保险思想。而孔子所提的"耕三余一"更是典型的提存后备的思想。他认为每年将收获粮食的 1/3 积储起来，连续 3 年就可存足 1 年的粮食，不断进行，连续 27 年可积存 9 年的粮食，便可达到太平盛世了。

　　这些组织形式主要都是以互助的方式来分担困难，其从"分担危险"、"互助共济"等最初的保险思想出发，建立起来的各种应付人身危险的古代互助团体，的确起到了分摊损失的作用，而且它的活动直接体现了"人人为我，我为人人"的现代保险的宗旨。因此，这一时期也是人身保险的萌芽时期。

二、近代人身保险的形成

　　随着商品经济的发展，应付人身危险的后备逐渐由互助形式转化为经营形式。由专门的经营者——保险公司负责集中同样面临人身危险的人们，组织建立保险基金并负责对之进行有效管理。保险经营者与参加保险人之间因订立合约而发生权利义务关系，而参加者之间不再有权利义务关系，经营者既要承担由参加者转嫁过来的各种人身危险，又会因为经营得当而获得一定的利润。从而形成了近代人身保险制度。

　　近代保险制度中出现最早的是海上保险，新大陆发现后，海上贸易空前繁荣起来。随着海上贸易的发展，海上保险也逐渐形成。海上保险主要保的是船舶和货物。15 世纪的欧洲已经比较流行奴隶贩卖活动，许多奴隶是殖民主义者海上贩运而来的。奴隶被视为商品作为货物投保了"人身保险"，后来发展到对船长、船员也实行人身保险。到 16 世纪，开始了对旅客的人身保险。

　　最先提出人寿保险的是英国伦敦市参议员查理·马丁，1583 年 6 月 18 日，出现了最早的人寿保险单，这是由伦敦皇家交易所保险行会的 16 名商人共同签发的。

　　在近代人身保险形成过程中，年金制度的作用也是举足轻重的。年金买卖在中世纪就已开始实行，十六七世纪在英国、荷兰最盛行。而最著名的人身年金保险则是由意大利的洛伦佐·佟蒂做出的。

　　17 世纪初，伦敦流行疫病，各教区每周公布死亡人数的记录，英国数学家约翰·格兰特（John Graunt）对这些记录进行研究，于 1662 年发表了关于生命表思想的论文。对生命表贡献最大的是英国著名的数学家和天文学家爱德华·哈雷（Edward Hally）。1693 年他以德国布勒斯劳（Breslau）市 1687～1691 年居民死亡统计资料为依据，较精确地计算出各年龄人口的死亡概率，并在此基础上编制、发表了生命表。这是第一个根据实际统计资料编制的完整的生命表，在人身保险基础理论研究方面取得了突破性进展。

　　人身保险制度伴随着资本主义经济的发展而日渐成熟。近代人身保险的发源地是当时资本主义经济最发达的英国。1699 年，英国出现了世界上第一家人寿保险组织——孤寡保险社。

在近代人身保险制度的发展初期，费用的分摊却引致了参加者的"逆向选择"。老年人的死亡可能性高于年轻人，但参加保险的人负担的费用却彼此相同，所以要求加入社团的老年人越来越多，而年轻人则纷纷离去，为了解决这个问题，詹姆斯·道德逊提出了"平准保险费"的理论。这首先就将定期死亡保险的期限由 1 年改为二三十年甚至更长，又要求投保人在此期限内每年只需缴纳相同数额的保险费，避免了每年调整费率的烦琐。前期平准保险费高于自然保费，高出部分由保险人代为生息、增值，在保险期限的后一阶段，平准保费低于自然保费，不足部分就由以前超出部分及其所生利息弥补。詹姆斯·道德逊的"平准保险费"理论对于人寿保险费计算技术的提高以及人寿保险经营的完善是一个重大的贡献。

1762 年，辛普森在英国创办了公平人寿及遗嘱公平保险社。这家保险公司第一次根据生命表，采用了平准保险费的理论科学地计算保费，在保险单中还出现了关于缴纳保险费宽限期以及保险单失效、复效的规定。该公司集前人理论研究与实践探索之大成，其创立使人身保险的业务经营建立在科学的数理基础之上，朝着正规化的方向发展，实现了保险当事人权利义务的真正对等，因此，这家保险公司的创立被认为是近代人身保险形成的标志。

三、现代人身保险在发达国家的发展

（一）现代人身保险在英国的发展

英国是世界人身保险的发源地。1762 年英国公平人寿保险公司的创办，标志着现代人寿保险的开端。1774 年，英国通过了《英国人寿保险法》，成为英国人寿保险发展史上的第二个里程碑。其中规定："这是管理有关人寿保险的法令，除了投保人对被保险人的生存或死亡有利益关系者外，其他人都不得办理这种保险。"从而有效地遏止了投保人替与自己无利益关系的人投保人寿保险后，谋杀被保险人的行为。

从 18 世纪末开始，英国人寿保险有了更大发展，一大批新的保险公司不断出现，如威斯敏斯特保险社（1792 年）、鹈鹕人寿保险公司（1797 年）、节俭人寿保险公司（1806年）、太阳人寿保险公司（1810 年）。但这些公司的寿险业务的服务范围狭窄（主要是贵族、地主、富商、军官及自由职业者）。1845 年相互人寿保险协会会长估计当时英国 2 500万人口中，只有不到 10 万人与人寿保险公司打过交道，人寿保险并未普及大部分普通人。19 世纪中期，英国人寿保险公司开始通过保险代理处和设置分支公司来扩大普通寿险业务。

英国是最早完成工业革命的国家，工业革命产生了工人阶级。由于这些工人没有疾病、死亡和年老后的经济保障，更没有购买普通寿险的经济能力，1854 年英国下议院经过社会调查，建议为低薪阶层解决保险问题。此后，伦敦谨慎保险公司首创简易人寿保险，这种保险由保险代理人每周上门收取一次保费；被保险人死亡后，由保险公司给付金额不高的保险金，以提供丧葬费并维持死者家庭的短期生活。19 世纪后期，简易人寿保险吸引了无数低收入者投保，并流传至其他国家。与此同时，英国还出现了承保雇员的团体人身保险计划，保险费从团体各成员的工资中扣除。19 世纪 80 年代，团体人身保险计划仅占所有签发保险单的 19%，而到 1900 年这一比例高达 47%。20 世纪 30 年代，英国实行了团体养老金保险计划，进一步推动了英国人身保险的发展。

19 世纪中期，英国还推出了人身意外伤害保险，1948 年铁路旅客保险公司开始办理旅客人身意外伤害保险。如 1885 年设在爱丁堡的疾病和意外保险工会开始办理疾病保险，保险期限为 1 年。后来又推出了永久健康保险，被保险人经体检合格后方可签发保单，承保至规定年龄（如退休年龄）。

在人身保险监管方面，1844 年英国政府曾制定股份公司法，着手对保险公司进行监督，但效果不明显。于是在 1870 年英国又通过了人寿保险公司法，该项法律要求保险公司实行账务公开，接受社会的监督，从而将寿险公司的经营引向正轨，并标志着英国人身保险制度走向成熟。

（二）现代人身保险在美国的发展

英国创立的人身保险制度首先传向的是德国和法国，后来才传入美国，但在美国的发展速度却十分迅速。在发达国家中，美国人身保险业的发展过程是比较完整的，有较强的代表性。

19 世纪以前，美国的人寿保险是由个人或合伙经营的保险业者承保的水险业务的附带险种。美国第一个提供死亡保障的是 1759 年在费城教会会议上成立的长老教会牧师基金。1794 年 4 月 14 日注册成立的北美洲保险公司是美国第一家经营人寿保险的股份公司，其经营普通保险业务，包括人寿保险，但该公司于 1804 年中止其寿险业务。

随着美国经济的飞速发展和人口的增加，人寿保险的需求不断上升。相互保险公司的出现更是推动了寿险业务的发展。1840～1850 年成立的大部分寿险公司都采用了相互保险公司形式，其中较著名的有纽约相互人寿保险公司（1842 年）、新英格兰相互人寿保险公司（1843 年）、新泽西相互福利人寿保险公司（1845 年）。后来一些股份人寿保险也通过退股改制为相互保险公司。

推动美国人寿保险迅速发展的另一重要因素是与雇员福利有关的团体人寿保险和年金保险的出现。1925 年大都会人寿保险公司签发了美国第一份团体养老金保险，1911 年公平人寿保险公司承保了美国第一笔雇员团体人寿保险业务。此后，团体人身保险在美国全部人身保险业务中的比例逐年递增。1928 年美国谨慎保险公司还首创了信用人寿保险业务。美国的健康保险开始于 19 世纪 60 年代，当时的健康保险并不是独立的险种，而是作为其他人身保险附带的保险责任。直到 1929 年，现代商业健康保险才开始作为独立的险种出现。第二次世界大战后，健康保险得以迅速发展。到 50 年代中期，美国已有 7 700 万人购买了住院费用保险，6 000 万人拥有手术费用保险，2 100 万人有手术费用和医生诊治保险。这一阶段，商业健康保险公司虽然为成千上万人提供了健康保险，但他们计算保险费的依据却仍然是营业经验。20 世纪 60～80 年代是美国健康保险业飞速发展的年代，商业保险公司开始为大众提供大金额的综合医疗保险，并使用精算技术确定保费。这一阶段，统筹医疗也有了很大的发展。

第二次世界大战以来的大部分时间里，美国始终是世界头号保险大国。总体而言，美国的寿险公司主要由股份公司和相互公司组成，其中约 95% 是股份公司。相互公司一般历史较长、规模较大，其资产总额占 43.8%。

四、我国人身保险的产生和发展

（一）新中国成立前的状况

在中国漫长的封建社会里，一直以自给自足的自然经济为主，人们还只是依赖家庭成员之间、亲戚邻里之间的互助以及民间借贷来应付人身危险，没有形成规模经营的近代人身保险机构，因此常有人说"保险"是"舶来品"。的确，中国的近代人身保险的历史是与近代中国的屈辱、抗争、探索的历史密切相关的。

鸦片战争以后，随着外国政治军事势力的入侵，各种经济文化势力也纷纷入侵我国。在华的外国人逐渐增多。1884 年英国殖民者首先在上海设立了永福和大东方两家人身保险公司，其后又有美国的联邦、友邦人寿保险公司以及加拿大的永明、永康、宏利等人寿保险公司相继成立。

1907 年，徐锐起草了《保险业章程草案》，成为中国历史上第一部保险法规。1908 年 10 月，清政府派员参加万国保险公司会议，标志着中国民族保险业初步形成。1912 年设立的华安合群保险公司是早期华资人寿保险公司之一，其资金力量比较雄厚，经营也比较好，业务量比较大，是当时国内规模最大的人寿保险公司。

1933 年 7 月、1934 年 4 月中国保险公司和太平保险公司分别设了寿险部，经营人身保险业务，后因当时政府法令不允许兼营财产保险和人身保险，相继改组为人寿保险公司。同时期，福州、天津、北平等地还出现了许多人寿小保险公司，业务层次多样，保险市场前景看好。

抗日战争全面爆发后，日本侵略者曾在伪"满洲国"设立满洲生命保险会社，经营人身保险业务，但是"国将不国，何以聊生"，沦陷区、半沦陷区的人身保险业萧条冷清。抗战胜利初期，上海又成为全国保险业中心，据统计，截至 1947 年 3 月底，全国保险业的分支机构达 602 家，保险业一片繁荣。但到了解放战争时期，恶性的通货膨胀严重摧残了保险业，尤其是人身保险业，机构锐减，相当部分已名存实亡。

（二）新中国成立以后的情况

1. 1949 ~ 1980 年。中华人民共和国成立后，人民政府对原有的保险业进行了接管、改造，1949 年 10 月 20 日成立了国营性质的中国人民保险公司，在全国范围内经营财产保险和人身保险。

人保公司在新中国成立初期主要经营的人身保险业务有：旅客意外伤害强制保险；各种个人人寿保险，如两全保险和终身保险、简易人身保险；职工团体人身保险；人身意外伤害保险。后来还创立了"综合福利保险"、"保健保险"等许多适应群众要求的新险种。

然而自 1958 年开始，全国开展了人民公社运动。除涉外保险业务以外，国内保险业务均被停办。从 1959 年开始，铁路、轮船、飞机旅客意外伤害强制保险分别移交给铁路、交通、民航部门办理，其他人身保险业务则清理停办。

据人保公司统计，在 1949 ~ 1958 年这 10 年里共收保费 16 亿多元，其中人身保险费收入达 1.41 亿元，占全部业务的 8.81%。据不完全统计，10 年间共有 180 万名职工参加了团体人身保险，300 万人参加了简易人身保险。

作为两大险种之一的人身保险，在保险业的整体发展中有着重要的意义，在保障社会生活方面更是发挥着不容忽视的作用。1979 年 2 月中国人民银行全国分行长会议决定自 1980 年起恢复办理国内保险业务，得到了国务院的批准。1980 年财产保险业务开始重新办理。1982 年，人身保险业务开始恢复办理。从此，我国人身保险事业开始了历史性的转折。

2. 1982 ~ 1987 年。从 1982 年开始，中国人民保险公司首先恢复办理的人身保险险种有：团体人身保险，保期 1 年；团体人身意外伤害保险，保期 1 年；简易人身保险，保期 5

年、10年、15年、20年、30年；公路旅客意外伤害保险。此后还陆续开办了学生平安保险以及子女教育婚嫁保险、独生子女父母养老金保险等与教育事业、计划生育政策相配合的险种。在此期间，人保公司还根据中央的决定小规模试办了养老金保险。

这一时期的人身保险保费收入增长速度十分惊人，1982～1987年年平均增长达到330%。这当然与恢复初期基数较小，反映到相对数上比较大有关，同时也和80年代初国民经济高速增长的刺激以及其他社会背景有密切关联。

3. 1988年至今。从保费规模来看，1987～1997年中国的人身保险费收入年平均增长率为35.8%，但保费规模仍低于财产保险。1997年，受当年降息的影响，人身保险保费增长速度开始超过财产保险，此后就一直保持着保费规模上的优势。

2001年，我国保险费收入为2 109.36亿元，同比增加513.67亿元，增幅高达32.19%。其中，人身保险业务保险费收入为1 423.97亿元，同比增加426.50亿元，增幅42.76%；在全部保险费收入中，来自人身保险业务和财产保险业务的保险费收入分别占67.51%和32.49%，随后的10年，中国经济得到高速增长，国民收入的不断提高，居民保险消费的稳步增长，使得我国的人身保险行业迅速成长，并且取得了骄人的业绩。保监会公布的数据显示，2010年全国人身险保费收入为9 912.64亿元，占保险市场份额的74%，全国财产险保费收入为3 527.71亿元，财产险保费占总保费收入的26%，这显示出人身险市场无比旺盛的发展势头。

从市场格局上来看，由于政府法规及政策的原因，在平安保险公司1988年成立前，中国人寿保险公司于1980年重新开业后一直完全垄断市场。近年来在国有保险公司业务规模持续扩大的基础上，股份制公司的市场份额也有较大幅度的上升。随着保险业竞争机制的完善，创新机制的不断发展，各寿险公司保险产品开发更为积极，市场竞争日趋激烈。2011年以标准保费的规模为序，中国人寿、平安寿险、太平洋寿险的市场份额占比分别为27.9%、18.7%和9.34%，泰康、新华、人保寿险的市场份额分别为8.4%、7.5%和5.3%。

从发展区域来看，我国各地寿险原保费收入不平衡，深圳、上海、北京、江苏、青岛等地保险业发展较为迅速，而西藏、甘肃、宁夏、内蒙古等地保险发展水平较低，可以看出我国保险业发展空间水平不均衡，西部地区与中东部地区相比，保险发展速度较慢，侧面反映出，我国经济发展不平衡，人们的保险意识也有很大差距。

从险种结构上来看，业务恢复之初，短期意外伤害保险占最大比重；1986年以后，人身险曾一度成为业务量最大的险种，但1989年以后速度减缓；1990年以后养老保险的保费收入占据首位，业务量居前。2000年下半年开始推出的投资连结保险、分红保险、万能寿险等新型险种迅速成为人身保险市场上的新宠儿。2009年，新会计准则改变了保费计算方式，从而提高了保险公司销售分红险的积极性，加之持续低迷的股市令投资型险种的市场空间日益萎缩，分红险成为新的产品主力。据保监会统计，2010年全国一季度分红险收入占寿险全部保费收入的75.5%，中国人寿2009年分红险保费收入占总保费收入的74%。

➤ 知识拓展

近现代保险的形成与发展

● 海上保险

海上保险在各类保险中起源最早。正是海上保险的发展，带动了整个保险业的繁荣与发展。人类历史的发展，一直与海洋密不可分。海上贸易的获利与风险是共存的，在长期的航海实践中逐渐形成了由多数人分摊海上不测事故所致损失的方式——共同海损分摊。在公元前916年罗地安海立法中规定："为了全体利益，减轻船只载重而抛弃船上货物，其损失由全体受益方来分摊。"在罗马法典中也提到共同海损必须在船舶获救的情况下，才能进行损失分摊。

现代海上保险是由古代巴比伦和腓尼基的船货抵押借款思想逐渐演化而来的。14世纪以后，现代海上保险的做法已在意大利的商人中间开始流行。1384年，在佛罗伦萨诞生了世界上第一份具有现代意义的保险单。这张保单承保一批货物从法国南部阿尔兹安全运抵意大利的比萨。在这张保单中有明确的保险标的，明确的保险责任，如"海难事故，其中包括船舶破损、搁浅、火灾或沉没造成的损失或伤害事故"。在其他责任方面，也列明了"海盗、抛弃、捕捉、报复、突袭"等所带来的船舶及货物的损失。15世纪以后，新航线的开辟使大部分西欧商品不再经过地中海，而是取道大西洋。16世纪时，英国商人从外国商人手里夺回了海外贸易权，积极发展贸易及保险业务。到16世纪下半叶，经英国女王特许，在伦敦皇家交易所内建立了保险商会，专门办理保险单的登记事宜。1720年经女王批准，英国的"皇家交易"和"伦敦"两家保险公司正式成为经营海上保险的专业公司。

1688年，劳埃德先生在伦敦塔街附近开设了一家以自己名字命名的咖啡馆；为在竞争中取胜，劳埃德慧眼独具，发现可以利用国外归来的船员经常在咖啡馆歇脚的机会，打听最新的海外新闻，进而将咖啡馆办成一个发布航讯消息的中心。由于这里海事消息灵通，每天富商满座，保险经纪人利用这一时机，将承保便条递给每个饮咖啡的保险商，由他们在便条末尾按顺序签署自己的姓名及承保金额，直到承保额总数与便条所填保险金额相符为止。随海上保险不断发展，劳埃德承保人的队伍日益壮大，影响不断扩大。1871年英国议会正式通过一项法案，使它成为一个社团组织——劳合社。到目前为止，劳合社的承保人队伍达到14 000人。现今其承保范围已不仅是单纯的海上保险。

- 火灾保险

火灾保险起源于1118年冰岛设立的Hrepps社，该社对火灾及家畜死亡损失负赔偿责任。

17世纪初德国盛行互助性质的火灾救灾协会制度，1676年，第一家公营保险公司——汉堡火灾保险局由几个协会合并宣告成立。但真正意义上的火灾保险是在伦敦大火之后发展起来的。1666年9月2日，伦敦城被大火整整烧了5天，市内448亩的地域中373亩成为瓦砾，占伦敦面积的83.26%，13 200户住宅被毁，财产损失1 200多万英镑，20多万人流离失所，无家可归。灾后的幸存者非常渴望能有一种可靠的保障，来对火灾所造成的损失提供补偿，因此火灾保险对人们来说已显得十分重要。在这种状况下，聪明的牙医巴蓬1667年独资设立营业处，办理住宅火险，1680年他同另外3人集资4万英镑；成立火灾保险营业所，1705年更名为菲尼克斯即凤凰火灾保险公司。在巴蓬的主顾中，相当部分是伦敦大火后重建家园的人们。巴蓬的火灾保险公司根据房屋租金计算保险费，并且规定木结构的房屋比砖瓦结构房屋保费增加一倍。这种依房屋危险情况分类保险的方法是现代火险差别费率的起源，火灾保险成为现代保险，在时间上与海上保险差不多。1710年，波凡创立了伦敦保险人公司，后改称太阳保险公司，接受不动产以外的动产保险，营业范围遍及全国。18世纪末到19世纪中期，英、法、德等国相继完成了工业革命，机器生产代替了原来的手工操作，物质财富大量集中，使人们对火灾保险的需求也更为迫切。这一时期火灾保险发展异常迅速,火灾保险公司的形式以股份公司为主。进入 19 世纪,在欧洲和美洲,火灾保险公司大量出现,承保能力有很大提高。1871 年芝加哥一场大火造成 1.5 亿美元的损失,其中保险公司赔付 1 亿美元,可见当时火灾保险的承保面之广。随着人们的需要,火灾保险所承保的风险也日益扩展,承保责任由单一的火灾扩展到地震、洪水、风暴等非火灾危险,保险标的也从房屋扩大到各种固定资产和流动资产。19 世纪后期,随着帝国主义的对外扩张,火灾保险传到了发展中国家和地区。

● 人寿保险

在海上保险的产生和发展过程中,一度包括人身保险。15 世纪后期,欧洲的奴隶贩子把运往美洲的非洲奴隶当做货物进行投保,后来船上的船员也可投保;如遇到意外伤害,由保险人给予经济补偿,这些应该是人身保险的早期形式。

17 世纪中叶,意大利银行家伦佐·佟蒂提出了一项联合养老办法,这个办法后来被称为"佟蒂法",并于 1689 年正式实行。佟蒂法规定每人缴纳法郎,筹集起总额 140 万法郎的资金,保险期满后,规定每年支付 10% ,并按年龄把认购人分成若干群体,对年龄高些的,分息就多些。"佟蒂法"的特点就是把利息付给该群体的生存者,如该群体成员全部死亡,则停止给付。

著名的天文学家哈雷,在 1693 年以西里西亚的勃来斯洛市的市民死亡统计为基础,编制了第一张生命表,精确表示了每个年龄的死亡率,提供了寿险计算的依据。18 世纪 40 ~ 50 年代,辛普森根据哈雷的生命表,做成依死亡率增加而递增的费率表。之后,陶德森依照年龄差等计算保费,并提出了"均衡保险费"的理论,从而促进了人身保险的发展。1762 年成立的伦敦公平保险社才是真正根据保险技术基础而设立的人身保险组织。

（资料来源：和讯网,向日葵保险网转载）

活动2　展望人身保险发展的未来

➢ **活动目标**

了解人身保险发展的未来情况,对人身保险发展有一个前瞻性的认识。

➢ **活动内容**

在老师的组织下,完成市场调研活动:

1. 学生分小组深入周边乡镇,进行市场调研;
2. 通过调研活动,了解一下目前我国农村人身保险的现状;
3. 根据调研结果的统计分析,分小组讨论今后农村人身保险发展的可行途径;
4. 以组为单位完成调研报告;
5. 根据调研活动参与情况和调研报告撰写情况评分。

➢ **活动指导**

我国是世界上人口最多的国家,人身保险市场蕴涵着巨大的发展潜力,近几年虽有了较快的发展,但从保险深度与密度来看,仍远远落后于世界发达国家,其挖掘潜力仍然是无比巨大的。随着我国经济体制改革的纵深发展,社会经济环境的变化,对人身保险提出了更高的要求,同时也带来了极大的机遇。如何适应客观变化,抓住机遇,将是我国人身保险业务发展的关键。

一、我国人身保险市场未来会继续发展的原因

（一）经济发展将大大增加全社会可保资源

目前，我国国民经济保持平稳快速发展，呈现出增长较快、结构优化、效益提高、民生改善的良好运行态势。从长远来看，我国经济在较长一段时间内将保持快速发展的势头。国民经济总量增长带来的社会财富和居民财富的积累，为保险业发展注入长期动力。

随着人们生活水平的提高，健康、养老、教育、住房、汽车等方面的消费比重逐步上升，对相关领域的保险需求也会不断增加。特别是随着全社会中等收入人群比重的提高，人们对安全和保障的需求显著增加，保险消费将逐步成为现代消费的重要组成部分。目前，我国经济发展将由主要依靠第二产业带动向依靠第一、第二、第三产业协同带动转变，保险业作为第三产业重要组成部分，必将从国家经济发展方式的转变和我国产业结构优化升级的过程中获得新的动力。

（二）社会保障体系的建设和完善助推人身保险业

当前，我国已经快速步入老龄化社会，人口老龄化率 2020 年将上升到 17.2%，2050 年将达到 31%，完善社会保障体系的压力越来越大。党中央国务院已对保险业提出了明确要求：要发挥商业保险在社会保障体系建设中的重要作用，因而在更好地满足人民群众对养老、医疗等保障需求方面，保险业大有可为。

同时，国家开始探索运用保险业进行转移支付和帮助弱势群体的有效模式，并在发展政策性农业保险方面进行了初步尝试。随着各级政府对保险功能作用的认识不断深入，各种政策性业务和强制性业务将逐步增多，为保险业服务社会经济提供了新的途径。

（三）外部环境优化为人身保险业发展提供了良好氛围

当下我国改革进入了一个关键时期，政府职能进一步转变，风险保障模式、经济金融运行模式和社会管理模式将会进一步市场化，需要充分发挥保险在经济补偿、资金融通和社会管理等方面的作用。保险业在服务经济社会大局方面的实践和探索得到了各级政府的广泛关注，各级政府对保险业发展越来越重视，逐步开始主动运用保险机制促进经济社会发展。可以预见，随着保险业服务和谐社会的实践不断丰富，保险业发展的政策环境将得到进一步优化。随着社会进步和人们风险意识提高，越来越多的人将会逐步认识保险、了解保险、购买保险，并把保险作为个人财富管理和风险管理的重要手段，保险的潜在需求正稳步转化为有效需求。

二、我国人身保险行业未来发展趋势

（一）寿险公司加快创新发展步伐

今后一段时间内，市场竞争主体将进一步增加：一方面，更多的国内外资本看中保险业的发展前景而投资于保险行业，新设经营主体将随之增加；另一方面，已成立寿险公司将加快分支机构铺设的速度。随着市场主体的增多，市场竞争将更趋激烈，寿险公司为寻求发展在经营上会推出更多差异化产品。特别是中小寿险公司，为取得竞争优势和赢得发展空间，必然会在细分市场上开发更具针对性的产品，开展更具特色的服务，走差异化和专业化发展道路。专业的养老保险公司、健康险公司等将会得到进一步发展，电话销售、网络销售、电视销售等新型销售渠道也将进一步拓展寿险公司的潜在客户群。

（二）健康保险参保者众多

政府一方面鼓励企业通过参加商业保险解决基本医疗保障之外的需求，另一方面鼓励商业保险参与健康险委托管理服务和社会保险经办管理，利用市场机制提高社会医疗保险管理服务能力。这意味着商业保险将有更多的机会为人民群众提供健康保险服务，消费者的巨大需求同时也为商业健康保险创造了越来越大的潜在市场。

（三）商业养老保险大有可为

2007 年 11 月我国保险业第一部专门规范养老保险业务的部门规章——《保险公司养老保险业务管理办法》出台，该办法出台的政策效应和积极的推动作用在今后一段时间内会逐步显现出来，从而推动整个商业养老保险的发展。随着该办法的深入贯彻落实，有条件的地区已经采用团体和个人养老保险税收政策。同时商业保险企业在拓展企业年金市场、实施养老保险专业化经营方面具备专业优势，央企近年大量建立企业年金计划为年金市场的拓展提供了重要发展机遇，各专业养老险公司有望保持在法人受托、投资管理方面的领先地位。

（四）农村小额保险市场建设加速

小额保险是为农村和城市低收入人群提供的一种简易保险，它有三个核心特征：一是面向低收入人群；二是保险金额较小；三是保费低廉。其作用在于防止脱贫人口返贫，推动城乡协调发展。目前全国各地的小额保险工作取得了可喜的成绩，有更多的公司参与小额保险经营，通过与银行、邮政系统的合作，在经营模式、产品设计、销售渠道等方面进行创新，在失地农民养老保险、农村计划生育保险等领域扮演更重要的角色。

（五）寿险费率市场化改革推进保险产品创新

多年来，寿险产品预定利率 2.5% 的上限为防范化解利差损失风险发挥了积极作用，随着 2007 年中央银行连续 6 次上调存贷款利率，资本市场进入火暴场面，传统型寿险产品吸引力不断下降。虽然新型产品的热销对寿险业 2007 年规模较快增长起到了积极作用，但是金融综合经营的趋势使得投连、万能等新型产品与基金、银行理财产品的替代性加大，寿险公司仍面临较大的挑战。长期来看，费率市场化改革已是大势所趋，这将引发新一轮的人身保险产品创新，对行业竞争力和市场格局产生较大影响，尤其是增加保障型产品的竞争力和吸引力。

（六）寿险监管会更加严格

近年来，保险监管部门除了通过合规性监管来保证保险公司不出现大的财务风险外，还从完善公司治理、降低产品价格、优化理赔服务等方面下工夫，积极维护消费者的利益，使消费者对保险行业的信任度进一步增强。加大分类监管力度，扩大风险预警范围，继续全面推进寿险公司法人机构和分支机构风险评估，对开业满 3 年的寿险法人机构，从资产、负债、资产负债匹配和管理四个方面分别评估公司潜在风险水平和风险管理能力，在此基础上确定各公司综合风险等级，制订相应的监管计划，使监管更具针对性；对内控水平欠佳的重点公司予以重点关注，要求法人机构对经营数据真实和合规经营负总责，进一步加强公司票据和现金收付等关键环节的管理，逐步建立保监会对法人机构实施内部控制评价与保监局对分支机构进行市场行为监管的互动机制，有效提升公司内控管理水平。

同时，出台了寿险行业在销售、保全、理赔等重要环节的最低服务标准，出台年金等标准条款，制定切合实际的人身保险残疾保险金给付标准，完善新型产品信息披露，促进了保险公司规范诚信经营，有效改善了保险行业形象，提升了消费者信心。

➤ 知识拓展

保监会将在全国范围内推广小额人身保险

根据保监会公布的《全面推广小额人身保险方案》，农村户籍居民和城镇低保人群、优抚对象，以及无城镇户籍的进城务工人员将能够享受到小额人身保险服务。保监会将在提高部分产品保额、优化审批流程方面给予相关支持。

所谓小额人身保险，产品种类涵盖定期寿险、储蓄保险、信贷寿险、意外险和健康保险等领域，由于保费较低，保险金额较小，投保和理赔手续都比较简便，比传统保险产品更适合中低收入阶层。

根据方案，此次全面推广的小额人身保险产品类型限于普通型定期寿险、意外伤害保险，以及疾病保险和医疗保险。小额人身保险产品的保险金额应不低于1万元，不高于10万元。小额人身保险产品的保险期间不得低于1年，不得高于5年。定期寿险，以及除与新型农村合作医疗（简称"新农合"，是指由政府组织、引导、支持，农民自愿参加，个人、集体和政府多方筹资，以大病统筹为主的农民医疗互助共济制度）结合的补充医疗保险以外的健康保险的保险金额不得高于5万元。

值得一提的是，小额意外险、与新农合结合的小额补充医疗保险的最高保险金额从5万元提高到10万元。一位大型寿险公司产品设计研发人士称，"保监会提高这块的保额，表明意在通过一些措施来促进保险公司参与社会养老体系以及医疗体系改革。"

为鼓励保险公司积极参与小额人身保险推广，保监会将小额人身保险开办资格由审批变为备案，在取消事前审批的同时强化事后监管。同时，保监会还将对符合条件的小额人身保险产品减免监管费，在城镇销售的监管部门将协调免予征收监管费。对开展小额人身保险成绩突出的保险公司在设立分支机构、参与保监会开展的各类创新和试点等方面在同等条件下优先给予支持。

（资料来源：东方早报，作者为刘欣）

※项目考核要点※

1. 人身风险的类型。
2. 人身风险管理的程序和方法。
3. 人身保险的概念和特点。
4. 人身保险的类型。
5. 保险利益原则。
6. 最大诚信原则。
7. 近因原则。
8. 人身保险的社会价值。
9. 人身保险发展的历史和未来展望。

项目三

人身保险合同

项目描述		本项目旨在介绍人身保险合同的基本知识，通过学习，学生应掌握人身保险合同的特征和主要种类，掌握如何订立、变更与终止人身保险合同，熟悉各种人身保险合同条款，并且能掌握处理合同纠纷的方法。
项目目标	知识目标	☆ 熟悉人身保险合同的基本要素。 ☆ 熟悉人身保险合同的分类与形式。 ☆ 熟悉人身保险合同的订立、变更与终止。 ☆ 熟悉人身保险合同的条款。
	技能目标	☆ 熟悉各种形式的人身保险合同。 ☆ 掌握人身保险合同的订立、变更、终止和纠纷处理方法。 ☆ 能解读人身保险合同条款。
项目任务		**任务1　解读人身保险合同。** 　　活动1　了解人身保险合同。 　　活动2　解读人身保险合同条款。 **任务2　订立、变更与终止人身保险合同。** 　　活动1　订立人身保险合同。 　　活动2　变更人身保险合同。 　　活动3　终止人身保险合同。 **任务3　处理人身保险合同争议。** 　　活动1　解释人身保险合同。 　　活动2　处理人身保险合同争议。
建议学时		16学时

【引导案例】张强，1 岁时因母亲去世随外公外婆在北京生活，他的日常所需费用由其父亲承担。4 岁时，张强的父亲再婚，其便与其父亲和继母在天津生活，并从北京的幼儿园转至天津的幼儿园。在张强离开北京时，他的外公为他买了一份少儿平安险，并指定自己为受益人，此事张强的父亲并不知道。张强到天津后不久，在一次游玩中不幸溺水身亡。事发后，张强的外公及时向保险公司报案，要求给付保险金，但保险公司以张强的外公对张强不具有保险利益为由拒绝给付。双方遂引起争议并导致诉讼。

1. 你认为张强外公和张强之间是否具有保险利益？
2. 你认为该案应该如何判决？
3. 你认为该案给你带来了哪些启示？

任务1　解读人身保险合同

【任务描述】人身保险双方的权利、义务关系是通过合同来体现的，本任务主要介绍人身保险合同的基础知识，通过学习，可以使学生掌握人身保险合同的定义、特点、种类和形式，并且熟悉人身保险合同的条款构成，掌握重要条款的内容。

活动1　了解人身保险合同

➤ 活动目标

了解人身保险合同的基本概念、特点、类型和各种形式。

➤ 活动内容

在老师的指导下，完成下面的讨论任务：

1. 了解一下学生自己参加的学平险都有哪些内容？
2. 分小组讨论对于学平险保险合同的签发，采取的是什么方法？学生手里的保险合同是哪一种形式？

➤ 活动指导

一、人身保险合同的定义

人身保险合同是以人的寿命或身体为保险标的的保险合同，是投保人与保险人约定，当被保险人发生死亡、伤残、疾病或生存到约定的年龄、期限时，保险人根据约定承担给付保险金责任的协议。

通过订立人身保险合同，投保人或被保险人与保险人之间可以明确相互的权利、义务关系。人身保险合同适用《保险法》、《合同法》及《民法通则》等。

> **小贴士：人身保险合同与财产保险合同**
>
> 　　财产保险合同与人身保险合同的划分是我国保险法上对保险的基本分类，其分类依据是保险标的。人身保险合同的保险标的是人的寿命和身体；而财产保险合同的保险标的则是财产及其有关利益，两者有着本质的区别。

二、人身保险合同的特点

　　人身保险合同既有作为保险合同的一般特征，也有自己独特的地方。

　　（一）一般特点

　　1. 人身保险合同是双务合同。人身保险合同是双务合同是指双方当事人都享有权利和承担义务的合同，双方的权利义务关系呈对应状态。人身保险合同的投保人具有承担保险费缴纳的义务，而被保险人和受益人则有在保险事故发生后享受保险金给付的权利；保险人具有收取保险费的权利，但必须负有在保险事故发生后给付保险金的责任。

　　2. 人身保险合同是射幸合同。人身保险合同是射幸合同是指合同当事人一方支付的代价所获得的只是一个机会，对投保人而言，他有可能获得远远大于所支付的保险费的效益，但也可能没有利益可获；对保险人而言，他所赔付的保险金可能远远大于其所收取的保险费，但也可能只收取保险费而不承担支付保险金的责任。

　　3. 人身保险合同是附和合同。附合合同也称格式合同、标准合同或定式合同，人身保险合同是附和合同是指保险合同的条款是由保险人单方面预先制定而成立的标准化合同，由一方预先拟定合同的条款，对方只能表示接受或不接受，即订立或不订立合同，而不能就合同的条款内容与拟订方进行协商的合同。在订立保险合同时，投保人只能被动地服从、接受或者拒绝保险方所提出的条件，所以，其具有较强的附和性。

　　4. 人身保险合同是诺成合同。人身保险合同是诺成合同是指当事人意思表示一致即可成立，在人身保险合同订立中，只要双方对于合同内容没有异议，意思表示一致，即可产生法律效果。

　　5. 人身保险合同是要式合同。人身保险合同是要式合同是指法律要求必须具备一定的形式和手续才能成立的合同。我国保险法规定，人身保险合同应当以书面协议形式订立。

　　6. 人身保险合同是最大诚信合同。最大诚信原则是所有保险活动必须遵守的原则，所以人身保险合同的订立和履行也必须遵守最大诚信原则。

　　（二）自身特点

　　1. 定额给付性。大部分人身保险具有定额给付性质，双方当事人在订立保险合同时，根据被保险人的经济收入水平和危险发生后经济补偿的需求协商确定一个保险金额，在发生保险事故时，保险人按照合同约定的金额给付保险金，但是，人身保险当中的医疗费用保险或丧葬费用保险等，目的是损失补偿，不属于定额给付性的保险。

　　2. 长期性。人身保险合同的保险有效期往往可以持续几年或几十年甚至终身，这主要是为了降低费用和保障老年人的利益。

　　3. 承保风险的稳定性和规律性。计算人身保险费率基础之一的人的生存或死亡或然率是以生命表为依据，它符合大数法则的要求，因而呈现出相对的稳定性和有规律的变动性。

　　4. 保险利益确定的特殊性。人身保险的保险利益是以投保人和被保险人的关系来确定的，并且只要求在合同订立时，投保人对被保险人有可保利益，在金额上没有限制，因而除了其中的损失补偿性保险外，一般不存在超额保险和重复保险问题。

5. 合同的储蓄性与投资性。投保人所缴纳的保险费，保险人最终将以各种形式返还给被保险人或其受益人。人身保险合同是一种给付性质的保险合同，只要发生合同订明的事故或达到合同约定的期限，保险人都要给付保险金，而不管被保险人是否有损失或虽有损失但已从其他途径得到补偿。因此，对投保人来说，它是一种储蓄与投资手段。人身保险基金实际上属于被保险人所共有，保险人只是起着金融机构的作用。被保险人每期缴少量固定保险费，若干年后保险期满，加上利息，可以获得一笔可观的保险金给付，相当于零存整取的定期储蓄。

三、人身保险合同的分类

（一）按保障范围——人寿保险合同、意外伤害保险合同和健康保险合同

1. 人寿保险合同。人寿保险合同是以被保险人的死亡或生存为保险事故的人身保险合同。

2. 人身意外伤害保险合同。以被保险人因遭受意外伤害造成死亡或残疾为基本保险责任，可附加被保险人因遭受意外伤害需要医疗或收入损失的保险责任的人身保险合同。

3. 健康保险合同。以被保险人因疾病需要医疗或造成残疾或收入损失等为保险责任的人身保险合同。

（二）按投保方式——个人人身保险合同和团体人身保险合同

1. 个人人身保险合同。个人人身保险合同是指以个人名义与保险人订立的人身保险合同，在此合同中，被保险人只能是一个人，又分为普通人寿保险合同和简易人身保险合同。

2. 团体人身保险合同。团体人身保险合同是指以单位名义和保险人订立的人身保险合同，一张保单可以为一个单位或群体的全体或大多数成员提供保障。团体人身保险合同又可以分为团体人寿保险、团体年金、团体人身意外伤害和团体健康保险合同。

（三）按给付保险金方式——一次性给付保险合同和年金保险合同

1. 一次性给付保险合同。一次性给付保险合同是指在被保险人发生合同约定事故后一次性向被保险人或受益人给付约定的保险金额。

2. 年金保险合同。年金保险合同是指在被保险人的生存期间或约定期间内，保险人每年、每季或每月向其给付一定金额的保险合同，这样安排可以使被保险人更有效地使用保险金安排生活。

（四）按合同主从关系——主险保险合同和附加险保险合同

1. 主险保险合同。主险又称基本险，是指无须附加在其他险别之下的，可以独立承保的险别。主险合同就是指针对主险订立的保险合同。

2. 附加险保险合同。附加险指不能单独投保，只能附加于主险投保的保险险种，主险因失效、解约或满期等原因效力终止或中止时，附加险效力也随之终止或中止。附加险合同就是针对附加险订立的保险合同。

主险和附加险之间的关系是主合同与补充合同的关系。即基本险的条款是主合同，相对应的附加险条款是主合同的补充合同。二者具有主附关系，补充合同的存在依附于主合同的存在，而主合同通常可以与补充合同有密切的联系，但又不依附于补充合同。通常主合同与

补充合同之间的关系是补充合同的未尽事宜以主合同为准,相抵触的部分以补充合同为准。所谓的"未尽事宜"是指补充合同没有约定而主合同有约定的内容,而"相抵触"是指基本险和附加险两部分就同一事项有相反的规定,在这种情况下,可以按条款规定以附加险为准。

四、人身保险合同的形式

人身保险合同通常采用书面形式,是一种有法定形式的书面文件,一般有以下五种形式。

(一) 投保单

投保单是投保人向保险人申请订立合同的书面要约。其内容主要包括投保人、被保险人、受益人有关事项、投保事项和告知事项及日期,一般由保险人根据保险类型设计内容格式,投保人按所列项目逐项填写。

当投保单内容与保单内容不一致时,应以保单为准。如果有的内容在投保单上记载而保单上遗漏的,则记载在投保单上的法律效力与记载在保单上相同。

(二) 保险单

保险单是人身保险合同最重要的书面文件,保险单详细列明了合同的全部内容,因此往往被作为保险合同的同义语。保单明确记载了保险合同当事人之间的权利和义务,因而是当事人之间明确权利和义务的法律文件,是被保险人和受益人索赔的法律依据和确定合同当事人是否违约、过错大小以及违约责任的主要证据材料。

虽然保单是保险合同的证明,但我国保险法规定,只要投保人提出保险要求,经保险人同意承保,保险合同即成立,即使尚未签发保单,保险人也应承担相应的保险责任。

人身保险保险单样本如下:

人寿保险合同保险单

本公司根据投保人申请,同意按下列条件承保。

No: _____

保险单号码			投保单号码					
被投保人	姓名		性别		出生日期		身份证号码	
	住所				邮编			
投保人	姓名	性别			出生日期		身份证号码	姓名
	住所				邮编		与被保险人关系	
受益人	姓名	性别		身份证号码		住 所		受益份额

* 如无指定受益人,则以法定继承人为受益人。

* 受益人为数人且未确定受益份额的,受益人按照相等份额享有受益权。

保险名称	保险金额
保险项目(给付责任)	保险金额

续表

保险期间			保险责任起止时间			
缴费期		交费方式			份数	
保险费		加费			保险费合计	
生存给付领取年龄					领取方式	
特别约定						

公司提示：

　　保险合同由保险单、保险条款、声明、批注以及与合同有关的投保单、更改保单申请书、体检报告书及其他的约定书共同构成。在保险有效期内如发生保险事故，请按条款规定及时与我公司签单机构联系。

　　　　　　　　　　　签单机构：＿＿＿＿＿＿＿＿＿＿＿＿＿
　　　　　　　　　　　邮政编码：＿＿＿＿＿＿＿＿＿＿＿＿＿
　　　　　　　　　　　电话：＿＿＿＿＿＿＿＿＿＿＿＿＿
　　　　　　　　　　　公司地址：＿＿＿＿＿＿＿＿＿＿＿＿＿
　　　　　　　　　　　公司签章：＿＿＿＿＿＿＿＿＿＿＿＿＿
　　　　　　　　　　　授权签字业务员：＿＿＿＿＿＿＿＿＿（签字）
　　　　　　　　　　　出单员：＿＿＿＿＿＿＿＿＿＿＿＿＿（签字）
　　　　　　　　　　　复核员：＿＿＿＿＿＿＿＿＿＿＿＿＿（签字）
　　　　　　　　　　　签单日期：＿＿＿＿年＿＿＿＿月＿＿＿＿日

　　（三）暂保单

　　暂保单又称临时保单，是在正式保单签发之前，由保险公司的外勤人员或代理人签发的临时保单，人身保险中一般称为暂保收据。暂保单的内容比较简单，法律效力与正式保单相同，但一般暂保单的有效期不长，通常不超过 30 天，在正式保单签发后自动失效。如果保险人最后考虑不出保险单时，也可以终止暂保单的效力，但必须提前通知投保人。

　　人身保险中暂保单一般在以下几种情形中使用：

　　（1）保险代理人获得保险业务而保险人未正式签发保险单之前，向投保人签发暂保单；

　　（2）保险公司的分支机构在接受需要总公司批准的保险业务后，在未获得批准之前签发暂保单；

　　（3）投保人与保险人就保险合同的主要条款达成协议，但一些具体细节仍需进一步的协商，保险人可先签发暂保单。

　　（四）保险凭证

　　保险凭证是保险人签发给投保人以证明人身保险合同的成立或保单已经签发的凭证，实际上是简化了的保险单，又称小保单。保险凭证的内容比较简单，凡是保险凭证未记载的事项都以保单的条款为准，若两者发生抵触，则以保险凭证的内容为准。保险凭证一般多用于团体人身保险，由于保单只有一份，一般由该团体的法人代表保管，保险人则需要给每一个参加保险的人员签发一张单独的保险凭证，以证明保险关系。

　　（五）批单

　　保险批单是指保险人签发的同意被保险人要求变更保险单内容的书面文件。它是保险人对投保人提出的补充或变更保险单的内容进行审核，同意后向投保人开立的一种凭证，注明保险人对保险单的补充或更改内容。

一般保险批单须粘贴在保险单上，并加盖骑缝章，作为保险单的一部分。批单一经签发即具有和保单相同的法律效力，当批单内容与保单内容不一致时，以批单为准；若经过多次批注，则以最后一次批注为准。

➢ **知识拓展**

人身保险合同与财产保险合同的主要区别

1. 人身保险合同中的被保险人只能是自然人，而财产保险合同中的被保险人可以是自然人，也可以是法人等各种组织。

2. 人身保险合同的保险标的是人的生命与健康，保险价值无法用金钱来衡量。因此，不存在超额保险问题，投保人就同一标的重复投保，可以从每个保险中获得约定的保险金。财产保险合同的保险金额不得超过保险价值，投保人就同一标的重复投保的，各保险人的赔偿金额总和不得超过保险价值。

3. 人身保险合同由投保人和保险人约定保险金额，保险事故发生后，保险人按约定金额支付保险金。即人身保险合同是定值保险合同。财产保险合同的保险价值可以由投保人和保险人约定，也可以按照保险事故发生时保险标的的实际价值确定。即财产保险既可以是定值保险，也可以是不定值保险。

4. 人身保险事故发生后，保险人根据约定的保险金额给付保险金，即人身保险合同是给付性合同。财产保险事故发生后，保险人根据事故发生时保险标的的实际损失在保险金额的范围内赔偿损失，即财产保险合同是补偿性合同。

5. 对于财产保险合同，保险法明确规定保险人享有代位求偿权，而对于人身保险合同，保险法明确规定保险人不享有代位求偿权。即人身保险的被保险人因第三者的行为而发生死亡、伤残或者疾病等保险事故的，保险人向被保险人或者受益人给付保险金后，不得享有向第三者追偿的权利。

（资料来源：中国人大网）

活动2　解读人身保险合同条款

➢ **活动目标**

了解人身保险合同的构成要素，掌握人身保险合同的主要条款。

➢ **活动内容**

在老师的指导下仔细阅读这份《大学生平安保险合同》相关资料，回答以下几个问题：

1. 人身保险合同条款包括哪几部分？
2. 基本条款涵盖哪些内容？
3. 这份合同中是否含有附加条款？

大学生平安保险合同

第一章　保险合同构成

第一条　大学生平安保险合同（以下简称"学平保险合同"）由保险单及其所载条款、声明、批单、批注，以及与本合同有关的投保单，被保险人名单、健康告知书及其他约定书共同构成。

第二章　保险对象及投保手续

第二条　凡经全国统一高考录取的本市各类高等院校的在册研究生、本科生、专科生或学制一年以上的脱产委培生、进修生以及民办院校的在册学生，身体健康者均可作为被保险人参加本保险。

第三条　投保人通过就读学校统一向新华人寿保险股份有限公司（以下简称"本公司"）办理投保手续。

第三章　保险责任

第四条　被保险人在保险有效期内，因疾病身故或因遭受意外伤害在 180 天内身故，本公司按保险单上载明的身故保险金额给付身故保险金，保险责任终止。

第五条　被保险人在保险有效期内，因遭受意外伤害在 180 天内造成身体残疾或永久丧失部分身体机能，本公司根据残疾程序，按《新华人寿保险股份有限公司人身意外伤害保险金额给付表》给付部分或全部保险金。如果自遭受意外伤害之日起经过 180 天治疗仍未结束，则按第 180 天的情况鉴定残疾程序，按《新华人寿保险股份有限公司人身意外伤害保险金额给付表》，给付部分或全部保险金。

第六条　被保险人在保险有效期内，不论一次或多次因遭受意外伤害造成身体残疾或永久丧失部分身体机能，本公司均按第三条的规定给付保险金，但每年累计给付的保险金达到保险单上载明的保险金额全数时，该年度的保险责任终止。

第四章　除外责任

第七条　由于下列原因造成被保险人的死亡或残疾，本公司不承担给付保险金的责任：

（一）被保险人犯罪、吸毒、殴斗、醉酒、自杀以及故意自伤身体；

（二）被保险人无有效驾驶证驾驶或酒后驾驶机动车；

（三）被保险人身患疾病所支出的费用；

（四）投保人或受益人对被保险人的故意行为；

（五）战争、军事行为及动乱；

（六）核辐射、核污染；

（七）整容、麻醉、服用药物、注射；

（八）投保人、被保险人、受益人的诈骗行为；

（九）其他不属于保险责任范围内的意外伤害。

第五章　保险金额

第八条　保险金额为每人每年人民币 1 万元。

第六章　保险期限

第九条　保险期限按学生在校学习的学制（包括在校学习、生活、参加社会实践及寒暑假期间）确定，不足 1 年时按 1 年计算。保险期限自投保人缴纳保险费，并本公司签发保险单的次日零时起至被保险人办妥毕（肄、结）业高校手续之日的 24 时止。

第七章　保险费

第十条　保险费为每人每年 30 元（费率为 3‰）。无论被保险人学制长短，保险费均应在投保时一次缴清。

第八章　保险金的申领和给付

第十一条　被保险人因遭受意外伤害或因病身故，投保人、被保险人或受益人应在保险事故发生之日起 5 日内（遇节假日顺延）通知本公司，否则由于通知迟缓致使本公司增加的查勘、调查等项费用，应由被保险人或受益人承担，本公司可在给付的保险金中扣除。

第十二条 向本公司申请领取保险金时，须提交下列证件：

（一）保险单、被保险人名单及被保险人身份证；

（二）投保人所在学校及有关部门出具的事故证明；

（三）被保险人死亡，须提供公安部门或医疗机构出具的死亡证明；

（四）被保险人因遭受意外伤害造成身体残疾或永久丧失部分身体机能，应在治疗结束后，治疗没有结束的可按第 180 天的治疗情况，由本公司指定的医疗机构出具残疾程度鉴定书，一次性结案；

（五）本公司认为必要的其他文件或证明。

第十三条 被保险人死亡时，保险金由受益人领取。被保险人残疾时，保险金由被保险人领取或委托他人代领。

第十四条 被保险人或者受益人向本公司申请给付保险金的权利，自其知道保险事故发生之日起 2 年内不行使即自动失效。

第十五条 受益人应通过被保险人的就读学校领取保险金。

第十六条 在保险有效期内变更受益人时，投保人应书面通知本公司。

第九章 告知

第十七条 订立保险合同时，本公司向投保人说明保险合同的条款内容，并就被保险人的有关情况提出询问，投保人应当如实告知。

第十八条 投保人故意隐瞒事实，不履行如实告知义务，或者因过失未履行如实告知义务，足以影响本公司决定是否同意承保或者提高保险费率的，本公司有权解除保险合同。

第十九条 投保人故意不履行如实告知义务，对保险事故的发生有严重影响的，本公司对于保险合同解除前发生的保险事故，不承担给付保险金的责任，但可以退还保险费。

第二十条 投保人因过失未履行如实告知义务，对保险事故的发生有严重影响的，本公司对于保险合同解除前发生的保险事故，不承担给付保险金的责任，但可以退还保险费。

第十章 争议处理

第二十一条 因保险合同发生争议且经协商无效时，可通过仲裁或向当地人民法院提起诉讼。

第十一章 其他

第二十二条 被保险人在保险有效期内，在本市范围内转学，本公司仍承担保险责任，直到保险期满转学时，投保人须书面通知本公司。

第二十三条 被保险人在保险期间转学去外地就学或退学的，经投保人向本公司提出书面申请可办理退保手续，本公司将下一学年以后的保险费退还给投保人。

第二十四条 本合同条款所述"意外伤害"是指外来的、突然的、非故意的使被保险人身体受到剧烈伤害的客观事件。

第二十五条 本保险条款所述"保险事故"是指本保险合同约定的保险责任范围内的事故。

➤ 活动指导

人身保险合同包括主体、客体和内容三个部分。

一、人身保险合同的主体

人身保险合同的主体是指在保险活动中享有权利与承担义务的人，是与人身保险合同发生直接或间接关系的人（含法人与自然人），主要包括当事人、关系人和辅助人。

（一）人身保险合同的当事人

人身保险合同的当事人是指直接参与建立保险法律关系、确定合同的权利与义务的行为人，包括投保人和保险人。

1. 投保人。投保人又称要保人，是指与保险人订立保险合同，并按照保险合同负有缴纳保险费义务的人。投保人可以是自然人也可以是法人。投保人是任何保险合同不可或缺的当事人之一。

投保人要求具备的条件：

（1）具有相应的权利能力和行为能力。根据《民法通则》的规定，18周岁以上的成年人及16周岁但以自己的劳动收入为主要生活来源的人，是完全民事行为能力人，可以成为保险合同的投保人，16周岁以上不满18周岁的未成年人及不能辨认自己行为和不能完全辨认自己行为的精神病人是限制民事行为能力或无民事行为能力的人，不能成为投保人。

（2）投保人对保险标的必须具有保险利益，否则，不能申请订立该保险标的的人身保险合同，已订立的合同为无效合同。与投保人有保险利益的人，依《保险法》第52条规定，有以下几种：本人、配偶、子女、父母；前项以外与投保人有抚养、赡养或者扶养关系的家庭其他成员、近亲属。另外，被保险人同意投保人为其订立合同的，视为投保人对被保险人具有保险利益。

（3）投保人履行交付保险费的义务。

2. 保险人。保险人又称承保人，是指与投保人订立保险合同，并承担赔偿或者给付保险金责任的保险公司。在我国保险人是法人，公民个人不能作为保险人。

根据保险法规定，保险人享有的权利有对保险标的的检查、建议权；投保人、被保险人违约时的增加保险费或合同解除权；经被保险人同意采取安全预防措施权；危险增加而增加保险费或合同解除权和代位赔偿请求权等。

保险人负有的义务包括说明告知合同内容、免责条款等的义务；赔偿和给予保险金的义务；及时签单的义务；对于被保险人的任何信息和涉及保险条款相关协定内容等的保密义务。

小贴士：保险人有权拒付保险金

根据《保险法》的有关规定，当发生下列情形之一时，保险人有权拒绝给付保险金：

1. 投保人、受益人故意造成被保险人死亡、伤残或者疾病，保险人不承担给付保险金的责任。不过，如果投保人已缴足了2年以上保费，保险人应当按照合同约定向其他享有权利的受益人退还保险单的现金价值。

2. 在以死亡为给付保险金条件的合同中，被保险人在合同成立之日起2年内自杀的，保险人不承担给付保险金的责任，但保险人应退还保险单所具有的现金价值。

3. 被保险人故意犯罪导致其自身伤残或者死亡的，保险人不承担给付保险金的责任。投保人已缴足2年以上保费的，保险人应当退还保险单所具有的现金价值。

（资料来源：百度百科）

（二）人身保险合同的关系人

人身保险合同的关系人是指不直接参与保险合同订立，但是和人身保险合同有经济利益关系的行为人，包括被保险人和受益人。

1. 被保险人。被保险人是指其财产或者人身受保险合同保障，享有保险金请求权的人。在人身保险中，被保险人应该是具有生命的自然人，可以是投保人本人，如果投保人与被保险人不是同一人，则投保人与被保险人存在行政隶属关系或雇佣关系，或者投保人与被保险人存在债权和债务关系，或者投保人与被保险人存在法律认可的继承、赡养、抚养或监护关系，或者投保人与被保险人存在赠与关系，或者投保人是被保险人的配偶、父母、子女或法律所认可的其他人。

被保险人和投保人一样负有危险增加通知义务、保险事故通知义务、防灾防损和施救义务、提供有关证明、单证和资料的义务等。

被保险人的权利包括决定合同效力及保险单的转让或质押；指定与变更受益人；保险金受益权的复归权等。人身保险合同中，如果指定了受益人，则保险金受益权由受益人享有。但在某些情况下，受益权实际上复归被保险人，我国法律就规定生存保险金、养老金、残疾保险金、疾病保险金和医疗保险金等都应由被保险人领取。

2. 受益人。受益人是指在保险合同中由被保险人或投保人指定，在被保险人死亡后有权领取保险金的人，一般见于人身保险合同。我国保险法针对受益人有如下主要规定：

（1）人身保险的受益人由被保险人或者投保人指定。投保人指定受益人时必须经被保险人同意。投保人为与其有劳动关系的劳动者投保人身保险，不得指定被保险人及其近亲属以外的人为受益人。被保险人为无民事行为能力人或者限制民事行为能力人的，可以由其监护人指定受益人。

（2）被保险人或者投保人可以指定一人或数人为受益人。受益人为数人的，被保险人或者投保人可以确定受益顺序和受益份额，未确定受益份额的，受益人按照相等份额享有受益权。

（3）被保险人或者投保人可以变更受益人并书面通知保险人。保险人收到变更受益人的书面通知后，应当在保险单或者其他保险凭证上批注或者附贴批单。投保人变更受益人时须经被保险人同意。

（4）被保险人死亡，只要存在下列情形之一的，保险金即作为被保险人的遗产，由保险人向被保险人的继承人履行给付义务。

① 被保险人没有指定受益人；

② 受益人先于被保险人死亡，并没有其他受益人；

③ 受益人依法丧失受益权或者放弃受益权，并没有其他受益人。

（5）受益人故意造成被保险人死亡、伤残、疾病的，或者故意杀害被保险人未遂的，该受益人丧失受益权。

小贴士：被保险人和受益人同时死亡，保险金如何给付

按照国际惯例，受益人取得保险金的权利是以他在被保险人死亡时仍生存为条件，因此，如果被保险人和受益人同时死亡，应推定受益人先死亡。保险金将作为被保险人的遗产，由保险公司给付给被保险人的继承人。

（三）人身保险合同的辅助人

人身保险合同的辅助人是指在保险合同订立过程中起辅助、中介作用的人，也可以称为中介人，包括保险代理人、保险经纪人和保险公估人。

1. 保险代理人。保险代理人是指根据保险人的委托，在保险人授权的范围内代为办理保险业务，并依法向保险人收取代理手续费的单位或者个人。保险代理人分为专业代理人、兼业代理人和个人代理人三种。其中，专业保险代理人是指专门从事保险代理业务的保险代理公司；兼业保险代理人是指受保险人委托，在从事自身业务的同时，指定专人为保险人代办保险业务的单位，主要有行业兼业代理、企业兼业代理和金融机构兼业代理、群众团体兼业代理等形式；个人代理人是指根据保险人的委托，在保险人授权的范围内代办保险业务并向保险人收取代理手续费的个人。个人保险代理人又分为保险代理从业人员和保险营销员。

2. 保险经纪人。保险经纪人是基于投保人的利益，为投保人与保险人订立保险合同提供中介服务，并依法收取佣金的单位。

小贴士：保险代理人和保险经纪人的区别

1. 代表的利益不同。保险经纪人接受客户委托，代表的是客户的利益；而保险代理人为保险公司代理业务，代表的是保险公司的利益。

2. 提供的服务不同。保险经纪人为客户提供风险管理、保险安排、协助索赔与追偿等全过程服务；而保险代理人一般只代理保险公司销售保险产品、代为收取保险费。

3. 服务的对象不同。保险经纪人的客户主要是收入相对稳定的中高端消费人群及大中型企业和项目，保险代理人的客户主要是个人。

4. 法律上承担的责任不同。客户与保险经纪人是委托与受托关系，如果因为保险经纪人的过错造成客户的损失，保险经纪人对客户承担相应的经济赔偿责任。而保险代理人与保险公司是代理被代理关系，被代理保险公司仅对保险代理人在授权范围内的行为后果负责。

（资料来源：百度百科）

---

3. 保险公估人。保险公估人是指依照法律规定设立，受保险公司、投保人或被保险人委托办理保险标的的查勘、鉴定、估损以及赔款的理算，并向委托人收取酬金的公司。公估人的主要职能是按照委托人的委托要求，对保险标的进行检验、鉴定和理算，并出具保险公估报告，其地位超然，不代表任何一方的利益，使保险赔付趋于公平、合理，有利于调停保险当事人之间关于保险理赔方面的矛盾。

二、人身保险合同的客体

人身保险合同的客体是指在保险合同中当事人的权利和义务共同指向的对象，是人身保险合同的重要组成要素。

在人身保险中，人身保险合同的客体不是保险标的本身，而是投保人或被保险人对保险标的的保险利益，保险标的是保险利益的载体。没有保险标的，保险利益就无从谈起。当标的受损坏时，投保人或被保险人的利益即遭到损害。

三、人身保险合同的内容

人身保险合同的内容其实就是指合同的条款，合同条款记载了人身保险合同的具体内容，是合同内容的条文表现形式，也是合同双方权利义务关系的主要依据。

（一）公共条款

人身保险合同的公共条款是按照法律规定写入保险单的条款，也就是基本条款。这些条款一般直接印在保单上，不能随投保人的意愿而变更。我国保险法规定，人身保险合同基本条款应当包括下列事项。

1. 合同主体的名称和住所。人身保险合同的主体包括保险人、投保人、被保险人和受益人。保险人在我国专指保险公司，其名称及地址应在保险合同上如实体现。投保人、被保险人和受益人若为自然人，须使用真实名字，其住所为户籍所在地的居住地或经常居住地；投保人、被保险人若是法人或合伙企业，其名称须与经主管部门批准或工商行政部门登记的名称一致，住所为其主要办事机构或主营业场所；如果指定多个受益人，应标出受益顺序及份额。

2. 保险标的。保险标的是保险利益的载体，明确保险标的有利于确定人身保险合同的种类，明确保险人承担责任的范围，判断投保人是否具有保险利益。人身保险的保险标的是人的生命和身体，不同险种的人身保险合同，对被保险人的年龄、职业、身体状况等均有不同的要求，因此，在人身保险合同中不仅要记载被保险人的姓名和住所，还要记载其性别、年龄、职业、身体状况及其与投保人之间的系属或利益关系等情况。

3. 保险责任和责任免除。保险责任是保险人按照人身保险合同的约定，在保险事故发生时承担赔偿或给付保险金的责任。规定了保险责任也就确定了保险人承担风险责任的范围。

责任免除又称为除外责任。是指在人身保险合同中列明的保险公司不承担赔偿或给付保险金的责任范围。除外责任的明示，进一步明确了保险责任的范围。责任免除条款应由保险人在合同中明确约定和说明方能生效。

4. 保险期限和保险责任开始时间。保险期限是保险人对被保险人承担保险责任的起讫时间，明确了人身保险合同中保险人和被保险人权利义务有效的时间期限，是确定保险事故是否属于保险责任的客观依据。保险期限的长短根据人身保险合同的种类和投保人需求的不同而不同；人寿保险和年金保险的保险期限比较长，一般为数年或终身；人身意外伤害保险和健康保险的保险期限则相对较短，甚至可以以分钟计。

人身保险合同的保险责任开始的时间由双方当事人约定，通常以年、月、日、时在合同中标示。在我国保险实务中，采用"零时起保"，即以开始承担保险责任之日的零时为具体开始时间。

5. 保险金额。人身保险合同的保险金额是指在合同中载明的，当保险事故发生时，保险公司承担赔偿或给付保险金责任的最高限额。保险金额是计算保费的基础，直接关系到合同双方主体的权利义务。在确定人身保险的保险金额时主要应考虑被保险人的经济保障需求和投保人缴纳保费的能力，同时也要受到法律或保险公司的限制。

6. 保险费以及支付方法。保险费是保险人因承担赔偿或给付保险金的责任而向投保人收取的费用。人身保险保费支付的方式依据合同种类不同而不同，可以趸缴，也可以分次缴纳，具体的金额和缴纳方式必须在保险合同中明确记载，否则可能影响当事人双方权利的享受和义务的履行。

7. 保险金赔偿或给付办法。当保险标的发生保险损失时，保险人要承担保险金的赔偿或给付义务，在保险合同中明确规定保险金赔偿或给付办法有利于明确保险人的义务。在补偿性人身保险合同中，如医疗费用保险，保险人在保险金额限度内，根据实际支出的医疗费用及保险人的负担比例计算赔偿金额；在给付性人身保险合同中，保险人按约定的金额给付保险金。

8. 违约责任和争议处理。违约责任是合同当事人一方不履行或不能完全履行合同义务而依法应承担的法律后果。明确违约责任，在一定程度上可以防止违约行为的发生。

争议处理指保险合同的当事人及关系人在保险责任归属和保险金数额的确定等问题上产生分歧时所采用的处理方式，可以采用协商、仲裁或诉讼的方式解决。

9. 订立合同的时间。订立时间对确定投保人是否具有保险利益、保险事故是否已经发生、缴费期限以及合同生效期间的计算等具有重要意义。

（二）特约条款

特约条款是在人身保险合同基本条款之外，当事人之间约定的履行某些特种义务的条款，狭义的特约条款主要指保证条款，广义的特约条款包括保证条款和附加条款。

附加条款是指人身保险合同当事人在基本条款基础上另行约定的补充条款，法律效力优先于基本条款。保证条款是合同当事人就特定事项担保的条款，也就是保证某种行为或事实的真实性的条款。

人身保险合同中常见的附加特约条款主要有免缴保险费条款、意外死亡双倍给付条款、丧失工作能力收入补偿条款等。

1. 免缴保险费附加特约条款。该条款规定如果投保人在规定的年龄或期限之前，因遭受人身伤害或患病而完全丧失工作能力，其在丧失工作能力期间可以免缴保险费，保险合同继续有效，死亡保险金给付、贷款、现金价值增加和分红等和正常缴费的合同一样处理。

2. 意外死亡双倍给付条款。该条款规定，如果被保险人意外死亡，保险人给付双倍保险金，甚至有些合同约定的给付倍数更高。

3. 丧失工作能力收入补偿条款。该条款规定在被保险人丧失工作能力的情况下，保险人会按照保险金额的一定比例每月给付收入保险金，这个比例一般为1%。

4. 保证加保选择权条款。此条款允许投保人在将来某个日期增加人身保险合同的保险金额，并且无须提供可保证明。

四、人身保险合同的常见条款

人身保险合同中有一些常见的特殊条款，这些条款规定了人身保险合同中当事人之间的各种权利与义务，规范着保险双方的行为，也为处理保险纠纷提供了依据。

这些条款主要包括不可抗辩条款、年龄误告条款、宽限期条款、保险费自动垫缴条款、复效条款、不丧失现金价值条款、保单贷款条款、保单转让条款、自杀条款等，这些条款的具体内容将在后面人寿保险中具体介绍，这里不再详述。

➤ 知识拓展

保险霸王条款第一案在湖口宣判

所谓"霸王条款"，就是一些经营者单方面制定的逃避法定义务、减免自身责任的不平等格式合同、通知、声明和店堂告示或者行业惯例等，限制消费者权利，严重侵害群众利益。"霸王条款"之所以遭到广大消费者的痛恨，是因为个别商家利用信息不对称、供求关系不平衡，将不平等的消费条款强加给消费者。保险业就经常被爆出"霸王条款"事件。

2006 年 8 月 30 日，余飞的父亲向人寿保险湖口县支公司投保，被保险人为余飞，保险期自 2006 年 9 月 1 日零时起至 2007 年 2 月 28 日 24 时止。2006 年 10 月 8 日上午，余飞的左眼受伤，被紧急送往医院。后经湖口石钟法医学司法鉴定所鉴定，余飞伤残程度评定为九级。湖口县人民法院判决保险公司赔付被保险人残疾赔偿金。

根据中国人民银行 1998 年制定的《人身保险残疾程度与保险金给付比例表》的规定，伤残赔偿金只赔付被保险人 1~7 级之列的伤残，7 级以上伤残不给予赔付。但近日，发生在九江市湖口县一校园内的一起人身意外伤害纠纷案中，湖口县人民法院依法认定保险公司保险合同为采用格式条款（即常称的霸王条款）订立的合同，保险人在合同订立时未将格式条款中"7 级以上伤残不给予赔付"的条款明确告知投保人，故判决保险公司赔付被保险人残疾赔偿金。据了解，这一判决在全国尚属首例。

（资料来源：根据沃保网资料整理）

任务 2　订立、变更与终止人身保险合同

【任务描述】本任务主要介绍人身保险合同订立、履行、变更与终止的过程和要求，通过学习，可以使学生正确应用人身保险合同的几个重要程序和具体要求。

活动 1　订立人身保险合同

➤ 活动目标

掌握人身保险合同订立的程序和具体内容。

➤ 活动内容

在老师的指导下，对下面的案例进行讨论：

2011 年 10 月 24 日，某单位职工梁某因工作被派到一个建筑工地，在吊钢材的时候，钢绳断裂，钢材砸到吊车驾驶室上面，梁某当场被砸晕过去，送往医院抢救无效死亡。在梁某出事前的 10 月 20 日，单位为包括梁某在内的多名职工投保了团体人身险，并缴纳了保费。次日，保险公司业务员将转账支票交回公司财务部，并开立了保费暂时收据，保险公司在当月 27 日将银行进账单传真给了梁某的单位。梁某出事后，单位通知了保险公司，当月 27 日保险业务员来到单位，送去了拒保通知书并退回了保费。单位不同意，认为保费已经交了，就等保单下来，保险公司认为没有投保成功，拒绝承担责任，这是不合理的，所以拒绝接受退回的保费和拒保通知单。后来保险公司将保费通过银行划账方式退回给了单位。保险公司负责人表示由于没有下发保单和合同，所以承保责任没有生效，所以对于梁某的意外理赔，保险公司不需要承担。请你结合所学知识，谈谈你的看法。

➢ 活动指导

一、人身保险合同的订立

人身保险合同的订立是指当事人双方之间基于意思表示一致而进行的法律行为，也就是保险人与投保人在平等自愿的基础上，就人身保险合同的主要条款经过协商最终达成协议的法律行为。

（一）人身保险合同订立的原则

1. 协商一致和公平原则。订立保险合同，应当协商一致，遵循公平原则确定各方的权利和义务。在订立人身保险合同时，投保人和保险人的法律地位是平等的，双方应本着公平互利的精神，进行充分协商，取得一致的意见。

2. 自愿原则。自愿订立合同是合同订立原则中重要的内容，在人身保险合同订立中，双方当事人应完全出于自己的真实意愿，不受任何干涉，如果违背自愿原则订立的合同则无效，对当事人没有法律效力。但是强制保险除外。

3. 合法原则。任何单位和个人不得违背国家的法律、行政法规，利用人身保险合同进行违法犯罪活动，否则订立的合同无效。合法原则包括主体、客体和内容合法三个方面。

除此之外，人身保险合同的订立还需要遵循保险中的保险利益原则和最大诚信原则。

（二）人身保险合同的订立程序

人身保险合同的订立，需要经过投保人提出保险要求和保险人同意承保两个阶段。这就是人身保险合同的要约和承诺两个程序。

1. 要约（投保）。要约又称"订约提议"，人身保险合同中又称为要保，是一方当事人向另一方当事人提出订立合同建议的法律行为，是签订人身保险合同的一个重要程序。提出要约的人称为要约人。

一个有效的要约应具备合同主要内容、明确表示订约愿望、在其有效期内对要约人具有约束力三个条件。在人身保险合同订立中，投保人通常是人身保险合同的要约人，一般人身保险合同的要约由投保人提出，保险人及其代理人的展业不能认为是要约，仅为要约邀请。只有在投保人提出投保申请，即填写好投保单并交给保险公司或其代理人时，才构成要约。此后，只要保险人同意承保，人身保险合同就成立；而且人身保险合同的要约内容更加具体和明确；因为要约在我国要求必须是书面形式，所以人身保险合同要约一般为投保单或其他书面形式。

2. 承诺（承保）。承诺又称"接受订约提议"，是承诺人向要约人表示同意与其缔结合同的意思表示。做出承诺的人称为承诺人或受约人。

人身保险合同的承诺也叫承保，通常由保险人或其代理人做出。当投保人递交填好的投保单后，经保险人或其代理人审查，认为符合要求的，一般都予以接受，即承保。若保险人提出反要约的，投保人无条件接受后，投保人即为承诺人。因此，无论保险人还是投保人，一旦无条件接受对方的要约，即为承诺，人身保险合同也随之成立。

有时候人身保险合同的订立过程其实是一个反复要约，直至承诺的过程。人身保险合同成立后，保险人应及时签发保险单或其他保险凭证。

（三）人身保险合同的生效

我国《保险法》第 13 条规定："投保人提出保险要求，经保险人同意承保，并就合同的条款达成协议，保险合同成立。"在保险实务中，一般是由投保人提出要约，保险人予以承诺，保险合同即告成立。对于人身保险合同，承诺之权大都在保险公司，保险公司通常在审查投保书、被保险人体检书、高额保单投保人的财务状况证明后，方决定承保与否，此即"核保"。各人寿保险公司内部大都设有核保部门，其在防止逆选择、降低企业经营风险等方面发挥了重要作用。保险人核保通过同意承保，保险合同成立。但是合同的成立并不意味着合同的生效。

保险合同的生效是指依法成立的保险合同条款对合同当事人产生约束力。一般合同一经成立即生效，双方便开始享有权利，承担义务。但是，保险合同往往是附条件、附期限生效的合同，只有当事人的行为符合所附条件或达到所附期限时，保险合同才生效。如保险合同订立时，约定保险费缴纳后保险合同才开始生效，那么，虽然保险合同已经成立，但要等到投保人缴纳保险费后，才能生效。我国保险实践中普遍推行的"零时起保制"，就是指保险合同的生效时间是在合同成立的次日零时或约定的未来某一日的零时。

二、人身保险合同的履行

合同履行是指合同的当事人按照约定全面履行自己的义务，人身保险合同一经成立，投保人和保险人都必须承担各自的义务。

（一）投保人的义务

1. 按合同规定缴纳保险费的义务。缴纳保费是投保人最基本、最主要的义务，这是投保人获得保险保障应该付出的代价。根据我国保险法，投保人可以按照合同约定向保险人一次支付全部保险费或者分期支付保险费。如果合同约定分期缴纳保险费，则投保人在保险合同成立时应缴纳首期保险费，并应当按期缴纳其余各期的保险费；如果投保人超过规定的期限 60 日未支付当期保险费的，则保险合同效力中止，或者由保险人按照合同约定的条件减少保险金额；如果合同效力中止 2 年内双方未达成复效协议的，保险人有权解除合同；保险人对人身保险的保险费，不得采用诉讼方式要求投保人支付。

2. 危险增加时的通知义务。此义务是指投保人或被保险人在出现订立保险合同时双方所未曾估计到的危险时通知保险人的行为。根据保险法规定，在危险增加情况超过承保的条件时，保险人有权要求提高保险费或者解除合同，如果投保人或被保险人等未履行危险增加的通知义务，且因增加的危险发生保险事故或致损失的扩大部分，则保险人不承担保险责任。

3. 保险事故发生后的通知义务。此义务简称出险通知，是指投保人、被保险人和受益人知道保险事故发生后，应当及时通知保险人。如果投保人等不尽通知出险义务，或者没有在合同约定的期限内通知保险人，则保险人对因未尽通知或延迟通知而造成损失的扩大部分，不承担保险责任。

4. 防灾减损和施救的义务。投保人应维护被保险人的安全，在保险事故发生时，投保人、被保险人等应当采取积极的措施，阻止危险事故的继续发生或蔓延，尽可能地进行施救行为。

（二）保险人的义务

1. 给付保险金的义务。在人身保险中，给付保险金是保险人最基本的义务，在约定的保险事故或人身事件发生时，保险人应按合同约定的条件向被保险人或受益人给付保险金。

给付保险金应该及时、迅速、不无故拖延，否则因此造成投保人、被保险人或受益人损失的，保险人负有赔偿责任，并应承担违约责任。

2. 退还保险费或保单现金价值的义务。人身保险合同发生解除或被确认无效或可以撤销时，保险人应当退还已经收取的保险费或保险单的现金价值。

3. 保密义务。保险人对在办理保险业务中知悉的投保人、被保险人的业务和财务情况，负有保密的义务。

4. 说明义务。保险人在订立合同时要尽说明义务，即保险人应如实向投保人解释条款，说明投保人在合同中的权利义务并解答投保人提出的有关询问。

5. 及时签单义务。保险合同成立后，及时签发保险单证是保险人的法定义务。保险单证是保险合同成立的证明，也是履行保险合同的依据。保险单证中应当载明保险当事人双方约定的合同内容。

➤ 知识拓展

保险人履行明确说明义务的建议

一要以书面形式规范对免责条款的明确说明，以保全证据。可以就每一险种中的约定免责条款的概念、内容及其法律后果等内容拟制一式两份通俗易懂的"免责条款明确说明书"，作为保险合同的附件，并在末尾印上"本人已详细阅读，并已了解免责条款的真实含义和法律后果"等字样，由投保人或被保险人签字。二要规范保险公司的内部管理，增强员工的法律意识，严格履行免责条款明确说明义务。这样做，一来减少日后的纠纷及诉讼，二来可以减少保险公司不必要的赔款和诉讼费用支出。

（资料来源：搜狐，作者为贾天涛）

活动2 变更人身保险合同

➤ 活动目标

了解人身保险合同变更的相关规定。

➤ 活动内容

在老师的指导下，对下面的案例进行讨论：

1999年7月11日，王某到保险公司投保了保额为10万元的人寿保险，指定其妻子李某为受益人。后来，王某与李某离婚。不久，王某又与张某结婚。婚后，王某与张某办理了一份写有"自本日起受益人由王某的前妻李某变更为张某"的公证书。但是王某并未将公证书变更受益人一事通知保险公司。1998年9月12日，刘某遭遇车祸身亡。张某以受益人的身份向保险公司提出领取保险金的要求。保险公司确认了张某与王某结婚后确实办理了变更受益人的公证书但未将变更受益人的情况以书面形式通知保险公司的情况，认定该变更无效。保险公司按原合同的规定将保险金付给原受益人即王某的前妻李某。张某于是起诉保险公司至法院。请谈谈你对这个案例的看法。

➤ 活动指导

人身保险合同订立以后，根据保险条款的规定，或投保人、被保险人的要求，可以进行变更。人身保险合同的变更是指在人身保险合同有效期内当事人依法对合同内容所作的修改或补充。变更合同的，均须经保险人审批同意，并在原保单上批注或者附贴批单，变更的结果是在双方当事人之间产生新的权利和义务关系。

一、人身保险合同主体的变更

合同主体的变更是指人身保险合同的当事人和关系人的变更，包括保险人、投保人、被保险人和受益人的变更。

（一）保险人的变更

一般来讲保险人的变更情况在实际中比较少见，除非保险公司破产、解散、合并和分立，否则保险人一般不会变更。

（二）投保人的变更

在人身保险中，只要新的投保人对被保险人具有保险利益，而且愿意并能够交付保险费，即可转让人身保险合同，但必须告知保险人。但是，如果是以死亡为给付保险金（保险合同约定，对于发生保险事故后保险公司根据标的的损失和损伤程度，按照保险责任计算审核后给付的金额）条件的保险合同，必须经被保险人本人书面同意，才能变更投保人。

（三）被保险人的变更

在人身保险中，因为被保险人本人的寿命或身体是保险标的，所以被保险人的变更可能导致保险合同终止，因此，一般不允许变更被保险人。但是，在团体人身保险合同中，因投保人所属员工处于流动中，因此允许变更被保险人。

（四）受益人的变更

受益人是由被保险人指定的，或经被保险人同意由投保人指定的，其变更主要取决于被保险人的意志。被保险人或者投保人可以随时变更受益人，无须经保险人同意，但投保人变更受益人时须经被保险人同意。无论如何，受益人的变更，要书面通知保险人，保险人收到变更受益人的书面通知后，应当在保险单上批注。

二、人身保险合同客体的变更

保险合同的客体是保险利益，所以客体的变更主要是保险利益发生了变化，而保险利益变化的原因可能有如下几种：第一，可能是因为保险标的价值发生了增减变化；第二，可能是投保人的变更所致，因为保险利益为投保人所有；第三，可能是保险利益的丧失，如夫妻离婚，彼此间原有的保险利益就会丧失。

人身保险合同客体的变更应有投保人或被保险人提出，经过保险人同意并批注后方可生效。

三、人身保险合同内容的变更

合同内容的变更是指在合同主体不变的前提下，主体权利和义务的变更，表现为保险合同条款及事项的变更。

保险合同内容的变更有两类情况，一是投保人因自己的实际需要提出变更，二是因一定法定情况的发生，保险合同一方须提出变更，另一方也不得拒绝变更。

我国保险法规定投保人和保险人可以协商变更合同内容；变更保险合同的，应当由保险人在保险单或者其他保险凭证上批注或者附贴批单，或者由投保人和保险人订立变更的书面协议。

　　由于保险合同的保障性和附合性的特征，在保险实践中，一般不允许保险人擅自对已经成立的保险合同条款作出修订，因而其修订后的条款只能约束新签单的投保人和被保险人，对修订前的保险合同的投保人和被保险人并不具有约束力。

　　寿险产品的服务一般都会延续很长的时间，少则几年多至十几年、几十年。在这么长的时间内，投保人、被保险人的个人信息、经济状况、家庭情况等极有可能发生变化。当出现这些情况时，投保人或被保险人可以提出书面申请与保险公司协商，对保险合同的相关内容进行修改，如投保人、受益人、通信地址、收费方式、缴费方式、职业和工种变更、年龄、性别更正、利差领取方式、保额增减、保单复效、补发保单和保单迁移等多个项目的变更，以及生存、满期给付，利差返还、撤单和退保的相关处理等。这些都属于保险公司的"保全业务"范围。适当了解其中的规定和相关手续，可以更好地保全我们的保单利益。

四、人身保险合同变更的程序与形式

　　无论是保险合同内容的变更还是主体变更，都要遵循法律、法规规定的程序，采取一定的形式完成。

　　保险合同变更必须经过一定的程序才可完成。在原保险合同的基础上投保人及时提出变更保险合同事项的要求，保险人审核，并按规定增减保险费，最后签发书面单证，变更完成。

　　保险合同变更必须采用书面形式，对原保单进行批注。对此一般要出具批单或者由投保人和保险人订立变更的书面协议，以注明保险单的变动事项。

➤ **知识拓展**

保险合同变更申请书（样本）

保险合同变更申请书（泰康人寿）

保单号：　　　　　　　投保人：　　　　　申请日期：　　　年　　月　　日

　　申请人声明：本人申请以下勾选的变更事项并认可所有申请事项，同时知晓申请事项须经贵公司批准后生效，其生效日以批准文件所载变更生效日为准。本人确认对贵公司提供的文件、各项声明完整准确，可成为贵公司签发保险合同或保险合同批注依据。如上述资料不属实，因此影响贵公司决定是否承保或变更保险合同，则签发的保险合同或保险合同批注无效。

　　请您在申请变更项目前的□或○内打"√"，并在横线中填写所需变更的内容。

□客户信息更正	客户角色 ○投保人 ○被保险人 ○受益人	姓名：＿＿＿＿＿＿ 证件类型：＿＿＿＿＿　　证件号码：＿＿＿＿＿ 性别：○男　○女　出生日期：＿＿年＿＿月＿＿日
□联系方式变更		通信地址：＿＿＿＿＿＿＿＿＿＿＿＿＿＿＿＿＿＿＿＿ 邮政编码：＿＿＿＿＿　　电子邮箱：＿＿＿＿＿＿＿＿＿ 手机：＿＿＿＿＿＿＿　　固定电话：＿＿＿＿＿＿＿＿
□职业工种		行业：＿＿＿＿＿＿　职业：＿＿＿＿＿＿　工种：＿＿＿＿＿＿

续表

□保险期间	原保险期间：____年____月____日____时 至 ____年____月____日____时 新保险期间：____年____月____日____时 至 ___年____月____日____时
□受益人变更	被保险人姓名：_____ 受益人姓名　　　　与被保险人关系　　　　证件号码　　　　受益比例 _____　　_____　　_____　　____% _____　　_____　　_____　　____% _____　　_____　　_____　　____%
□解除合同	○撤单　　　○退保　　保单生效日：____年____月____日 申请解除合同原因：○使馆拒签（仅限旅行保险）　　○其他_____ 退款账户信息（户名与投保人一致，请勿使用信用卡） 户名：_____ 账号：_____ 开户行：_____
□减少被保险人	减少被保险人姓名：_____ 原因：○使馆拒签 ○其他_____
□其他保全项目	

为维护您的权益，请勿在未经您填写的空白申请书上签名。

投保人签名：_____ 有效身份证件号码：_____ 联系电话：_____

被保险人或其合法监护人签名：_____ 有效身份证件号码：_____

公司填写栏：□申请资料及客户签名均已审核

保全经办人：_____ 复核人：_____ 日期：_____

活动3 终止人身保险合同

➤ **活动目标**

了解人身保险合同无效、解除、中止和终止的相关内容和要求。

➤ **活动内容**

在老师的指导下，对下面的案例进行讨论：

1998年3月10日，张某为其夫投保了长期人寿保险，保险金额为50万元。1999年4月23日，张某的丈夫遭遇车祸死亡，张某向保险公司提出索赔。保险公司在审核保单时发现，投保单中的投保人签字和被保险人签字字体完全一样，说明出自一人之手。张某承认是她填写的投保单，被保险人的名字也是她代签的。保险公司认为，根据《保险法》的规定，这是一张无效保单，拒绝给付。张某不服，向法院提起诉讼。

保险公司的处理是否妥当？为什么？

➤ 活动指导

一、人身保险合同的无效

无效保险合同是指当事人订立的，但是合同的主体、内容和形式上不符合法律的规定，从而不具有法律效力，国家不予保护的保险合同。

无效保险合同自始无效。无效保险合同违反了法律的规定，国家不予承认与保护。一旦确认无效，将产生溯及力，使合同从订立之日起就不具有法律约束力，以后也不能转化为有效合同。对已经履行的，应当通过返还财产、折价补偿、赔偿损失等方式，使当事人的财产恢复到合同订立前的状态。

人身保险合同的无效导致以下法律后果：

第一，保险合同无效的，如发生保险合同约定的保险事故且保险人不存在任何过错，保险人不承担保险责任。

第二，保险合同被确认无效的，当事人因为无效合同取得的财产应当返还给受损失的一方。如果投保人已经交付保险费，保险人已经给付保险金，投保人和保险人均负返还的责任。如果当事人有过错，还要负担损害赔偿的责任。

第三，如保险人没有过错而可以主张保险合同无效的，保险人可以向对方请求偿还费用，其已收取的保险费无需返还；反之，如投保人没有过错，保险人不得对该投保人请求保险费及偿还费而可以主张保险合同无效，其已经收取的保险费应予以返还。

二、人身保险合同的解除

人身保险合同的解除是指在保险合同有效期尚未届满前，合同一方当事人依照法律或约定解除原有的法律关系，提前终止保险合同效力的法律行为。

（一）人身保险合同解除的方式

保险合同的解除可以分为约定解除、协商解除、法定解除和裁决解除。

1. 约定解除。约定解除指合同当事人在订立保险合同时约定，在合同履行过程中，某种情形出现时，合同一方当事人可行使解除权，使合同的效力消灭。

2. 协商解除。协商解除指在保险合同履行过程中，某种在保险合同订立时未曾预料的情形出现，导致合同双方当事人无法履行各自的责任或合同履行的意义已丧失，于是通过友好协商，解除保险合同。

3. 法定解除。法定解除指在保险合同履行过程中，法律规定的解除情形出现时，合同一方当事人或者双方当事人都有权解除保险合同，终止合同效力。

4. 裁决解除。裁决解除指产生解除保险合同纠纷，纠纷当事人根据合同约定或法律规定提请仲裁或向人民法院提起诉讼时，人民法院或仲裁机构裁决解除保险合同。

人身保险合同中，对于投保人来说，除《中华人民共和国保险法》另有规定或者保险合同另有约定外，保险合同成立后，投保人有权随时解除保险合同。但保险人不得解除保险合同，除非发现投保方有违法或违约行为。

（二）人身保险合同解除的法律后果

1. 保险合同一经解除，当事人之间的权利义务关系即随之消灭；

2. 保险人不对保险合同解除后的保险事故负责；

3. 投保人故意不履行如实告知义务，保险人不退还保险费；

4. 投保人、被保险人或受益人因欺诈行为而被解除保险合同的，保险人不退还保险费；

5. 投保人要求解除保险合同的，保险责任开始后，保险人收取的自合同生效至合同解除期间的保险费不予退还。

6. 合同解除不排斥损害赔偿责任。所以当事人一方因过错造成他方损失的，应负担赔偿责任，不能因合同解除而免除。

小贴士：

合同解除的对象必须是有效成立的保险合同，对于欠缺有效要件的无效保险合同不存在解除的问题。

三、人身保险合同的中止和复效

人身保险合同中止是指在保险合同有效期限内，因某种事由出现而使合同的效力处于暂时停止的状态，即在保险合同存续期间，由于某种原因的发生而使保险合同的效力暂时失效。在合同中止期间发生的保险事故，保险人不承担赔偿或给付保险金的责任。

保险合同的中止，在人寿保险合同中最常见。人寿保险合同大多期限较长，由数年至数十年不等，故其保险费的交付大都是分期交纳。如果投保人在约定的保险费交付时间内没有按时交纳，且在宽限期内（一般为 60 天）仍未交纳，则保险合同中止。

各国保险法均规定，被中止的保险合同可以在合同中止后的 2 年内申请复效。满足复效条件复效后的合同与原合同具有同样的效力，可以继续履行。当然，被中止的保险合同也可能因投保人不提出复效申请，或保险人不能接受已发生变化的保险标的（如被保险人在合同中止期间患有保险人不能按条件承保的疾病），或其他原因而被解除，而不再有效。

四、人身保险合同的终止

人身保险合同的终止是指在保险期限内，由于某种法定或约定原因而导致人身保险合同当事人的权利义务彻底消灭，可以说终止是保险合同发展的最终结果。

人身保险合同的终止情况一般可分为以下几种：

1. 自然终止。人身保险合同期限再长，也是有期限的民事法律关系，它不可能永久存续。当保险合同约定的期限届满时，当事人之间的权利、义务关系即归于消灭，保险人的保险责任即告结束，合同自然终止。如人身意外伤害保险合同的被保险人在保险期内未发生意外事故，定期寿险的被保险人生存到保险期结束等。这是保险合同最普遍和最基本的终止原因。

2. 履约终止。履约终止指在保险事故发生后，保险人完成全部保险金额的赔偿或给付义务之后，保险责任即告终止。例如，终身保险中的被保险人死亡，保险人给付受益人死亡保险金后，合同终止；人身意外伤害保险中如果保险人给付的保险金累计达到保险金额时，保险合同终止。

3. 解约终止。解约终止即人身保险合同因解除而终止。

4. 合同自始无效。如果人身保险合同的投保人以欺诈、捏造或隐瞒重要事实等不诚实手段骗取保险人订立合同，一旦真相暴露，保险合同应从开始时就视作无效。

5. 因保险标的全部灭失而终止。指由于非保险事故发生，造成保险标的灭失，保险标的实际已不存在，保险合同自然终止。如人身意外伤害保险中，被保险人生病而死亡，就属于这种情况。

➤ **知识拓展**

人身保险合同终止的退费问题

● 保险责任开始前，投保人要求解除合同的，保险费全额退还，但需扣减手续费。

● 下列情况下，合同终止不办理退费手续：

保险合同有效期届满而自然终止的。

投保人在签订保险合同时，故意隐瞒事实，不履行如实告知义务，足以影响保险人决定是否承保的，保险人提出解除合同的。

被保险人在未发生保险事故的情况下，谎称发生了保险事故，保险人提出解除合同的。

投保人、被保险人故意制造保险事故，保险人提出解除合同的。

● 其他情况下，合同终止时按照未了责任期计算退还保险费。未了责任期应退还保险费的计算方法根据合同终止的原因和所属保险公司的不同又有所差异。

任务3　处理人身保险合同争议

【**任务描述**】由于对人身保险合同的理解会产生差异，所以经常会出现保险合同当事人双方的纠纷事件，在处理纠纷中，如何解释合同，采用何种方式来处理纠纷就显得非常重要。本任务主要介绍人身保险合同的解释原则和纠纷处理方式，通过学习，可以使学生掌握人身保险合同争议的处理方式，学会如何正确理解保险合同。

活动1　解释人身保险合同

➤ **活动目标**

了解人身保险合同解释的原则和要求。

➤ **活动内容**

请查阅资料，结合所学知识，用专业的术语解释以下概念或条款：

1. 犹豫期。

2. 宣告死亡。

3. 宽限期。

4. 空中运行物体。

5. 未成年人。

➤ 活动指导

一、人身保险合同的解释

保险合同解释是指在保险合同的条款或者内容发生争议时，当事人对保险合同使用的语言文字有不同认识的，依照法律规定的方式或者常用的方式，对保险合同的内容予以确定或者说明。人身保险合同的解释是对人身保险合同条款的理解和说明。人身保险合同订立后，当事人之间可能会产生因对合同条款理解不一致的情况，如果因此申请仲裁或向法院起诉的，理应对有争议的保险合同条款作出公平合理、准确恰当的解释，既要保护被保险人或受益人的权益，也要维护保险人的正当利益。

二、人身保险合同解释的原则

（一）文义解释的原则

文义解释的原则是指按照保险合同条款所使用文句的通常含义和保险法律、法规及保险习惯，并结合合同的整体内容对保险合同条款所做的解释，即从文意上对保险合同进行解释。

我国的文义解释主要有两种情形，第一，保险合同一般文句的解释。通常应尽可能按文句公认的表面含义和语法意义解释；有争议的，以权威性的工具书或专家的解释为准。第二，保险专业术语和法律专业术语的解释。有立法解释的，以立法解释为准；没有立法解释的，以司法解释、行政解释为准；无上述解释的，亦可按行业习惯或保险业公认的含义解释。

（二）意图解释的原则

意图解释的原则即按保险合同当事人订立保险合同的真实意思，对合同条款所做的解释。在保险合同的条款文义不清或者有歧义时，可以通过逻辑分析及其背景材料等判断合同当事人订约当时的真实意图来解释保险合同条款。但是需要注意的是如果文字表达清楚，不存在含糊不清，则必须按照字义解释，而不能利用此原则任意推测。

（三）专业解释的原则

专业解释的原则是指对保险合同中使用的专业术语，应按照其所属专业的特定含义解释。在保险合同中除了保险术语、法律术语之外，还会出现某些其他专业术语，应按其所属行业或学科的技术标准或公认的定义来解释。

（四）有利于被保险人和受益人的原则

按照国际惯例，对于单方面起草的合同进行解释时，应遵循有利于非起草人的解释原则。由于保险合同条款大多是由保险人拟定的，当保险条款出现含糊不清的意思时，应做有利于被保险人和受益人的解释。但这种解释应有一定的规则，不能随意滥用。此外，采用保险协议书形式订立保险合同时，由保险人与投保人共同拟定的保险条款，如果因含义不清而发生争议，并非保险人一方的过错，其不利的后果不能仅由保险人一方承担。如果一律作对于被保险人有利的解释，显然是不公平的。

（五）批注优于正文，后批优于先批的解释原则

保险合同是标准化文本，条款统一，但在具体实践中，合同双方当事人往往会就各种条件变化进一步磋商，对此大多采用批注、附加条款、加贴批单等形式对原合同条款进行修

正。当修改与原合同条款相矛盾时，具体做法是，书面约定与口头约定不一致时，以书面约定为准；保险单及其他保险凭证与投保单及其他合同文件不一致时，以保险单及其他保险凭证中载明的合同内容为准；特约条款与基本条款不一致时，以特约条款为准；保险合同的条款内容因记载方式和记载先后不一致时，按照批单优于正文，后批注优于先批注，手写优于打印，加批注优于正文批注的规则解释，即以当事人手写的、后加的合同文句为准。

（六）补充解释原则

指当保险合同条款约定内容有遗漏或不完整时，借助商业习惯、国际惯例、公平原则等对保险合同的内容进行务实、合理的补充解释，以便合同的继续执行。

➤ **知识拓展**

不利解释原则的适用条件和范围限制

一是不利解释原则仅适用于保险合同条款所用文字语义不清或有歧义而致使当事人意图不明的情况。当保险合同的语义明晰时，即使当事人对合同内容有争议，也不得适用不利解释原则而曲解合同内容。

二是不利解释原则是为了保护处于弱势的普通被保险人的利益而设立的，它只能适用于普通被保险人。美国司法判决确立了以下原理：如果被保险人不是一个自然人，而是一个规模庞大，且由经验丰富的商人经营，并委托有如同保险公司的顾问水准那样的专业顾问公司，则不能适用不利解释原则。基于相同理由，再保险合同的条款发生争议时，因其当事人均为专营保险业务的保险公司，对再保险合同的内容应当具有充分的判断能力，不能适用不利解释原则。在我国尚无相关规定，但随着对外开放的逐步深入，国际惯例必将渗透到每个角落。

三是保险条款的拟订主体是保险人，国家保险监督管理部门负责审批或备案。根据《保险法》第 107 条的规定，"关系社会公众利益的保险险种、依法实行强制保险的险种和新开发的人寿保险险种等的保险条款和保险费率，应当报保险监督管理机构审批。"国家保险监管部门审批的条款完全可以有效地规范保险活动并维护被保险人和受益人的利益，所以此类条款发生歧义时，应当由保险监督管理部门作出公正的解释，不应当适用不利解释原则。而对于其他保险险种的保险条款和保险费率，由于实行的是备案制，所以发生歧义时，应当适用不利解释原则。

（资料来源：华律网）

活动 2 处理人身保险合同争议

➤ **活动目标**

了解人身保险合同争议的处理方式。

➤ **活动内容**

请阅读下面这个案例，然后根据要求进行模拟演练合同纠纷的处理技巧：

案例背景：一次在银行存钱时，陈先生遇到了某保险公司的业务员。这名业务员极力劝说陈先生购买某款万能型投资理财保险，并介绍说这种保险和存款一样，可以随时提取保险金，比存款收益高，又能收获一份保障。听了业务员的介绍，陈先生购买了该款终身寿险，并先后交纳了 7 万元保费。依据合同约定，陈先生所交的 7 万元保费均被保险公司扣除了初始费用。投保半年后，陈先生向保险公司申请提取 4 万元现金。一个月后，陈先生又将另外 4 万元现金打入了保险账户，却发现又一次被扣除了 3 200 元的初始费用。对此十分不解的陈先生找到业务员询问，业务员解释称这 4 万元被认定为陈先生追加的保费，因此需要扣除初始费用。陈先生诉至法院要求判令保险公司退回收取的初始费用 3 200 元及其利息。

法院调查情况：法院调查发现，陈先生在投保时签署了投保书和《人身保险投保提示》，同时陈先生在提取及归还 4 万元保费时均签署了委托书和保险合同变更书，上述书面证据内容表明了保险公司对保险条款进行了明确说明。法院最终依据书面证据判决驳回了陈先生的诉讼请求。

模拟演练要求：

1. 将学生 3 人分为一组，分别扮演法官、保险业务员、陈先生；

2. 利用所学知识和案情调查结果，由 3 人进行一场法院调解的模拟演练；

3. 其他学生观看并做出评价。

➤ **活动指导**

一、人身保险合同的争议

人身保险合同订立以后，双方当事人在履行合同过程中，围绕理赔、交费以及责任归属等问题容易产生争议。因此，采用适当方式，公平合理地处理，直接影响到双方的权益。《合同法》第 128 条规定："当事人可以通过和解或者调解解决合同争议。当事人不愿和解、调解或者和解、调解不成的，可以根据仲裁协议向仲裁机构申请仲裁。涉外合同的当事人可以根据仲裁协议向中国仲裁机构或者其他仲裁机构申请仲裁。当事人没有订立仲裁协议或者仲裁协议无效的，可以向人民法院起诉。当事人应当履行发生法律效力的判决、仲裁裁决、调解书；拒不履行的，对方可以请求人民法院执行。"据此，对保险业务中发生的争议，可采取和解、调解、仲裁和司法诉讼四种方式来处理。

二、人身保险合同争议的处理方式

（一）协商

这是在争议发生后，双方当事人在平等、互相谅解基础上对争议事项进行协商，取得共识，解决纠纷的方法。该方法是解决争议最常用、最基本的方法。该方法具有较大的灵活性，且双方关系友好，有利于合同的继续履行。

（二）调解

这是在协商无效的情况下，双方接受的第三者出面进行的、促使双方达成一致、使合同继续履行的方法。根据第三者的身份不同，调解可分为行政调解、仲裁调解和法院调解。除行政调解外，后两者均具有法律强制执行效力，当事人不得就同一争议事项要求仲裁和诉讼。

（三）仲裁

这是指当事人双方约定发生争议时，由双方认可的第三方来裁决，并在裁决后双方有义务执行的一种处理争议的方式。该方式的选择依据有关仲裁法律进行，具有一裁终局、与法院裁决效力等同等特点。

仲裁必须遵循双方自愿的原则。当事人如果想采用仲裁的方式解决纠纷，应当取得对方的同意，并且双方达成仲裁协议，递交仲裁委员会。在双方自愿的基础上才能采用仲裁的方式。如果没有仲裁协议，仲裁委员会将不予受理。仲裁应当独立进行，不受行政机关、社会团体和个人的干涉，仲裁委员会之间也没有隶属的关系。仲裁委员会的裁决书下达之后，实行的一裁终局的制度。如果裁决书下达之后，当事人就同一纠纷再申请仲裁或者向人民法院提起诉讼，仲裁委员会或者人民法院将不予受理。

仲裁协议独立存在，合同的变更、解除、终止或者无效，不影响仲裁协议的效力。仲裁协议对申请仲裁的双方具有约束力。对于人身保险合同的关系人，因为仲裁协议是保险合同的当事人就合同创设和生效的条件以及合同的具体内容达成的协议，被保险人和受益人根据保险合同获取利益，而这种利益受到原来合同的约束。因此，仲裁协议对于被保险人和受益人也同样具有一定的约束力。

（四）诉讼

这是指人身保险合同的一方当事人按有关法律程序，通过法院对另一方提出权益主张，并要求法院予以解决和保护的处理争议的方法，这是解决争议最激烈的方式。

我国现行保险合同纠纷诉讼案件与其他诉讼案一样实行的是两审终审制，且当事人不服一审法院判决的，可以在法定的上诉期内向高一级人民法院上诉申请再审。第二审判决为最终判决。一经终审判决，立即发生法律效力，当事人必须执行；否则，法院有权强制执行。当事人对二审判决还不服的，只能通过申诉和抗诉程序。

➤ **知识拓展**

保险合同的诉讼时效

诉讼时效是指法律在规定权利的同时，也规定了相应权利的行使期限，如果超过法律规定的权利行使期限，法律将不予保护，权利人因此要承担不利于自己的法律后果。诉讼时效的中止是指在诉讼时效期间的最后6个月内，因不可抗力或者其他障碍不能行使请求权，从而使诉讼时效中止，从中止时效的原因消除之日起，诉讼时效期间继续计算。诉讼时效的中断是指诉讼时效因提起诉讼，当事人一方提出要求或者同意履行义务而中断。从中断时起，诉讼时效期间重新计算。

以下是保险合同纠纷的诉讼时效：

1. 非寿险之诉讼时效。人寿险之外的其他保险，包括除海上保险以外的所有种类的财产保险、意外伤害保险以及健康保险，适用保险法规定的2年时效，自被保险人或受益人知道保险事故发生之日起计算。

2. 人寿保险的诉讼时效。人寿保险，包括死亡保险、生存保险和生死两全险。其时效为：自被保险人或受益人知道保险事故发生之日起5年。

3. 海上保险的诉讼时效。海上保险是以海上危险或事故为保险责任范围而成立的一种财产损失保险合同。其时效为2年，自保险事故发生之日起计算。

（资料来源：中顾法律网）

※项目考核要点※

1. 人身保险合同的定义和特点。
2. 人身保险合同的类型。
3. 人身保险合同的形式。
4. 投保人、保险人、被保险人、受益人和辅助人。
5. 人身保险合同的客体。
6. 人身保险合同的条款构成。
7. 人身保险合同的订立、生效和履行。
8. 人身保险合同的变更。
9. 人身保险合同的终止。
10. 人身保险合同解释的原则。
11. 人身保险合同争议的处理方式。

项目四

人身保险产品及价格计算

项目描述		本项目旨在培养保险从业人员必须具备的人身保险产品基本知识和价格计算技能，主要包括人寿保险、人身意外伤害保险、健康保险及人身保险的价格和精算。
项目目标	知识目标	◇ 熟悉人寿保险。 ◇ 熟练人身意外伤害保险。 ◇ 熟悉健康保险。 ◇ 熟悉人身保险的价格和精算技术。
	技能目标	◇ 能对人身保险各种险种进行具体分析。 ◇ 能对不同客户进行人身保险险种的搭配。 ◇ 能掌握人身保险价格和精算的基本原理和技术。
项目任务		**任务 1　认知人寿保险。** 　　活动 1　学习人寿保险基础知识。 　　活动 2　认知传统人寿保险。 　　活动 3　认知创新型人寿保险。 　　活动 4　认知其他类型的人寿保险。 　　活动 5　解读典型寿险合同。 **任务 2　认知人身意外伤害保险。** 　　活动 1　学习人身意外伤害保险基础知识。 　　活动 2　解读典型人身意外伤害保险合同。 **任务 3　认知人身健康保险。** 　　活动 1　学习健康保险基础知识。 　　活动 2　认知健康保险的主要产品。 　　活动 3　解读典型人身健康保险合同。 **任务 4　学习人身保险的价格和精算。** 　　活动 1　认识生命表。 　　活动 2　人身保险定价。
建议学时		18 学时

【引导案例】张先生35岁，爱人34岁，两人都是某中型城市国家公务员，有一个8岁的女儿，在上小学三年级。张先生父母均已退休，有社保养老和医疗保障。5口之家生活过得比较安稳。经济上，张先生年收入7万元，年支出3.6万元。爱人年收入4万元，父母亲每年有退休工资3万元。家庭目前有两套房产，一套自住，一套闲置，月还贷2 400元。家庭日常月支出为3 500元，其他月支出2 000元。虽然公务员福利保障比较好，但张先生对于目前的工作状况并不满意，他萌生了辞去公务员转行当律师的想法，预计从事律师职业初期年收入10万元，还能够实现更大的人生价值。但是对于未来健康状况的不确定性却有一丝忧虑，万一发生重大疾病或者意外而失去工作能力的话，个人和家庭的生活质量如何保证？根据张先生的实际情况保险公司为张先生设计了如下保险方案：

保险计划说明

险种	解决问题	基本保额	保险期	交费期	年交保费
失能补偿险	失能补偿	50万元	至60岁	20年	4 700元
定期寿险	家庭生活保障	60万元	20年	20年	2 340元
重大疾病险	重疾医疗费和身故补偿	10万元	30年	30年	1 250元
意外保险	意外伤残、医疗费和失能补偿	意外保险70万元，意外医疗1万元	1年	每年	1 130元
合计					9 420元

资料来源：http://quick.xiangrikui.com/blog/267349.html

请问：你能分析一下为什么这样设计保险方案吗？

任务1　认知人寿保险

【任务描述】人寿保险是人身保险产品中最为重要的一种类型。寿险对人类而言是每个人对他自己及家庭应尽的责任以及是一种支付人生必需费用的手段。本任务包含了寿险的概念、特点等基础知识，同时重点介绍了寿险的主要类型，通过各项小活动的学习，学生可以熟悉主要的寿险业务，具备为客户分析、介绍和搭配不同寿险产品的基本技能。

活动1 学习人寿保险基础知识

➤ **活动目标**

掌握人寿保险的概念、特点、作用等基础知识，对人寿保险具备初步认知。

➤ **活动内容**

在老师的指导下，针对下面的案例提出解决方案：

有一位保户，办理的是长期缴费的保险，但是因为一些原因中途交不起保费了，请同学们分小组讨论，能够有什么办法可以解决这个问题？

➤ **活动指导**

一、人寿保险的概念

人寿保险简称寿险，亦称"生命保险"，是以人的生命为保险对象的保险。人寿保险以被保险人的生命为保险标的，以被保险人的生存和死亡为给付保险金条件，投保人向保险人缴纳一定数量的保险费，当被保险人在保险期限内死亡或生存到保险合同约定的年龄、期限时，保险人按照合同约定向被保险人或其受益人给付死亡保险金或期满生存保险金。

人寿保险是人身保险中最基本、最主要的种类，和其他保险业务一样，被保险人将风险转嫁给保险人，接受保险人的条款并支付保险费，但是人寿保险转嫁的是被保险人的生存或者死亡的风险。

二、人寿保险的特点

人寿保险既具有人身保险的一般特征，又具有自己的特殊性。

（一）承保标的特殊

一般来说，保险标的的价值是确定保险金额的重要依据，但是人寿保险承保的标的是人的生命，而生命是不能用金钱来衡量的，所以寿险合同无法通过保险标的的价值来确定保险金额，一般是参考被保险人对保险的需要和投保人的缴费能力，在法律规定条件下，由保险人和投保方协商确定。

（二）承保风险特殊

人寿保险所承保的风险是人的生死风险，就个人来说，死亡何时发生、生命可以延续多久具有很大的不确定性，但是从总体上来看，这种风险还是有规律可循的，人寿保险所承担的风险与被保险人的年龄密切相关，在每一年龄有着较稳定的死亡概率，并且这种死亡概率随着年龄增长显现规律性的变化，在实际的业务中，生命表就给我们提供了这种风险的规律性。

（三）保险期限特殊

人寿保险的保险期限一般较长，大多数险种的保险期限在十几年甚至几十年。这主要是由于均衡保险费和人寿保险作用的原因。寿险业务中，保险费是根据生命表的死亡概率来推算的，被保险人的年龄越大，风险越大，保险费就越高，但是随着被保险人年龄的增大，劳动能力开始下降，收入减少，保费负担越来越重，容易导致被保险人负担不起而被迫退保，所以，采用了均衡保险费的方法，即保险前期均衡保险费多于当年应缴的自然保险费，多出部分由保险人用于投资增值，来弥补后期均衡保费少于当年应缴自然保费的不足，结果许多1年、2年期的人寿保险自然而然地转变为5年、10年，甚至更长的期限。同时很多人购买寿险是考虑年老时养老之用的，所以被保险人在身体健康，符合投保条件时投保较长期限的人寿保险，就能够获得较为稳定的人寿保险的保障，这也是寿险期限一般较长的原因之一。

但是，我们也应该看到人寿保险单大多是长期保险合同，所以无论对被保险人，还是对保险人而言，利率、通货膨胀率等经济因素的影响都是十分显著的。

（四）给付方式特殊

人寿保险是一种定额给付保险，也就是说寿险合同的保险金额是由保险双方协商确定的，因此只要合同的给付条件成立，保险人就会按照事先确定的金额向被保险人或受益人进行给付，不论是否有第三人对被保险人已经履行了赔偿责任，也不论是否有其他保险人对被保险人支付了保险赔偿。

（五）保费计算特殊

如前所述，人寿保险采取均衡保费的方法。保险人将人的不同年龄的自然保险费结合利息因素，均匀地分配在各个年度，使投保人按期交付的保险费整齐划一，处于相同的水平，这种保险费即为均衡保险费。均衡保险费避免了被保险人到了晚年因保险费的上升而无力续保的不足，因此适合长期性的人寿保险。均衡保费使投保人在保险年度内的每一年所交保费相等。均衡保费与自然保费在数值上有很大差别。均衡保费在早期高于自然保费，而在晚期低于自然保费。这样对于每一年来说，所收取的保费与实际保险金支付不相等。对于保险人来说，虽然早期所收取保费大于保险金的给付额，但多出的部分用于弥补以后少交的部分，所以保险人有责任将这一部分保费积存起来用于未来给付。

（六）保单作用特殊

寿险除了具有一般保险的保障性外，还具有储蓄性和投资性。寿险险种本身具有特殊性，比如生存险本身就是在生存至满期时得到的一笔保险金，这笔保险金实质上是被保险人群体储蓄性保费的积存；再加上寿险是一种长期性业务，保户分期缴付保费，保费由保险人按复利计算，体现出储蓄性。同时，在寿险合同中，由于保费采纳的均衡保费制度，保费前期高于实际业务给付所需的自然保费，因而超额部分及其生息实际上是投保人的储蓄。由于寿险保单的储蓄性，因而其通常具备一定的现金价值，寿险保单成为有价证券的一种。

三、人寿保险的标准条款

各保险公司的人寿保险条款相对统一，都规定了一些标准条款，保险人在设计险种时必须采用标准条款。下面主要介绍一些常见的人寿保险标准条款。

（一）不可抗辩条款

不可抗辩条款又称"不可争条款"。此条款规定，从保险单生效之日起满两年后，保险人不能以投保人或被保险人于投保时的故意隐瞒、过失、遗漏或不实说明为由来否定合同的有效性，但投保人欠缴保费的除外。也就是说，保险人有两年的时间来调查投保人或被保险人的诚信情况，如发现投保人或被保险人违反了诚信原则，保险人可以解除保险合同，且不退还已收保险费。但两年过后，保险人则丧失此权利。

该条款缺失的情况下，一方面，保险人没有条款约束可能会放宽投保时的审核条件，使那些希图骗保的投保人以为有机可乘，纷纷投保，存在不诚信隐患的保单自然就增多了；另一方面，人寿保险往往是长期的，对于那些因过失而未告知的投保人、被保险人和受益人来说，多年以后再翻旧账，突然发现自己失去了保险保障，而如果重新投保同样条件的保险，保费将激增。显然，这对投保人是很不公平的。

因此该条款的规定有利于保险人在社会公众中树立良好的形象，遏制保险人的"逆选择"，保护保险双方的利益。保险合同是最大诚信合同，如果投保人或被保险人在投保时没有如实回答保险人的询问，保险人有权解除合同。但在人寿保险实务中，有的保险人滥用此项规定。特别是人寿保险单多为长期性保单，许多年后当被保险人年老或生病需要保障时，保险人却以投保人在投保时的误告、隐瞒或漏告等理由来否定合同的有效性，尽管保险人提供的理由可能是事实，仍将极大地损害被保险人的利益。而且还有些保险人在明知投保人未如实告知的情况下，仍然收取保险费，保险事故不发生，则双方相安无事；保险事故一旦发生，保险人就以早已掌握的投保人未如实告知的事实为由，不赔保险金、不退保险费，这就是保险人的"逆选择"现象。

> **小贴士：**
> 无效合同不受不可抗辩条款的约束。

（二）不丧失价值条款

不丧失价值条款是指长期寿险合同的投保人享有保险单现金价值的权利，不因保险合同效力中止而丧失。也就是说，即使保险单失效，保险单上的现金价值所有权仍归投保人所有。

现金价值又称"解约退还金"或"退保价值"，在长期寿险中，保险人为履行契约责任，通常需要提存一定数额的责任准备金。当被保险人在保险有效期内因故要求解约或退保时，保险人按规定，将提存的责任准备金减去解约扣除后的余额退还给被保险人，这部分余额即解约金，亦即退保时保单所具有的现金价值。

寿险合同之所以具有现金价值，主要是因为均衡保费的原因，保险公司将多交的保费连同其产生的利息，每年滚存累积起来，就是保单的现金价值，这相当于投保人在保险公司的一种储蓄。通常保单生效2年后才具有现金价值。交费不满2年的，保单的现金价值一般情况下为零。

对于这些现金价值，投保人一般有三种处置办法：第一是办理退保，领取退回的现金价值，即退保金；第二是将原保险单改为缴清保险，也就是将保险单上的现金价值作为趸缴保险费，在原保单的保险期间和保险责任保持不变的情况下，重新确定保险金额。缴清保险的保险金额比原保单上的保险金额要小；第三是将原保险单改为展期保险，也就是利用现金价值将保险合同改为一次缴清保险费的定期保险，其保险期间长短取决于保单现金价值的多少，但最长不能超过原保险合同的保险期间。

（三）年龄误报条款

年龄误报条款是指投保时如果误报了被保险人的年龄，保险金额将根据真实年龄予以调整。

人寿保险中，被保险人的年龄是保险人判断风险、决定是否承保和厘定费率的重要依据之一，所以投保时应如实告知被保险人的年龄。一般规定，发现年龄误报，可以有以下几种方式进行处理。

1. 如果投保人申报的被保险人的年龄不真实，并且该真实年龄已超过保险合同约定的最高承保年龄或低于合同约定的最低承保年龄，保险人有权解除合同，将已缴保费扣除手续费后无息退还投保人。但是，自该保险合同成立之日起满 2 年的，保险人不得解除合同。

2. 被保险人年龄误报但符合保险合同约定的承保年龄的，就要区分情况对待。

如果申报年龄小于真实年龄，结果实缴保费少于应缴保费，保险人可以要求投保人补交不足部分保费，如在保险事故发生后或期满生存给付保险金时发现误报年龄，则保险人应按实付保险费与应付保险费的比例调整保险给付金额。调整公式为：

$$应付保险金额 = 约定保险金额 \times 实缴保险费 / 应缴保险费$$

如果申报年龄大于真实年龄，结果实缴保费多于应缴保费，保险人可以无息退还多缴的保费，或按已缴的保费调高保险金额。

> **小贴士：保险金额的调整方法举例**
>
> 甲以自己为被保险人投保定期寿险，保险金额为 5 万元，保险费 10 年限交，投保时年龄为 30 岁，年交保费 1 250 元。若干年后，甲死亡，保险人在理赔时发现，该被保险人投保时的真实年龄为 33 岁，而 33 岁的人年交保费应为 1 420 元。则实际保险金额应调整为：50 000 × （1 250/1 420）=44 014 （元），即保险人给付保险金 44 014 元。如果甲投保时的真实年龄为 29 岁，而 29 岁的人年交保费为 1 180 元，则实际保险金额应调整为：50 000 × （1 250/1 180）=52 966 （元），即保险人应给付保险金 52 966 元。

（四）宽限期条款

宽限期条款是指在分期缴费的人寿保险中，如果投保人未按时缴纳第二期及以后各期的保险费时（投保人如未缴纳第一期保险费则寿险合同一般不生效），在宽限期（一般为 60 天）内保险合同仍然有效，如果发生保险事故，保险人仍予负责，但要从保险金中扣除所欠的保险费。如果宽限期结束后投保人仍然没有缴纳保险费，也无其他约定，则保险合同自宽限期结束的次日起失效。

宽限期条款旨在保护投保方的利益，在合同成立时投保人支付了首期保险费，以后应该按期缴纳各期保费，但是寿险合同的期限一般较长，在这个过程中，投保人难免会因为一时疏忽或其他原因无法按期缴纳保费，如果保险人据此解除保险合同，将使保险人、投保人、被保险人的利益均受到损害。为了保护被保险人的利益，给投保人交纳续期保险费规定一定的宽限期，在宽限期内，即使投保人没有及时交付保险费，合同仍然有效。如果发生保险事故，保险人仍承担给付保险金的责任。

我国保险法规定宽限期为 60 天。

（五）复效条款

复效条款是指如果人寿保险单在有效期间内，保险单所有人在宽限期届满时仍未缴付保险费，并且保险合同中没有其他约定的，保险单便会失效即中止，自失效之日起的一定时间内，投保人可向保险人申请复效，经保险人审查同意，同时，投保人补交完失效期间的保险费及利息后，保险合同即可恢复效力。

保险单失效的原因是不同的，本条款所指的复效仅针对因投保人欠缴保险费而导致的失效，由其他原因引起的失效则不包括在复效范围内。

保险合同复效后，保险人对于失效期间发生的保险事故不予负责。

根据我国保险法的规定，投保人可以在 2 年内申请保单复效。如果投保人在 2 年内不申请复效，则交费不足 2 年的保险合同效力中止，保单也将永久失效，保险人应当在扣除手续费后，退还保险费。交费已满 2 年的，保险人应当按照合同约定退还保险单的现金价值。

小贴士：复效的程序

1. 须自保险合同失效之日起一定期限（一般为 2 年）内提出申请，并不曾退保或把保险单变为定期寿险；

2. 保险人一般要求被保险人须符合可保条件或提供可保性证明以防范逆选择；

3. 须经保险人审查同意；

4. 必须补缴失效期间所欠缴的保险费和利息，扣除应分配的红利，并归还所有保险单质押贷款。

（六）受益人条款

在含有死亡责任的人寿保险合同中，受益人是十分重要的关系人，受益人条款一般包括两方面的内容：一是明确规定受益人；二是明确规定受益人是否可以更换。

1. 受益人的指定。受益人由被保险人或者投保人指定。投保人指定受益人时须经被保险人同意。受益人可以为一人或数人。如果没有指定受益人，或受益人先于被保险人死亡，或受益人依法丧失受益权或放弃受益权，在没有其他受益人的情况下，被保险人死亡后的保险金视为被保险人的遗产，由其继承人领取。被保险人或者投保人可以指定一人或者数人为受益人。受益人为数人的，被保险人或者投保人可以确定受益顺序和受益份额；未确定受益份额的，受益人按照相等份额享有受益权。

2. 受益人的更换。被保险人有变更受益人的权利，投保人变更受益人需得到被保险人的同意。变更受益人要书面通知保险人。保险人收到变更受益人的书面通知后，应在保险单上批注。

（七）保单贷款条款

人寿保单经过两年时间后就具有了现金价值，根据保单贷款条款，投保人可以用寿险保单作为抵押向保险人申请贷款。如果投保人有经济上的临时性需要，保险人应该将该现金价值暂时借给投保人使用。

保单贷款金额往往是保单现金价值的一个比例，如 80% 或 90% 等，当贷款本利之和达到保单现金价值时，投保人应按照保险人通知的日期归还款项，否则保单失效。领取保险金时如果款项未还清，则保险金将扣除该款项后支付。

保单贷款期限一般为 6 个月，时间短、额度小、笔数多，贷款利率略高于或等于金融机构的贷款利率，通常到期可以自动更新。一般贷款净收益低于保险人投资收益，所以，此条款实际上是保险人给予投保人的优惠条款。

小贴士：

我国《保险法》规定：以死亡为给付保险金条件的保险合同，未经被保险人的同意，不得进行保单的质押。

（八）保费自动垫缴条款

保费自动垫缴条款是指寿险合同生效满一定期限（一般是 2 年）后，如果投保人超过宽限期仍未缴纳保费，除投保人事先另以书面作反对声明外，保险人则自动以保险单项下积存的现金价值垫缴保险费，以维持保单的有效性。当然前提是保险单当时的保单现金价值足以垫缴应缴保险费及利息，当垫缴的保险费及利息达到现金价值的数额时，保险合同即行终止。

在垫缴保险费期间，如果发生保险事故，保险人要从应给付的保险金中扣除垫缴的保险费和利息。

小贴士：保费自动垫缴条款是一把双刃剑

2008 年，李先生购买了一款分红险，年缴 4 099 元，缴费 10 年。今年年初的时候他就想退保，因此没有再交保费，但因为忙一直没时间去办退保手续。上周他才抽出空去办退保。按照现金价值，他可以退回 3 000 多元，但实际上他只拿到了几百块，退回的保费比预想的少了 3 000 元。

对此，保险公司表示，如果投保人在到期及以后 60 天宽限期内都没有缴纳续期保费，根据合同条款，做了保费自动垫缴处理。李先生提出退保申请后，保险公司按当时保险合同的现金价值，扣除所垫缴的续期保费等其他费用后再退给他，因此少于对应的现金价值。

目前我国寿险公司所销售的寿险产品，大部分条款中都包含保费自动垫缴条款，而且该条款在寿险合同订立时自动存在，即无需保险人做出特别提示，该条款于保险合同生效时自动生效。当投保人未按期缴纳保费导致保险合同效力中止时，保费自动垫缴条款可以使其免于中止，对于发生的保险事故保险公司应当承担相应的责任。因此，从这方面来说，保费自动垫缴条款保障了投保人的利益。

但是，从投保人角度来说，自动垫缴虽然可以防止因保险合同中止而遭受损失，但若投保人出于自己意愿想要中止保险合同，就会导致其在退保时蒙受损失。所以投保人在投保前，应当小心谨慎地选择该条款，避免因错失退保良机而受损失。投保人在选择时，最好选择不是自动生效的产品。

（资料来源：腾讯财经转载于武汉晨报）

（九）自杀条款

自杀条款是指在包含死亡责任的人寿保险合同中，被保险人在保单生效后的 2 年内自杀（包括复效），不论其精神是否正常，保险人都不负给付保险金的责任，只负退还保费的责任，并一次支付给保险单上注明的受益人。如果自杀发生在 2 年以后，保险人承担给付保险金的责任。

规定自杀条款主要是防止发生道德危险，保护保险人的利益，规定 2 年的责任期又是为了保护被保险人家属和受益人的利益。所以，规定在2年内自杀不赔，2年后自杀给付保险金是合理的。

➤ **知识拓展**

自杀条款的特殊情况

● **精神病人的自杀**

对于精神病人自杀，目前存在两种意见：第一种意见是拒赔，第二种意见是赔付。笔者认为，对于投保前，已患精神病的，保险公司可不予承保，投保人知而未告，属隐瞒，保险合同无效；若投保后才患精神病的，不论是否满一定年限（如2年）保险人都应给付保险金。目前我国保险业还不成熟，各项法律制度还不完善，投保人大多不具备专业水平，难以同保险公司抗衡。从保险法设置自杀条款的目的来看，它主要是为了预防保险中有可能出现的道德风险，防止一些保险诈骗分子以骗取保险金为目的而故意实施自杀行为。精神病人实施自杀行为完全属于其在患有精神病期间的无意识行为，因此毫无保险欺诈的故意可言，故对精神病人适用自杀条款是有违保险法设置该条款的立法目的的。寿险业发达的欧美国家的做法也是如此，如美国法院认为，如果被保险人无法抵制其在神志不清的状况下的冲动或由于神志不清使他无法意识到自己在做什么，不能援引自杀免责。

● **未成年人的自杀**

未成年人包括未满10周岁的无民事行为能力人和已满10周岁未满18周岁的限制民事行为能力人。在保险实务中的一般做法是：未满10周岁的未成年人，不适用自杀免责条款，保险公司予以赔付。已满10周岁未满14周岁的被保险人，2年内自杀，可以考虑协议赔付。已满14周岁时，根据刑法规定，已经达到承担刑事责任的年龄，一般适用免责条款，予以拒赔。保险法及保险法修订草案也没有对此做出具体的规定。由于目前保险市场上，以未成年人为主要承保对象的保险主要有两类：一类是具有意外伤害险性质的学生平安保险，一类是具有寿险性质的少儿保险，因此，应分别对待。对于学生平安保险，应适用自杀免责条款，保险公司不予赔付死亡保险金。因为该保险属于意外伤害险性质，一年一交费，提供的保险保障主要是意外伤害保障、意外伤害医疗保障、住院医疗保障等，不涉及自杀伤害所引起的保障，所以将自杀作为除外责任。对于少儿保险，不应适用自杀免责条款，保险公司应赔付死亡保险金。不仅对于未满10周岁的未成年人，也应包括已满10周岁未满18周岁的未成年人。第一，未满10周岁的未成年人，从心理学角度讲，身心发育尚未成熟，还不具备必要的辨别是非善恶的能力，且对危害社会的行为可完全不负刑事责任，因此，自杀对他们应属于保险责任，无可非议。对于已满10周岁的未成年人来说，认知能力和智力水平也有限，同样不能完全意识到自杀死亡后的危害和后果。即使年满14周岁，应对部分行为承担刑事责任，但如前所述，保险自杀免责条款的立法宗旨之一是为防止保险欺诈，未成年人谈不到为图谋保险金而自杀身亡，且人寿保险的目的在于保障被保险人遗属的利益，如果对于不是由于为图谋保险金的原因而发生的自杀一概不予给付保险金，将使未成年人之监护人既遭受精神痛苦，又遭受物质损失。所以，应从社会的角度，从最大限度保护未成年人利益的角度，对未成年人的自杀采取宽容态度，采取缩短自杀除外责任期间等中庸的解决方法；第二，少儿保险具有寿险性质，其在编制生命表时已经考虑了自杀这个因素，也就是说，投保人已经给自杀投了保，因此保险公司赔付保险金，是其法定的义务。

（资料来源：杨洪泽. 浅谈我国人身保险合同中的自杀条款——兼与新保险法送审稿比较. 经济研究导刊，2008（9）.

活动2　认知传统人寿保险

➤ **活动目标**

掌握传统人寿保险的各种类型，能为客户分析、讲解和规划这些险种。

➤ **活动内容**

在老师的组织下，将学生分小组进行产品调研活动：

1. 通过各种途径了解一下现在市面上的传统寿险产品，分析一下这些产品的特点、异同之处和设计理念，完成调研报告；

2. 每个小组挑选一种产品，为大家介绍、分析一下这种产品，锻炼自己对产品的理解能力和解说能力。

➤ **活动指导**

传统型人寿保险是最基本的寿险种类，根据保险责任的不同，可以分为死亡保险、生存保险和生死两全险。

一、死亡保险

"死亡保险"是人寿保险中最基本、产生最早的一种，是以被保险人在保险期间内死亡为给付保险金条件的保险。死亡保险主要分为定期寿险和终身寿险。

（一）定期寿险

1. 概念。定期寿险也就是定期死亡保险，是指在保险合同约定的期间内，如果被保险人死亡，保险人向受益人给付保险金；如果被保险人在保险期间届满时仍然生存，保险合同即行终止，保险人无给付义务，也不退还已交的保险费。

定期寿险一般只提供一个确定时期的保障，通常为1年期、5年期、10年期、15年期、20年期或30年期；或者要求被保险人达到某个年龄为止，比如被保险人在合同期满时不超过65周岁。特殊情况下，保险人也可应投保人的要求，为特定的被保险人提供保险期间短于1年的定期寿险，如保险期间为几个月或几个星期。

> **小贴士：**
>
> 定期寿险保险人承担的保险责任自保险人同意承保、收取首期保费并签发保单的次日零时开始，至合同约定终止时止。

由于定期寿险的保费主要是依据被保险人的死亡概率计算出来的，储蓄因素极少，且保险人承担死亡风险责任的期限是确定的，在保险金额相等的条件下，定期寿险的保险费，低于其他任何一种人寿保险，从而投保定期寿险可以以较低廉的保险费获得较大的保障。正因如此，定期寿险的逆选择风险较大。

2. 特征。

（1）保险费用较低廉。定期寿险保险人承担的风险责任有确定期限且不含储蓄功能，所以在保险金额相等的条件下，定期寿险保险费低于其他寿险，而且可获得较大保障。

（2）可以更新或展期。许多定期寿险单规定，保险单所有人在保险期满时，被保险人不必进行体检，不论健康状况如何都可以延长保险期限。规定这项选择权是为了保护被保险人的利益，否则被保险人可能在保险期满时因健康状况不佳或其他原因不能再取得人寿保险。

同时被保险人不必体检，不论健康状况如何，均可把定期寿险单变换为终身寿险单或两全保险单的选择权。这种选择权一般只允许在一个规定的变换期内行使，比如在 60 岁以前才允许变换。

（3）容易引发逆选择。投保定期寿险可以较少的支出获取较大的保障，当被保险人在感到或已经存在身体不适或有较大风险时，往往会投保较大金额的定期寿险。所以为了控制这种风险，保险人往往要对被保险人进行严格的核保，例如，对高额保险的被保险人进行严格的体检；对从事危险工作或身体状况略差的被保险人适用较高费率；对年龄较高身体又较差者拒绝承保等。

3. 适用范围。定期寿险没有储蓄和投资收益，不适宜注重储蓄和投资功能的人群，但却具有低保费、高保障的特点，可以用最低的保险费支出取得最大金额的保障，因此越来越受到消费者的青睐，定期寿险比较适宜收入低且保障需求相对较高的人群、偏重死亡保障的人群、在短期内从事比较危险的工作又急需保障的人群和家庭经济境况较差，子女年岁尚小，自己又是家庭经济主要来源的人群。

（二）终身寿险

1. 概念。终身寿险是终身死亡保险的简称，是一种不定期的、提供终身保障的保险。保险合同中不规定期限，自合同生效之日起至被保险人死亡时为止，保险人对被保险人终身负责，不论被保险人何时死亡，保险人均依照保险合同的规定给付死亡保险金。此种保险能使被保险人得到永久性的保障。

2. 特点。

（1）必然给付性。终身寿险保终身，人的生命毕竟是有限的，所以无论什么情况，死亡是必然的，所以终身寿险必须承担给付保险金的责任。

（2）保险费用较高。终身寿险的保险期限比较长，而且无论寿命长短，保险公司的保险金是必付的，因此，其保费比定期寿险要高。

（3）具有现金价值。终身寿险的保单具有现金价值，保单所有人可以中途退保领取退保金，也可以在保单的现金价值的一定限额内贷款，具有较强的储蓄性。

3. 类型。终身寿险按照交费方式又可分为普通终身寿险、限期缴费终身寿险和趸缴终身寿险。

（1）普通终身寿险，也称终身缴费终身寿险。它是人寿保险公司提供的最普通的保险。投保人按照合同规定定期交纳保险费（通常为按年交纳，也可按每半年或每季、月交纳），直至被保险人身故。

（2）限期缴费终身寿险。投保人按照保险合同约定的缴费期间按期交纳保险费的一种终身寿险。一般有两种情形：一是交费期间约定为 10 年、15 年或 20 年，由投保人自行选择；二是交纳是限定为被保险人年满 60 岁或 65 岁时止。在同一保险金额下，交费期越长，投保人每次交纳的保费越少，反之亦然。在终身保险中，投保限期缴费终身寿险的人较多。

（3）趸缴终身寿险。投保人在投保时一次性缴清全部保费。趸缴终身寿险可以避免因停交费而致保单失效的情况发生，但由于保费需一次交清，因此金额较大，投保此种保险的人较少。

4. 适用人群。这种保险适用于以下几种人群：第一种是收入比较稳定，保费负担能力比较高的人群，因为要长期缴费，所以要具有长期稳定的收入保障；第二种是有遗产规划需求的人群，终身寿险很多情况下是最适合遗产规划的险种，因为它在被保险人死亡后才赔付，而且是作为保险受益金赔付给指定受益人，不仅可以完全按照投保人的意愿分配，且受法律保护，免遗产税；第三种是注重保障和储蓄双重功能的人群，虽然终身寿险身故后才能拿到保险金，但它有储蓄性，产生现金价值，目前有很多终身寿险附加分红功能，可以当做储蓄加保障的品种来使用，在身故前需要用钱，也可采取保单抵押贷款或者是退保的方式来取回一部分资金。

> **小贴士：**
>
> 我国保险法对无民事行为能力人的死亡保险做出了特别规定："投保人不得为无民事行为能力人投保以死亡为给付保险金条件的人身保险，保险人也不得承保。父母为其未成年子女投保的人身保险，不受前款规定限制，但是死亡给付保险金额总和不得超过金融监督管理部门规定的限额。"

二、生存保险

1. 概念。生存保险是指以被保险人的生存为给付保险金条件的人寿保险。被保险人于保险期间届满仍然生存时，保险公司依照契约所约定的金额给付保险金，若被保险人在保险期间死亡，则保险人不用支付保险金，也不退回已交的保险费。

一般情况下，纯粹的生存保险在现实业务中是不作为单独险销售的，而是经常附加在死亡保险或其他人身保险合同上投保。在保障被保险人年老时的生活需要时经常采取年金形式，年金保险是生存保险的一种特殊形式，我们在后面的学习内容中再详细介绍。

2. 特点。

（1）生存保险是以被保险人在一定时期仍生存为保险金给付条件，如果被保险人在保险期限内死亡，则没有任何给付，也不退还保险费。因此，保险公司给付满期生存者的保险金，不仅包括其本人所缴纳的保险费和利息，而且包括其他在满期前死亡的人所缴纳的保险费和利息。

（2）生存保险的主要目的是为了满足被保险人一定期限之后的特定需要，如子女的教育资金、婚嫁金或被保险人的养老金等。

（3）生存保险具有很强的储蓄性，是为一定时期之后被保险人可以领取一笔保险金，以满足其生活等方面的需要。

3. 适宜人群。此类保险适宜在一定期限后有资金需求的人群使用，如要养老的、子女需要教育资金和婚嫁资金的等。

三、生死两全险

1. 概念。生死两全保险又称生死合险，是死亡保险和生存保险的混合险种。如果被保险人在保险期内死亡，保险人向其受益人给付保险金；如果被保险人生存至保险期满，保险人也向其本人给付保险金。

2. 特点。生死两全险的优点体现在其储蓄性、给付性与返还性的完美结合。购买这种保险，既可获得保险保障，同时又等同于参加了一份特殊的储蓄。

（1）承保责任最全面。生死两全险即保生存，又保死亡。

（2）保险费率相对较高。

（3）具有储蓄性。相比传统的死亡保险和生存保险，两全保险结合了两者优点，所以保险利益方面能更大地满足投保者对生命保障和理财规划的要求，它可以同时满足个人人身和养老险两方面的保障需求。它既可以保障被保险人的晚年生活，又能解决由于本人死亡后给家庭经济造成的困难，因而它在人寿保险中最能够体现保障与投资的两重性，有时人们又称其为储蓄保险，可以说这种保险类似于一种强制节俭的手段。

（4）具有给付性与返还性。生死两全险对于被保险人来说，在保险期内不论生存或死亡，被保险人本人或受益人在保险期满后，总是可以获得稳定的保险金。可以说投保人缴纳的保险费可以看成是保险人对被保险人的负债。

3. 类型。

（1）普通两全保险。这是一种单一保额的两全保险，即无论被保险人在保险有效期死亡或生存至保险期满，保险人都给付保险金。例如，一个人投保了保额为10万元，保险期限为10年的普通两全，那么被保险人无论是在10年内死亡，还是生存至第10年底，保险人都会给他或其受益人10万元的保险金。

（2）期满双倍两全保险。在被保险人期满生存的情况下，保险人给付两倍于约定保险金额的保险金；若被保险人在保险期限内死亡，保险人只给付约定数量的保险金。

（3）养老附加两全保险。被保险人若期满生存，保险人按照约定的保险金额给付保险金；若在保险期限内死亡，保险人按照约定金额的一定倍数给付保险金。

（4）联合两全保险。即由两人或两人以上联合投保的两全保险。在保险期内，联合被保险人中的任何1人死亡时，保险人给付全部保险金，保险即终止；如果在保险期限内，联合被保险人中无1人死亡，保险期限届满时保险人也给付保险金，保险金由全体被保险人共同受领。

4. 适宜人群。很大一部分的消费者，都希望能挑选到既有保障功能，又有理财功能的产品。这群人对费率的敏感度不是特别高，但"鱼和熊掌"兼得的心理比较重，所以两全险比较适宜这种需求的人群。目前，保险市场上的多数险种都属于两全保险。常见的有子女婚嫁保险，子女教育金保险，学生平安保险，以及多数养老保险等。

➤ 知识拓展

吉祥至尊两全保险（分红型）

- 产品特色

    加量领取，更舒心

    加倍保障，更安心

    少儿加保，更贴心

    稳定增值，更开心

- 产品基本信息

投保年龄：出生满 30 天 ~55 周岁

交费方式：一次交清，5 年、15 年、20 年、30 年交

保险期间：期满型：15、20、30 年

岁满型：至 50、60、70 周岁

● 保险责任：在合同保险期间内，本公司承担下列保险责任：

满期生存保险金：被保险人生存至保险期间届满，本公司按基本保险金额与累积红利保险金额二者之和的 1.05 倍给付满期生存保险金，合同终止。

身故或身体全残保险金：

1. 被保险人于合同生效之日起 1 年内因疾病身故或因疾病身体全残，本公司按被保险人身故或身体全残时所处的以下不同情形给付身故或身体全残保险金，合同终止：

（1）若身故或身体全残时被保险人处于 18 周岁保单生效对应日之前（不含 18 周岁保单生效对应日），则其身故或身体全残保险金为本保险实际交纳的保险费；

（2）若身故或身体全残时被保险人处于 18 周岁保单生效对应日之后（含 18 周岁保单生效对应日），则其身故或身体全残保险金为本保险实际交纳的保险费的 1.1 倍。

2. 被保险人因意外伤害身故或因意外伤害身体全残，或于合同生效之日起 1 年后因疾病身故或因疾病身体全残，本公司按被保险人身故或身体全残时所处的以下不同情形给付身故或身体全残保险金，合同终止：

（1）若身故或身体全残时被保险人处于 18 周岁保单生效对应日之前，则其身故或身体全残保险金为以下两者之和：

① 本保险实际交纳的保险费与基本保险金额对应的现金价值两者之较大者；

② 累积红利保险金额对应的现金价值。

（2）若身故或身体全残时被保险人处于 18 周岁保单生效对应日之后，本公司按基本保险金额与累积红利保险金额两者之和的 2 倍给付身故或身体全残保险金。

投保人意外伤害身故或意外伤害身体全残豁免保险费。

除另有约定外，投保人因意外伤害身故或因意外伤害身体全残，且投保人身故或身体全残时年龄介于 18 ~60 周岁，可免交自投保人身故或被确定身体全残之日起的续期保险费，合同继续有效。

豁免保险费的，本公司视同自投保人身故或被确定身体全残之日起的续期保险费已交纳。

投保人在保险期间内变更的，本公司不予豁免保险费。

● 案例演示

以 30 岁女性为例，如表 4 - 1 所示。

表 4 - 1　　　　　　　　　　　30 岁女性保险方案

险种名称	基本保额	年交保费	保险期间	交费期间
吉祥至尊	10 万元	4 930 元	20 年	20 年
附加 08 重疾	10 万元	370 元	20 年	20 年
年交保费合计	5 300 元			

保险利益：

满期领取：保险期间届满，给付主险（基本保险金额 10 万元＋累积红利保险金额）×105％＋终了红利。

到期就能拿到这笔钱，可作为养老金、祝寿金等，随心所愿按需支配。

合同生效之日起 1 年内，因疾病身故或身体全残，给付所交主险保费 4930 元×110％。

因意外伤害身故或身体全残，或合同生效之日起 1 年后因疾病身故或身体全残，给付主险（基本保险金额 10 万元＋累积红利保险金额）×2＋终了红利。

（满期领取、身价保障其中一项保险利益给付后，吉祥至尊、附加 08 重疾合同同时终止。）

一旦发生风险，家人不会因此降低生活质量，是爱的延续。

保费豁免：投保人因意外伤害身故或因意外伤害身体全残，且介于 18～60 周岁，可免交主险续期保险费，合同继续有效。

意外风险无法避免，对投保人的意外保障，是最大限度为被保险人提供了享有保障的机会。

重疾保障：初次发生 32 种（类）重大疾病，合同生效（或复效）之日起 1 年内，给付保险金额 10 万元×10％＋所交附加险保费 370 元；1 年后，给付保险金额 10 万元。

（附加 08 重疾给付后，吉祥至尊合同继续有效。）

● 责任免除

被保险人因下列情形之一身故或身体全残的，本公司不承担保险责任：

1. 投保人对被保险人的故意杀害、故意伤害；

2. 故意犯罪或抗拒依法采取的刑事强制措施；

3. 自合同成立或合同效力恢复之日起 2 年内自杀，但自杀时为无民事行为能力人的除外；

4. 主动吸食或注射毒品；

5. 酒后驾驶、无合法有效驾驶证驾驶或驾驶无有效行驶证的机动车；

6. 战争、军事冲突、暴乱或武装叛乱；

7. 核爆炸、核辐射或核污染。

发生上述第 1 项情形导致被保险人身故的，合同终止，本公司向身故保险金受益人退还保险单的现金价值。

发生上述其他情形导致被保险人身故的，合同终止，本公司向您退还保险单的现金价值。

投保人因其发生上述第 2～7 项情形或被保险人对投保人的故意杀害、故意伤害导致投保人身故或身体全残的，本公司不予豁免保险费。

● 风险提示

本产品为分红保险，其红利分配是不确定的。本产品采用增额红利方式进行分红。年度分红以增加保险金额的方式进行分配。终了红利在合同生效 1 年后，因被保险人身故或身体全残、投保人解除保险合同、发生责任免除事项、转换条款、合同效力中止期满未达成复效协议或保险期间届满等情形导致的合同终止时给付。

（资料来源：新华人寿官网）

活动3　认知创新型人寿保险

➤ **活动目标**

掌握创新型人寿保险的各种类型，能为客户分析、讲解和规划这些险种。

➤ **活动内容**

在老师的组织下，完成下面的调研活动：

1. 将学生分成若干小组，在社区进行创新型保险产品和市场调研；

2. 调研方式为问卷调研和访谈调研；

3. 每个小组设计好调研问卷和访谈问题；

4. 通过调研了解社区居民对创新型保险产品的认知程度和认可度，同时帮助校企合作单位收集到市场开发的第一手资料；

5. 小组完成调研报告；

6. 根据调研活动参与情况和调研报告撰写情况为每个小组评分。

➤ **活动指导**

创新型人寿保险是在传统寿险产品基础上的创新，是为了适应新的保险需求，增加产品竞争力而开发的一系列新型的保险产品。

一、产生的原因及背景

人寿保险是一种长期的保险合同，合同期限往往长达数十年，在这样漫长的时间内，投保人的保险需求会随着年龄、家庭结构、经济状况等的变化而改变。这就需要保险计划具有足够的灵活性，即可以随时进行相应的调整，以适应被保险人不断变化的保险需求。但传统的寿险产品由于结构上的局限性，难以根据客户保险需求的变化而做出相应调整，从而往往导致保险计划与客户实际需求的脱节，这一般表现为保障过高，使客户因此而缴纳过多的保费；或保障不足，使客户无法得到充分的保险保障。与此同时，市场利率在长达数十年的保险期限内存在极大的不确定性。

20世纪70~80年代，欧美国家正值高通货膨胀及高利率时代，消费者想通过购买金融工具来获取高回报，银行和证券公司开发出大量创新的金融产品，从而吸引了大量的个人金融资产，而保险公司的传统型保险产品的给付选择无法应对高通胀，造成保险公司的资金外流，这就迫使欧美的寿险业者纷纷调整传统型寿险产品的设计方向，开发出"投资型保险"即创新型寿险产品。

20世纪70年代后期，投资型保险（基金连结保险）在英国的保险市场上逐渐取代传统型保险，越来越多的传统型寿险业者开始拓展与共同基金相结合的寿险商品，再加上在股票市场的稳定获利，大多数英国人开始意识到创新型产品的好处，需求不断上升。从1987~1997年，英国的基金连结保险在寿险市场上的份额由39%提高到50%，增长了11%。

1976年，美国Equitable人寿保险公司开发出称为"变额保险"的第一代创新型寿险产品。从80年代开始，变额保险在美国获得迅速发展，共有30多家保险公司销售此类保单。截至1999年，变额保险在美国寿险市场所占份额已超过30%。

创新型寿险产品的推出产生了三大趋势：消费者意识的提高、投资选择自主性以及保险公司经营创新。

二、创新型寿险的类型

(一) 分红保险

1. 概念。分红保险是指保单持有人可以分享保险公司经营成果的保险种类。在签订保险合同时，保险双方事先在合同中约定当投保人所购险种的经营出现盈利时，保单所有人可以享有红利的分配权，这种保险又被称为利益分配保险。

通过购买分红保险，保单持有人每年都有权分享红利，享受保险公司的经营成果。

2. 特点。

(1) 具有保障和投资双重功能。分红保险可以集保险保障与投资理财于一身。客户在保险期限内可以获得和其他保险一样的基本保障，而且当该险种经营盈利时还可以获得分红收益。因此，满足了客户的双重需求，很受消费者的欢迎。

(2) 保单持有人享受经营成果。普通的传统寿险在保单售出时，对客户享有的保障利益都有明确且确定的约定，无论公司经营状况如何该保障利益都不会改变。而分红险的保单持有人，享有分享寿险公司经营成果的权利。每年可获得公司分配的红利。根据目前分红险的精算规定，寿险公司必须将可分配盈余中不低于70%的部分分配给保单持有人。客户将在享受保障利益的同时享有公司的经营成果。

(3) 客户承担一定的投资风险。因为保险公司每年的经营状况不一定，具有一定的风险，所以客户所能分配到的红利也不确定，可能分很多，也可能分很少，甚至没有，因此，客户和保险公司在一定程度上共同承担了投资风险。

(4) 定价的精算假设比较保守。一般在厘定寿险产品费率时都是以预定死亡率、预定利率和预定费用率作为依据，这三个因素与实际情况的差距直接影响到寿险公司的经营成果，对于分红保险，由于寿险公司要将部分盈余以红利形式分配给客户，所以在定价时对精算假设估计较为保守，即保单价格较高，以便实际经营过程中产生更多的可分配盈余。

3. 红利来源。红利的来源主要包括利差、死差、费差等。

(1) 利差是实际投资回报率大于预定利率所产生的利差收益，其计算公式为：

$$利差 = (实际资金运用收益率 - 预定利率) \times 责任准备金$$

(2) 死差是实际死亡率小于预定死亡率所产生的死差收益，其计算公式为：

$$死差 = (预定死亡率 - 实际死亡率) \times 风险保额$$

(3) 费差是实际费用率小于预定费用率所产生的费差收益，其计算公式为：

$$费差 = (预定费用率 - 实际费用率) \times 保险金额$$

4. 红利分配方法。

(1) 现金红利分配方式：保险人直接以现金的形式将盈余分配给保单持有人。

(2) 增额红利分配方式：在整个保险期限内每年以增加保额的方式分配红利，增加的保额作为红利一旦公布，则不得取消。

5. 红利领取方式。保单的所有人领取红利的方式主要有现金领取、累积生息、抵缴保险费和购买缴清增额保险。

6. 投保注意事项。分红险虽然收益率不确定，但是对于期望获取保障、稳健投资的市民而言，分红险还是不错的选择，更适合稳定收入人群。但是收入不稳定的家庭应谨慎购买，老人和儿童不适合购买分红险。大多数分红险对投保人没有限制，但对保险受益人却有年龄等方面的限制，70 岁以上的老人就不能作为受益人。从投保原则上说，家庭保险首先要保的就是主要收入创造者，防止因其伤病亡而中断家庭收入。保户应根据自己的风险承受能力进行分散投资，而不该将所有的资金都投入到一个保险品种上。

（二）投资连结保险

投资连结保险简称投连险，顾名思义就是保险与投资挂钩的保险，是指包含保险保障功能并至少在一个投资账户中拥有一定资产价值的保险产品。

1. 产生及发展。20 世纪 70 年代，英国最早出现投连保险。在英国，投资连结类产品自 1987～1997 年，占寿险产品的市场份额由 39% 提高到 50%。1998 年，美国的投资连结保险占寿险市场份额的 32%。这类保险已经成为欧美国家人寿保险的主流险种之一。

在 20 世纪 70 年代，欧美不少经营传统固定预定利率寿险品种的寿险公司发现，尽管在承保时把利率固定好，但以后多年的投资收益的好坏难以确定。由于市场竞争的激烈，保险公司往往为了吸引客户招揽业务，预定利率一再调高，使得保险公司经营越来越难。于是，保险公司就将保险公司收益与个人收益连接起来，保险公司不会因为自身投资的亏损而赔付给客户一大笔固定的利息，这样就将风险转嫁给了客户。从招揽客户方面来说，客户获利随着保险公司投资收益增多而增多，给客户带来了获得高额投资收益的想象空间。这样，一举两得，一方面转嫁了风险；另一方面吸引了客户，促进了业务增长。

在欧美国家，此种寿险销售额不断增长，一般都在总销售额的 30% 以上。在香港及东南亚地区目前都超过了销售总额的 50%，特别是在亚洲金融风暴后，成为不少寿险公司的主打产品。亚洲金融风暴中日本明治生命保险公司宣告破产，震惊了整个保险业，而同样在东南亚投资蚀了大本的寿险公司却安然无恙。一个重要原因就是前者售卖的都是高固定利率的寿险产品，后者售卖的主要是投资连结型的寿险产品。到期兑付的高额固定利率回报，使得前者难以为继。后者没有收益就无须付给客户任何利益回报，现有的资金足以维持其继续经营。

2. 特点。

（1）双重功能统一。该险种的保障功能与投资功能高度统一。投保人缴付的保费，分别放入保障账户和投资账户中，除保险公司收取的一部分费用和基本保障费用外，其余大部分资金全部用来投资。投保人在购买保险保障的同时可以获得其保险基金投资的选择权，享受期望的高投资回报。当然，我们还要看到保单持有人的利益直接与投资回报率挂钩，当投资表现好时，保单持有人享有所有的回报；反之，当投资表现差时，保单持有人则要承担风险，同时，保单持有人的回报有很高的变动性和不确定性。

（2）设置单独账户。投资连结保险均设置单独的投资账户。保险公司收到保险费后，按照事先的约定，将保费的部分或全部分配进入投资账户，并转换为投资单位。投资单位是为了方便计算投资账户的价值而设计的计量单位。投资单位有一定的价格，保险公司根据保单项下的投资单位数和相应的投资单位价格计算其账户价值。

（3）缴费机制灵活。投资连结险的缴费设计一种方式是允许投保人不必按约定的日期交费，而保单照样有效，从而避免了因为超过 60 天宽限期而导致保险合同的失效。另外，还允许投保人除交纳约定的保险费外，可以随时再支付额外的保险费，增加产品的灵活性；另一种方式是取消了交费期间、交费频率、交费数额的概念，投保人可随时支付任意数额（有最低数额的限制）的保险费，并按约定的计算方法进入投资账户。这种方式对客户来说灵活性最高，但降低了保险公司的对保费支付的可控性和可预测性，同时提高了对内部操作系统的要求。

（4）费用收取透明。投资连结保险在费用收取上相当透明。保险公司详细列明了扣去费用的性质和使用方法，投保人在任何时候都可以通过电脑终端查询。在我国，投资连结保险产品可以收取的费用包括：初始费用，即保险费进入个人投资账户之前所扣除的费用；买入卖出差价，即投保人买入和卖出投资单位的价格之间的差价；风险保险费，即保单风险保额的保障成本；保单管理费，即为维持保险合同有效向投保人收取的服务管理费用；资产管理费，即按账户资产净值的一定比例收取的费用；手续费，即保险公司在提供部分领取和账户转换等服务时收取的费用；退保费用，即在保单中途退保或部分领取时收取的用以弥补尚未摊销的保单成本费用。

小贴士：投资连结保险的优缺点

对保险公司而言：

优点表现为：（1）释放风险，保证偿付能力的稳定性；（2）可完全解决传统寿险产品资产与负债不匹配的问题；（3）拓宽服务领域，促进业务增长。

缺点表现为：（1）利差益均回馈给保户，本身利润增长受阻；（2）人力资源成本增大，包括培训费用增加和投资人才的引进。

对保户而言：

优点表现为：（1）保险公司依据资金实力和专业投资人才进行投资，会比自身个人投资来得更为稳健。所缴纳保费的投资利润扣除一定费用后完全归自己所有，如果保险公司经营好，保户将获得比普通的寿险多得多的收益；（2）保险公司经营风险的释放，本身就是对保户保障程度的提高。

缺点表现为：（1）比较普通寿险，利息不固定，有可能没有任何收益；（2）保险公司有可能会克扣利息，兑付的利息不是应该得到的收益。因为保户无法准确了解保险公司的经营状况；（3）本金在一定期限，不能退保，对于中低收入的家庭来说，带来很多不便。

（资料来源：百度百科）

（三）万能寿险

万能寿险是一种缴费灵活、保额可调整、非约束性的寿险。

1. 产生背景。万能寿险在1979年由美国的加利福尼亚人寿保险公司首次推出，到了1983年，美国几乎所有的寿险公司都推出了至少一种万能寿险保单。

此外，美国1984年的新税法也解决了有关万能寿险税收的一些遗留问题，至此，万能寿险成为寿险市场上的主要产品。由于万能寿险最大的特点是具有灵活性，保险单所有人能定期改变保险费金额，可以暂时停止缴纳保险费，还可以改变保险金额，是一种弹性保费寿险。因此，自推出后，其保单销售量不断增加，到1985年时万能寿险的市场份额达到历史峰值，以当年保费计算达到整个市场年保费收入的 38%，并且该险种很快传到国外，成为国际三大寿险新险种之一。

2. 特点。

（1）融合保障和投资功能。万能寿险业务中客户缴纳的保险费被分成两部分，一部分同传统寿险一样，为客户提供生命保障；另一部分将进入其个人账户，由专家进行稳健投资。在享有最低保证收益的前提下，帮助持有人追逐长期的、稳健的收益回报机会，成为长期理财的工具之一。

（2）灵活调整保费和保额。万能险除了支付某一个最低金额的第一期保险费以后，投保人可以按自己的实际情况，在任何时间支付任何金额的保险费，并且任意提高或者降低死亡给付金额，只要保单的个人账户价值足以支付保单的相关费用，投保人可以不再缴费，并且保单继续有效。

（3）独立账户，运作透明。万能险设置了独立的投资账户，除按月公布结算利息，收益透明外，保单所提供的风险保障完全按照相应的精算数据扣除费用，保单持有人可以随时通过相关渠道对保额、费用、收益、支出等进行了解和查询，运作独立透明。

3. 死亡给付方式。万能寿险死亡给付方式有两种，投保人可以选择其中一种。

A 方式是一种均衡给付方式，即在保险有效期内，发生保险事故，受益人可以得到约定的死亡给付金，这笔给付金是净风险保额和保单的现金价值之和。在这种方式中，净风险保额每期都会发生变化，所以要每期对其进行调整，使其与现金价值之和保持均衡，因此，也被称为均衡的死亡受益额。当保单的现金价值增加，风险保额相应减少，对应的所需缴纳的保费额就会减少。

B 方式的死亡给付额是直接随保单现金价值的变化而改变的方式。现金价值的变化直接影响到死亡给付额的大小，如现金价值的增加将会导致死亡给付额等额增加，但对净风险保额的大小没有影响。

4. 适用人群。万能寿险比较适合那些要求保费支出较低而且方式灵活的寿险消费者。

（四）变额人寿保险

变额人寿保险简称变额寿险，是指在保险期内保险金额随资金运用实际业绩变化的一种人寿保险。变额人寿保险实质上是一种证券化的人寿保险。

1. 特点。

（1）保险金额可以变动。变额寿险保单的保险金额在保证一个最低限额的条件下，是可以变动的。变额寿险保险金额的变动取决于投保人所选择的投资分立账户的投资效益。

（2）变额寿险通常开立有投资账户，由投保人或保单所有人自由选择，由保险公司本身或委托基金公司专业经营。投保人缴纳的保费，在减去费用及死亡给付分摊额后被存入选择的投资分立账户。

（3）变额寿险保单的现金价值随着客户所选择投资组合中投资业绩的状况而变动，某一时刻保单的现金价值决定于该时刻其投资组合中投资分立账户资产的市场价值。

（4）变额寿险保险单是一种证券。寿险公司一般不直接运用变额保险的资金，而是按照保户指定的运用方式或委托，由保险公司代理保户运用。这种运用要同时受到保险管理部门和证券管理部门的监管。

2. 适宜人群。变额寿险带有一定的保值、储蓄和投资作用，还可以抵御一部分通货膨胀影响，所以有这些需求的人群可以考虑变额寿险。

（五）变额万能寿险

变额万能寿险是融合了保费缴纳灵活的万能寿险与投资灵活的变额寿险后形成的新险种。保单持有人可以根据自己的意愿将保额降至保单规定的最低水平，也可以在具备可保性时，将保额提高。

变额万能寿险与传统的保险产品完全不同，由于它具有很强的投资功能，加上其在保费缴纳上的灵活性、死亡保险金的可选择性，因此，各国对其经营和管理都有较高要求。此类保险为高级投资连结产品。

1. 特点。

（1）变额万能寿险是多种投资基金的集合。保单持有人可以在一定时期将其现金价值从一个账户转至另一个账户，而不用缴纳手续费。

（2）死亡给付采取与万能寿险相同的方式。

（3）保单所有人承担了其投资账户上资产的全部投资风险。如果投资账户的投资增值则不会发生收益的减少，而且保单也有效；但一旦保单的现金价值减少为零，若投保人没有足够的保费缴纳，保单将会失效。

（4）变额万能寿险资产保存在一个或几个分离账户中，同时没有现金价值的最低承诺，即保单现金价值可能降低至零。

2. 适宜人群。变额万能寿险保费缴纳、保额和保险给付领取都可由保户自行决定，且只要保单价值足以支付保费，短期没钱缴保费的话，保单仍然有效，所以最适合想以小钱买到高保障的年轻人群。但是此类保险为了维持一定的寿险比重，所缴保费中可以投资的金额相对受限，所以对于不需要过多寿险保障，以及想累积资产规划退休的人群不是很适合。

小贴士：投资型保险和传统型保险的比较

比较项目	传统型保险	投资型保险
保费缴纳方式	定期、定额	可以不定期、不定额
保险金额	固定	不固定
投资资产之管理	一般账户	一般账户及分离账户
现金价值	有保证	通常没有保证
投资方式（资金运用方式）	无法自行选择投资标的，保户缴的保费由保险公司全权运用	于保单所包含之标的中自行选择投资组合
投资风险	保险公司承担投资风险	保户自行承担投资风险
费用透明度	较不透明	较透明

（资料来源：百度百科）

➤ 知识拓展

回顾 2002 年投资连结险退保风波

1999 年 10 月，平安保险公司在国内首次推出了"平安世纪理财投资连结险"。自此，投连险这一盛行于欧美国家的险种被引入中国。此后，新华人寿、中宏人寿以及信诚人寿等保险公司也相继推出了各自的投连产品。

在保险公司的营销攻势下，投连险产品曾在市场上红极一时，吸引了大量消费者，为保险公司带来了保费的快速攀升。根据保监会的统计，2001 年，投连险产品的保费收入高达106.62 亿元，同比增长 542.26%，占到了人身险总保费收入的 16.5%。

但在 2001 年下半年，投连险开始降温，有关投连险的投诉开始增长，并出现零星退保现象。到了 2002 年，由于保险资金的投资渠道过于狭窄，资本市场持续低迷，导致投连险出现投资亏损。再加上保险代理人没有充分披露风险，普遍夸大投资收益率、误导消费者，现实的"低收益率"与宣称的"高回报"南辕北辙，投连险退保风波一时间在全国上下"兴起"，该险种被迫淡出市场。

我们还是讲述一下"第一起退保事件"的来龙去脉吧。

西方谚语里说，"丢了颗钉子，坏了只铁蹄，折了匹战马，伤了位骑士，输了场战争，亡了个帝国"。在现代"混沌理论"里还有更经典的说法，"南美洲的一只蝴蝶扇动翅膀，大西洋上便刮起一阵飓风"。平安不得不面对的"第一起退保事件"显然便是谚语里的那颗钉子。从那时开始，投连产品的命运发生了天翻地覆的转折：从划时代的产品，到需要理性对待，再到受到质疑和抨击，直到最后的全盘否定，以致几年后有人撰述"投连风波"时，选择的题目是"投连之殇"。"殇"的本意便是"早夭"。

2001 年 5 月，福州一位李姓客户有意购买保险。负责推销的业务员姓王，在向客户推荐产品时，这位业务员居然违规向客户承诺"收益要远远高于银行存款和其他方式的投资，保证可以赚到钱，投资回报率在 18% 以上"。客户在业务员鼓动下购买了"世纪理财"投资连结产品，而且还把自己的两位朋友一起介绍给了该业务员。结果是 3 个人都购买了"世纪理财"，而且每人还追加了 5 万元、6 万元不等的保费。

12 月中旬，质疑投连产品的文章陆续见报。《福建工商时报》在刊登保监会揭示投资保险风险的公告时，还转载了《平安"世纪理财"：被隐藏了的亏损真相》一文。文章被李姓客户注意到，他仔细研究了相关文章和自己的投资连结险保单后，感到自己账户里的资金可能出现了巨大损失。于是他联合其余两位朋友一起赶到公司查看投资账户里的资金状况。电脑里的记录显示，各个账户都出现了不同程度的亏损，其中投资 6 万元的账户亏损 7 380元，两个 5 万元的账户分别亏损了 5 400 元和 6 000 元。相对于购买投资连结险后的大幅亏损，更让他难以接受的是，他是因为平安业务员的承诺才介绍两位好朋友一起购买了这个保险。

3 人随即联名向福州保监办投诉。在投诉信中说，平安投资连结保险当时已经出现了亏损，但平安保险公司业务员一直隐瞒亏损真相，因此他们的保单明显属于欺诈性合同，强烈要求福州平安公司对此有个明确说法，并对他们的保单进行全额退保。

遇到此类投诉，平安均以客户无法提供受到误导的相关证据而拒绝受理，但这次投诉的误导性却被客户留下了证据。2002 年 1 月初，业务员向他们推销追加保费时做出承诺，不管亏损额多少，他们的全部损失都由自己承担支付，为了表示自己"所言不虚"，这位代理人还写下了"承诺保证书"：

　　兹有平安保险公司业务承办人王某，对所承办的 4 位投资连结险投保人：林某、陈某、李某和黄某，4 位总的追加保险费壹拾陆万元（160 000 元）做出郑重承诺保证，如果于 2002 年 12 月 31 日之前，4 位投保人追加保费出现亏损，不管亏损额多少，全部由王某本人承担支付，特此特项承诺。（如本人在这期间离开，一切法律及连带责任由本人和平安保险公司共同承担，以上 4 位投保人保留随时追讨投资连结保险的合法权益，如出现亏损，一切责任由平安保险公司和代理人王某承担）。特立此据。

　　承诺保证人：中国平安保险股份有限公司福州分公司寿险业务部王某

　　面对这样一份没有法律效力的保证书，平安无话可说，只能检讨自己对投连险销售管控不严。平安派专门工作小组到福州进行紧急事件处理，惩治了相关业务人员，训练专门的咨询人员充实到岗位，而几位客户则按照自己的心意领回了 16 万元保险金，但对他们来说，这就是一次误导，就是一次"被骗"的经历。

　　在事件的处理过程中，随着媒体的报道跟进，福州分公司"第一起退保事件"被炒作得沸沸扬扬。《福州晚报》先后发表了《平安投资连结险福州遇险》、《要退这个"保"该咋办？》等文章。《经济观察报》紧跟着刊登了以福州退保事件为内容的《平安保险能否平安化险》。

　　虽然平安保险福州分公司采用的方式是以业务员个人的名义退赔，但人们很容易提出这样的问题：如果平安保险的业务员没有错误，为何要退赔该由保户自己承担的投资损失呢？平安保险的业务员如果有"错误"，又是什么性质的错误呢？这些"错误"平安保险公司又该承担什么责任？会在保险市场引发哪些连锁反应？李先生从平安保险福州分公司拿回保费这个事实，让人们为平安保险投资连结险在福州的命运更捏了一把汗。

　　《中华工商时报》在同一天有关此事的报道中，暗示了个别客户的退保行为会引发"羊群"效应。到新华社通稿《投连引发信誉危机》发布时，媒体更加喧嚣，一些报纸甚至把 2001 年的一些文章翻出来和现在的通稿组成专题刊发。投连产品生存的舆论环境一时雪上加霜。

　　对投连产品"揭秘"和"严打"越来越成规模。平安自成立以来第一次见识到媒体轰炸的威力，受媒体观点影响的客户投诉事件也越来越多地在各地投诉中心出现，"误导"、"承诺高回报"、"亏损套牢"、"未告知首年退保金为零"等成了客户投诉的理由。把整个投诉过程记录下来，回去整理后又刊发出来。全国各地陆续掀起了投连退保潮，一度卖疯了的投连险市场风云突变，原本是"寿险市场转型的标志性产品"的投连险似乎变成了过街老鼠，人人都在喊打。

　　退保事件暴露出国内投连险产品发展过程中存在的多处"硬伤"：寿险公司的"粗放式经营"、新型险种赢弱的开发能力、保险代理人销售过程中的误导、客户群定位的不准确、中国保险资金狭窄的投资渠道等。投连险由此成为了中国保险行业"一道难以痊愈的疮疤"。

　　此后，为了规范投连险这个产品形态，控制其经营风险，保监会制定了新型人身保险产品精算规定，对于投连险产品准备金的提取等做了一系列明确的界定。随后一些保险公司在看清了投连险的市场前景和风险之后，又开始开发此险种，第二代投连险相继复出。数年之后，投连险在市场上终于开始了"缓慢地恢复元气"。

　　　　　　　　　　　　　　　　　　　　　　（资料来源：向日葵保险网和网易资料整理）

活动 4　认知其他类型的人寿保险

➤ 活动目标

　　掌握其他类型的人寿保险产品，能为客户分析、讲解和规划这些险种。

➤ 活动内容

　　在老师的组织下，将学生分小组进行团体人寿保险的方案策划：

　　1. 以学校所有老师及职工为对象，了解这个团体的基本情况；

　　2. 通过各种方式了解市面上的团体人寿保险产品情况；

　　3. 为学校这个团体设计团体人寿保险方案；

　　4. 一起讨论各种方案，评选一个最佳方案。

➤ 活动指导

　　除了前面介绍的几种主要的寿险类型外，还有很多特殊的人寿保险，下面简单介绍其中的几个。

一、简易人寿保险

　　简易人寿保险，简称"简身险"，是指用简易的方法所经营的人寿保险。它是一种小额的、免检体格的、适应一般低工资收入职工需要的保险。

　　简易人寿保险起源于英国。20 世纪三四十年代是高峰时期，曾成为美国人寿保险的第二大险种，其有效人寿保险金额一度占到总寿险保额的 18% 左右；但时至今天，简易人寿保险的风光已不在，仅占有效人寿保险金额的 1%，这主要归因于团体人寿保险的迅速发展，以及大多数美国工人购买大额人寿保险的经济能力增强。在我国，简易人寿保险在 20 世纪 80 年代后期与 90 年代早期也曾一度得到迅速发展。

　　简易人寿保险的基本内容与普通人寿保险大同小异，其特殊性在于：

　　1. 保险品种受限。保险品种通常是以限期缴费的终身寿险或定期的两全险为主力品种，简易人寿保险一般均属不分红保险。

　　2. 保险金额有限制。对每一保单或每一被保险人的保险金额有最高额限制。例如，某产品限制为最高保额人民币 1 万元。

　　3. 保费采取按月或按周缴纳。这主要是考虑到低收入者的负担能力。

　　4. 免体检。由于保险金额较低，故在承保时，无体检，只是根据投保书的陈述及保险代理人的说明作为核保的依据。但为了防止逆选择，保险公司通常会在不可抗辩条款内附带规定，被保险人在投保前一定时期内（通常为 2 年）患有重大疾病而不作如实告知，保险人在抗辩期内可终止保险合同。

　　5. 保险费率高于普通终身寿险。简易人寿保险保费高是因为被保险人一般是低收入阶层，又未经过体检，因而死亡率相对要高；而且简身险采取上门收取保险费，增加了销售和管理费用；还有就是保险单失效率高。

　　6. 采取标准化格式。简身险分为不同期限的种类供投保人选择，保险费统一化，保险金额分组化，投保人不论男女一律按份投保，每份缴纳的保险费相同。

二、年金保险

年金保险是指在被保险人生存期间，保险人按照合同约定的金额、方式，在约定的期限内，有规则的、定期的向被保险人给付保险金的保险。年金保险是由被保险人的生存为给付条件的人寿保险，但生存保险金的给付，通常采取的是按年度周期给付一定金额的方式，因此称为年金保险。

在年金保险中，投保人要在开始领取之前，交清所有保费。年金保险可以有确定的期限，也可以没有确定的期限，但均以年金保险的被保险人的生存为支付条件。投保年金保险可以使晚年生活得到经济保障，在年金受领者死亡时，保险人立即终止支付。长寿家族的人比较适合投保年金保险。

常见的年金保险有以下几种：

（一）个人养老金保险

这是一种主要的个人年金保险。年金受领人在年轻时参加保险，按条款规定缴纳保险费，达到约定年龄次日开始领取年金至身故，年金受领者可以选择一次性总付或选择分期给付年金。如果年金受领者在达到退休年龄之前死亡，保险公司会退还积累的保险费（计息或不计息）或者现金价值。在缴费期内，年金受领者可以终止保险合同，领取退保金。

小贴士：挑选年金险注意事项

1. 选分红型：避免保费倒挂。

如果仅选择传统型的养老险，由于从购买到领取养老金，时间跨度较长，因此应该首要考虑带有分红功能的产品，可以抵御通胀，至少不会出现领取金额比所缴费用还少的情况。

2. 交费期：收入有限可选长期。

一般有稳定收入的工薪阶层宜选交费期长的，避免每年交费压力不大，同时可换取较高的保额；而企业主或个体户因为交费能力不稳定，未来面临的不确定风险较多，宜选交费期短的产品。

3. 领取年期：越长保障越持续。

一般情况下，领取年期越长越好，但终身领取的产品可能每年领取额比较低，不一定比定期领取的产品更适合，得看具体产品具体比较。

4. 年领取金额：重养老应增加领取金额。

如何选择应据个人情况而定，如果侧重于保障养老，应选择每年返还较多的产品来保障生活品质。

5. 领取时间：慎选即缴即领型产品。

一般来说，保险产品要有足够的资金增值时间，才能保证未来的收益。即缴即领型的产品因为缺乏资金积累时间，产品现金价值较低，通常很长时间才返本。

（资料来源：向日葵保险网）

（二）定期年金保险

这是一种投保人在规定期限内缴纳保险费，被保险人生存至一定时期后，依照保险合同的约定按期领取年金，直至合同规定期满时止的年金保险。如果被保险人在约定期内死亡，则自被保险人死亡时终止给付年金。子女教育金保险就属于定期年金保险。父母作为投保人，在子女幼小时，为其投保子女教育金保险，等子女满 18 岁开始，从保险公司领取教育金作为读大学的费用，直至大学毕业。

（三）联合年金保险

是指在保险合同中，指定两人或多人为被保险人，其中一人发生意外时给付保险金的保险。主要有联合最后生存者年金保险以及联合生存年金保险两种类型。联合最后生存者年金是同一保单中 2 人或 2 人以上的只要还有一人生存就继续给付年金，直至全部被保险人死亡后才停止。联合生存年金保险则是只要其中一个被保险人死亡，就停止给付年金，或者将随之减少一定的比例。

（四）变额年金保险

变额年金保险是指保险公司把收取的保险费计入特别账户，主要投资于公开交易的证券。将投资红利分配给参加年金的投保者。保单持有者承担投资风险，保险公司只承担死亡率和费用率的变动风险。因此，对投保人来说购买这种保单，一方面为了获得保障功能；另一方面为了追求高利率以承担高风险为代价得到高保额的返还金。购买变额年金类似于参加共同基金类型的投资，如今保险公司还向参加者提供多种投资的选择权。因此，购买变额年金保险可以看作主要是一种投资。

三、连身险

"连身险"又称连生生命保险、连生险，是国际上很常见的一个险种，它是"单生保险"的对称，主要指保险责任至少与两个人是否生存有关的保单，也就是以两个或两个以上的被保险人的生命作为一个风险的人寿保险。

在人寿保险中，连生保险并不多见，一般是夫妻 2 人的连生保险，如 2 人均死亡时给付保险金，2 人中只要有 1 个生存就给付年金等。

现在的连生险可以作为双收入家庭的一种家庭保障计划。对双收入家庭而言，任何一方身故都会对整个家庭造成很大影响。一般来说，这些家庭的经济支柱目前主要考虑购买的还是养老保险和子女教育保险，很少有人把自己目前的状况当成保险保障的对象。而连生险则能很好地解决这部分人的保障需求，而且保费比家庭成员单独购买的险种便宜。连生险的保险金在必要时，可以维持家庭正常和必要开支、偿还贷款、解决子女的教育费用和作为家庭成员的养老金等。

四、团体险

团体人寿保险是以团体为保险对象，由保险公司签发一张总的保险单，为该团体的成员提供保障的保险。具体来说，就是以团体作为投保人，由保险公司和团体签订一张总的保险单，保障对象包括团体的集体成员。

（一）特点

1. 投保准入有要求。投保团体必须是依法成立的组织，要有自身专业活动，投保团体寿险只是该组织的附带活动；投保团体中参加保险的人数必须达到规定的标准。

2. 免体检。

3. 保险金额分等级制定。团体寿险的被保险人不能自由选择投保金额。这样做是为了防止体质差、危险大的人选择较高的保险金额。

4. 保险费率较低。

5. 保障范围比较广泛。

（二）类型

1. 团体定期人寿保险。团体定期人寿保险常简称为团体定期保险，是指以经过选择的团体中的员工为被保险人，团体或团体雇主作为投保人，保险期间为 1 年的死亡保险。

2. 团体信用人寿保险。团体信用人寿保险是指为保全住宅贷款定期付款销售等分期偿还债权，由贷款提供机构或信用保证机构作为投保人（受益人），以与其发生借贷关系的众多分期付款债务人作为被保险人，同保险人签订的一种团体保险合同。

3. 团体养老保险。团体养老保险是指员工退休后，由保险人一次性按保险金额向退休员工支付一笔款项，供其养老生活所用，这种团体保险称为团体养老保险。不过，随着企业年金的发展，近年来，团体员工的退休保障逐渐由团体养老保险转向企业年金保险。

4. 团体终身保险。团体终身保险则是指以团体或其雇主为投保人，团体员工为被保险人，一旦被保险人死亡，由保险人负责给付死亡保险金的一种保险产品。

5. 缴清退休后终身保险。缴清退休后终身保险是一种以企业年金方式设立的团体终身保险，团体的员工自行负担保险费，逐年约定缴清，每年保障的差额由团体的雇主以购买定期保险的方式来弥补。

6. 团体遗属收入给付保险。团体遗属收入给付保险，以团体或其雇主作为投保人，团体所属员工为被保险人，员工的遗属作为受益人，团体或其雇主与保险人签订保险合同，约定在员工死亡时，由保险人向死亡员工的遗属给付死亡保险金。

7. 团体万能寿险。团体万能寿险，团体雇主一般不为团体万能寿险缴付任何保险费，所以，团体万能寿险并不是一种严格意义上的团体保险产品。不过，如果团体的规模较大，可以按该团体的经验数据收取死亡率费用，而且收取的管理费用比个人保险产品低。

五、弱体人寿保险

弱体人寿保险又称为次标准体保险，是相对于强体保险、标准体保险和健康体保险而言的，此种保险以身体有缺陷或从事危险职业的人作为被保险人。因为这些被保险人在健康和其他方面存在缺陷，致使他们的预期寿命低于正常的人，风险程度较高，所以对他们不能按照正常费率承保而必须附加特别条件来承保。

弱体保险的承保方法有三种：

1. 保额削减法。即对被保险人按正常费率承保，但在一定时期内按比例减少保险金给付，然后逐渐趋于正常。这种方法适宜于递减型的超过风险。

2. 年龄增加法。即按高出被保险人实际年龄若干岁的年龄计算保费。这种方法适宜于递增型的超过风险，而且这种风险是随着年龄的增加而增大的。

3. 征收额外保费法。即按额外死亡率的高低，征收一定的额外保险费。这种方法适宜于均衡型的超过风险。

➢ **知识拓展**

银行保险

银行保险是由银行、邮政、基金组织以及其他金融机构与保险公司合作，通过共同的销售渠道向客户提供产品和服务；银行保险是不同金融产品、服务的相互整合，互为补充，共同发展；银行保险作为一种新型的保险概念，在金融合作中，体现出银行与保险公司的强强联手，互联互动。这种方式首先兴起于法国，中国市场才刚刚起步。与传统的保险销售方式相比，它最大的特点是能够实现客户、银行和保险公司的"三赢"。

对于消费者而言，银行保险是一种可以通过银行柜面或理财中心进行的简单、便捷的购买方式，具有诸多特色：

成本低——保险公司通过银行柜面或理财中心销售保险产品，可使公司的经营成本下降，保险产品费率降低，给消费者更多实惠；

安全可靠——消费者通过银行办理投保相关手续，可确保消费者的资金安全；

购买方便——银行网点遍布城乡各地，消费者可随时随地购买保险产品，同时便于与家庭预算相结合，选择符合实际需求的产品。

对银行来说，可以通过代理销售多样化的产品，提高客户满意度和忠诚度。

对保险公司来说，利用银行密集的网点可以提高销售并且降低成本，从而可以以更低的价格为客户提供更好的产品；利用银行的客户资源和信誉，再配合以保险公司的优质服务，可以树立良好的品牌形象，开拓更多的客户源。

目前，银行可为保险公司代理的业务种类众多，内容涉及养老、意外个人信贷等，这些产品简单易卖，费率低，收益高。一方面，银行代理的主要产品是养老产品，这是中国最大最有潜力的保险市场。养老是中国人的传统习惯。近年来，随着经济改革的不断深化，城市已改变了过去由国家统管的局面，改为国家、单位、个人相结合即国家只负责基本养老，单位和个人有条件通过商业保险进行补充养老，但目前国家的基本养老水平过低，企业补充养老不普及，公务员养老金制度未建立；而在农村，随着农民生活水平的不断提高，实现其多年来追求的"老有所养"基本条件逐步成熟，许多富裕起来的农民都有购买养老金的愿望。因此，从长期看，无论城市还是农村，养老金的市场潜力都很大。另一方面，个人消费贷款保险蓄势待发，这部分业务大都是强制保险的，由此而产生的保险费也会越来越大。

国际上银行保险主要有三种模式。一是银行代理模式，保险公司提供产品，银行提供销售渠道，收取手续费；二是战略伙伴关系，银行与保险公司建立密切的联系，签订较为长期的合同，银行除收取手续费外，还分享保险业务的部分利润；三是银行入股保险公司，通过股权纽带参与经营保险业务。中国现在采用的是第一种模式，而发达国家基本上都采用第三种模式。

（资料来源：百度百科）

活动 5 解读典型寿险合同

➢ **活动目标**

在老师的指导下，针对下面的寿险合同范例，分析合同的特点、适宜人群、投保注意事项等，锻炼为客户分析合同、解读合同的能力。

➤ **活动内容**

阅读下面的保险合同内容，按要求完成任务：

国寿祥泰终身寿险

中国人寿保险股份有限公司 国寿祥泰终身寿险利益条款

第一条 保险合同构成

国寿祥泰终身寿险合同（以下简称"本合同"）由保险单及所附国寿祥泰终身寿险利益条款（以下简称"本合同利益条款"）、个人保险基本条款（以下简称"本合同基本条款"）、现金价值表、声明、批注、批单以及与本合同有关的投保单、复效申请书、健康声明书和其他书面协议共同构成。

第二条 投保范围

凡出生30日以上、55周岁以下，身体健康者均可作为被保险人，由本人或对其具有保险利益的人作为投保人向本公司投保本保险。

第三条 保险期间

本合同的保险期间为本合同生效之日起至本合同终止日止。

第四条 保险金额

本合同基本保险金额是指保险合同上载明的保险金额。

第五条 保险责任

在本合同保险期间内，本公司承担以下保险责任：

一、身故保险金

被保险人于本合同生效之日起180日内因疾病导致身故，本公司按所交保险费（不计利息）给付身故保险金，本合同终止；

被保险人因意外伤害或于本合同生效之日起180日后因疾病导致身故，本公司按以下规定给付身故保险金：

1. 被保险人于年满18周岁的年生效对应日前身故，本公司按所交保险费（不计利息）的150%给付身故保险金，本合同终止；

2. 被保险人于年满18周岁的年生效对应日至年满60周岁的年生效对应日之间身故，本公司按基本保险金额的300%给付身故保险金，并返还被保险人身故当时本合同所交保险费（不计利息），本合同终止；

3. 被保险人于年满60周岁的年生效对应日后身故，本公司按基本保险金额的100%给付身故保险金，并返还被保险人身故当时本合同所交保险费（不计利息），本合同终止。

二、身体高度残疾保险金

被保险人于本合同生效之日起180日内因疾病导致身体高度残疾，本公司按所交保险费（不计利息）给付身体高度残疾保险金，本合同终止；

被保险人因意外伤害或于本合同生效之日起180日后至年满60周岁的年生效对应日之间因疾病导致身体高度残疾，本公司按基本保险金额的100%给付身体高度残疾保险金，但给付以一次为限，本合同继续有效。

三、豁免保险费

在本合同交费期间内，被保险人因意外伤害或于本合同生效之日起 180 日后因疾病导致身体高度残疾，本公司豁免被保险人身体高度残疾之日以后至本合同终止前的各期应交保险费，视同投保人缴纳了被保险人身体高度残疾之日以后至本合同终止前的各期保险费，本合同继续有效。

第六条　责任免除

因下列任何情形之一导致被保险人身故或身体高度残疾的，本公司不承担给付保险金的责任：

一、投保人对被保险人的故意杀害、故意伤害；

二、被保险人故意犯罪或抗拒依法采取的刑事强制措施；

三、被保险人在本合同成立或合同效力恢复之日起 2 年内自杀，但被保险人自杀时为无民事行为能力人的除外；

四、被保险人服用、吸食或注射毒品；

五、被保险人酒后驾驶、无合法有效驾驶证驾驶或驾驶无有效行驶证的机动车；

六、被保险人在本合同最后复效之日起 180 日内因疾病；

七、战争、军事冲突、暴乱或武装叛乱；

八、核爆炸、核辐射或核污染。

无论上述何种情形发生，导致被保险人身故或身体高度残疾，本合同终止，本公司向投保人退还本合同的现金价值，但投保人对被保险人故意杀害或伤害造成被保险人身故的，本公司退还本合同的现金价值，作为被保险人遗产处理；投保人对被保险人故意杀害或伤害造成被保险人身体高度残疾的，本公司向被保险人退还本合同的现金价值。

若本合同已给付身体高度残疾保险金，本公司因责任免除情形退还本合同现金价值时，须扣减已给付的身体高度残疾保险金。

第七条　保险费

保险费的交付方式为年交、半年交、季交和月交四种，交费期间分为 10 年、15 年和20 年三种，由投保人在投保时选择。

第八条　身体高度残疾鉴定

被保险人因意外伤害或疾病造成身体高度残疾，应在治疗结束后，由二级以上（含二级）医院、本公司认可的医疗机构或鉴定机构出具能够证明被保险人身体高度残疾的资料；若保险合同任何一方对残疾程度的认定有异议，则以司法鉴定机构的鉴定结果为准。如果自被保险人遭受意外伤害或患病之日起 180 日内治疗仍未结束，按第 180 日的身体情况出具资料或进行司法鉴定。

第九条　保险金申请所需证明和资料

一、申请身故保险金时，所需的证明和资料为：

1. 保险单；

2. 申请人法定身份证明；

3. 公安部门或二级以上（含二级）医院出具的被保险人死亡证明书；

4. 被保险人的户籍注销证明；

5. 本公司要求的申请人所能提供的与确认保险事故的性质、原因等相关的其他证明和资料。

二、申请身体高度残疾保险金和豁免保险费时，所需的证明和资料为：

1. 保险单；

2. 申请人法定身份证明；

3. 二级以上（含二级）医院或司法鉴定机构出具的被保险人身体残疾程度鉴定书；

4. 本公司要求的申请人所能提供的与确认保险事故的性质、原因等相关的其他证明和资料。

第十条 借款

在本合同保险期间内，如果本合同已经具有现金价值，投保人可以书面形式向本公司申请借款，但最高借款金额不得超过本合同当时的现金价值扣除欠交保险费、借款及利息后余额的80%，且每次借款期限不得超过6个月。若本合同已给付身体高度残疾保险金，投保人不得要求申请借款。

借款及利息应在借款期限届满日偿还。未能按期偿还的，则所有利息将被并入原借款金额中，视同重新借款。

当本合同当时的现金价值不足以抵偿欠交的保险费、借款及利息时，本合同效力中止。

第十一条 投保人解除合同的处理

本合同成立后，除本合同另有约定外，投保人可以要求解除本合同。投保人要求解除本合同时，应填写解除合同申请书，并提交保险合同和投保人法定身份证明。若已发生本合同约定的保险事故，投保人不得要求解除本合同。

本合同自本公司接到解除合同申请书时终止。投保人于签收保险单后10日内要求解除本合同的，本公司在接到解除合同申请书之日起30日内向投保人退还已收全部保险费。投保人于签收保险单10日后要求解除本合同，本公司于接到解除合同申请书之日起30日内向投保人退还本合同的现金价值。

第十二条 附则

本合同基本条款与本合同利益条款相抵触的，以本合同利益条款为准。

第十三条 释义

意外伤害：指遭受外来的、突发的、非本意的、非疾病的客观事件直接致使身体受到的伤害。

身体高度残疾：是指下列情形之一：

（1）双目永久完全失明的；（注1）

（2）两上肢腕关节以上或两下肢踝关节以上缺失的；

（3）一上肢腕关节以上及一下肢踝关节以上缺失的；

（4）一目永久完全失明及一上肢腕关节以上缺失的；

（5）一目永久完全失明及一下肢踝关节以上缺失的；

（6）四肢关节机能永久完全丧失的；（注2）

（7）咀嚼、吞咽机能永久完全丧失的；（注3）

（8）中枢神经系统机能或胸、腹部脏器机能极度障碍，终身不能从事任何工作，为维持生命必要的日常生活活动，全需他人扶助的。（注4）

注：

1. 失明包括眼球缺失或摘除、或不能辨别明暗、或仅能辨别眼前手动者，最佳矫正视力低于国际标准视力表0.02，或视野半径小于5度，并由本公司指定有资格的眼科医师出具医疗诊断证明。

2. 关节机能的丧失系指关节永久完全僵硬、或麻痹、或关节不能随意识活动。

3. 咀嚼、吞咽机能的丧失系指由于牙齿以外的原因引起器质障碍或机能障碍，以致不能做咀嚼、吞咽运动，除流质食物外不能摄取或吞咽的状态。

4. 为维持生命必要之日常生活活动，全需他人扶助系指食物摄取、大小便始末、穿脱衣服、起居、步行、入浴等，皆不能自己为之，需要他人帮助。

毒品：指中华人民共和国刑法规定的鸦片、海洛因、甲基苯丙胺（冰毒）、吗啡、大麻、可卡因以及国家规定管制的其他能够使人形成瘾癖的麻醉药品和精神药品，但不包括由医生开具并遵医嘱使用的用于治疗疾病但含有毒品成分的处方药品。

酒后驾驶：指经检测或鉴定，发生事故时车辆驾驶人员每百毫升血液中的酒精含量达到或超过一定的标准，公安机关交通管理部门依据《道路交通安全法》的规定认定为饮酒后驾驶或醉酒后驾驶。

无合法有效驾驶证驾驶：指下列情形之一：

（1）没有取得驾驶资格；

（2）驾驶与驾驶证准驾车型不相符合的车辆；

（3）持审验不合格的驾驶证驾驶；

（4）持学习驾驶证学习驾车时，无教练员随车指导，或不按指定时间、路线学习驾车。

无有效行驶证：指下列情形之一：

（1）机动车被依法注销登记的；

（2）未依法按时进行或通过机动车安全技术检验。

机动车：指以动力装置驱动或者牵引，供人员乘用或者用于运送物品以及进行工程专项作业的轮式车辆。

战争：指国家与国家、民族与民族、政治集团与政治集团之间为了一定的政治、经济目的而进行的武装斗争，以政府宣布为准。

军事冲突：指国家或民族之间在一定范围内的武装对抗，以政府宣布为准。

暴乱：指破坏社会秩序的武装骚动，以政府宣布为准。

➤ **活动要求**

仔细阅读上述案例，分小组讨论总结以下几个问题：

1. 如果你是业务员要向客户推荐该产品，你觉得该产品的特色或亮点在哪里？

2. 被保险人，李先生，今年30周岁，投保了国寿祥泰终身寿险，基本保险金额5万元，交费期间20年，年交保费3 910元，请问：

（1）如果李先生于本合同生效之日后60天因疾病导致身故，其受益人可以得到多少保险金给付？

（2）如果李先生因意外伤害于40周岁时导致身故，其受益人可以得到多少保险金给付？

（3）如果李先生于65岁时身故，其受益人可以得到多少保险金给付？

（4）如果李先生于本合同生效之日起 100 天因疾病导致身体高度残疾，保险公司将给他给付多少身体高度残疾保险金？

（5）如果李先生于 35 岁时因疾病导致身体高度残疾，保险公司将给他给付多少身体高度残疾保险金？

3. 如果投保 2 年内，保险公司发现被保险人年龄少填了 2 岁，会如何处理？如果是 2 年后才发现，处理方法会有什么不同？

➤ 知识拓展

企业年金保险

企业年金又称企业补充养老保险。企业补充养老保险，是指企业在参加国家基本养老保险的基础上，依据国家政策和本企业经济状况建立的，对国家基本养老保险进行重要补充的一种养老保险形式。目的是提高职工退休后的生活水平，可以使退休者在满足基本生活的基础上，生活得更好一些。

（一）特征

1. 由企业发起建立；

2. 经办方式多种多样：

（1）大企业自办；

（2）由多家企业联合或行业管理机构建立的区域性或全国性协会、基金会经办；

（3）由有关中介机构经办；

（4）由有关金融机构包括各类银行、基金管理公司、证券公司、寿险公司经办。

3. 国家给予一定的税收优惠政策：

企业补充养老保险缴费以及基金的投资可免税。

4. 企业补充养老保险基金实行市场化投资运营。

5. 政府在企业补充养老保险的建立和管理中不承担直接责任，政府的主要职能是对其进行严格的监管。

（二）功能

1. 可以提高职工退休后的生活水平。根据我国的生产力水平，国家基本养老保险的待遇水平不可能很高。随着社会的进步和经济的发展，职工的养老保障需求会相应提高，部分经济效益较好的企业也有提高职工福利水平的能力。在这种情况下，允许这类企业为其职工建立补充养老保险，可以满足职工较高层次的养老保障需求。

2. 有利于密切职工与企业的关系，稳定职工队伍，增强企业的凝聚力和吸引力，促进企业发展。事实上，补充养老保险已经成为企业人才竞争、吸引优秀员工的重要手段，运用得当，可以极大地促进企业发展，使企业发展与人才发挥作用相得益彰。

3. 规模不断壮大的企业补充养老保险基金把大量即期消费资金转化为长期储蓄资金，有助于促进资本市场的发育和国民经济的增长。

（资料来源：保险知识大讲堂）

任务 2　认知人身意外伤害保险

【任务描述】人身意外伤害保险是人身保险产品中重要的一种类型。意外风险对于人类而言可以说是无处不在，但是由于意外的不可预知性和突发性往往给人造成巨大的伤害或影响，而人身意外伤害保险可以帮助人们在意外伤害发生后最大限度地转嫁或减轻自己、家庭的经济损失，减轻生活的压力，是另一种意义上的生命的延续。本任务全方面介绍了人身意外伤害保险的基础知识，通过各项小活动的学习，学生可以全面掌握人身意外伤害保险，具备为客户分析、介绍产品的基本技能。

活动 1　学习人身意外伤害保险基础知识

➤ **活动目标**

掌握人身意外伤害保险的重要概念、特点、作用等基础知识，对人身意外伤害保险具备基础认知。

➤ **活动内容**

在老师的组织下，将学生分小组进行一次学生意外伤害事故调查活动：

1. 通过调查了解本校学生中容易发生的意外伤害事故有哪些；

2. 通过调查了解本校学生一般会采取什么方法防范意外伤害事故；

3. 通过调查了解本校学生对参加学生意外伤害保险的态度；

4. 完成调研报告，总结调研情况，并且提出对在学生群体中宣传人身意外伤害保险的建议。

➤ **活动指导**

一、人身意外伤害保险的概念

人身意外伤害保险简称意外伤害保险或意外险，是人身保险的险种之一，此类保险承保的是人的意外伤害风险，所以要想全面了解该险种的概念，就要先从意外伤害的概念谈起。

（一）意外伤害

1. 意外。意外是针对被保险人的主观状态而言的，是指被保险人主观上没有预见会发生伤害事件或是预见到伤害的发生，但是由于各种约束、限制而不得不接受与自己本来的主观意愿相反的现实结果。如飞机坠毁使乘客受伤或死亡、走在马路上被失控的汽车撞伤等。保险中的意外可以从以下几个方面来理解。

（1）外来的。指身体外部原因造成的事故，如食物中毒、失足落水。但是疾病所致伤害不属于意外事故，因为它是人体内部生理故障或新陈代谢的结果。

（2）突发的。指事故的原因与伤害的结果之间具有很直接的关系，在瞬间造成伤害，很突然，来不及预防，如行人被汽车突然撞倒。但是如果伤害是被保险人长期劳作损伤所致或是由某些事件的原因在较长时间里缓慢发生的则不算，如铅中毒、矽肺等职业病虽然是外来致害物质对人体的侵害，但由于伤害是逐步造成的，而且是可以预见和预防的，不属于意外事故。

（3）非本意的。指被保险人未预料到的和非故意的事故，如飞机坠毁、路旁树木倒下等情况。有些意外事故是应该预料到的，但由于疏忽而引致的，如在停电时未切断电源修理线路，因不久恢复供电而触电身亡；另有一些事故虽是可以预见到的，但在客观上无法抗拒或在技术上不能采取措施避免的事故，如楼房失火，火封住门口和走道，迫不得已从窗口跳下，摔成重伤；或者虽在技术上可以采取措施避免，但由于法律和职责上的规定，或履行应尽义务，不去躲避，如银行职工为保护国家财产在与抢劫银行的歹徒搏斗中受伤。以上这些均属于意外事故。凡是故意行为使自己遭受伤害，如自杀、自伤，均不属于意外事故。

2. 伤害。只有意外事故，并不能满足人身意外伤害保险的要求，因为意外还要造成伤害这个客观事实才可以，所以如何界定伤害非常重要。

伤害，是指被保险人的身体遭受外来事故的侵害，使人体完整性遭到破坏或器官组织生理机能遭受损害的客观事实。伤害必须有致害物、侵害对象和侵害事实三个构成要素。

（1）致害物。致害物是直接造成伤害的物体或物质。没有致害物，就不可能构成伤害。在意外伤害保险中，只有致害物是外来的时，才被认为是伤害。

（2）侵害对象。侵害对象是致害物侵害的客体。在意外伤害保险中，只有致害物侵害的对象是被保险人的身体时，才能构成伤害。如果是被保险人的肖像权、名誉权、著作权等受到伤害则不属于伤害对象，也就是说，这里的侵害对象必须是被保险人生理上的伤害，而不是权利上的伤害。

（3）侵害事实。侵害事实是致害物以一定的方式破坏性地接触、作用于被保险人身体的客观事实。如果致害物没有接触或作用于被保险人的身体，就不能构成伤害。

侵害的方式有很多，如碰撞、撞击、坠落、跌倒、坍塌、淹溺、灼烫、火灾、辐射、爆炸、中毒、触电、掩埋和倾覆等。

（二）人身意外伤害保险

人身意外伤害保险是指以意外伤害而致身故或残疾为给付保险金条件的人身保险。投保人向保险人缴纳一定的保险费，如果被保险人在保险期限内遭受意外伤害，并在自遭受意外伤害之日起的一定时期内死亡、残疾时，保险人应该按照合同约定给付被保险人或其受益人保险金。人身意外伤害保险的含义至少包含三层意思：

1. 必须有客观的意外事故发生，且事故原因是意外的、偶然的、不可预见的。

2. 被保险人必须有因客观事故造成死亡或残疾的结果。

3. 意外事故的发生和被保险人遭受人身伤亡的结果之间存在着内在的、必然的联系，即意外事故的发生是被保险人遭受伤害的原因，而被保险人遭受伤害是意外事故的后果。

二、特点

1. 保险期限短。人身意外伤害保险是短期险，通常以 1 年期为多，也有几个月或更短的。

2. 方式较灵活。人身意外伤害保险中，很多是经当事人双方签订协议书，保险金额亦是经双方协商议定的（不超过最高限额），保险责任范围也相对灵活。投保手续也十分简便，当场付费签名即生效，无须被保险人参加体检，只要有付费能力，一般的人均可参加。

3. 保险费低廉：人身意外伤害保险一般不具备储蓄功能，在保险期终止后，即使没有发生保险事故，保险公司也不退还保险费。所以一般保费较低，但保障较高。

4. 保险事故发生时，死亡保险金按约定保险金额给付，残废保险多按保险金额的一定百分比给付，而且给付后保险合同也不一定会终止。

5. 人身意外伤害保险的纯保险费是根据保险金额损失率计算的，这种方法认为被保险人遭受意外伤害的概率取决于其职业、工种或从事的活动，在其他条件都相同时，被保险人的职业、工种、所从事活动的危险程度越高，应交的保险费就越多。

6. 人身意外伤害保险的年末未到期责任准备金按当年保险费收入的一定百分比（如40%、50%）计算，与财产保险相同。

三、类型

（一）按实施方式——自愿和强制人身意外伤害保险

1. 自愿人身意外伤害保险。此类保险是指投保人根据自己的意愿和需求投保的各种人身意外伤害保险。如学平险，就是采取家长自愿投保的形式，由学校代收保费，再汇总交保险公司。

2. 强制人身意外伤害保险。此类保险是由政府强制规定有关人员必须参加的一种人身意外伤害保险，它是基于国家保险法令的效力构成的被保险人与保险人的权利和义务关系。

（二）按承保风险——普通和特种人身意外伤害保险

1. 普通人身意外伤害保险。该类保险是承保由一般风险而导致的各种人身意外伤害事件。在投保普通人身意外伤害保险时，一般由保险公司事先拟定好条款，投保方只需做出"是"与"否"的附合。在实际业务中，许多具体险种均属此类人身意外伤害保险，如团体人身意外伤害保险、个人平安保险等。

2. 特种人身意外伤害保险。该类保险是承保在特定时间、特定地点或由特定原因而发生或导致的人身意外伤害事件。由于"三个特定"，相对于普通人身意外伤害保险而言，后者发生保险风险的几率更大些，故称之为特种人身意外伤害保险。例如，在游泳池或游乐场所发生的人身意外伤害，江河漂流、登山、滑雪等激烈的体育比赛或活动中发生的人身意外伤害等。实际开办此类业务时，大多采取由投保方和保险方协商一致后签订协议的方式办理。

（三）按保险对象——个人和团体人身意外伤害保险

1. 个人人身意外伤害保险。这类保险是以个人作为保险对象的各种人身意外伤害保险。机动车驾乘人员人身意外伤害保险、航空人身意外伤害保险、旅客人身意外伤害保险和旅游人身意外伤害保险等是个人人身意外伤害保险的主要险种。这类保险通常大多属于自愿保险，保险期间一般较短，投保条件相对宽松，凡是身体健康、能正常工作或正常劳动者均可作为保险对象，在投保时，保险费率较低，保障范围较大，但是没有储蓄性。

2. 团体人身意外伤害保险。团体人身意外伤害保险是以机关、团体、企事业单位在职的、身体健康能正常工作或正常劳动的职工为保险对象，单位为投保人的意外伤害保险。其实人身意外伤害保险特别适合团体投保，因为此类保险的费率主要取决于被保险人的职业，而与年龄和健康状况无关，不需要体检。

团体人身意外伤害保险中投保人与被保险人不是一个人，投保人是一个投保前就已存在的单位，如机关、学校、社会团体、企业、事业单位等，被保险人是单位的人员，如学校的学生、企业的员工等；此类保险保险责任主要是死亡责任，以被保险人死亡作为给付保险金的条件，所以投保人在订立保险合同时，应经被保险人书面同意，并认可保险金额，同时这里的保险金额一般没有上限规定，仅规定最低保额；团体投保费率较低，又是单位统一投保，降低了保险人管理成本等方面的费用；通常情况下，保险费缴纳是在保险有效期开始之日一次交清，保险费交清后保单方能生效。

需要注意的是，在团体人身意外伤害保险中，被保险人一旦脱离投保的团体，保险单即对该被保险人失效，投保单位可以专门为该被保险人办理退保手续，保险单对其他被保险人仍然有效。

小贴士：

团体人身意外伤害保险的保险费率根据被保险人所从事的行业、工种的危险程度分为三个档次，分别确定：机关、团体、事业单位、一般工商企业单位的职工为第一档，费率为2‰；建筑、冶金、勘探、航海、伐木、搬运、装卸、地面采矿、汽车驾驶、高空作业人员为第二档，费率为4‰；井下采矿、海上钻探、海上捕鱼、航空执勤人员为第三档，费率为7‰。

（资料来源：百度百科）

（四）按保险期限——极短期、短期和长期人身意外伤害保险

1. 极短期人身意外伤害保险。保险期限往往只有几天、几小时甚至更短。比如索道游客人身意外伤害保险，保险期限仅限于游客在索道上的几分钟，离开索道这个保险合同就无效了，时间非常短。

2. 短期人身意外伤害保险。这类保险主要是指保险期限为1年的意外险。目前人身意外伤害保险的大多数险种的保险期限均为1年。

3. 长期人身意外伤害保险。这类保险是指保险期限超过1年的保险，但基本上不超过5年。如我国目前开办的人身意外伤害期满还本保险，保险期限可以是3年、5年。

（五）按险种结构——单纯和附加人身意外伤害保险

1. 单纯人身意外伤害保险。保险责任仅限于人身意外伤害。我国目前开办的团体人身意外伤害保险、公路旅客人身意外伤害保险、学生团体人身意外伤害保险、驾驶员人身意外伤害保险等，都属于单纯人身意外伤害保险。

2. 附加人身意外伤害保险。这种保险包括两种情况：一是其他保险附加人身意外伤害保险。另一是人身意外伤害保险附加其他保险责任。如我国目前开办的简易人身保险，以生存到保险期满或保险期限内死亡为基本保险责任，附加人身意外伤害造成的残废，属于生死两全保险附加人身意外伤害保险。再如，住宿旅客人身意外伤害保险，保险责任包括旅客由于人身意外伤害造成的死亡、残废以及旅客随身携带行李物品的损失，属于人身意外伤害保险附加财产保险。

（六）按是否出立保险单——出单和不出单人身意外伤害保险

1. 出单人身意外伤害保险。它是指承保时必须出立保险单的人身意外伤害保险。1年期

和多年期人身意外伤害保险都必须出立保险单，如团体人身意外伤害保险、学生团体平安保险等。

2. 不出单人身意外伤害保险。它是指承保时不出立保险单，以其他有关凭证为保险凭证的人身意外伤害保险。不出单人身意外伤害保险多为极短期人身意外伤害保险。例如，公路旅客人身意外伤害保险以汽车票为保险凭证，而不需要单独出立书面的保险单。

四、可保风险与不可保风险

（一）可保风险

人身意外伤害保险承保的人身危险是意外伤害风险，但不是所有的意外伤害风险都能为保险人承保，一般保险人能承保的风险有两种，即一般可保风险和特约承保风险。

1. 一般可保风险。一般可保风险是在一般情况下都可以承保的意外伤害风险。我们往往在保单中将"意外伤害"定义为"外来的、突然的、非本意的、非疾病的使被保险人的身体遭受伤害的客观事实"。所以，一般承保的意外伤害主要包括以下几点内容。

（1）必须是被保险人身体上的伤害。伤害特指身体受到侵害造成损坏、创伤的客观事实，与精神上或心灵上的创伤没有关系。

（2）必须是由外界原因、意外事故所致的伤害。

（3）非故意诱发的伤害。

因为这几点内容就是人身意外伤害保险的必然要求，前面已经详细介绍过，所以这里不再赘述。

2. 特约承保风险。特约承保风险意思是一般情况下不会承保，从保险原理上不符合承保条件，但是如果经过保险人和投保人特别约定，有时还要另外加收保险费后可以承保。这些风险导致的意外伤害一般包括以下几种。

（1）战争使被保险人遭受的意外伤害。由于战争使被保险人遭受意外伤害的风险过大，保险公司一般没有能力承保。战争是否爆发、何时爆发、会造成多大范围的人身伤害，往往难以预计，保险公司一般难以拟定保险费率。所以，对于战争使被保险人遭受的意外伤害，保险公司一般不予承保，只有经过特别约定并另外加收保险费以后才能承保。

（2）被保险人在从事登山、跳伞、滑雪、江河漂流、赛车、拳击、摔跤等剧烈的体育活动或比赛中遭受的意外伤害。被保险人从事上述活动或比赛时，会使其遭受意外伤害的概率大大增加，因而保险公司一般不予承保，只有经过特别约定并另外加收保险费以后才能承保。

（3）核辐射造成的意外伤害。核辐射造成人身意外伤害的后果，往往在短期内不能确定，而且如果发生大的核爆炸时，往往造成较大范围内的人身伤害。从技术上考虑和从承保能力上考虑，保险公司一般不承保核辐射造成的意外伤害。

（4）医疗事故造成的意外伤害（如医生误诊、药剂师发错药品、检查时造成的损伤、手术切错部位等）。意外伤害保险的保险费率是根据大多数被保险人的情况制定的，而大多数被保险人身体是健康的，只有少数患有疾病的被保险人才存在医疗事故遭受意外伤害的危险。为了使保险费的负担公平合理，所以保险公司一般不承保医疗事故造成的意外伤害。

对于上述特约承保意外伤害，在保险条款中一般列为除外责任，经投保人与保险人特别的约定承保后，由保险人在保险单上签注特别约定或出具批单，对该项除外责任予以剔除。

（二）不可保风险

不可保风险造成的意外伤害，其实也就是人身意外伤害保险的除外责任，即从保险原理上讲，如果保险人承保则违反法律的规定或违反社会公共利益。这些意外伤害一般包括：

1. 被保险人在犯罪活动中所受的意外伤害。意外伤害保险不承保被保险人在犯罪活动中受到的意外伤害的原因：第一，保险只能为合法的行为提供经济保障，只有这样，保险合同才是合法的，才具有法律效力。一切犯罪行为都是违法行为，所以，对被保险人在犯罪活动中所受的意外伤害不予承保。第二，犯罪活动具有社会危害性，如果承保被保险人在犯罪活动中所受的意外伤害，即使该意外伤害不是由犯罪行为直接造成的，也违反社会公共利益。

2. 被保险人在寻衅殴斗中所受的意外伤害。寻衅殴斗是指被保险人故意制造事端挑起的殴斗。寻衅殴斗不一定构成犯罪，但具有社会危害性，属于违法行为，因而不能承保，其道理与不承保被保险人在犯罪活动中所受意外伤害相同。

3. 被保险人在酒醉、吸食（或注射）毒品（如海洛因、鸦片、大麻、吗啡等麻醉剂、兴奋剂、致幻剂）后发生的意外伤害。酒醉或吸食毒品对被保险人身体的损害，是被保险人的故意行为所致，当然不属意外伤害。

4. 由于被保险人的自杀行为造成的伤害属于不可保风险。

对于不可保意外伤害，在人身意外伤害保险条款中应明确列为除外责任。

五、人身意外伤害保险的保险责任认定

构成人身意外伤害保险的保险责任的三个必要条件必须同时具备，缺一不可。

（一）被保险人遭受了意外伤害

被保险人在保险期限内遭受意外伤害是构成意外伤害保险的保险责任的首要条件。这一首要条件包括两方面的要求：

1. 被保险人遭受意外伤害必须是客观发生的事实，而不是臆想的或推测的。

2. 被保险人遭受意外伤害的客观事实必须发生在保险期限之内。如果被保险人在保险期限开始以前曾遭受意外伤害，而在保险期限内死亡或残疾，不构成保险责任。

（二）被保险人死亡或残疾

被保险人在责任期限内死亡或残疾是构成意外伤害保险的保险责任的必要条件之一。这一必要条件包括以下两方面的要求：

1. 被保险人死亡或残疾。死亡即机体生命活动和新陈代谢的终止。在法律上发生效力的死亡包括两种情况：一是生理死亡，即已被证实的死亡；二是宣告死亡，即按照法律程序推定的死亡。《中华人民共和国民法通则》第 23 条规定，"公民有下列情形之一的，利害关系人可以向人民法院申请宣告他死亡：（1）下落不明满 4 年的；（2）因意外事故下落不明，从事故发生之日起满 2 年的。"残疾也包括两种情况：一是人体组织的永久性残缺（或称"缺损"），如肢体断离等；二是人体器官正常机能的永久丧失，如丧失视觉、听觉、嗅觉、语言机能、运动障碍等。

2. 被保险人的死亡或残疾发生在责任期限之内。责任期限是人身意外伤害保险和健康保险特有的概念。如果被保险人在保险期限内遭受意外伤害，在责任期限内生理死亡，则显然已构成保险责任。对于被保险人在保险期限内因意外事故下落不明，自事故发生之日起满

2 年，法院宣告被保险人死亡后责任期限已经超过的情况，可以在人身意外伤害保险条款中订明失踪条款或在保险单上签注关于失踪的特别约定，规定被保险人确因意外伤害事故下落不明超过一定期限（如 3 个月、6 个月等）时，视同被保险人死亡，保险人给付死亡保险金；如果被保险人以后生还，受领保险金的人应把保险金返还给保险人。

责任期限对于意外伤害造成的残疾实际上是确定残疾程度的期限。如果被保险人在保险期限内遭受意外伤害，治疗结束后被确定为残疾时责任期限尚未结束，当然可以根据确定的残疾程度给付残疾保险金。但是，如果被保险人在保险期限内遭受意外伤害，责任期限结束时治疗仍未结束，尚不能确定最终是否造成残疾以及造成何种程度的残疾时，应该推定在责任期限结束的这一时点上，被保险人的组织残缺或器官正常机能的丧失是否为永久性的，即以这一时点的情况确定残疾程度，并按照这一残疾程度给付残疾保险金。即使以后被保险人经过治疗痊愈或残疾程度减轻，保险人也不能追回全部或部分残疾保险金。同理，如果以后被保险人残疾程度加重或死亡，保险人也不追加给付保险金。

（三）意外伤害是死亡或残疾的直接原因或近因

在人身意外伤害保险中，被保险人在保险期限内遭受了意外伤害，并且在责任期限内死亡或残疾，并不意味着必然构成保险责任。只有当意外伤害与死亡、残疾之间存在因果关系，即意外伤害是死亡或残疾的直接原因或近因时，才构成保险责任。意外伤害与死亡、残疾之间的因果关系包括以下三种情况：

1. 意外伤害是死亡或残疾的直接原因。当意外伤害是被保险人死亡、残疾的直接原因时，构成保险责任，保险人应该按照保险金额给付死亡保险金或按照保险金额和残疾程度两个因素确定给付残疾保险金。

2. 意外伤害是死亡或残疾的近因。当意外伤害是直接引起被保险人死亡、残疾事件或一连串事件的最初原因时，构成保险责任，保险人应该按照保险金额给付死亡保险金或按照保险金额和残疾程度两个因素确定给付残疾保险金。

3. 意外伤害是死亡或残疾的诱因。当意外伤害使被保险人原有的疾病发作，从而加重后果，造成被保险人死亡或残疾时，意外伤害就是被保险人死亡、残疾的诱因，构成保险责任。然而，保险人不是按照保险金额和被保险人的最终后果给付保险金，而是比照身体健康遭受这种意外伤害会造成何种后果给付保险金。

六、人身意外伤害保险的保险金给付

（一）人身意外伤害保险的赔偿范围

1. 死亡。被保险人遭受意外伤害造成死亡时，保险人给付死亡保险金。

2. 残废。被保险人因遭受意外伤害造成残疾时，保险人给付残疾保险金。

3. 医疗。被保险人因遭受意外伤害支出医疗费时，保险人给付医疗保险金。意外伤害医疗保险一般不单独承保，而是作为意外伤害死亡残疾的附加险承保。

4. 停工。被保险人因遭受意外伤害暂时丧失劳动能力，不能工作时，保险人给付停工保险金。

（二）人身意外伤害保险的保险金给付

1. 死亡保险金。在人身意外伤害保险合同中，死亡保险金的数额是订立保险合同时就规定好的，当被保险人死亡时保险人会按照合同约定的数额将死亡保险金交给受益人或被保险人的继承人。

2. 残疾保险金。残疾保险金的数额由保险金额和残疾程度两个因素确定。残疾程度一般以百分率表示，残疾保险金数额的计算公式是：

$$残疾保险金 = 保险金额 \times 残疾程度百分率$$

➢ 知识拓展

人身保险残疾程度与保险金给付比例（表 4 – 2）。

表 4 – 2　　　　　　　　　　人身保险残疾程度与保险金给付比例

等级	项目	残疾程度	最高给付比例
第一级	一 二 三 四 五 六 七 八	双目永久完全失明的（注1） 两上肢腕关节以上或两下肢踝关节以上缺失的 一上肢腕关节以上及一下肢踝关节以上缺失的 一目永久完全失明及一上肢腕关节以上缺失的 一目永久完全失明及一下肢踝关节以上缺失的 四肢关节机能永久完全丧失的（注2） 咀嚼、吞咽机能永久完全丧失的（注3） 中枢神经系统机能或胸、腹部脏器机能极度障碍，终身不能从事任何工作，为维持生命必要的日常生产活动，全需他人扶助的（注4）	100%
第二级	九 十	两上肢或两下肢，或一上肢及一下肢，各有关三大关节中的两个关节以上机能永久完全丧失的（注5） 十手指缺失的（注6）	75%
第三级	十一 十二 十三 十四 十五	一上肢腕关节以上缺失或一上肢的三大关节全部机能永久完全丧失的 一下肢踝关节以上缺失或一下肢的三大关节全部机能永久完全丧失的 双耳听觉机能永久完全丧失的（注7） 十手指机能永久完全丧失的（注8） 十足趾缺失的（注9）	50%
第四级	十六 十七 十八 十九 二十 二十一 二十二	一目永久完全失明的 一上肢三大关节中，有两关节之机能永久完全丧失的 一下肢三大关节中，有两关节之机能永久完全丧失的 一手含拇指及食指，有四手指以上缺失的 一下肢永久缩短5厘米以上的 语言机能永久完全丧失的（注10） 十足趾机能永久完全丧失的	30%

续表

等级	项目	残疾程度	最高给付比例
第五级	二十三 二十四 二十五 二十六 二十七 二十八 二十九	一上肢三大关节中，有一关节之机能永久完全丧失的 一下肢三大关节中，有一关节之机能永久完全丧失的 两手拇指缺失的 一足五趾缺失的 两眼眼睑显著缺损的（注11） 一耳听觉机能永久完全丧失的 鼻部缺损且嗅觉机能遗存显著障碍的（注12）	20%
第六级	三十 三十一 三十二	一手拇指及食指缺失，或含拇指或食指有三个或三个以上手指缺失的 一手含拇指或食指有三个或三个以上手指机能永久完全丧失的 一足五趾机能永久完全丧失的	15%
第七级	三十三 三十四	一手拇指或食指缺失的，或中指、无名指和小指中有两个或两个以上手指缺失的 一手拇指及食指机能永久完全（注13）丧失的	10%

注：（1）失明包括眼球缺失或摘除，或不能辨别明暗，或仅能辨别眼前手动者，最佳矫正视力低于国际标准视力表 0.02，或视野半径小于 5 度，并由保险公司指定有资格的眼科医师出具医疗诊断证明。

（2）关节机能的丧失系指关节永久完全僵硬，或麻痹，或关节不能随意识活动。

（3）咀嚼、吞咽机能的丧失系指由于牙齿以外的原因引起器质障碍或机能障碍，以致不能作咀嚼、吞咽运动，除流质食物外不能摄取或吞咽的状态。

（4）为维持生命必要之日常生活活动，全需他人扶助系指食物摄取、大小便始末、穿脱衣服、起居、步行、入浴等，皆不能自己为之，需要他人帮助。

（5）上肢三大关节系指肩关节、肘关节和腕关节；下肢三大关节系指髋关节、膝关节和踝关节。

（6）手指缺失系指近位指节间关节（拇指则为指节间关节）以上完全切断。

（7）听觉机能的丧失系指语言频率平均听力损失大于 90dB，语言频率为 500、1 000、2 000Hz。

（8）手指机能的丧失系指自远位指节间关节切断，或自近位指节间关节僵硬或关节不能随意识活动。

（9）足趾缺失系指自趾关节以上完全切断。

（10）语言机能的丧失系指构成语言的口唇音、齿舌音、口盖音和喉头音的四种语言机能中，有三种以上不能构声，或声带全部切除，或因大脑语言中枢受伤害而患失语症，并须有资格的五官科（耳、鼻、喉）医师出具医疗诊断证明，但不包括任何心理障碍引致的失语。

（11）两眼眼睑显著缺损系指闭眼时眼睑不能完全覆盖角膜。

（12）鼻部缺损且嗅觉机能遗存显著障碍系指鼻软骨全部或 1/2 缺损及两侧鼻孔闭塞，鼻呼吸困难，不能矫治或两侧嗅觉丧失。

（13）所谓永久完全系指自意外伤害之日起经过 180 天的治疗，机能仍然完全丧失，但眼球摘除等明显无法复原之情况，不在此限。

（资料来源：保监会）

活动 2　解读典型人身意外伤害保险合同

➤ 活动目标

在老师的指导下，针对下面的人身意外伤害保险合同范例，分析合同的特点、适宜人群、投保注意事项等，锻炼为客户分析合同、解读合同的能力。

➤ 活动内容

阅读下面的保险合同内容，按要求完成任务：

借贷安心意外伤害保险

新华人寿保险股份有限公司

（2009 年 8 月向中国保险监督管理委员会备案）

一、合同

（一）合同构成

本保险合同（以下简称"本合同"）由保险单或其他保险凭证及所附条款、投保单、与本合同有关的其他投保文件、变更申请书、声明、批注、附贴批单及其他书面协议构成。

（二）投保范围

1. 被保险人范围：凡 18 周岁（详见释义）至 65 周岁、未从事高危行业（详见释义）、高危工种（详见释义）或高危职业运动（详见释义）、具备贷款条件、向金融机构申请并获得贷款的个人，可作为被保险人参加本保险。

2. 投保人范围：被保险人本人或对被保险人有保险利益的其他人可作为投保人向本公司投保本保险。

（三）合同成立与生效

您提出保险申请、本公司同意承保，本合同成立，合同成立日期在保险单上载明。除另有约定外，自本合同成立、本公司收取保险费并签发保险单的次日零时起本合同生效，本公司开始承担保险责任，合同生效日期在保险单上载明。本合同生效日即为保单生效日。

（四）合同内容变更

您和本公司可以协商变更本合同的有关内容。变更本合同的，由本公司在保险单或其他保险凭证上批注或附贴批单，或由您和本公司订立变更的书面协议。

（五）投保人解除合同的手续及风险

1. 本合同生效后，如未发生保险金给付，且被保险人已偿还贷款本息总额，您可以要求解除本合同。您要求解除本合同时，应填写合同解除申请书，并提供下列证明和资料：

（1）保险合同、贷款合同、被保险人还贷收据或证明；

（2）您的有效身份证件。

2. 自本公司收到合同解除申请书及上述证明和资料之日起，本合同终止。本公司自本合同解除之日起 10 日内向您退还保险单的现金价值（详见释义）。您解除合同可能会遭受一定的损失。

（六）合同终止

以下任何一种情况发生时，本合同终止：

1. 在本合同有效期内解除本合同的；
2. 本公司已经履行完毕保险责任的；
3. 本合同因条款所列其他情况而终止的。

二、保障

（一）保险金额

本合同保险金额由您和本公司在投保时约定，但须符合本公司当时的投保规定，约定的保险金额将在保险单上载明。

（二）保险期间

本合同的保险期间最长为 1 年，并在保险单上载明。

（三）保险责任

在本合同保险期间内，被保险人因遭受意外伤害（详见释义）导致残疾或身故的，本公司承担下列保险责任：

1. 意外伤害残疾保险金。被保险人自意外伤害发生之日起 180 日内因该意外伤害导致本合同所附《新华人寿保险股份有限公司残疾程度与给付比例表》所列残疾程度之一的，本公司按下列公式计算并给付残疾保险金：残疾保险金 = 保险金额 × 身体残疾所对应的给付比例。

如被保险人自意外伤害发生之日起 180 日后治疗仍未结束，则按第 180 日的情况进行残疾鉴定，并据此按上述公式计算并给付残疾保险金。

被保险人因同一意外事故导致一项以上身体残疾的，本公司给付对应项残疾保险金之和。但不同残疾项目属于同一手或同一足时，本公司仅给付其中较高一项的残疾保险金。

本公司累计给付的残疾保险金达到本合同保险金额时，本合同终止。

2. 意外伤害身故保险金。被保险人自意外伤害发生之日起 180 日内因该意外伤害身故的，本公司按本合同保险金额给付身故保险金，本合同终止。如被保险人已领取残疾保险金，本公司按本合同保险金额扣减累计给付的残疾保险金后的余额给付身故保险金，本合同终止。

（四）责任免除

被保险人因下列情形之一残疾或身故的，本公司不承担保险责任：

1. 投保人对被保险人的故意杀害、故意伤害；
2. 被保险人故意犯罪或抗拒依法采取的刑事强制措施；
3. 被保险人自杀，但自杀时为无民事行为能力人的除外；
4. 被保险人主动吸食或注射毒品（详见释义）；
5. 被保险人酒后驾驶（详见释义）、无合法有效驾驶证驾驶（详见释义）或驾驶无有效行驶证（详见释义）的机动车（详见释义）；
6. 被保险人从事潜水、跳伞、攀岩运动、探险活动、武术比赛、摔跤比赛、特技表演、赛马、赛车等高风险运动（详见释义）；
7. 被保险人从事高危行业、高危工种或高危职业运动而遭受意外伤害；
8. 战争、军事冲突、暴乱或武装叛乱；
9. 核爆炸、核辐射或核污染。

被保险人因上述第 1 项情形身故的，本合同终止，本公司向身故保险金受益人退还保险单的现金价值。

被保险人因上述其他情形之一身故的，本合同终止，本公司向您退还保险单的现金价值。

三、权利和义务

保险费的缴纳。本合同交费方式为一次交清，并在保险单上载明。

四、保险金的申请与给付

（一）保险金受益人的指定和变更

保险金的受益人分为第一受益人和第二受益人，第一受益人享有优先领取相应额度保险金的权利，第二受益人享有领取剩余保险金的权利。

1. 第一受益人。保险金的第一受益人为发放贷款的金融机构，第一受益人的受益额度为申请保险金时本合同所附贷款合同项下被保险人未偿还的贷款本息总额，但不得超过本合同保险金额。

2. 第二受益人。如保险金超过第一受益人的受益额度，本公司将向第二受益人给付剩余保险金。

残疾保险金的第二受益人为被保险人本人。

您或被保险人可指定一人或数人为身故保险金第二受益人。第二受益人为数人时，应确定受益顺序和受益份额；未确定受益份额的，各第二受益人按相等份额享有受益权。被保险人为无民事行为能力人或限制民事行为能力人的，可以由其监护人指定第二受益人。

您或被保险人可以变更身故保险金第二受益人，但须书面通知本公司，由本公司在保险单上或其他保险凭证上批注或附贴批单。

您在指定和变更身故保险金第二受益人时，须经被保险人书面同意。

被保险人身故后，有下列情形之一的，第一受益人领取身故保险金后的剩余身故保险金作为被保险人的遗产，由本公司依照《中华人民共和国继承法》的规定履行给付保险金的义务：

（1）没有指定第二受益人，或第二受益人指定不明无法确定的；

（2）第二受益人先于被保险人身故，没有其他第二受益人的；

（3）第二受益人依法丧失受益权或者放弃受益权，没有其他第二受益人的。被保险人和第二受益人在同一事件中身故，无法确定身故先后顺序的，推定第二受益人先于被保险人身故。第二受益人故意造成被保险人身故、伤残、疾病的，或故意杀害被保险人未遂的，该第二受益人丧失受益权。

（二）保险事故通知

您、被保险人或受益人应于知道保险事故发生之日起 10 日内通知本公司。

如您、被保险人或受益人故意或因重大过失未及时通知本公司，致使保险事故的性质、原因、损失程度等难以确定的，本公司对无法确定的部分，不承担给付保险金的责任，但本公司通过其他途径已经及时知道或应当及时知道保险事故发生，或虽未及时通知但不影响本公司确定保险事故的性质、原因、损失程度的除外。

（三）保险金的申请

1. 申请身故保险金时，由受益人或其他有权领取保险金的人作为申请人填写保险金给付申请书，并提供下列证明和资料：

（1）保险合同、贷款合同、被保险人还贷收据或证明；

（2）如申请人为第二受益人，应提供其有效身份证件；

（3）国家卫生行政部门认定的医疗机构、公安部门或其他相关机构出具的被保险人的死亡证明；

（4）所能提供的与确认保险事故的性质、原因、伤害程度等有关的其他证明和资料。

保险金作为被保险人遗产时，应提供可证明合法继承权的相关权利文件。

2. 申请残疾保险金时，由被保险人作为申请人填写保险金给付申请书，并提供下列证明和资料：

（1）保险合同、贷款合同、被保险人还贷收据或证明；

（2）如申请人为第二受益人，应提供其有效身份证件；

（3）本公司指定鉴定机构（详见释义）出具的被保险人残疾程度鉴定书；

（4）所能提供的与确认保险事故的性质、原因、伤害程度等有关的其他证明和资料。

3. 如委托他人代为申请，应提供授权委托书及受托人的有效身份证件。

4. 境外出险除按上述规定提供相应的保险金给付申请文件以外，凡由境外当地机构出具的保险金给付申请文件还须：

（1）当地合法公证机构对文件的有效性及真实性进行公证；

（2）经中国驻当地所在国使领馆认可。

5. 本公司认为有关证明和资料不完整的，将及时一次性通知申请人补充提供。

（四）保险金的给付

本公司在收到保险金给付申请书及上述有关证明和资料后，将在 5 日内作出核定；情形复杂的，在 30 日内作出核定。对属于保险责任的，本公司在与被保险人或受益人达成有关给付保险金数额的协议后 10 日内，履行给付保险金义务。

本公司未及时履行前款规定义务的，将赔偿被保险人或受益人因此受到的损失。

对不属于保险责任的，本公司自作出核定之日起 3 日内向申请人发出拒绝给付保险金通知书，并说明理由。

本公司在收到保险金给付申请书及有关证明和资料之日起 60 日内，对给付保险金的数额不能确定的，根据已有证明和资料可以确定的数额先予支付；本公司最终确定给付保险金的数额后，将支付相应的差额。

五、基本条款

（一）明确说明与如实告知

订立本合同时，本公司会向您明确说明本合同的条款内容。对本合同中免除本公司责任的条款，本公司在订立合同时将在投保单、保险单或其他保险凭证上作出足以引起您注意的提示，并对该条款的内容以书面或者口头形式向您作出明确说明，未作提示或者明确说明的，该免除本公司责任条款不产生效力。本公司会就您和被保险人的有关情况提出书面询问，您应当如实告知。

您故意或因重大过失未履行如实告知义务，足以影响本公司决定是否同意承保或提高保险费率的，本公司有权解除本合同。

您故意不履行如实告知义务，对于本合同解除前发生的保险事故，本公司不承担保险责任，并不退还本保险实际缴纳的保险费。

您因重大过失未履行如实告知义务，对保险事故的发生有严重影响的，对于本合同解除前发生的保险事故，本公司不承担保险责任，但将退还本保险实际缴纳的保险费。

本公司在合同订立时已经知道您未如实告知的情况的，本公司不得解除合同；发生保险事故的，本公司承担给付保险金的责任。

（二）本公司合同解除权的限制

前条规定的合同解除权，自本公司知道有该事由之日起，超过 30 日不行使而消灭。

（三）职业变更

1. 被保险人变更其职业时，您或被保险人应于 10 日内书面通知本公司，如被保险人所变更的职业属于高危行业、高危工种或高危职业运动，自其变更职业之日起，本合同终止，本公司向您退还保险单的现金价值。

2. 被保险人变更其职业但未按前款规定通知本公司的，如发生保险事故，且被保险人所变更的职业属于高危行业、高危工种或高危职业运动，本公司不承担保险责任，但向您退还保险单的现金价值。

（四）地址变更

为了保障您的合法权益，您的住所或通讯地址变更时，请及时通知本公司。如您未通知本公司，本公司按本合同载明的最后住所或通讯地址发送的有关通知，均视为已送达给您。

（五）争议处理

本合同争议解决方式由当事人约定从下列两种方式中选择一种：

1. 因履行本合同发生的争议，由当事人协商解决，协商不成的，提交双方共同选定的仲裁委员会仲裁；

2. 因履行本合同发生的争议，由当事人协商解决，协商不成的，依法向人民法院起诉。

六、释 义

（一）周岁

以法定有效身份证明文件中记载的出生日期为计算基础。

（二）高危行业

指爆破、冶炼、地质勘探、航运、伐木、搬运、装卸、筑路、采矿、石油开采、天然气开采、汽车运输及驾驶、钢铁制造、家电制造、水泥制造、电机业、化工业、军警系统、空运、造船、炸药制造、桥梁及隧道作业、海上钻探、海上打捞。从事以上高危行业的行政及内勤工作人员除外。

（三）高危工种

指森林防火员、林业警察、野生动物保护人员、电线架设及维护工人、高速公路工程人员、高空作业或表演人员、液化瓦斯分装工、渔业工人、渔船船员、水产养殖潜水工、大型货车司机及随车人员、重型货车司机及随车人员、混凝土搅拌车司机。

（四）高危职业运动

指滑雪、曲棍球、橄榄球、马术、摔跤、拳击。

（五）现金价值

现金价值＝保险费×（保险期间天数－本合同已经过天数）×0.75÷保险期间天数

（六）意外伤害

指以外来的、突发的、非本意的、非疾病的客观事件为直接且主要原因导致的身体伤害。

（七）毒品

指中华人民共和国刑法规定的鸦片、海洛因、甲基苯丙胺（冰毒）、吗啡、大麻、可卡因以及国家规定管制的其他能够使人形成瘾癖的麻醉药品和精神药品，但不包括由医生开具并遵医嘱使用的用于治疗疾病但含有毒品成分的处方药品。

（八）酒后驾驶

指经检测或鉴定，发生事故时车辆驾驶人员每百毫升血液中的酒精含量达到或超过道路交通法规规定的标准，或公安机关交通管理部门依据《道路交通安全法》的规定认定为饮酒后驾驶或醉酒后驾驶。

（九）无合法有效驾驶证驾驶

指下列情形之一：

1. 没有取得驾驶资格；

2. 驾驶与驾驶证准驾车型不相符合的车辆；

3. 持审验不合格的驾驶证驾驶；

4. 持学习驾驶证学习驾车时，无教练员随车指导，或不按指定时间、路线学习驾车。

（十）无有效行驶证

指下列情形之一：

1. 机动车被依法注销登记的；

2. 未依法按时进行或通过机动车安全技术检验。

（十一）机动车

指以动力装置驱动或牵引，供人员乘用或用于运送物品以及进行工程专项作业的轮式车辆。

（十二）高风险运动

本合同所指的高风险运动包括潜水、跳伞、攀岩运动、探险活动、武术比赛、摔跤比赛、特技表演、赛马、赛车等。

潜水：指以辅助呼吸器材在江、河、湖、海、水库、运河等水域进行的水下运动。

攀岩运动：指攀登悬崖、楼宇外墙、人造悬崖、冰崖、冰山等运动。

探险活动：指明知在某种特定的自然条件下有失去生命或使身体受到伤害的危险，而故意使自己置身其中的行为。如江河漂流、徒步穿越沙漠或人迹罕见的原始森林等活动。

武术比赛：指两人或两人以上对抗性柔道、空手道、跆拳道、散打、拳击等各种拳术及各种使用器械的对抗性比赛。

特技：指从事马术、杂技、驯兽等特殊技能活动。

（十三）指定鉴定机构

指本公司指定的伤残鉴定机构，具体可登录本公司主页（www. newchinalife. com）查询或咨询本公司全国客户服务电话 95567。

➤ **活动要求**

仔细阅读上述案例，分小组讨论总结以下几个问题：

1. 如果你是业务员要向客户推荐该产品，你觉得该产品的特色或亮点在哪里，什么样的人比较适合购买该保险产品？

2. 被保险人，田女士，投保了该保险，约定保险金额 100 万元，请问：如果投保后田女士出了车祸，并且因车祸造成两腿截肢，保险公司将给付多少残疾保险金？

3. 你认为保险公司承保人身意外伤害保险需要注意哪些问题？

➤ **知识拓展**

旅游意外险中常见的几个误区

误区一：旅行社帮自己购买保险了。由于旅行社都根据国家规定购买了强制性的旅行社责任保险，因此不少人认为参团旅游时自己的一切风险都有了保障，因此不再去购买其他保险。其实，旅行社责任险只是在旅行社出现责任造成事故时，旅行者才能够获得赔偿，旅行者自身疾病、个人过错及自由活动的时间内发生的人身、财产损害，都不属于旅行社责任险的赔偿范围，如果旅行者希望获得这方面的保障，需要投保其他险种。

误区二：保额越高越好。如果旅行者出游的时间很短，旅行途中相对安全，并且距离不是很远，则可以选择天数短、保额较低的保险；如出游的时间很长，又是自驾游且旅行途中不确定的因素较多，则建议选择天数长、保额较高、保障全面并且能够提供救援服务的保险。

误区三：旅游期间出险后能全额赔偿。实际上，旅游意外险只是提供出行途中因意外伤害造成的身故、残疾保障以及意外医疗费用赔偿，对于由非意外事故造成的损失，保险公司不予理赔。此外，旅游出险后不一定都能得到保险公司的全额赔偿。人身意外保险所约定的保险金额只是保险公司承担给付的最高保险金限额，而非实际给付金额。除了因意外事故造成的身亡和一级残疾的游客才能得到全额支付，对于其他等级的伤残和医疗事故只是按比例支付保险金。

（资料来源：中工网转自人民法院报）

任务3　认知人身健康保险

【任务描述】健康是人类最大的财富，但是疾病和残疾却剥夺了人们享受健康的权利，给人们带来了生理和心理的压力，同时也导致了大量的费用开支，然而健康保险却可以为人们提供一种减少损失、减轻费用压力的机制。本任务将重点介绍健康保险的全面知识，通过各项小活动的学习，学生可以熟悉健康保险业务，具备分析产品、解读产品、规划产品的基本技能。

活动1　学习健康保险基础知识

➤ 活动目标

　　掌握健康保险的概念、特点、作用、类型等基础知识，对健康保险具备全面整体的认知。

➤ 活动内容

　　在老师的组织下，学生分小组进行健康保险市场调研：

　　1. 通过调研了解居民一般是通过什么方式解决医疗费用开支的；

　　2. 通过调研了解居民对健康保险的认识程度如何；

　　3. 通过调研分析如何对健康保险进行宣传会比较容易让居民接受。

➤ 活动指导

一、健康保险的概念

　　健康保险就是以人的身体为保险对象，以发生疾病或因病、因生育而致残、致亡给个人和家庭造成的不确定费用开支以及收入损失为保险事故，由保险公司给付或补偿保险金的人身保险。

　　健康保险并不能保证被保险人不受疾病困扰、不受伤害，但是如果被保险人因为疾病、生育或意外伤害而要支付医疗费、护理费或是因伤病原因无法工作导致劳动收入减少时，健康保险可以提供一定程度的保障或补偿，保障被保险人的正常生活，减少被保险人的财务压力。

　　从总体上来看，健康保险保障的范围主要有两种：第一种是由于疾病、分娩等所致的医疗费用支出损失；第二种是由于疾病或意外事故致残所致的收入损失，如果被保险人完全不能工作，则其收入损失是全部的；如果无法恢复所有工作，只能从事比原工作收入低的工作，那么收入损失是部分的，损失数额就是原收入与新收入的差额。

二、健康保险的特点

（一）保险标的

　　健康保险以人的身体健康为保险标的，而人的身体健康所遇到的危险具有变动性和不易预测性。人的身体是否健康，疾病程度如何等这些问题都会涉及医学技术问题，但医学技术本身也是在不断发展变化的，医疗器械和药品也不断更新，医疗费用的支出水平也不断上升，而且，医疗费用中本就存在很多合理和不合理的因素，这就进一步使得健康保险的危险不易预测。

（二）保险事故

　　健康保险以疾病、生育、意外事故等原因造成的残疾、死亡为保险事故。其中"疾病"是指必须由人身体内部的某种原因引发的，即由于某个或多个器官、组织甚至系统病变而致功能异常，从而出现各种病理表现的情况。同时健康保险的保险事故还包括其他一切人寿保险、意外伤害保险不保的人身危险事故。所以说健康保险的保险事故是综合性的，健康保险也是一种综合保险。

（三）保险期限

因为医疗成本不断上涨，医疗技术不断更新，保险人很难计算一个长期有效的保险费率，所以绝大多数健康保险通常为 1 年期的短期合同，但是重大疾病保险除外。

（四）保险条款

健康保险被保险人和受益人常为同一个人。在合同中，除适用一般寿险的不可抗辩条款、宽限期条款、不丧失价值条款等外，还采用一些特有的条款，如既存状况条款、转换条款、协调给付条款、体检条款、免赔额条款、等待期条款等。这些条款在后面会详细介绍。

（五）保险承保条件

健康保险的承保条件一般比较严格，特别是对疾病风险要进行相当严格的审查，通常要全面了解被保险人身体的既往史、现病史，有时还需要了解被保险人的家族病史。另外，还要对被保险人所从事的职业及其居住的地理位置及生活方式进行评估，因为这些因素可能会影响疾病的产生和发展。

（六）保险给付

健康保险的给付金额通常具有不确定性，一般有三种不同的给付基础。第一种是定额基础，类似寿险的给付；第二种是实际补偿基础，即在最高限额之内依据实际发生的费用给付；第三种是预付服务基础，是由保险人直接支付住院、手术等医疗费用。即使合同约定了不同的给付基础，在具体给付上仍有无法确定的因素，如医疗费用被认为是一切合理的和必需的费用，但如何赔付可以有不同的掌握，这就只能依靠保险人曾经的赔付经验来进行理赔、给付。另外，对于健康保险，被保险人可以进行多次索赔。

（七）保险费率

决定健康保险费率的因素主要包括残疾发生率、利率和费用率等，健康保险保费的多少，与残疾率、费用率的高低成正比例，而与利率成反比例。另外，免赔额和保险费的费率密切相关，免赔额高则费率低；反之，免赔额低则费率高。健康保险的费率确定主要是根据被保险人的职业、性别、年龄、保险金额及给付种类。其中职业尤为重要，一般依职业危险的大小划分等级，规定费率，而年龄因素不像人寿保险那样重要。

（八）保险经营

健康保险在经营中有非常严格、独特的制度，首先，健康保险按照风险程度将被保险人分为标准体和非标准体，分别制定保险制度；其次，针对特殊疾病制定特种条款；再次，在核保时还全面考虑被保险人的年龄、既往病史、现病症、家族病史、职业、居住生活环境、生活方式等。

（九）成本分摊

由于健康保险有风险大、不易控制和难以预测的特性，因此，在健康保险中，保险人对所承担的疾病医疗保险金的给付责任往往带有很多限制或制约性条款。

（十）除外责任

健康保险的除外责任一般包括战争或军事行动，故意自杀或企图自杀造成的疾病、死亡和残疾，堕胎导致的疾病、残疾、流产、死亡等。

三、类型

健康保险的分类标准很多，由此而分的类型也很多，下面就简单介绍一些比较重要的分类情况。

（一）按保障内容——疾病保险、医疗保险、失能收入损失保险、护理保险

1. 疾病保险。对被保险人因疾病、分娩引起的收入损失、费用支出或因疾病、分娩所致死亡或残疾，保险人按照保险合同规定承担给付保险金责任的保险。

2. 医疗保险。是指以保险合同约定的医疗行为的发生为给付保险金条件，为被保险人接受诊疗期间的医疗费用支出提供保障的保险。

3. 失能收入损失保险。是指以因保险合同约定的疾病或者意外伤害导致工作能力丧失为给付保险金条件，为被保险人在一定时期内收入减少或者中断提供保障的保险。

4. 护理保险。是指以因保险合同约定的日常生活能力障碍引发护理需要为给付保险金条件，为被保险人的护理支出提供保障的保险。

（二）按损失种类——收入保险、死亡和残疾保险、费用保险

1. 收入保险。当被保险人因患病或遭受意外伤害而丧失部分或全部工作能力时，由保险人定期给付收入保险金。

2. 死亡和残疾保险。在被保险人意外死亡时或意外丧失肢体、器官等残疾时给付一次性死亡或残疾保险金。

3. 费用保险。当被保险人因病或遭受意外伤害导致医疗费用支出时给付医疗保险金。

（三）按损失原因——意外伤害健康保险、疾病保险

1. 意外伤害健康保险。以被保险人因遭受意外伤害而导致死亡或残疾为保险事故，对因医治、手术、住院、护理等医疗费用支出，或者因丧失部分或全部工作能力的收入减少给付补偿保险金，以及对特定的意外伤害的多倍补偿。此险种可以单独承保，亦可与疾病保险合并提供。

2. 疾病保险。对被保险人因患病而发生的医疗费用以及因病致残而完全丧失工作能力支付补偿保险金或收入保险金的保险。

（四）按投保方式——个人健康保险、团体健康保险

1. 个人健康保险。是对某一个人或某几个人提供保障的保险。

2. 团体健康保险。以团体或其雇主作为投保人，同保险人签订保险合同，以其所属员工作为被保险人（包含团体中的退休员工），约定由团体雇主独自缴付保险费，或由雇主与团体员工分担保险费，当被保险人因疾病或分娩住院时，由保险人负责给付其住院期间的治疗费用、住院费用、看护费用，以及在被保险人由于疾病或分娩致残疾时，由保险人负责给付残疾保险金的一种团体保险。

（五）按续保条件——保证续保健康保险、非保证续保健康保险

1. 保证续保健康保险。只要被保险人继续缴费，保险合同就可以继续成立，直到约定年龄为止。被保险人有选择保险公司的权利，但保险公司没有选择被保险人的权利。

2. 非保证续保健康保险。每一次续保时保险公司和被保险人都有选择对方的权利。

（六）按保险期限——短期健康保险、长期健康保险

1. 短期健康保险。保险期限在 1 年及 1 年以下且不含保证续保条款。

2. 长期健康保险。保险期限在 1 年以上或者保险期限不超过 1 年但包含保证续保条款。

（七）按组织性质——商业健康保险、社会健康保险、管理式医疗保险、自保计划

1. 商业健康保险。以被保险人的身体为保险标的，保证被保险人在疾病或意外事故所致伤害时的直接费用或间接损失获得补偿的保险，投保人和保险人之间遵循自愿原则。

2. 社会健康保险。国家通过立法形式，采取强制方式开办的健康保险。

3. 管理式医疗保险。把提供医疗服务与提供医疗服务所需资金（保险保障）结合起来，通过保险机构与医疗服务提供者达成的协议向投保者提供医疗服务。管理式医疗模式的核心就是保险与医疗服务提供者成为利益共同体，这也是管理式医疗保险模式能够有效控制风险，降低费用的根本原因。

4. 自保计划。企业或事业单位的雇主，通过部分或完全自筹资金的方式承担其职工或雇员的医疗费用开支，并为此承担部分或全部损失赔偿责任。

（八）按给付方式——定值方式、报销方式、津贴给付方式健康保险

1. 定值方式健康保险。被保险人发生保险事故时，保险人按照合同约定的金额和方法一次性或分次给付保险金。

2. 报销方式健康保险。保险人针对被保险人因患疾病或发生意外伤害实际支出的医疗费用按照保险合同的约定报销其费用，补偿其经济损失。

3. 津贴给付方式健康保险。保险人按照被保险人实际住院天数和合同约定的每天住院补贴的一定标准额度给付保险金。

四、条款

（一）一般特殊条款

一般特殊条款是指个人健康保险和团体健康保险共同采用的一些特别规定。

1. 年龄条款。被保险人的年龄是保险人在决定是否承保时所要考虑的一个重要因素，因为年龄段不同的人群健康状况会不一样，相反，相同年龄的人群健康状况会有一定的共性，而且年龄过高或过低健康方面的危险就会较之一般人大。健康保险的承保年龄多为 3～60 岁，个别情况下可以放宽到 0～70 岁。此外，男女的性别也和健康有很大关系。通常，女性的期望寿命要长于男性，健康状况也要好于男性，从而男性投保健康保险时的保险费率要较同龄女性高。

2. 体检条款。该条款要求被保险人在提出索赔后，保险人有权要求被保险人接受由保险人指定的医生或医疗机构的体检，以便保险人确认索赔的有效性和具体赔付金额。

3. 观察期条款。健康保险的保单中常规定一个观察期，是被保险人在首次投保时，规定一段时间，被保险人在这段时间内因疾病支出医疗费用或收入损失，保险人不负责任。这段时间结束后，健康保险责任才正式生效。之所以这样规定是因为仅仅依据病历等有限资料很难判断被保险人在投保时是否已经患有某种疾病，可能会存在已有疾病的人带病投保的情况，因此为了保证保险人的利益，就必须规定观察期。也就是说，观察期内发作的疾病都假定为投保之前就已患有，保险人根据最大诚信原则可以拒绝承担责任。如果在观察期内因免责事由造成保险标的灭失的（如被保险人因病死亡），则保险合同终止，保险人在扣除手续费后退还保险费；如果保险标的没有灭失的，则由保险人根据被保险人的身体状况决定是否续保，也可以危险增加为由解除保险合同。从观察期的时限来看，在普通住院类医疗保险中，观察期一般为 60 天或 90 天；在重大疾病保险中，观察期一般为 90 天、180 天和 1 年。

4. 等待期条款。也称免赔期间，是指健康保险中由于疾病、生育及其导致的病、残、亡发生到保险金给付之前的一段时间。等待期时间长短不一，短的只有 3～5 日，长的可达

90 日，如疾病保险的保单中都明确规定："被保险人自患病之日起，直到约定的等待期间届满以前，不能从保险人处获得任何给付"。一些意外伤害保险的保单中也有这种等待期间的约定，但一般等待的期限比疾病保险要短。等待期间的提出，可为保险金申请人准备资料、申请保险金提供充足而有效的时间。对保险人而言，"等待期"的约定，第一可以防止被保险人借轻微的疾病或小的医疗费支出坐享给付，同时防止道德危险发生引起严重的自伤行为。在等待期内一切经济上的负担要由被保险人自己承担，这就避免了被保险人以暂时性疾病或以其他不当手段制造保险事故假冒来骗取保险金，给保险人的经营带来不利的影响；第二则是保险人可以充分利用这段时间进行调查、核实、杜绝不良现象发生，以保证经营的需要。

5. 免赔额条款。该条款是健康保险合同的常用条款，一般针对医疗费用。该条款的基本内容是，当约定的保险事故发生后，在保险公司给付保险金之前，被保险人须自己先支付一部分医疗费用，即保险人只负责对其医疗费用中超过免赔额的部分进行补偿。免赔额的计算一般有三种：一是单一赔款免赔额，针对每次赔款的数额。二是全年免赔额，按每年赔款总计。超过 1 年数额后才赔付。三是集体免赔额，这是对团体投保的被保险人而言，对于同一事故，按所有成员的费用累计来计算。规定了免赔额之后，小额的医疗费由被保险人自负，大额的医疗费由保险人承担。这种做法能够促使被保险人努力去恢复身体，而不会去利用没有必要的服务和医疗设备，也不会随便拿药、住院，医疗保险并不是无限度的；而且被保险人承担可以承担的较低的医疗费用支出，可以减少保险人大量的理赔工作，从而减少成本，对保险人和被保险人都有利。

6. 比例给付条款，又称为共保比例条款。是对超过免赔额以上的医疗费用部分采用保险人和被保险人共同分摊的比例给付方法。此条款是在免赔额基础上经常采用的一个条款。在健康保险中，由于以人的身体为保险标的，不存在是否足额投保问题，同时由于健康保险的危险不易控制，因此，在大多数健康保险合同中，对于保险人医疗保险金的支出均有比例给付的规定。比例给付既可以按某一固定比例（如保险人承担70%，被保险人自负30%）给付，也可按累进比例给付，即随着实际医疗费用支出的增大，保险人承担的比例累计递增，被保险人自负的比例累计递减。这一规定，既有利于保障被保险人的经济利益，解除其后顾之忧，也有利于保险人对医疗费用的控制。

7. 给付限额条款。该条款针对被保险人的医疗费用规定了费用或服务量的最高限额，限额以内由保险人承担，限额以外的部分需要由被保险人自己承担。健康保险的被保险人的个体差异很大，其医疗费用支出的高低差异也很大，因此，为保障保险人和大多数被保险人的利益，规定医疗保险金的最高给付限额，可以控制总的支出水平。而对于具有定额保险性质的健康保险，如大病保险等，通常没有赔偿限额，而是依约定保险金额实行定额赔偿。

8. 受益人条款。受益人条款规定，一般情况下健康保险合同的受益人为被保险人本身，如果被保险人死亡，其保险金将作为被保险人的遗产，由其法定继承人继承，这一点与人身保险下的其他保险不同。

（二）个人健康保险的特殊条款

个人健康保险是指以单个自然人为投保对象的健康保险。个人健康保险是相对于团体健康保险而言的。现实生活中，人们在他们的经济条件能够承担的情况下，通过购买个人健康保险是解决健康保障问题的手段之一。个人健康保险保单的投保人与被保险人通常为同一人。

个人健康保险包含一些独特的条款：

1. 可续保条款。因为很多健康保险都是短期的，也就是 1 年期，很多希望能长期投保的人，如果每年重复一次投保过程，是非常麻烦的，所以，可续保条款就成为了解决这个问题的好方法。但是该条款包括两方面的内容，一是保险人有权拒绝续保，或有权解除健康保险单的环境因素或条件；二是保险人有增加健康保险单的保险费的权利。一般可以在保单中加入如下的内容。

（1）定期条款。该条款规定了有效期限，如 1 年期保单。承诺在保险期内保险人不能提出解除或终止合同，也不能要求变更保费或保险责任。这就避免了被保险人被迫每年重复检查身体办理投保手续等定式，同时也在一定程度上延长了平均投保期限，保险人借此亦收到益处。

（2）可取消条款。这种条款的灵活性较强，被保险人或保险人在任何时候都可以提出终止合同或改变保费、合同条件保障范围。规定这样的条款，保险人承担的风险小，所以成本也低，当然承保条件就不那么严格，但对保险人在出售保险单之后的工作要求较高。

（3）续保条款。一般有两种不同的续保条款，一是条件性续保，即被保险人在符合合同规定的条件的前提下，可以续保直至某一特定时间或年数；二是保证性续保，也称无条件续保，即只要被保险人继续缴费，合同就可以持续有效，直到一个既定的年龄，在此期间，保险人不能单方面变更合同中的任何条件。

（4）不可取消条款。这一条款同时针对被保险人和保险人双方，被保险人不能要求退费退保；当其无力继续缴纳保费时，保险人可以自动终止合同。

可见，虽然健康保险的保险合同大多是短期的，但可以根据保险条款中的相应规定使所持保险单成为连续有效保单，从而满足投保人获得长期健康保障的要求，也保证健康保险人的业务总量和保费收入。

2. 既存状况条款。既存状况条款规定，在保单生效的约定期间内，保险人对被保险人的既往病症不给付保险金。既往病症是指在保单签发之前被保险人就已患有，但却未在投保单中如实告知的疾病或伤残。通常保单规定被保险人必须告知保单签发前 2 年或更多年内所患过的疾病。对被保险人因既往病症而发生属于保险责任范围内的损失时，保险人只在保单生效 2 年以后才给付保险金。既存状况条款有助于当被保险人出现逆向选择时，避免那些得过某些疾病但有复发风险或未痊愈的人通过购买健康保险获得保险给付。

> **小贴士：既存状况条款与不可抗辩条款的区别**
>
> 　在健康保险合同中，虽然二者都与投保人对被保险人的健康状况不实告知有关，但不可抗辩条款针对的是属于重大不实告知的病症，它保证保险人在保单生效未满 2 年期间可以此终止合同；而既存状况条款针对的不实告知的事实属于小事，如被保险人有关节痛、有时厌食，等等。

3. 职业变更条款。在健康保险中，被保险人的职业发生变动将会直接影响发病率、遭受意外伤害的风险，所以，通常在职业变更条款中规定，如果被保险人的职业风险性发生变化，保险人可以据此调整保险费率或给付金额。当被保险人职业转换后的风险提高时，保险人将在不改变费率的情况下，降低保险金额；当被保险人职业转换后的风险降低时，保险人将在不改变保险金额的情况下，降低保险费率。

4. 理赔条款。该条款规定，理赔申请人有及时将损失通知保险人的义务，保险人有迅速理赔的责任。

5. 超额保险条款。由于健康保险的保险金具有补偿性质，因此，为防止被保险人因疾病或残疾后获利，在合同中规定对于超额保险，保险人可减少保险金额，但要退还超额保险的保费部分。

6. 防卫原因时间限制条款。防卫是指投保书上所列明的重大不实告知事项。根据此条款，保单生效经过一定时间后，除非被保险人有欺诈行为，否则保险人不得以重大不实告知为由决定保单无效或拒绝赔付。典型的防卫原因时间限制条款如下：

"保单生效 2 年后，仅限于欺诈性的不实告知，保险公司才可终止合同；否则，不能以保单生效前的既存状况而拒绝赔付，除非既存状况属于保单列举的除外责任。"

小贴士：

防卫原因时间限制条款与不可抗辩条款具有相似之处，但不可抗辩条款规定，保单经过不可抗辩期后，即使投保书内重大不实告知属于欺诈行为，保险公司也不得拒赔。

➤ **知识拓展**

强化风险管控　推动健康保险持续健康发展

中国人民健康保险股份有限公司总裁　李玉泉

目前我国健康保险发展落后于财产保险和普通人身保险。除健康保险经营具有件均保费低、理赔发生频率高、盈亏平衡周期长等特点外，重要原因还在于风险管控难度大。管控难点主要表现在：第一，与医疗机构"风险共担、利益共享"的合作机制尚未建立，对医疗风险管控缺乏有效手段。第二，市场竞争激烈，业务风险较大。第三，经验数据缺乏，对医疗风险的识别、评估能力较弱。第四，健康保险产业链的构建还处于探索阶段。第五，专业化程度不高，人才奇缺，缺乏有效防范风险的技术。此外，道德风险、逆选择和社会诚信体系建设薄弱、国家政策支持不够到位等共性因素也导致健康保险经营风险管控难度较大。

健康保险具有很强的社会管理功能，是国家医疗保障体系的重要组成部分，可以发挥保障和改善国民健康水平的重要作用。为确保这些作用的充分发挥，必须最大限度地优化保险资源配置，有效控制健康保险的经营风险，当前可以从以下四个方面入手：

第一，大力推进健康保险专业化建设，提高风险管控能力。首先，要建立以大集中为主要特征的健康保险经营模式；其次，要建立专业化的产品体系；再次，开发和建立专业化信息系统；最后，要建立和培育专业化的人才队伍。

第二，加强医疗过程的风险管控，避免超额赔付。可以通过加强与社保部门的合作，借助政府力量，建立医疗机构与保险公司之间的信息共享平台，及时共享参保人员就诊的各种信息。同时还要与客户服务的改善有效结合，防止出现三方博弈。

第三，大力推进健康教育和健康管理，提高参保人员的健康意识和健康水平。保险公司要大力开展健康教育和宣导，对参保人员进行有关健康生活方式和疾病预防的教育。同时加强健康管理服务，改变传统服务理念和方式。

第四，完善健康保险市场结构，优化市场环境。呼吁将健康保险作为与财产保险、人寿保险并列的第三领域进行单独监管，实行与财产保险、人寿保险类似的专属经营。对经办健康保险业务的公司进行动态管理，提高保险业服务和谐社会的能力。

（资料来源：和讯保险）

活动2　认知健康保险的主要产品

➤ 活动目标

全面了解并掌握健康保险的主要产品：疾病保险、医疗保险、失能保险、护理保险及团体保险等。

➤ 活动内容

在老师的组织下，每位学生为自己的父母设计一份保险方案：

1. 了解一下市面上的健康保险产品；

2. 选择自己的父母作为对象，为其推荐一份健康保险产品；

3. 由父母为你的产品选择和推荐过程的满意度评分；

4. 写一份方案策划书，解释清楚为其推荐该产品的理由；

5. 推荐优秀设计方案参与保险方案设计比赛。

➤ 活动指导

一、疾病保险

（一）概念

疾病保险，是指以保险合同约定的疾病的发生为给付保险金条件的保险。具体来说，就是对被保险人因疾病、分娩引起的收入损失、费用支出或因疾病、分娩所致死亡或残疾，保险人按照保险合同规定承担给付保险金责任的保险。

疾病保险的责任范围可包括工资收入损失、业务利益损失、医疗费用、残疾补贴、丧葬费及遗属生活补贴等，一般不包括因意外伤害所致的各项损失。

（二）特点

1. "疾病"的认定。构成健康保险中认定的疾病，必须具备下面三个特征。

（1）必须是由于内部原因造成的疾病。这个特点是区分健康保险与意外伤害保险的一个重要标准。健康保险要求的疾病必须是由人身体内部的某种原因引发的，即是由于某个或多个器官、组织甚至系统病变而致功能异常，从而出现各种病理表现的情况，比如肺炎引起发烧。如果明显是因为外来剧烈原因造成对身体健康的损害，就不应该视为疾病，但是现实中有时很难区分疾病是因为内部原因还是外部原因，如环境污染而致病，对此种情况，理论上一般认为即使基本源于外界各种因素，也必然要在身体内部经过一段时间的酝酿，引起身体内部的各种物理、化学反应的影响，才会发作、形成疾病，这与伤害是有所区别的。

（2）必须是非先天性疾病。健康保险要求疾病发生在保险合同的有效期间。所以一切先天存在身体上的缺陷，如目盲、耳聋、内脏位置异常、器官性能残缺等，都不属于健康保险承保范围之内，因为在投保之前这些疾病就已经存在了。但是也会有一些特殊情况，如先天性心脏病这样一些因为遗传原因形成的疾病，再如一些潜伏性疾病，在没有遇到诱发因素之前，是不会对人的健康造成影响的。针对前者一般各国均有不同规定，大多数国家将此内容判归社会险范畴，也有的地方保险人会对保险要件加以适当调整，做到灵活掌握承保原则；对于后者如果在保险效力有效期间发作，应当视作与普通疾病一样，在实务中一般列入可保范围之内。

（3）必须是偶然性疾病。健康保险要求疾病的发生应当纯属偶然，并非人们所能预料到的，是由于非长存的原因造成的。这条规定主要是排除了那些必然发生的人身方面有损健康的各种危险，如死亡、年老衰弱等，而且对那些常年卧床、以各种药物维持生命的投保人，健康保险人通常不会接受。

健康保险中一般由于下列原因所致被保险人发生的疾病，不属保险责任：（1）被保险人的自杀或犯罪行为；（2）被保险人或其受益人的故意欺骗行为；（3）战争或军事行动；（4）先天性疾病及其手术；（5）意外伤害引起的疾病或手术；（6）在观察期内发生的疾病或手术；（7）凡保险责任内未列明的疾病。也有的保单将特定的区域以外罹患疾病除外不保，或将精神障碍、结核病等除外不保，还有的将不法行为、酗酒、吸毒等也列入不保危险的范围之中。

2. 保险期限。疾病保险的保险期限一般较长，可以说是一次投保，终身受益。当然也会有一些险种期限较短，如生育保险。

3. 规定有等待期或观察期。

4. 个人可以任意选择投保疾病保险，作为一种独立的险种，它不必附加于其他某个险种之上。

5. 为被保险人提供切实的疾病保障，且程度较高。

6. 保险费可以分期交付，也可以一次交清。

（三）重大疾病保险

重大疾病保险，是指由保险公司经办的以特定重大疾病，如恶性肿瘤、心肌梗塞、脑溢血等为保险对象，当被保人患有上述疾病时，由保险公司对所花医疗费用给予适当补偿的商业保险行为。

重大疾病保险所保障的"重大疾病"通常具有两个基本特征：一是"病情严重"，会在较长一段时间内严重影响到患者及其家庭的正常工作与生活；二是"治疗花费巨大"，此类疾病需要进行较为复杂的药物或手术治疗，需要支付昂贵的医疗费用。这些疾病一般有恶性肿瘤、急性心肌梗塞、脑中风后遗症、重大器官移植术或造血干细胞移植术、冠状动脉搭桥术和终末期肾病等。

小贴士：重大疾病的种类

中国保险行业协会与中国医生协会合作制定了我国首个保险行业统一的重大疾病保险的疾病定义，根据成人重大疾病保险的特点，对我国重大疾病保险产品中常见的 25 种疾病的表述进行了统一和规范，这 25 种疾病的名称如下：

1. 恶性肿瘤——不包括部分早期恶性肿瘤。

2. 急性心肌梗塞。

3. 脑中风后遗症——永久性功能障碍。

4. 重大器官移植术或造血干细胞移植术——须异体移植术。

5. 冠状动脉搭桥术（或称冠状动脉旁路移植术）——须开胸手术。

6. 终末期肾病（或称慢性肾功能衰竭尿毒症期）——须透析治疗或肾脏移植手术。

7. 多个肢体缺失——完全性断离。

8. 急性或亚急性重症肝炎。

9. 良性脑肿瘤——须开颅手术或放射治疗。

10. 慢性肝功能衰竭失代偿期——不包括酗酒或药物滥用所致。

11. 脑炎后遗症或脑膜炎后遗症——永久性功能障碍。

12. 深度昏迷——不包括酗酒或药物滥用所致。

13. 双耳失聪——永久不可逆。

14. 双目失明——永久不可逆。

15. 瘫痪——永久完全。

16. 心脏瓣膜手术——须开腔手术。

17. 严重阿尔茨海默病——自主生活能力完全丧失。

18. 严重脑损伤——永久性功能障碍。

19. 严重帕金森病——自主生活能力完全丧失。

20. 严重Ⅲ度烧伤——至少达体表面积的20%。

21. 严重原发性肺动脉高压——有心力衰竭表现。

22. 严重运动神经元病——自主生活能力完全丧失。

23. 语言能力丧失——完全丧失且经积极治疗至少12个月。

24. 重型再生障碍性贫血。

25. 主动脉手术——须开腔或开腹手术。

（资料来源：中国保监会保险知识大讲堂）

1. 类型。按保险期间划分，可以将重大疾病保险分为定期和终身两类。

（1）定期重大疾病保险。定期重大疾病保险为被保险人在固定的期间内提供保障。固定期间可以按年数确定（如10年），也可以按被保险人年龄确定（如保障至70岁）。

（2）终身重大疾病保险。终身重大疾病保险为被保险人提供终身的保障。一种是为被保险人终身提供重大疾病保障，直至被保险人身故；另一种是指定一个"极限"年龄（如100周岁），当被保险人健康生存至这个年龄时，保险人给付与重大疾病保险金额相等的保险金，保险合同终止。终身重大疾病保险产品一般都含有身故保险责任，费率相对比较高。

2. 保险金给付方式。

（1）提前给付式。这类产品保险责任包含重大疾病、死亡，或高度残疾，保险总金额为死亡保额，但是包括重大疾病和死亡保额两部分，如果被保险人患保单列的重大疾病，被保险人可以将死亡保额一定比例的重大疾病保险金提前给付，用于医疗或手术费用的开支，而如果身故时由身故受益人领取剩余部分的死亡保险金，如果被保险人没有发生重大疾病，则全部保险金作为死亡保障，由受益人领取。

（2）附加给付式。这类产品通常作为寿险的附约，保险责任也包括重大疾病和死亡高残两类，其主要特点是这类产品有确定的生存期间，生存期间是指自被保险人身患保障范围内的重大疾病开始至保险人确定的某一时刻止的一段时间，通常为 30 天、60 天、90 天等，如果被保险人死亡或残疾，保险人给付保险金，如果被保险人患重大疾病且在生存期内死亡，保险人给付死亡保险金，如果被保险人患重大疾病且存活超过生存期间，保险人给付重大疾病保险金，被保险人身故时再给付死亡保险金。此种产品的优势在于死亡保障始终存在，且不会因重大疾病保障的给付而减少死亡保障。

（3）比例给付式。这种类型的重大疾病保险主要针对重大疾病的种类而设置，被保险人罹患某一种重大疾病时按照重大疾病保险金额的一定比例给付，其死亡保障不变。对于常发生费用花费较大的重大疾病给付比例相对较高，例如 80%，这种疾病的治疗费用一般都比较昂贵，如恶性肿瘤费用平均可达 8 万 ~ 10 万元，脑中风平均治疗费用可达 6 万以上，其他疾病还有瘫、糖尿病、失明、肝病等。

（4）独立主险式。这类重大疾病保险包括死亡与重大疾病责任两部分，两者相互独立，各自的保额为单一保额，如果被保险人身患重大疾病，保险公司就给付重大疾病保险金，则死亡保险金就会为零，如果被保险人未患重大疾病，则给付死亡保险金。例如，投保人购买了 10 万元的这种独立主险型的重大疾病保险，如果发生重疾，则赔付 10 万元的重大疾病保险，如果未发生重大疾病，则赔付 10 万元的死亡保险金。

（5）回购式选择型。这种保险产品是针对提前给付型产品存在的因领取重大疾病保险金而导致死亡保障降低的不足而设计的。根据该产品的条款规定，保险人给付重大疾病保险金后，如果被保险人在某一特定时间后仍存活，可以按照某固定费率买回原保险总额的一定比例（如 25%），使死亡保障有所增加；如果被保险人再经过一定的时间仍存活，可再次买回原保险总额的一定比例，最终使死亡保障可以达到购买之初的保额。此类保险产品最早出现在南非，在澳大利亚和英国非常普遍，目前在我国尚属空白。回购式选择带来的逆选择是显而易见的，因此对于"回购"的前提或条件的设定至关重要。

二、医疗保险

（一）概念

医疗保险是医疗费用保险的简称，就是提供医疗费用保障的保险，是指以保险合同约定的医疗行为的发生为给付保险金条件，为被保险人接受诊疗期间的医疗费用支出提供保障的保险。

医疗保险的范围很广，医疗费用是病人为治病而发生的各种费用，它不仅包括医生的医疗费和手术费，还包括住院、护理、医院设备等的费用。

（二）特点

1. 一般具有补偿性。在医疗保险中，疾病发生导致被保险人遭受实际的医疗费用损失可以用货币来衡量，所以医疗保险一般具有补偿性，即保险人以被保险人在医疗诊治过程中发生的医疗费用为依据，按照保险合同的约定，补偿其全部或部分医疗费用。

2. 风险发生频率高，保险费率难以控制。医疗保险的发生频率高，每个人都会遇到疾病风险，有的人甚至会多次遇到这种风险，但是每个人每次医疗开支的费用都不会相同，发生的数额差额较大，低时不会影响生活，高时又足以致患者于困境。因此，医疗保险风险的预测和费用的控制难度较大。

3. 情况复杂，赔付不稳定。疾病的发生是随机的、突发性的，医疗保险提供的补偿也只能是短期的、经常性的，不像其他保险项目，如养老保险那样，是长期的、可预测的或一次性的，而且医疗保险的赔付涉及面很广，不仅会涉及医、患、保、用人单位等多方之间复杂的权利义务关系；还会涉及医疗服务的享受者和提供者之间的关系，甚至还会涉及国家的政策法规，再加上医疗条件的改善和医疗技术的进步，使得医疗费用总额的合理与否难以区分，所以，医疗保险的赔付不稳定且不易预测。

（三）医疗保险的主要内容

1. 保险期限。保险期限就是医疗保险合同的期限，就是自合同生效之日起到保险合同终止的期限，在这段时间被保险人发生合同约定的风险的话保险人要做出赔偿。

2. 责任期限。责任期限是被保险人自患病之日起的时间段。如果被保险人患病治疗超过保险期限，保险人只负责责任期限内的医疗费用支出。一般责任期限以180天居多。

3. 保险金额。保险人承担的最高赔偿限额。不论被保险人在保险期限内一次患病还是多次患病，保险人只对该限额内的医疗费用予以补偿，当实际医疗费用超过规定限额时，超额部分不予补偿。

4. 保障范围。总体来说，医疗费用的保障范围比较广，但是基本原则是直接费用赔付，间接费用可赔可不赔，无关费用一概不管。至于费用性质如何认定，如何赔付则要具体看合同的详细规定。

5. 费用分摊。医疗费用分摊通常采取免赔额和比例分担两种形式。除此之外，还有给付比例与免赔额结合法、限额给付法、免责期限（即在合同生效的最初一段时间内，保险人对被保险人发生的保险事故不负赔付责任，以减少带病投保现象，降低保险人的经营风险）等方式。常见的医疗费用分摊方式有：

（1）免赔额，又称自负额，是指在保险事故导致的损失中由被保险人自己承担的金额。据此，被保险人发生的医疗费用在免赔额以下的部分由自己承担，超额部分由保险人补偿。主要形式：①每次事故固定金额免赔；②每次事故固定比例免赔；③日历年度固定金额免赔；④日历年度固定比例免赔。

（2）比例给付。保险人对超过免赔额的部分按照约定的比例给予补偿。通常为80%，剩余的20%由被保险人承担。

（3）保单限额。保险公司承担的最高赔偿限额。不论被保险人在保险期限内一次患病还是多次患病，保险人只对该限额内的医疗费用予以补偿，当实际医疗费用超过规定限额后，超额部分不予补偿。

（4）止损条款。当被保险人支付的免赔额和比例分摊额达到规定限额（如5000元）后，保险人将补偿被保险人发生的其余费用。

（四）主要险种

1. 普通医疗保险。普通医疗保险给被保险人提供治疗疾病时相关的一般性医疗费用。主要包括门诊费用、医药费用、检查费用等。这种保险保费成本较低，比较适用于一般社会公众。由于医药费用和检查费用的支出控制有一定的难度，所以，这种保单一般具有免赔额和费用分担规定，保险人支付免赔额以上部分的一定百分比，保险费用则每年规定一次。每次疾病所发生的费用累计超过保险金额时，保险人不再负责任。

2. 住院医疗保险。由于住院所发生的费用往往很高，所以，住院费用就被作为一项单独的保险。住院保险的费用项目主要是每天住院费（床位费）、利用医院设备的费用、手术费用、医药费等。住院时期长短将直接影响其费用的高低，因此，这种保险的保险金额应根据病人平均住院费用情况而定。为了控制不必要的长时间住院，住院保险一般规定保险人只负责所有费用的一定百分比，而不是全部。

3. 手术医疗费用保险。这种保险提供因病人需做必要的手术而发生的全部费用。

4. 综合医疗保险。综合医疗保险是保险人为被保险人提供的一种全面的医疗费用保险，其费用范围包括医疗和住院、手术等的一切费用。这种保单的保险费较高。一般都确定一个较低的免赔额连同适当的分担比例。

5. 特种医疗保险。这些保险是为了专门补偿被保险人因特种疾病发生的费用支出，主要包括生育保险、重大疾病保险、牙科费用保险和眼科保健保险等。

6. 门诊医疗保险。这种保险是以保险人对被保险人门诊发生的诊断、治疗费用提供保险保障的一种保险。

7. 高额医疗费用保险。这种保险是以针对支付限额以上医疗费用不足部分而专门设计的补充性保险险种。该险种主要对于被保险人遭遇重大且不可预期的疾病提供广泛的保障。一般保险期限为 1 年，到期后符合条件可以申请续保。

小贴士：购买医疗保险注意事项

1. 一定要具有保证续保功能。
2. 最好是定额给付型。
3. 最好是主险。
4. 最好是意外、疾病都保障。
5. 尽量购买最高档次。
6. 购买全部保险责任。
7. 坚持续保。
8. 如果买到费用型住院医疗保险，则最好选择总额限制，而不是分项限制。

（资料来源：百度百科）

三、失能保险

（一）定义

1. 失能。失能即丧失工作能力，无法获得正常收入。在具体的失能保单中又分为完全失能、部分失能、永久失能。

完全失能是指完全丧失劳动能力，一般来说，各个出售失能险的保险公司都有关于完全失能的具体定义，即疾病或伤残达到什么样的程度就可以认定为完全失能。例如，我国的人寿或意外险中将达到一级伤残的认定为完全失能，其他级别的伤残为部分失能。除此以外，通常还有一个推定完全失能，即如果被保险人在疾病或者意外伤害中双目失明、双耳失聪、全哑或者失去任意两肢，那么，即使被保险人还能从事某些获得收入的劳动，也属于完全失能。完全失能以外的失能称为部分失能。在完全失能一段时间（例如 3 年或 5 年，具体时间由保险公司定）以后，若被保险人仍处于失能，则可以认定为永久失能，即不可能康复。通常，失能程度的鉴定都要求由保险公司指定的医疗机构或医师做出医学证明。

2. 失能保险。失能保险也称为收入损失保险、收入保障保险，是指以因保险合同约定的疾病或者意外伤害导致工作能力丧失为给付保险金条件，为被保险人在一定时期内收入减少或者中断提供保障的保险。

失能保险一般可分为两种，一种是补偿因意外伤害而致残废的收入损失，另一种是补偿因疾病造成的残废而致的收入损失。

（二）主要内容

1. 给付方式。失能收入损失保险一般是按月或按周进行补偿，主要根据被保险人的选择而定，每月或每周可提供金额相一致的收入补偿。失能收入损失保险所提供的保险金不一定能完全补偿被保险人因伤残而导致的收入损失。失能收入损失保险的给付额一般都有一个最高限额，该限额低于被保险人在伤残以前的正常收入水平。这一限制的目的是为了促使残疾的被保险人尽早重返工作岗位。

失能收入损失保险除了被保险人在全残时给付保险金外，还可以提供其他利益，包括部分伤残保险金给付、未来增加保额给付、生活费用调整给付、残疾免交保费条款、移植手术保险给付、非失能性伤害给付、意外死亡给付等。这些补充利益作为特殊条款通过缴纳附加保费的方式获得。

2. 给付期限。给付期限是指失能收入损失保单支付保险金的最长时间。给付期限可以是短期，也可以是长期。短期补偿是为了补偿被保险人在身体恢复前不能工作的收入损失；长期补偿是为了补偿被保险人全部残疾而不能恢复工作的收入损失。一般来说，失能保险期间不论是生病致残还是受伤致残均相同，从 13 周、26 周、52 周，到 2 年、5 年或给付至 65 岁。如全残始于 55 岁、60 岁或 65 岁，可提供终身给付。多数失能为短期失能，约 98% 的失能者甚或 6 个月内可恢复。若恢复期超过 12 个月，恢复工作能力的几率也锐减，尤其是年老者，更宜于选择较长的保险给付期间。

3. 免责期间。免责期间是指在残疾失能开始后无保险金可领取的一段时间，即残疾后的前一段时间。免责期间类似于医疗费用保险中的免责期或自负额，在此期间保险人不给付任何补偿。免责期的设定目的在于排除一些不连续的疾病或受伤，因其所致丧失劳动能力可能只有几天，或者在短时间内，被保险人还可以维持一定生活。同时，设置免责期还可以通过取消对短期残疾的给付而减少保险成本。各保险公司的免责期不同，如 30 天、2 个月、3 个月、6 个月和 1 年等，免责期越长，保费越便宜。此外，免责期间允许中断，如被保险人在短暂恢复后（一般限定为 6 个月内）再度失能，可将两段失能期间合并计算免责期。

四、护理保险

（一）定义

护理保险，一般指长期护理保险，是指以因保险合同约定的日常生活能力障碍引发护理需要为给付保险金条件，为被保险人的护理支出提供保障的保险。这是一种主要负担老年人的专业护理、家庭护理及其他相关服务项目费用支出的新型健康保险产品。

典型长期看护保单要求被保险人不能完成下述五项活动之两项即可：吃、沐浴、穿衣、如厕、移动。除此之外，患有老年痴呆等认知能力障碍的人通常需要长期护理，但他们却能执行某些日常活动，为解决这一矛盾，目前所有长期护理保险已将老年痴呆和阿基米德病及其他精神疾患包括在内。

在我国，长期护理保险还处于起步阶段，仅有少数保险公司开设这一险种。

（二）特点

1. 长期护理保险的保险单一般都可以保证续保，有的可以保证续保到一个特定年龄，有的甚至可以终身续保。

2. 长期护理保险产生现金价值时，如果被保险人退保，保险人会将现金价值退还给投保人。

3. 长期护理保险保险金的给付期限有 1 年、数年和终身等几种不同的选择，同时也规定有 20 天、30 天、60 天、90 天、100 天等多种免责期，免责期越长，保费越低。终身给付保单通常很昂贵。

4. 长期护理保险的保费通常为平准式，也有每年或每一期间固定上调保费者，其年交保费因投保年龄、等待期间、保险金额和其他条件的不同而有很大区别。长期护理保险一般有豁免保费保障，即保险人开始履行保险金给付责任的 60 天、90 天或 180 天起免交保费。

（三）类型

1. 按投保人——个人长期护理保险、团体长期护理保险。

（1）个人长期护理保险。这是专门针对个人设计的保险，和其他人寿保险具有相同的特点。

（2）团体长期护理保险。分为雇主型保险计划和非雇主型保险计划。

雇主型保险计划是由雇主选择一家保险公司向其雇员提供长期护理保险。这是以团体保险方式购买的个人保单，每个雇员可以购买一份长期护理保险，不管该雇员今后是否离开原公司，该保单一直有效。

非雇主保险计划中，团体长期护理保险可以出售给一些社会团体。这种团体保险实际上是以特别的费率向团体中的个人提供的保险。只有团体中个人参保率很高，保险公司才会降低核保要求向该团体提供保险，而且高风险的社会团体不能作为一个团体投保。

2. 按保险金额是否固定——保额固定型、保额递增型。保额固定型，即按合同中约定的金额给付，固定不变。保额递增型，即随着生活费用指数和护理院的护理费用指数的变化，逐年增加保险金给付。

五、团体健康保险

（一）定义

团体健康保险是指以团体或其雇主作为投保人，同保险人签订保险合同，以其所属员工作为被保险人（包含团体中的退休员工），约定由团体雇主独自缴付保险费，或由雇主与团体员工分担保险费，当被保险人因疾病或分娩住院时，由保险人负责给付其住院期间的治疗费用、住院费用、看护费用，以及在被保险人由于疾病或分娩致残疾时，由保险人负责给付残疾保险金的一种团体保险。

（二）特点

1. 规定有参保条件。

（1）参加团体保险的团体不能是为投保团体保险而组成的团体，而必须是已经存在的、有特定业务活动、实行独立核算的正式法人团体。

（2）团体保险对团体投保绝对人数要求一般不得少于 50 人。近年来对投保人数的要求逐渐降低，对 10 人甚至 10 人以下的团体也可以承保；要求投保团体的参保比例为全部合格职工人数的 75%，如果保费全部由雇主负担，则全部职工必须 100% 参加。

（3）团体保险只针对团体中的全职或专职员工，兼职员工不能作为团体保险的被保险人。

（4）参加团体保险的团体成员应为正常的在职工人，退休人员、病休员工和临时工等一般不能作为团体保险的被保险人。

（5）团体中的成员应具有一定的流动性，使团体的平均年龄始终保持在相对稳定的水平。

（6）对于新进员工则要求经过试用期后才能参加团体保险。

2. 有很多优惠条件。

（1）保险费率低。团体健康保险的保险费一般较低，主要是因为：首先，团体健康保险的保险费通常由雇主在雇员的薪资中扣缴，收费便利；其次，营销和理赔时都可以和团体代表接洽，节省了保险公司的人力物力，管理费用大大降低；再次，如果雇员正常工作会有利于雇主利益，所以，雇主会制止雇员的索赔欺诈或不适当延长病假时间，这也降低了风险，减少了保险公司的赔付几率。

（2）核保标准宽松。团体参保，相对个人而言，其道德危险和逆选择的情形较少，所以核保相对宽松，如可以免体检等。

（3）给付条件优厚。团体健康保险的给付手续简单，给付处理迅速。

（三）类型

1. 团体（基本）医疗费用保险。当被保险人在保险责任期开始后，因疾病而住院治疗时，保险人将负责给付其住院费用、治疗费用、医生出诊费用以及透视费用和化验费用等。

2. 团体补充医疗保险，也称团体高额医疗保险。它是以排除基本医疗保险中的诸多限制为主要目的的团体健康保险产品。

3. 团体特种医疗费用保险。此险种主要包括团体长期护理保险、团体牙科费用保险、团体眼科保健保险等。

4. 团体丧失工作能力收入保险，又称为团体残疾收入保险。它是以团体或雇主作为投保人，以团体下属员工为被保险人，由保险人承担补偿被保险人因遭遇意外伤害或疾病而丧失收入的责任的一种团体保险。

（四）特殊条款

1. 既存状况条款。在保单生效的约定期间内，保险人对被保险人的既往病症不承担给付保险金的责任。但被保险人如果对某一既存状况已连续 3 个月未因此而接受治疗，或参加团体健康保险的时间已达 12 个月，则该病症不属于既存状况，由此而发生的医疗费用支出或收入损失可以向保险人提出赔付申请。

2. 转换条款。允许团体健康保险的被保险人在脱离团体后如需购买个人医疗保险，可不提供可保证明，将团体健康保险转换为个人健康险，被保险人通常要缴纳较高的保费，有关保险金的给付也有更多的限制。

3. 协调给付条款。为了解决享有双重团体医疗费用的团体被保险人（如双职工家庭）获得的双重保险金给付问题，制定协调给付条款。该条款将两份保单分别规定为优先给付计划和第二给付计划。优先给付计划必须给付它所承诺的全额保险金；若其给付的保险金额不足被保险人所应花费的全部合理医疗费用，被保险人就可要求第二给付计划履行赔付差额部分保险金的责任，同时告知保险人优先给付计划的给付金额，第二给付计划根据协调给付条款支付保险金。

关于优先给付计划的确定，协调给付条款规定：两份团体保单中不包含协调给付条款的作为优先给付计划，另一份则作为第二给付计划；如果两份保单都含有此条款，则以雇员身份而非受抚养者身份作为被保险人的那份团体保单是优先给付计划；如果受抚养者持有多份团体保单时，优先给付计划可按生日规则或性别规则确定，即以生日较早的雇员或男性雇员所享有的计划作为受抚养者的优先给付计划。

4. 体检条款。被保险人在提出索赔后，保险人有权要求被保险人接受由保险人指定的医生或医疗机构的体检，以便保险人确认索赔的有效性和具体赔付金额。该条款适用于疾病保险和失能收入损失保险。

➢ 知识拓展

医疗保险小知识

1. 医疗费用不能重复报销。

医疗保险是健康保险中的一种，是以保险合同约定的医疗费用支出提供保障的保险。医疗保险按照保险金的给付性质分为费用补偿型医疗保险和定额给付型医疗保险。

根据中国保监会《健康保险管理办法》第 4 条规定，费用补偿型医疗保险的给付金额不得超过被保险人实际发生的医疗费用金额。根据该规定，费用补偿型医疗保险应遵循补偿原则，不论被保险人投保了几份医疗保险，医疗费用只能报销一次，这样可以防止道德风险的发生，防止被保险人因保险而获取不当利益。因此，若投保了费用补偿型医疗保险，医疗费用并不能重复报销。例如，某人既投保了社会保险，又投保了保险公司的医疗保险，因住院实际发生医疗费用为 3 800 元，如社会保险已经报销或承担了 3 420 元，则保险公司仅就其未报销的部分 380 元按照合同的约定承担责任，而对其已经报销的部分 3 420 元不承担责任，如果保险公司再次重复报销，其就会因保险而获取不当利益，这违背了保险的原理。

在定额给付型医疗保险中，是按照合同约定的数额给付保险金的，因而与实际发生的医疗费用没有关系，被保险人只要证明已经发生了合同约定的医疗行为，不论医疗费用的数额是多少，保险公司都会按照合同约定的数额给付保险金，因此，在定额给付医疗保险中并不存在医疗费用能否重复报销的问题。在保险实务中常见的定额给付型医疗保险为住院津贴或补助等。

2. 费用补偿型医疗保险不要重复购买。

由于费用补偿型医疗保险应遵循损失补偿原则，给付金额不得超过被保险人实际发生的医疗费用，因而作为消费者在购买医疗保险时，首先应区分医疗保险的性质。若是费用补偿型医疗保险，已经投保了社会保险或享有公费医疗以及已经投保了其他保险公司的费用补偿型医疗保险的，没有必要再去投保费用补偿型医疗保险，重复投保只会花冤枉钱，建议可以考虑投保定额给付型医疗保险，如针对住院或手术津贴、补助等设立的险种。

为了保护被保险人的利益，《健康保险管理办法》第 29 条规定，保险公司销售费用补偿型医疗保险，应当向投保人询问被保险人是否拥有公费医疗、社会医疗保险和其他费用补偿型医疗保险的情况。保险公司不得诱导被保险人重复购买保障功能相同或者类似的费用补偿型医疗保险产品。保险公司违反此规定的，应承担相应的法律责任。

（资料来源：中国保监会保险知识大讲堂）

活动3　解读典型人身健康保险合同

➤ 活动目标

在老师的指导下，针对下面的人身健康保险合同范例，分析合同的特点、适宜人群、投保注意事项等，锻炼为客户分析合同、解读合同的能力。

➤ 活动内容

阅读下面的保险合同内容，按活动要求完成任务：

国寿康宁终身重大疾病保险利益条款
中国人寿保险股份有限公司

第一条　保险合同构成

国寿康宁终身重大疾病保险合同（以下简称"本合同"）由保险单及所附国寿康宁终身重大疾病保险利益条款（以下简称"本合同利益条款"）、个人保险基本条款（以下简称"本合同基本条款"）、现金价值表、声明、批注、批单以及与本合同有关的投保单、复效申请书、健康声明书和其他书面协议共同构成。

第二条　投保范围

凡出生30日以上、70周岁以下、身体健康者均可作为被保险人，由本人或对其具有保险利益的人作为投保人向本公司投保本保险。

第三条　保险期间

本合同的保险期间为本合同生效之日起至本合同终止日止。

第四条　重大疾病

本合同所指重大疾病，是被保险人发生符合以下定义所述条件的疾病、疾病状态或手术，共计20种，其中第一种至第十七种为中国保险行业协会制定的《重大疾病保险的疾病定义使用规范》中列明的疾病，其余为本公司增加的疾病。重大疾病的名称及定义如下：

一、恶性肿瘤：指恶性细胞不受控制的进行性增长和扩散，浸润和破坏周围正常组织，可以经血管、淋巴管和体腔扩散转移到身体其他部位的疾病。经病理学检查结果明确诊断，临床诊断属于世界卫生组织《疾病和有关健康问题的国际统计分类》（ICD-10）的恶性肿瘤范畴。

下列疾病不在保障范围内：

1. 原位癌；
2. 相当于 Binet 分期方案 A 期程度的慢性淋巴细胞白血病；
3. 相当于 Ann Arbor 分期方案 I 期程度的何杰金氏病；
4. 皮肤癌（不包括恶性黑色素瘤及已发生转移的皮肤癌）；
5. TNM 分期为 T1 N0 M0 期或更轻分期的前列腺癌；
6. 感染艾滋病病毒或患艾滋病期间所患恶性肿瘤。

二、急性心肌梗塞：指因冠状动脉阻塞导致的相应区域供血不足造成部分心肌坏死。须满足下列至少三项条件：

1. 典型临床表现，例如急性胸痛等；
2. 新近的心电图改变提示急性心肌梗塞；
3. 心肌酶或肌钙蛋白有诊断意义的升高，或呈符合急性心肌梗塞的动态性变化；
4. 发病90天后，经检查证实左心室功能降低，如左心室射血分数低于50%。

三、脑中风后遗症：指因脑血管的突发病变引起脑血管出血、栓塞或梗塞，并导致神经系统永久性的功能障碍。神经系统永久性的功能障碍，指疾病确诊180天后，仍遗留下列一种或一种以上障碍：

1. 一肢或一肢以上肢体机能完全丧失（注1）；
2. 语言能力或咀嚼吞咽能力完全丧失（注2）；
3. 自主生活能力完全丧失，无法独立完成六项基本日常生活活动（注3）中的三项或三项以上。

四、重大器官移植术或造血干细胞移植术：重大器官移植术，指因相应器官功能衰竭，已经实施了肾脏、肝脏、心脏或肺脏的异体移植手术。造血干细胞移植术，指因造血功能损害或造血系统恶性肿瘤，已经实施了造血干细胞（包括骨髓造血干细胞、外周血造血干细胞和脐血造血干细胞）的异体移植手术。

五、冠状动脉搭桥术（或称冠状动脉旁路移植术）：指为治疗严重的冠心病，实际实施了开胸进行的冠状动脉血管旁路移植的手术。冠状动脉支架植入术、心导管球囊扩张术、激光射频技术及其他非开胸的介入手术、腔镜手术不在保障范围内。

六、终末期肾病（或称慢性肾功能衰竭尿毒症期）：指双肾功能慢性不可逆性衰竭，达到尿毒症期，经诊断后已经进行了至少90天的规律性透析治疗或实施了肾脏移植手术。

七、多个肢体缺失：指因疾病或意外伤害导致两个或两个以上肢体自腕关节或踝关节近端（靠近躯干端）以上完全性断离。

八、急性或亚急性重症肝炎：指因肝炎病毒感染引起肝脏组织弥漫性坏死，导致急性肝功能衰竭，且经血清学或病毒学检查证实，并须满足下列全部条件：

1. 重度黄疸或黄疸迅速加重；
2. 肝性脑病；
3. B超或其他影像学检查显示肝脏体积急速萎缩；
4. 肝功能指标进行性恶化。

九、双目失明：指因疾病或意外伤害导致双眼视力永久不可逆（注4）性丧失，双眼中较好眼须满足下列至少一项条件：

1. 眼球缺失或摘除；
2. 矫正视力低于0.02（采用国际标准视力表，如果使用其他视力表应进行换算）；
3. 视野半径小于5度。

十、瘫痪：指因疾病或意外伤害导致两肢或两肢以上肢体机能永久完全丧失。肢体机能永久完全丧失，指疾病确诊180天后或意外伤害发生180天后，每肢三大关节中的两大关节仍然完全僵硬，或不能随意识活动。

十一、严重阿尔茨海默病：指因大脑进行性、不可逆性改变导致智能严重衰退或丧失，临床表现为明显的认知能力障碍、行为异常和社交能力减退，其日常生活必须持续受到他人监护。须由头颅断层扫描（CT）、核磁共振检查（MRI）或正电子发射断层扫描（PET）等影像学检查证实，且自主生活能力完全丧失，无法独立完成六项基本日常生活活动（注3）中的三项或三项以上。神经官能症和精神疾病不在保障范围内。

十二、严重脑损伤：指因头部遭受机械性外力，引起脑重要部位损伤，导致神经系统永久性的功能障碍。须由头颅断层扫描（CT）、核磁共振检查（MRI）或正电子发射断层扫描（PET）等影像学检查证实。神经系统永久性的功能障碍，指脑损伤180天后，仍遗留下列一种或一种以上障碍：

1. 一肢或一肢以上肢体机能完全丧失（注1）；

2. 语言能力或咀嚼吞咽能力完全丧失（注2）；

3. 自主生活能力完全丧失，无法独立完成六项基本日常生活活动（注3）中的三项或三项以上。

十三、严重帕金森病：指一种中枢神经系统的退行性疾病，临床表现为震颤麻痹、共济失调等。须满足下列全部条件：

1. 药物治疗无法控制病情；

2. 自主生活能力完全丧失，无法独立完成六项基本日常生活活动（注3）中的三项或三项以上。继发性帕金森综合征不在保障范围内。

十四、严重Ⅲ度烧伤：指烧伤程度为Ⅲ度，且Ⅲ度烧伤的面积达到全身体表面积的20%或20%以上。体表面积根据《中国新九分法》计算。

十五、严重运动神经元病：指一组中枢神经系统运动神经元的进行性变性疾病，包括进行性脊肌萎缩症、进行性延髓麻痹症、原发性侧索硬化症、肌萎缩性侧索硬化症。须满足自主生活能力完全丧失，无法独立完成六项基本日常生活活动（注3）中的三项或三项以上的条件。

十六、重型再生障碍性贫血：指因骨髓造血功能慢性持续性衰竭导致的贫血、中性粒细胞减少及血小板减少。须满足下列全部条件：

1. 骨髓穿刺检查或骨髓活检结果支持诊断；

2. 外周血象须具备以下三项条件：

（1）中性粒细胞绝对值≤$0.5 \times 109/L$；

（2）网织红细胞<1%；

（3）血小板绝对值≤$20 \times 109/L$。

十七、主动脉手术：指为治疗主动脉疾病，实际实施了开胸或开腹进行的切除、置换、修补病损主动脉血管的手术。主动脉指胸主动脉和腹主动脉，不包括胸主动脉和腹主动脉的分支血管。动脉内血管成形术不在保障范围内。

十八、严重多发性硬化症：指因中枢神经系统脱髓鞘疾病，导致不可逆的运动或感觉功能障碍，临床表现为视力受损、截瘫、平衡失调、构音障碍、大小便机能失调等症状。不可逆指运动或感觉功能障碍初次诊断后需持续180天以上。须由断层扫描（CT）、核磁共振检查（MRI）或正电子发射断层扫描（PET）等影像学检查证实，且须满足下列全部条件：

1. 明确出现因视神经、脑干或脊髓损伤等导致的上述临床症状；

2. 散在的、多样性的神经损伤；

3. 上述临床症状反复发作、恶化及神经损伤的病史记录。

十九、严重系统性红斑狼疮性肾病：系统性红斑狼疮是累及多系统、多器官的具有多种自身抗体的免疫性疾病。系统性红斑狼疮性肾病，又称为狼疮性肾炎，是系统性红斑狼疮累及肾脏，造成肾功能损伤。本合同所称"严重系统性红斑狼疮性肾病"是指，须经肾脏病理检查或临床确诊，并符合下列 WHO 诊断标准定义的Ⅲ型至Ⅴ型狼疮性肾炎。世界卫生组织（WHO）狼疮性肾炎分型：

Ⅰ型（微小病变型）镜下阴性，尿液正常；

Ⅱ型（系膜病变型）中度蛋白尿，偶有尿沉渣改变；

Ⅲ型（局灶及节段增生型）蛋白尿，尿沉渣改变；

Ⅳ型（弥漫增生型）急性肾炎伴有尿沉渣改变及/或肾病综合征；

Ⅴ型（膜型）肾病综合征或重度蛋白尿。

其他类型的红斑性狼疮，如盘状狼疮，仅累及血液及关节等其他系统的系统性红斑狼疮不在保障范围内。

二十、严重重症肌无力：指一种神经与肌肉接头部位传递障碍的自身免疫性疾病，临床特征是局部或全身横纹肌于活动时易于疲劳无力，颅神经眼外肌最易累及，也可涉及呼吸肌、下肢近端肌群以至全身肌肉。须满足下列全部条件：

1. 经药物或胸腺手术治疗 1 年以上无法控制病情，丧失正常工作能力；

2. 出现眼睑下垂，或延髓肌受累引起的构音困难、进食呛咳，或由于肌无力累及延髓肌、呼吸肌而致机体呼吸功能不正常的危急状态即肌无力危象；

3. 症状缓解、复发及恶化的交替出现，临床接受新斯的明等抗胆碱酯酶药物治疗的病史。

注：

1. 肢体机能完全丧失：指肢体的三大关节中的两大关节僵硬，或不能随意识活动。肢体是指包括肩关节的整个上肢或包括髋关节的整个下肢。

2. 语言能力或咀嚼吞咽能力完全丧失：语言能力完全丧失，指无法发出四种语音（包括口唇音、齿舌音、口盖音和喉头音）中的任何三种、或声带全部切除，或因大脑语言中枢受伤害而患失语症。咀嚼吞咽能力完全丧失，指因牙齿以外的原因导致器质障碍或机能障碍，以致不能作咀嚼吞咽运动，除流质食物外不能摄取或吞咽的状态。

3. 六项基本日常生活活动：是指（1）穿衣：自己能够穿衣及脱衣；（2）移动：自己从一个房间到另一个房间；（3）行动：自己上下床或上下轮椅；（4）如厕：自己控制进行大小便；（5）进食：自己从已准备好的碗或碟中取食物放入口中；（6）洗澡：自己进行淋浴或盆浴。

4. 永久不可逆：指自疾病确诊或意外伤害发生之日起，经过积极治疗 180 天后，仍无法通过现有医疗手段恢复。

第五条 保险责任

在本合同保险期间内，本公司承担以下保险责任：

一、重大疾病保险金

被保险人于本合同生效（或最后复效）之日起 180 日后，初次发生并经专科医生明确诊断患本合同所指的重大疾病（无论一种或多种），本公司按基本保险金额的 300% 给付重大疾病保险金，本合同终止。

二、身故保险金

被保险人身故，本公司按基本保险金额的300%给付身故保险金，本合同终止。

第六条　责任免除

因下列情形之一导致被保险人身故或患本合同所指重大疾病，本公司不承担给付保险金的责任：

1. 投保人对被保险人的故意杀害、故意伤害；

2. 被保险人故意自伤、故意犯罪或抗拒依法采取的刑事强制措施；

3. 被保险人在本合同成立或合同效力最后恢复之日起2年内自杀，但被保险人自杀时为无民事行为能力人的除外；

4. 被保险人服用、吸食或注射毒品；

5. 被保险人酒后驾驶、无合法有效驾驶证驾驶或驾驶无有效行驶证的机动车；

6. 被保险人在本合同生效（或最后复效）之日起180日内，患本合同所指重大疾病或因疾病而身故；

7. 战争、军事冲突、暴乱或武装叛乱；

8. 核爆炸、核辐射或核污染；

9. 遗传性疾病，先天性畸形、变形或染色体异常。

无论上述何种情形发生，导致被保险人身故或患本合同所指重大疾病的，本合同终止，本公司向投保人退还本合同的现金价值。投保人对被保险人故意杀害或伤害造成被保险人身故的，本公司退还本合同的现金价值，作为被保险人遗产处理；投保人对被保险人故意杀害或伤害造成被保险人患本合同所指重大疾病的，本公司向被保险人退还本合同的现金价值。

第七条　保险费

保险费交付方式分为一次性交付和分期交付两种。交付方式为分期交付的，交费期间分为10年和20年两种，交付方式分为年交和半年交两种，由投保人在投保时选择。

第八条　保险金申请所需证明和资料

一、申请重大疾病保险金时，所需的证明和资料为：

1. 保险单；

2. 申请人法定身份证明；

3. 专科医生出具的诊断证明（含相关的诊断依据）、病历、住院及出院证明文件；

4. 本公司要求的申请人所能提供的与确认保险事故的性质、原因等相关的其他证明和资料。

二、申请身故保险金时，所需的证明和资料为：

1. 保险单；

2. 申请人法定身份证明；

3. 公安部门或二级以上（含二级）医院出具的被保险人死亡证明书；

4. 被保险人的户籍注销证明；

5. 本公司要求的申请人所能提供的与确认保险事故的性质、原因等相关的其他证明和资料。

第九条　附则

本合同基本条款与本合同利益条款相抵触的，以本合同利益条款为准。

第十条　释义

意外伤害：指遭受外来的、突发的、非本意的、非疾病的客观事件直接致使身体受到的伤害。

专科医生：指应当同时满足以下四项资格条件：（1）具有有效的中华人民共和国《医师资格证书》；（2）具有有效的中华人民共和国《医师执业证书》，并按期到相关部门登记注册；（3）具有有效的中华人民共和国主治医师或主治医师以上职称的《医师职称证书》；（4）在二级或二级以上医院的相应科室从事临床工作3年以上。

基本保险金额：指保险单载明的保险金额。

毒品：指中华人民共和国刑法规定的鸦片、海洛因、甲基苯丙胺（冰毒）、吗啡、大麻、可卡因以及国家规定管制的其他能够使人形成瘾癖的麻醉药品和精神药品，但不包括由医生开具并遵医嘱使用的用于治疗疾病但含有毒品成分的处方药品。

酒后驾驶：指经检测或鉴定，发生事故时车辆驾驶人员每百毫升血液中的酒精含量达到或超过一定的标准，公安机关交通管理部门依据《道路交通安全法》的规定认定为饮酒后驾驶或醉酒后驾驶。

无合法有效驾驶证驾驶：指下列情形之一：

（1）没有取得驾驶资格；

（2）驾驶与驾驶证准驾车型不相符合的车辆；

（3）持审验不合格的驾驶证驾驶；

（4）持学习驾驶证学习驾车时，无教练员随车指导，或不按指定时间、路线学习驾车。

无有效行驶证：指下列情形之一：

（1）机动车被依法注销登记的；

（2）未依法按时进行或通过机动车安全技术检验。

机动车：指以动力装置驱动或者牵引，供人员乘用或者用于运送物品以及进行工程专项作业的轮式车辆。

战争：指国家与国家、民族与民族、政治集团与政治集团之间为了一定的政治、经济目的而进行的武装斗争。以政府宣布为准。

军事冲突：指国家或民族之间在一定范围内的武装对抗，以政府宣布为准。

暴乱：指破坏社会秩序的武装骚动，以政府宣布为准。

遗传性疾病：指生殖细胞或受精卵的遗传物质（染色体和基因）发生突变或畸变所引起的疾病，通常具有由亲代传至后代的垂直传递的特征。

遗传性疾病：指被保险人出生时就具有的畸形、变形或染色体异常。

先天性畸形、变形和染色体异常依照世界卫生组织《疾病和有关健康问题的国际统计分类》（ICD – 10）确定。

➤ **活动要求**

仔细阅读上述案例，分小组讨论总结以下几个问题：

1. 如果你是业务员要向客户推荐该产品，你觉得该如何向他介绍该产品？

2. 被保险人，范先生，30岁，投保该保险，保险金额20万元，20年交费，年交保费17 400元，分析他可以获得的保险利益是什么？

➤ **知识拓展**

重大疾病保险人人都适合

有的人会说，我有了社保而且单位福利很好，所以没有必要买重大疾病保险了。情况果真如此吗？

1. 社保只报销因疾病引起的医疗费用，因意外伤害导致的医疗费用不能报销；社保不对非工作期间发生的意外伤害和意外医疗责任进行赔付；无论意外身故还是疾病身故，社保都是没有身故赔偿的，身故后只是返还当时个人账户的金额，而这部分的金额是很少的。

2. 中国的社保报销或者单位报销首先是一个先支出再补偿的概念，这就意味着即使属于赔付范围，你也必须先开支出去多少，才能在这个基础之上报销回来多少，而且我们报销的数额不会大于开支总额。不在公费医疗药品清单目录上的进口药和营养药是不能报销的。

3. 社会医疗统筹基金对医保人员的保障是"保而不包"的，社保有起付线限制，额度内的费用需要自付，住院费用和大病医疗的自付比例和金额相对都比较高。

4. 社保重在保障，支付的标准是以保障被保险人基本生活为前提。对于追求高品质的人群来说是远远不够的。

所以，对于没有医保的人来说，重大疾病保险尤其重要。而对医保覆盖对象来说，重大疾病保险可作为一种必要补充。

（资料来源：百度百科）

任务4　学习人身保险的价格和精算

【任务描述】生命表的编制为人寿保险的业务经营奠定了科学的数理基础，通过了解它，我们可以理解寿险的保费是怎样计算出来的，并知道了人寿保险确实是一门真正的科学。本任务主要介绍生命表的基础知识和保险精算的原理，通过各项小活动的学习，学生可以全面掌握保险精算的基础知识，理解保险精算的数理原理。

活动1　认识生命表

➤ **活动目标**

掌握生命表的基本情况，了解其对人身保险精算的意义所在。

➤ **活动内容**

在老师的指导下，进行计算：

1. 根据"中国人寿保险业经验生命表（2000~2003）非养老金业务男表（CL1）"的样表数据，计算一个年龄为42周岁的男性的生存概率？

2. 根据"中国人寿保险业经验生命表（2000~2003）非养老金业务男表（CL1）"的样表数据，计算20岁的人在22岁死亡的概率？

➢ **活动指导**

一、生命表的概念

（一）定义

生命表又称为死亡表、寿命表，是反映一个国家或一个区域人口生存死亡规律的调查统计表。生命表是人口统计学中一个非常有用的工具，它通常被用于模拟某一人口从出生到死亡的过程，根据它可以计算人口的平均预期寿命，此表是根据分年龄死亡率编制，并主要反映各年龄死亡水平，故又称死亡率表。

生命表上所记载的死亡率、生存率是决定人寿保险费的重要依据。在设计生命表时，主要考虑年龄和性别，除此之外，影响死亡率的还有职业、生活习性、种族、病史等。

一般来说，生命表的编制为经营人寿保险业务奠定了科学的数理基础，是计算人身保险的保险费、责任准备金、退保金的主要依据。

（二）产生与发展

对于单个人来说，出生后何时死亡是不可知的，但对于一个国家，一个地区，在一定时间，一定的社会经济条件下，人的生、老、死是有规律可循的。人们可根据大数法则的原理，运用统计方法和概率论，编制出生命规律的生命表，它是同批人从出生后，陆续死亡的生命过程的统计表。

生命表的建立可追溯到公元 1661 年，英国就有了历史上最早的死亡几率统计表。到 1693 年，英国著名数学家、天文学家哈雷编制了《哈雷死亡表》，该表确立了英国当时的死亡率、生存率、年金现值，它奠定了近代人寿保险费计算的基础，是世界上第一份最科学、最完整的生命表。到 1700 年，英国又建立了"均衡保费法"，使投保人每年缴费是同一金额。

我国在 1929～1931 年，金陵大学的肖富德编制了中国第一张生命表，称为"农民生命表"。1982 年第 2 次全国人口普查得到了完整的生命表资料，直到 1995 年年末才制定出了中国人寿保险业第一张经验生命表。

因为我国保险业发展时间短暂，改革开放之初基本参照了日本的经验生命表。

直到 1995 年，当时的中国人民保险公司参考其 1990～1993 年的保单数据，制定了中国人寿保险业第一张经验生命表。这张生命表从 1996 年开始使用。

20 世纪 90 年代中国人民保险（集团）公司组织了大量的专家，成功地编制出《中国人寿保险业经验生命表》，并于 1997 年 4 月 1 日起正式运用于人寿保险业务的经营核算中。

中国保监会 2003 年 8 月启动我国第二张《生命表》的编制工作，第一次在全行业范围内进行经验死亡率调查，参调公司为国内经营时间较长、数据量较大的 6 家公司，所用保单数据 1 亿多条，占行业数据量的 98% 以上。

新的《生命表》比较客观地反映了寿险业经验死亡率，为保险公司厘定费率、准备金评估以及死亡率的研究提供科学的依据。

小贴士：生命表

中国第二张寿险业生命表命名为《中国人寿保险业经验生命表（2000～2003）》，英文名称为 *China Life Insurance Mortality Table*（2000～2003），简称：CL（2000～2003）。其中，非养老金业务表两张，养老金业务表两张。

1. 非养老金业务男表，简称 CL1（2000～2003）；
2. 非养老金业务女表，简称 CL2（2000～2003）；
3. 养老金业务男表，简称 CL3（2000～2003）；
4. 养老金业务女表，简称 CL4（2000～2003）。

年龄	非养老金业务表		养老金业务表	
	男（CL1）	女（CL2）	男（CL3）	女（CL4）
0	0.000722	0.000661	0.000627	0.000575
1	0.000603	0.000536	0.000525	0.000466
2	0.000499	0.000424	0.000434	0.000369
3	0.000416	0.000333	0.000362	0.000290
4	0.000358	0.000267	0.000311	0.000232
5	0.000323	0.000224	0.000281	0.000195
6	0.000309	0.000201	0.000269	0.000175
7	0.000308	0.000189	0.000268	0.000164
8	0.000311	0.000181	0.000270	0.000158
9	0.000312	0.000175	0.000271	0.000152
10	0.000312	0.000169	0.000272	0.000147
11	0.000312	0.000165	0.000271	0.000143
12	0.000313	0.000165	0.000272	0.000143
13	0.000320	0.000169	0.000278	0.000147
14	0.000336	0.000179	0.000292	0.000156
15	0.000364	0.000192	0.000316	0.000167
16	0.000404	0.000208	0.000351	0.000181
17	0.000455	0.000226	0.000396	0.000196
18	0.000513	0.000245	0.000446	0.000213
19	0.000572	0.000264	0.000497	0.000230
20	0.000621	0.000283	0.000540	0.000246
21	0.000661	0.000300	0.000575	0.000261
22	0.000692	0.000315	0.000601	0.000274
23	0.000716	0.000328	0.000623	0.000285

年龄	非养老金业务表		养老金业务表	
	男（CL1）	女（CL2）	男（CL3）	女（CL4）
24	0.000738	0.000338	0.000643	0.000293
25	0.000759	0.000347	0.000660	0.000301
26	0.000779	0.000355	0.000676	0.000308
27	0.000795	0.000362	0.000693	0.000316
28	0.000815	0.000372	0.000712	0.000325
29	0.000842	0.000386	0.000734	0.000337
30	0.000881	0.000406	0.000759	0.000351
31	0.000932	0.000432	0.000788	0.000366
32	0.000994	0.000465	0.000820	0.000384
33	0.001055	0.000496	0.000855	0.000402
34	0.001121	0.000528	0.000893	0.000421
35	0.001194	0.000563	0.000936	0.000441
36	0.001275	0.000601	0.000985	0.000464
37	0.001367	0.000646	0.001043	0.000493
38	0.001472	0.000699	0.001111	0.000528
39	0.001589	0.000761	0.001189	0.000569
40	0.001715	0.000828	0.001275	0.000615
41	0.001845	0.000897	0.001366	0.000664
42	0.001978	0.000966	0.001461	0.000714
43	0.002113	0.001033	0.001560	0.000763
44	0.002255	0.001103	0.001665	0.000815
45	0.002413	0.001181	0.001783	0.000873
46	0.002595	0.001274	0.001918	0.000942
47	0.002805	0.001389	0.002055	0.001014
48	0.003042	0.001527	0.002238	0.001123
49	0.003299	0.001690	0.002446	0.001251
50	0.003570	0.001873	0.002666	0.001393
51	0.003847	0.002074	0.002880	0.001548
52	0.004132	0.002295	0.003085	0.001714
53	0.004434	0.002546	0.003300	0.001893

续表

年龄	非养老金业务表		养老金业务表	
	男（CL1）	女（CL2）	男（CL3）	女（CL4）
54	0.004778	0.002836	0.003545	0.002093
55	0.005203	0.003178	0.003838	0.002318
56	0.005744	0.003577	0.004207	0.002607
57	0.006427	0.004036	0.004676	0.002979
58	0.007260	0.004556	0.005275	0.003410
59	0.008229	0.005133	0.006039	0.003816
60	0.009313	0.005768	0.006989	0.004272
61	0.010490	0.006465	0.007867	0.004781
62	0.011747	0.007235	0.008725	0.005351
63	0.013091	0.008094	0.009677	0.005988
64	0.014542	0.009059	0.010731	0.006701
65	0.016134	0.010148	0.011900	0.007499
66	0.017905	0.011376	0.013229	0.008408
67	0.019886	0.012760	0.014705	0.009438
68	0.022103	0.014316	0.016344	0.010592
69	0.024571	0.016066	0.018164	0.011886
70	0.027309	0.018033	0.020184	0.013337
71	0.030340	0.020241	0.022425	0.014964
72	0.033684	0.022715	0.024911	0.016787
73	0.037371	0.025479	0.027668	0.018829
74	0.041430	0.028561	0.030647	0.021117
75	0.045902	0.031989	0.033939	0.023702
76	0.050829	0.035796	0.037577	0.026491
77	0.056262	0.040026	0.041594	0.029602
78	0.062257	0.044726	0.046028	0.033070
79	0.068871	0.049954	0.050920	0.036935
80	0.076187	0.055774	0.056312	0.041241
81	0.084224	0.062253	0.062253	0.046033
82	0.093071	0.069494	0.068791	0.051365
83	0.102800	0.077511	0.075983	0.057291

续表

年龄	非养老金业务表		养老金业务表	
	男（CL1）	女（CL2）	男（CL3）	女（CL4）
84	0.113489	0.086415	0.083883	0.063872
85	0.125221	0.096294	0.092554	0.071174
86	0.138080	0.107243	0.102059	0.079267
87	0.152157	0.119364	0.112464	0.088225
88	0.167543	0.132763	0.123836	0.098129
89	0.184333	0.147553	0.136246	0.109061
90	0.202621	0.163850	0.149763	0.121107
91	0.222500	0.181775	0.164456	0.134355
92	0.244059	0.201447	0.180392	0.148896
93	0.267383	0.222987	0.197631	0.164816
94	0.292544	0.246507	0.216228	0.182201
95	0.319604	0.272115	0.236229	0.201129
96	0.348606	0.299903	0.257666	0.221667
97	0.379572	0.329942	0.280553	0.243870
98	0.412495	0.362281	0.304887	0.267773
99	0.447334	0.396933	0.330638	0.293385
100	0.484010	0.433869	0.357746	0.320685
101	0.522397	0.473008	0.386119	0.349615
102	0.562317	0.514211	0.415626	0.380069
103	0.603539	0.557269	0.446094	0.411894
104	0.645770	0.601896	0.477308	0.444879
105	1.000000	1.000000	1.000000	1.000000

（资料来源：中国保险监督管理委员会）

二、生命表的类型

（一）国民生命表

国民生命表是根据全体国民或者特定地区人口的死亡统计数据编制的生命表，它主要来源于人口普查的统计资料。根据编制技术的不同，国民生命表分为两种。

1. 完全生命表：指年龄组按 1 岁 1 组编制的生命表。就是以 0 岁为起点，逐年计算各种指标，直至生命的极限。

2. 简易生命表：指年龄组一般按 5 岁 1 组编制的生命表。就是以 0 岁为起点，几年计算一次各种指标，直至生命的极限。

（二）经验生命表

经验生命表是以被保险人为对象，根据这些特殊人口集团的死亡记录（经验）所编制的生命表。是人寿保险公司按照投保人的实际死亡统计资料编制而成，反映的是投保于该公司的被保险人的死亡规律。寿险公司真正需要的是根据寿险业务统计为基础的经验死亡率，即经验生命表。它是计算寿险费率和责任准备金的依据，是人寿保险经营中的损益风险测算的工具，它使人寿保险精算建立在科学的基础上，在人寿保险经营中起重要作用。经验生命表根据统计资料性质的不同可以分为三种。

1. 选择表：通过选择后按经过年限调查不同年龄组的死亡率来编制的生命表。

2. 终极表：根据被保险人最终的死亡率编制的生命表，即按照承保选择的影响消失后的死亡率来编制的生命表。

3. 综合表：根据被保险人在整个保险期内的死亡率数据编制的生命表。

三、生命表的使用

（一）项目

在生命表中一般包括如下几个项目：

1. 年龄，用 X 代表，表示年龄 X 岁；

2. 年龄 X 岁的生存人数，用 l_x 表示；

3. 年龄 X 岁至 $X+1$ 岁内的死亡人数，用 d_x 表示；

4. 年龄 X 岁的人在一年内的生存率，用 p_x 表示，$p_x = 1 - q_x$；

5. 年龄 X 岁的人在一年内的死亡率，用 q_x 表示；

6. 平均余命：又称"生命期望值"或"平均期望寿命"，是对人的生命一种有根据的预测，即预测年龄某岁的人今后尚能生存的平均寿命，用 e_x 表示。

（二）样表（见表4-3）

表4-3　　中国人寿保险业经验生命表（2000~2003）非养老金业务男表（CL1）

年龄 （x）	死亡率 （q_x）	生存人数 （l_x）	死亡人数 （d_x）	平均余命 （e_x）
0	0.000722	1 000 000	722	76.7
1	0.000603	999 278	603	75.8
2	0.000499	998 675	498	74.8
3	0.000416	998 177	415	73.9
4	0.000358	997 762	357	72.9
5	0.000323	997 405	322	71.9
…	…	…	…	…
20	0.000621	991 969	616	57.3
21	0.000661	991 353	655	56.3

年龄 (x)	死亡率 (q_x)	生存人数 (l_x)	死亡人数 (d_x)	平均余命 ($\overset{.}{e}_x$)
22	0.000692	990 697	686	55.3
23	0.000716	990 012	709	54.4
24	0.000738	989 303	730	53.4
25	0.000759	988 573	750	52.4
…	…	…	…	…
40	0.001715	972 999	1 669	38.1
41	0.001845	971 331	1 792	37.2
42	0.001978	969 539	1 918	36.3
43	0.002113	967 621	2 045	35.3
44	0.002255	965 576	2 177	34.4
45	0.002413	963 399	2 325	33.5
…	…	…	…	…

（三）计算举例

根据上面的样表数据，计算一个年龄为 23 周岁的男性的生存概率。计算分析如下：

方法一：本题中的生存率是指该生存到 23 周岁的男性在 1 年后仍生存的概率，也就是到 24 周岁仍生存的概率，所以我们可以计算在 23 周岁生存的人数当中 24 岁还生存的人数有多少，这个比例其实就是题目所求，所以，

$p_{23} = l_{24}/l_{23} = 989\ 303/990\ 012 = 0.999284$

方法二：根据 $p_x = 1 - q_x$，所以，

$p_{23} = 1 - q_{23} = 1 - 0.000716 = 0.999284$

四、利息基础

利息是货币所有者因为借出货币资金而从借款者手中获得的报酬，也是借贷者使用货币资金必须支付的代价。利息实质上是利润的一部分，是利润的特殊转化形式。

在人身保险中，因为很多险种的保单具有现金价值，也就是有生息的情况，所以一般在计算人身保险价格时，会用到利息的计算。一般用利率的高低来衡量利息的水平。

利率又称利息率，表示一定时期内利息量与本金的比率，通常用百分比表示，按年计算则称为年利率。计算利息的方法一般有单利法和复利法两种。

（一）单利法

单利法是换算资金时间价值的一种方法，即只是本金计算利息，不再利滚利。其计算公式如下：

$$J = P \times i \times n$$

$$F = P \times (1 + i \times n)$$

式中，J 为总利息；F 为本利和；P 为本金；i 为利率（常用年利率）；n 为计息期数（常用整年）。

（二）复利法

复利法又称利滚利，也称驴打滚，是指按一定期限（如一年或一季）将一期所生利息加入本金后再计算下期利息，逐期滚算直至借贷期满的一种计息方法。其计算公式如下：

$$F = P \times (1 + i)^n$$

（三）终值和现值

在利息计算中，还可能会涉及终值和现值的概念。

所谓终值是指一笔资金在一定利率水平下在一定时期后所得的本利之和。终值计算公式和复利公式一样：

$$F = P \times (1 + i)^n$$

式中 $(1 + i)^n$ 称之为一次支付终值系数。

所谓现值是指未来终值在现在的价值。计算公式为：

$$P = F / (1 + i)^n$$

式中 $1/(1 + i)^n$ 称为一次支付现值系数。

现值系数与终值系数互为倒数。

> **知识拓展**

死亡率的辨别

粗死亡率，每 1 000 人的死亡总数。

新生儿死亡率，每 1 000 个出生未满 1 个月的婴儿和胎死（死产儿）的和。

孕产妇死亡率，每 10 万个死于生产过程的死亡数。

幼儿死亡率，每 1 000 个出生小于 1 岁的死亡数。

标准死亡率（SMR）或特定年龄死亡率（ASMR），特定年龄（如 16 ~ 65 岁或 65 岁以上）中每 1 000 人的死亡总数。

死亡率 = 当区当年死亡人数 × 1 000 / 当区当年年中人口数‰。

死亡率可以得知一个地区的卫生习惯和医疗品质。通常越先进的国家死亡率越低，越落后的国家死亡率越高。

（资料来源：百度百科）

活动 2　人身保险定价

> **活动目标**

掌握人身保险定价的原则、影响因素，了解寿险、意外伤害保险和健康保险费率计算的基础原理。

> **活动内容**

在投保时，很多客户总是对保险费的厘定不放心，请讨论分析以下几个常见的问题应该如何跟客户解释清楚？

1. 你们保险公司的工资那么高，都是占用我们的保费，怪不得保险费率那么高。

2. 你们的保险太贵了，不划算。

3. 我觉得西方国家的保险发展时间长，费率制定得更科学，你们公司怎么不用？你们自己制定的不太让人放心。

➤ **活动指导**

一、人身保险定价基础知识

（一）保险费

保险费，简称保费，是指被保险人参加保险时，根据其投保时所订的保险费率，向保险人交付的费用。保险人承保一笔保险业务，用保险金额乘以保险费率就得出该笔业务应收取的保险费，即：保险费 = 保险金额 × 保险费率。

保险费由纯保费和附加保费构成，纯保费是保险人用于赔付给被保险人或受益人的保险金，它是保险费的最低界限；附加保费是由保险人所支配的费用，由营业费用、营业税和营业利润构成。

（二）保险费率

保险费率又称保险价格，通常以每百元或每千元的保险金额的保险费来表示。保险费率是计算保险费的标准。

保险费率一般由纯费率和附加费率两部分组成。习惯上，将纯费率和附加费率相加所得到的保险费率称为毛费率。

纯费率是纯保费与保险金额的比率。纯费率也称净费率，它用于保险事故发生后进行赔偿和给付保险金，人寿保险纯费率的计算依据是生命表和利息。

附加费率是附加保费与保险金额的比率。它是以保险人的营业费用为基础计算的，用于保险人的业务费用、手续费支出以及提供部分保险利润等，通常以占纯费率的一定比例表示。它由费用率、营业税率和利润率构成。

（三）保险费率厘定的原则

保险人在厘定费率时要贯彻权利与义务相等的原则，具体而言，厘定保险费率的基本原则有以下几个。

1. 充分性原则。充分性原则是指保险费要能起到充分保障的作用，也就是说，保险人所收取的保险费要足以支付保险金的赔付及合理的营业费用、税收和公司的预期利润，其核心是保证保险人有足够的偿付能力。

2. 公平性原则。公平性原则有两个要求：一个是要求保险人收取的保险费应与其承担的保险责任是对等的；另一个是要求投保人缴纳的保险费应与保险标的的风险状况是相适应的，或者说，各个投保人或被保险人应按照其风险的大小，分担保险事故的损失和费用。

3. 合理性原则。合理性原则指保险费率应尽可能合理，不可因保险费率过高而使保险人获得超额利润。保险人向投保人收取的保险费，不应在抵补保险赔付或给付以及有关的营业费用后，获得过高的营业利润，即要求保险人不能为获得非正常经营性利润而制定高费率。

4. 适度性原则。适度性原则主要是针对保险整体业务的，要求保险人厘定的费率水平不能过高或过低。如果保险费率偏高，超出投保人缴纳保费的能力，就会影响投保人的积极性，不利于保险业务的发展；如果费率偏低，就会导致保险公司偿付能力不足，最终也将损害被保险人的利益。

5. 稳定灵活原则。稳定是指保险费率在短期内应该是相当稳定的，这样，既有利于保险经营，又有利于投保人续保。对于投保人而言，稳定的费率可使其支出确定，免遭费率变动之苦；对于保险人而言，尽管费率上涨可以使其获得一定的利润，但是费率的不稳定也势必导致投保人的不满，影响保险人的经营活动，所以保险费率应当在一定时期内保持稳定，以保证保险公司的信誉。但是，稳定性并不是要求保险费率一成不变，而是要随着风险的变化、保险责任的变化和市场需求等因素的变化而调整，具有一定的灵活性。

6. 促进防损原则。指保险费率的制定要有利于促进被保险人加强防灾防损，对防灾工作做得好的被保险人降低其费率；对无损或损失少的被保险人，实行优惠费率；而对防灾防损工作做得差的被保险人实行高费率或续保加费。

（四）保险费率厘定的方法

1. 观察法。观察法又被称为个别法或判断法，它就某一被保危险单独厘定出费率，在厘定费率的过程中保险人主要依据自己的判断。之所以采用观察法，是因为保险标的的数量太少，无法获得充足的统计资料来确定费率。此方法主要用在海上保险、航空保险、一些内陆运输保险和一些新的保险业务中，因为这些保险要么因为遇到的风险难以分类统一，要么缺乏统计资料，没有对比情况，所以只能单独判断。

2. 分类法。分类法是指将性质相同的风险，分别归类，而对同一类各风险单位，根据它们共同的损失概率，定出相同的保险费率。在分类时应注意每类中所有各单位的风险性质是否相同，以及在适当的长期中，其损失经验是否一致，以保证费率的精确度。分类费率确定之后，经过一定时期，如与实际经验有所出入，还要进行调整。此方法一般用在人寿保险、火灾保险和大多数意外伤害保险中。

3. 增减法。增减法又称为修正法，是指在同一费率类别中，根据投保人的或投保标的的情况加以变动的费率。其变动或基于在保险期间的实际损失经验，或基于其预想的损失经验，或同时以两者为基础。增减法在实施中又有表定法、经验法、追溯法、折扣法等多种形式。

二、人寿保险费率厘定

（一）影响寿险费率的因素

1. 利率因素。寿险业务，特别是传统寿险，在制定费率时对于预定利率的确定非常重视，保险人从收到保险费到给付保险金之间可能要经过很长的一段时间，所以，保险人要考虑在预定利率下，保险费存放到一定时期内所产生的本利和是否和将来要给付的保险金相等的问题。但是，寿险公司预定的利率是否能实现，要看其未来投资收益，因此，利率的预定必须十分慎重。精算人员在确定预定利率之前要与投资部门进行协商，要考虑本公司及其他公司过去的投资收益情况。

2. 死亡率因素。死亡率对于寿险费率的厘定非常重要，一般可以通过国民生命表和经验生命表来测算死亡率，但是各家寿险公司之间的经验生命表差别是很大的，因为所选择的被保险人的样本不一样；而国民生命表是人口普查数据经统计分析和修正而编制的，大体上与总人口的寿命情形一致，但是对于某一地区、某一群体就不一定适合了。因此，各寿险公司的科学做法是将国民生命表与各公司的经验数据相结合，找出最适合本公司的死亡率数据。

3. 费用率因素。寿险业务经营中会产生很多费用，如初始费（签发保单费用、承包费用等）、代理人酬金（代理人佣金、奖金、奖励、研讨会会费、养老金计划支出等）、保单维持费用（缴费费用、会计费用、佣金的管理费用、客户服务费用、保单维持的记录费用和保费收入税等）、保单终止费（退保费用、死亡给付费用和到期费用等）等，各家保险公司都会制定自己的预定费用率，一般来说，预定的费用率越高，保险费就会增加，反之，保险费就会减少。现实中，大的保险公司比小的保险公司有较低的费用。

4. 失效率因素。在现实业务中，寿险保单可能因为各种原因使合同失效，失效后的保单具有现金价值，所以，在厘定寿险费率时还要考虑现金价值为基础的退保金及相应的解约率，一般来说，影响保单失效率的因素包括：第一，保单失效率随保单年度的增加而降低。第二，十几岁至二十几岁的人口保单失效率较高，而30岁以上的被保险人的保单失效率较低。第三，大额保单的失效率通常较低。第四，每年缴费一次比每月预先从工资中扣除保费的保单失效率较低，而每月直接缴费的保单的退保率则较高。第五，当其他情况相同时，女性保单失效率要比男性保单失效率低。预定失效率应基于本公司的经验数据，而各公司之间由于各种差别使保单失效率大相径庭。如果本公司经验数据有限，可以找与公司经营状况相类似的公司的经验数据，再根据年龄、性别和保额等因素进行调整。即使是本公司的经验数据，在使用时仍需要做适当的调整。

5. 平均保额因素。平均保额一般是以千元保额为单位的，一般表示为几个单位千元保额，如5单位保额、10单位保额等。通过平均保额可以计算保单费用、每张保单开支、单位保费费用和每次保单终止费用等。保单的特点及保单的最小单位也会影响平均保额的大小，通常可根据被保险人的年龄、性别及保单的特点对平均保额进行调整。

其实，影响寿险保费率的因素不仅仅只有以上几个，还有如残疾率、分红率等都会影响费率的厘定，但是在所有影响因素中，死亡率、利率和费用率是最主要的三个，我们经常称之为人寿保险费率的三要素。

（二）寿险纯保费的厘定

1. 趸缴纯保险费的计算。趸缴纯保费就是指投保人或被保险人在保单签发之日一次性缴付的纯保费。这里的纯保费是指理论保费，即只以预定死亡率和预定利率为基础而计算出来的一种保费，且刚好可用于未来保险金的给付。人寿保险费制定的基本原则是等价交换、收支相等。人寿保险纯保费制定的直接依据是纯保费收入的现值等于未来支付保险金的现值。由于是在投保时一次性付清的，因此，趸缴纯保费在投保时的现值就是其本身。趸缴纯保费应与保险合同所规定的保险人在整个保险期内的给付义务的现值相等。

2. 年缴纯保险费的计算。除了趸缴保费的方法外，很多保险都是将保险费按年、按季、按月或每半年缴付一次，而以1年缴付一次的方式最为普遍。按年缴付的保险费即为年度保险费。不论是一次性缴费方式还是按年缴费方式，投保人所缴保险费的现值都应该相等，即年缴保险费的现值等于趸缴保险费的现值。

（三）寿险营业保费的厘定

1. 附加费用的构成。保险公司经营寿险业务，所必需的营业费用一般包括以下三项：

（1）新合同费。也称原始费用，是保险公司为招揽新合同，于第二年度所必需支出的一切费用，如宣传广告费、外勤人员招揽费（薪金、佣金）、体检费、各种单证印刷及成本费等费用。

（2）维持费。与新合同费不同，维持费是契约自一开始至终了为止，整个保险期间为使合同维持保全所必需的一切费用，如寄送催缴保费通知单、合同内容的变更、保单质押贷款、固定资产折旧等为维持保单保全工作的各项费用。

（3）收费费用。即保费收缴费用，包括收费员的薪金、对与公司订有合约代收保费的团体所支付的手续费，以及其他与收费事务有关所支出的费用。

2. 计算方法。

（1）比例法。比例法就是按照营业保费的一定比例（c）作为附加费用。这一比例一般根据以往的业务管理的经验来确定。

$$营业保费 = 纯保费 / （1 - c）$$

比例法计算附加费用虽然简便，但不尽合理。一般对年期短、保费低的险种，附加费就可能少于实际需要；反之，对于年期长、保费高的险种，附加费则可能多于实际需要。

（2）比例常数法。比例常数法是把附加费用分成两部分考虑：首先，根据每张保单的平均保险金额推算出每单位保额必须承担的固定费用，这部分作为一个固定常数（a）；其次，再确定营业保费的一定比例（k）作为其余部分的附加费用。

$$营业保费 = （纯保费 + a）/（1 - k）$$

比例常数法虽然对保额大的险种增加一定量的附加费，但对于年期短、保费低的险种，提取的附加费仍然少于实际需要。

三、人身意外伤害保险费率厘定

人身意外伤害保险的纯保险费率是根据保险金额损失率计算的。与人寿保险的被保险人的死亡概率取决于年龄不同，人身意外伤害保险的被保险人遭受意外伤害的概率取决于其职业、工种或所从事的活动，一般与被保险人的年龄、性别、健康状况无必然的内在联系。在其他条件都相同的情况下，被保险人的职业、工种、所从事活动的危险程度越高，应缴的保险费就越多。因此，人身意外伤害保险的费率厘定不以被保险人的年龄为依据，而被保险人的职业、工种是人身意外伤害保险费率厘定的重要因素。另外，人身意外伤害保险属于短期保险，保险期限一般不超过1年，因此，意外伤害保险的保险费计算一般也不考虑预定利率的因素。基于这一特点，人身意外伤害保险的保险费的计算原理近似于非寿险，即在计算意外伤害保险费率时，应根据意外事故发生频率及其对被保险人造成的伤害程度，对被保险人的危险程度进行分类，对不同类别的被保险人分别厘定保险费率。

四、健康保险费率厘定

健康保险的保险费受到许多因素的影响，如发病率、利率、费用率和保单失效率等。此外，诸如保险公司的营销方法、核保理念、理赔方针、整体理念与目标、国家的社会保障制度、医院的管理和医务水平以及法律、经济状况的变动等因素也影响着费率的厘定。但是，发病率是影响健康保险费率的最重要因素。由于外界的发病率统计资料不完整，所以，如不考虑年龄差别，健康保险费率厘定所使用的发病率统计资料主要来自保险公司对被保险人的记录，尽管这些统计资料也有其局限性。

➤ **知识拓展**

寿险责任准备金

保险责任准备金，是指保险公司为了承担未到期责任和处理未决赔偿而从保险费收入中提存的一种资金准备。是保险公司按法律规定为在保险合同有效期内履行赔偿或给付保险金义务而将保险费予以提存的各种金额。保险责任准备金不是保险公司的营业收入，而是保险公司的负债，因此保险公司因有与保险责任准备金等值的资产做后盾，随时准备履行保险责任。

由于人寿保险采取均衡保费的缴费方式，因而在投保后的一定时期内，投保人缴付的均衡纯保费大于自然保费（或支出），此后所缴付的均衡纯保费又小于自然保费（或支出）。对于投保人早期缴付的均衡纯保费中多于自然保费的部分，不能作为公司的业务盈余来处理，只能视为保险人对被保险人的负债，须逐年提存并妥善运用，以保证履行将来的保险金给付义务。这种逐年提存的负债就是寿险责任准备金。

保险公司将其每年收取的均衡纯保费中的"负债"部分提取出来，并累积生息，其终值就是应提取的寿险责任准备金。

（资料来源：百度百科）

※项目考核要点※

1. 寿险的概念和特点。
2. 寿险的标准条款。
3. 传统寿险类型：死亡保险、生存保险、生死两全险。
4. 创新型寿险的类型。
5. 其他寿险类型。
6. 人身意外伤害保险。
7. 健康保险。
8. 人身保险精算原理。
9. 保险费的厘定。

项目五

人身保险的营销与营销管理

项目描述	本项目旨在培养保险从业人员必须具备的基本营销技能，主要包括营销的全部程序、营销管理、营销员的技能培训、保险职员晨会活动、团队活动及会议经营等职业技能与职业活动流程。	
项目目标	知识目标	◇ 熟悉保险营销的流程、技能及管理工作。 ◇ 熟悉营销员的招募和培训过程及内容。 ◇ 熟悉保险职员的晨会活动、会议经营和团队经营管理技能。
	技能目标	◇ 能独立开展保险营销活动。 ◇ 能掌握营销员的培训技能。 ◇ 能完成晨会活动，锻炼参与团队活动的能力。 ◇ 能独立组织和开展会议。
项目任务		**任务1　训练保险营销技能。** 　　活动1　售前计划。 　　活动2　主顾开拓。 　　活动3　接触前准备。 　　活动4　接触。 　　活动5　建议书说明。 　　活动6　促成。 　　活动7　售后服务。 **任务2　训练团队建设技能。** 　　活动1　保险营销员的招募及训练。 　　活动2　会报管理技能。
建议学时	18学时	

【引导案例】某绩优业务员，大学毕业后进入保险公司，从事个人寿险营销工作 3 年，有着非常良好的客户档案管理习惯。他通过自己设计的电子表格将客户信息进行归纳整理，并不断丰富、完善其中的内容，以此作为为客户提供个性化服务的信息来源。在他的客户档案中，除了记录着客户及其家人的基本信息，如家庭结构、年龄生日、职业类别、收支状况、保障程度等外，也记录着他在与客户接触过程中收集到的其他信息，如客户的消费习惯、财务安排、兴趣爱好、结婚纪念日、家中老人生日、孩子的专长甚至是女主人惯用的化妆品品牌等，事无巨细，点滴收藏。他还会在档案中记录每一次与客户见面后的会谈要点，进而把控业务推动的进度和节奏。他会根据这些档案内容，借助数据库管理的现代化手段，对客户进行分类管理。每周开始之前，他都会对客户档案进行梳理，来安排这一周的服务工作。正是基于对客户的充分了解和对客户档案的系统管理，使得他对每一位客户都能提供及时且贴心的服务：他会在每一次天气变化时发去增减衣物的温馨提示；也会及时提醒粗心的丈夫在结婚纪念日为妻子准备一份浪漫贴心的礼物，替忙碌的儿子在老母亲的寿诞之日订做精美的寿桃；他会定期分析老客户的保单，根据客户的条件变化提出调整建议……进入保险行业的第二年，在积累了一定原始客户的基础上，客户服务就成了他展业的主要内容，由于他细致周到又充满人情味的服务，他客户群体的稳定性相当高，大家也乐于把身边的朋友介绍给他，使他在用心服务的过程中，不断走向事业的新高度。

　　请问各位，从这个案例中你获得了什么启示呢？

任务 1　训练保险营销技能

【任务描述】随着我国社会主义市场化的发展，保险服务这种特殊的"商品"也已经开始了激烈的市场竞争，市场营销逐渐受到保险界的重视。本任务将从各个方面对保险营销活动和管理工作进行介绍，培养学生掌握基本的工作程序和实务处理方法。学生可以通过学习熟悉保险营销的专业知识和技巧，提高自己的实战能力，增强团队意识和从业技能。

活动 1　售前计划

➤ 活动目标

　　掌握售前计划的工作内容，学会制订职业生涯计划和自我管理，完成计划 100。

➤ 活动内容

　　1. 假设自己是业务员，请填写自己的计划 100 表；

　　2. 根据你的计划 100 进行分析和评级；

　　3. 确定拜访优先顺序。

➢ **活动指导**

一、保险职业生涯规划

职业生涯规划是指个人和组织相结合，在对一个人职业生涯的主客观条件进行测定、分析、总结研究的基础上，对自己的兴趣、爱好、能力、特长、经历及不足等各方面进行综合分析与权衡，结合时代特点，根据自己的职业倾向，确定其最佳的职业奋斗目标，并为实现这一目标做出行之有效的安排。

对于广大的保险营销人员来说，从业生涯的定位和规划是自我发展的目标导向。要想成为训练有素的职业营销人员，首先要有一个正确的职业价值取向，为自己科学地规划从业生涯。有了明确的职业规划方向，才能满怀信心地从事保险营销事业。

（一）职业生涯规划的意义

1. 职业生涯规划有助于加强营销人员的事业心和责任心。职业生涯规划可以对营销人员一系列活动的发展趋势做出设想和规划，并且指明可行的途径和方法。这种有计划的目标性可以使营销人员自觉地把事业兴衰和个人命运紧密联系起来，使其对工作感到具有责任感，并愿意为实现设定目标而不断提升自身的综合素质，充分发挥自己的聪明才智，努力克服工作中的困难，开创新的局面。因此，职业生涯规划对从业人员的激励作用是强烈而持久的。

2. 职业生涯规划有助于帮助营销人员确定职业发展目标。通过分析，认识自己，了解自己，估计自己的能力、智慧以及性格；找出自己的特点，明确自己的优势，正确设定自己的职业发展目标，并制订行动计划，使自己的才能得到充分发挥，以实现职业发展目标。

3. 职业生涯规划有助于营销人员抓住重点。制定职业生涯规划的一个最大的好处是有助于安排日常工作的轻重缓急。通过职业生涯规划，能使营销人员紧紧抓住工作的重点，增加成功的可能性。

4. 职业生涯规划有助于引导营销人员发挥潜能。职业生涯规划能帮助营销人员集中精力，全神贯注于自己有优势并且会有高回报的方面，这样有助于其发挥尽可能大的潜力，最终实现成功的目标。

5. 职业生涯规划有助于评估营销人员各阶段的工作成绩。职业生涯规划的一个重要功能是提供了自我评估的重要手段，可以根据规划的进展情况评价目前取得的成绩。

（二）职业生涯规划的步骤和内容

1. 确定志向。志向是事业成功的基本前提，没有志向，事业的成功也就无从谈起。立志反映着一个人的理想、胸怀、情趣和价值观，影响着一个人的奋斗目标及成就的大小。所以，在制定职业生涯规划时，首先要确立志向，这是制定职业生涯规划的关键，也是职业生涯中最重要的一点。

2. 自我评估。自我评估的目的，是认识自己、了解自己。因为只有认识了自己，才能对自己的职业做出正确的选择，才能选定适合自己发展的职业生涯路线，才能对自己的职业生涯目标做出最佳抉择。自我评估包括自己的兴趣、特长、性格、学识、技能、智商、情商、思维方式、思维方法、道德水准以及社会中的自我。

3. 机会评估。职业生涯机会的评估，主要是评估各种环境因素对自己职业生涯发展的影响，每一个人都处在一定的环境之中，离开了这个环境，便无法生存与成长。所以，在制定个人的职业生涯规划时，要分析环境条件的特点、环境的发展变化情况、自己与环境的关系、自己在这个环境中的地位、环境对自己提出的要求以及环境对自己有利的条件与不利的条件。只有对这些环境因素充分了解，才能做到在复杂的环境中避害趋利，自己的职业生涯规划具有实际意义。这些环境因素包括组织环境、政治环境、社会环境和经济环境等。

4. 职业选择。职业选择正确与否，直接关系到人生事业的成功与失败。选择正确的职业应考虑性格与职业的匹配、兴趣与职业的匹配、特长与职业的匹配和内外环境与职业的匹配。

5. 路线选择。在职业确定后，向哪一路线发展，此时要做出选择。由于发展路线不同，对职业发展的要求也不相同。因此，在职业生涯规划中，须做出抉择，以便使自己的学习、工作以及各种行动措施沿着你的职业生涯路线或预定的方向前进。对于营销人员来说，发展方向有三个：

（1）展业高手，包括行销经理和高级行销经理；

（2）团队主管，包括业务主任、高级业务主任、营业部经理、高级营业部经理、总监和高级总监；

（3）内勤管理，包括组训、讲师和行政干部。

6. 设定目标。职业生涯目标的设定，是职业生涯规划的核心。一个人事业的成败，很大程度上取决于有无正确适当的目标。目标的设定，是在继职业选择、职业生涯路线选择后，对人生目标做出的抉择。通常目标分短期目标、中期目标和长期目标。短期目标一般为1~2年，又分日目标、周目标、月目标和年目标。中期目标一般为3~5年。长期目标一般为5~10年。

7. 实施计划。在确定了职业生涯目标后，行动便成了关键的环节。因此要开展落实目标的具体措施，主要包括工作、训练、教育、轮岗等方面的措施。例如，为达成目标，在工作方面，你计划采取什么措施，提高你的工作效率？在业务素质方面，你计划学习哪些知识，掌握哪些技能，提高你的业务能力？在潜能开发方面，采取什么措施开发你的潜能等，都要有具体的计划与明确的措施。并且这些计划要特别具体，以便于定时检查。

8. 评估回馈。影响职业生涯规划的因素诸多，要使职业生涯规划行之有效，就须不断地对职业生涯规划进行评估与修订。

二、自我管理

（一）心态管理

作为保险营销人员经常会遇到各种挫折，如遇到客户拒绝、冷言冷语或是客户开发遇到瓶颈，所以保持乐观心态非常必要。营销人员可以经常尝试一些培养自己良好心态的方法来调整自己的情绪。例如，想想自己的优点；看一些励志书籍或影视作品；跟朋友聊天；做一些有益的娱乐活动；主动自我反省、迎接挑战等。

小贴士：警惕心态杀手

　　傲慢自大、不可一世；鲁莽草率、任意行事；

　　自私自利、牺牲别人；懒惰怠慢、不思进取；

　　轻率寡信、过度承诺；急功近利、回避过失；

　　孤芳自赏、远离团队；缺少宽容、苛求他人。

（二）目标管理

目标管理是以目标为导向，以人为中心，以成果为标准，而使组织和个人取得最佳业绩的现代管理方法，俗称责任制。保险营销中的目标管理就是要确定营销工作目标，并在工作中实行"自我控制"，根据自己完成业务的情况为自己作自我评价，督促自己朝目标前进。

小贴士：每日工作七分制（每天积 7 分为合格）

    a. 与客户接触：1 分/次；

    b. 电话约访：0.5 分/次；

    c. 准主顾开发：0.5 分/名；

    d. 签单收费：2 分/名；

    e. 增员面谈：1 分/名。

（三）时间管理

合理利用时间是成功的法宝之一，所以作为一个营销人员，应该掌握一些有效利用时间的技巧。举例如下：

1. 拜访客户的时候要避免客户的繁忙工作时间，这样可以较快地见到客户，有时客户可能还会愿意多聊一会儿。

2. 为自己制定"每日工作表"，列出当天必须完成的事、没有完成的事，这样可以避免花更多的时间去想今日要干什么，还可以方便查缺补漏，不会出现遗漏的事情。

3. 养成立即行动，完成即止的习惯。

4. 养成每日睡觉前梳理好第二天要准备的东西及要办的事的习惯，避免因为早起仓促导致遗漏的事情发生。

5. 学会借鉴别人的成功经验。

其实合理安排时间的技巧很多，需要每个人在日常生活中去寻找适合自己的方式，但有一点非常重要，就是要养成合理利用时间的习惯。

小贴士：出门五件事

    访问客户安排好；拜访目的要订好；赞美话语先想好；资料工具准备好；反对问题演练好。

（四）活动管理

活动管理是指个人对所要执行工作的全过程掌控，包括对作业目标、作业流程、作业方式、作业工具、作业对象、作业问题和解决办法的全面管理。可以用来当做活动管理工具的有：准客户卡、工作日志、目标方案、服务记录卡、计划 100 等，通过对这些工具的记录和分析，可以了解自己的工作情况和工作业绩。

小贴士：工作日志登记表

序号	姓名	开拓	接触	电访	增员	问题	支援

三、计划 100

为了更好地完成保险营销业务，开拓更加广阔的客户市场，首先要学会完善自己的"计划 100"。计划 100 是主顾积累的有效方法。

（一）填制计划 100 的目的

计划 100 主要是帮助营销人员找准主顾，建立客户群名单，并进行科学分析，以后才可以开展有效拜访，所以计划 100 的填制是开发市场的第一步。

（二）计划 100 的填制方法与步骤

1. 填写自己所能想到的人员名单，不做任何过滤。

名单来源可以很广泛，如亲朋好友、同学录、职员名单、报纸、中介公司或其报刊、俱乐部会员、嗜好报道、俱乐部公告、专业会刊等。

每家保险公司都会编制自己的计划 100 表格，会有一些差异，但基本内容差不多。样式见表 5 - 1。

表 5 - 1　　　　　　　　　　　　计划 100 准主顾摘要

来源代号		A	B	C	D	E	F	G	H	I	J	K	合计
每个来源所列出名单总数													100
年龄	25 岁以下												
	26 ~ 34 岁												
	35 ~ 44 岁												
	45 岁以上												
婚姻	单身												
	已婚（无子女）												
	已婚（有子女）												
年收入	￥1 万元以下												
	￥1 万 ~ 3 万元												
	￥3 万 ~ 10 万元												
	￥10 万 ~ 30 万元												
	￥30 万元以上												

续表

来源代号		A	B	C	D	E	F	G	H	I	J	K	合计
职业	销售人员												
	一般行政人员												
	专业人士												
	作业员												
	负责人及管理人员												
	家庭主妇												
	军公教人员												
	学生												
	退休人员												
	其他												
认识年限	5 年以上												
	2~5 年												
	2 年以内												
交往程度	密友												
	普通朋友												
	点头之交												
接近的难易度	相当容易												
	容易												
	困难												
	非常困难												
去年共见过几次面	5 次以上												
	3~5 次												
	1~2 次												
	几乎没有												
推荐他人的能力	很好												
	好												
	还好												
	不好												

注：A. 亲戚关系　B. 以前职业关系　C. 邻居关系　D. 学校关系　E. 兵役关系　F. 消费关系
G. 嗜好关系　H. 宗教关系　I. 社交团体关系　J. 保户的亲朋好友　K. 其他

2. 根据人员情况填写评分表，进行客户分析和评级。举例见表 5-2。

表 5 -2 　　　　　　　　　　**计划 100 准客户评分表**

等级：　A 级 20 分以上
　　　　B 级 15 ~ 19 分
　　　　C 级 14 分以下

名单来源	来源代号	评分标准	A 张三	B 李四	I 王五	…	…	…	…	…	…	…	…
A. 亲戚关系　B. 以前职业关系 C. 邻居关系　D. 学校关系 E. 兵役关系　F. 消费关系 G. 嗜好关系　H. 宗教关系 I. 社交团体关系　J. 保户的亲朋好友 K. 其他						…	…	…	…	…	…	…	…
年龄	25 岁以下	1	√										
	26 ~ 34 岁	3		√									
	35 ~ 44 岁	3											
	45 岁以上	2			√								
婚姻	单身	1											
	已婚（无子女）	2	√										
	已婚（有子女）	3		√	√								
年收入	¥1 万元以下	1											
	¥1 万 ~ 3 万元	4											
	¥3 万 ~ 10 万元	5	√	√									
	¥10 万 ~ 30 万元	5			√								
	¥30 万元以上	3											
职业	销售人员	3		√									
	一般行政人员	3											
	专业人士	3			√								
	作业员	3											
	负责人及管理人员	3	√										
	家庭主妇	2											
	军公教人员	2											
	学生	1											
	退休人员	1											
	其他	1											

续表

名单来源	来源代号	评分标准	A 张三	B 李四	I 王五	…	…	…	…	…	…	…	…
A. 亲戚关系　B. 以前职业关系 C. 邻居关系　D. 学校关系 E. 兵役关系　F. 消费关系 G. 嗜好关系　H. 宗教关系 I. 社交团体关系　J. 保户的亲朋好友 K. 其他													

项目		评分标准	A 张三	B 李四	I 王五	…	…	…	…	…	…	…	…
认识年限	5年以上	3	√	√									
	2～5年	2			√								
	2年以内	1											
交往程度	密友	3		√									
	普通朋友	2	√		√								
	点头之交	1											
接近的难易度	相当容易	3		√									
	容易	2											
	困难	1			√								
	非常困难	C	√										
去年共见过几次面	5次以上	3		√									
	3～5次	2											
	1～2次	1											
	几乎没有	0	√		√								
推荐他人的能力	很好	3	√										
	好	2		√									
	还好	1			√								
	不好	0											
总评			19	28	19								
等级			C	A	B								

注：凡接近难易度为"非常困难者"则不论得分高低均为 C 级。

3. 根据评级情况确定拜访优先顺序。通过对这些人员的分析、评估、筛选和分类测评等级，目的是确定优先拜访的顺序。A 级优先，B 级次之，C 级最后。

➤ 知识拓展

四只毛毛虫的故事

毛毛虫都喜欢吃苹果，有四只要好的毛毛虫，都长大了，各自去森林里找苹果吃。

　　第一只毛毛虫跋山涉水，终于来到一株苹果树下。它根本就不知道这是一棵苹果树，也不知树上长满了红红的可口的苹果。当它看到其他的毛毛虫往上爬时，稀里糊涂地就跟着往上爬。没有目的，不知终点，更不知自己到底想要哪一种苹果，也没想过怎么样去摘取苹果。它的最后结局呢？也许找到了一个大苹果，幸福地生活着；也可能在树叶中迷了路，过着悲惨的生活。不过可以确定的是，大部分的虫都是这样活着的，没想过什么是生命的意义，为什么而活着。

　　第二只毛毛虫也爬到了苹果树下。它知道这是一棵苹果树，也确定它的"虫"生目标就是找到一个大苹果。问题是它并不知道大苹果会长在什么地方？但它猜想：大苹果应该长在大枝叶上吧！于是它就慢慢地往上爬，遇到分枝的时候，就选择较粗的树枝继续爬。于是它就按这个标准一直往上爬，最后终于找到了一个大苹果，这只毛毛虫刚想高兴地扑上去大吃一顿，但是放眼一看，它发现这个大苹果是全树上最小的一个，上面还有许多更大的苹果。更令它泄气的是，要是它上一次选择另外一个分枝，它就能得到一个大得多的苹果。

　　第三只毛毛虫也到了一株苹果树下。这只毛毛虫知道自己想要的就是大苹果，并且研制了一副望远镜。还没有开始爬时就先利用望远镜搜寻了一番，找到了一个很大的苹果。同时，它发现当从下往上找路时，会遇到很多分枝，有各种不同的爬法；但若从上往下找路时，却只有一种爬法。它很细心地从苹果的位置，由上往下反推至目前所处的位置，记下这条确定的路径。于是，它开始往上爬了，当遇到分枝时，它一点也不慌张，因为它知道该往那条路走，而不必跟着一大堆虫去挤破头。比如说，如果它的目标是一个名叫"教授"的苹果，那应该爬"深造"这条路；如果目标是"老板"，那应该爬"创业"这分枝。最后，这只毛毛虫应该会有一个很好的结局，因为它已经有自己的计划。但是真实的情况往往是，因为毛毛虫的爬行相当缓慢，当它抵达时，苹果不是被别的虫捷足先登，就是苹果已熟透而烂掉了。

　　第四只毛毛虫可不是一只普通的虫，做事有自己的规划。它知道自己要什么苹果，也知道苹果将怎么长大。因此当它带着望远镜观察苹果时，它的目标并不是一个大苹果，而是一朵含苞待放的苹果花。它计算着自己的行程，估计当它到达的时候，这朵花正好长成一个成熟的大苹果，它就能得到自己满意的苹果。结果它如愿以偿，得到了一个又大又甜的苹果，从此过着幸福快乐的日子。

　　第一只毛毛虫是只毫无目标，一生盲目，没有自己人生规划的糊涂虫，不知道自己想要什么。遗憾的是，我们大部分的人都是像第一只毛毛虫那样活着。

　　第二只毛毛虫虽然知道自己想要什么，但是它不知道该怎么去得到苹果，在习惯中的正确标准指导下，它做出了一些看似正确却使它渐渐远离苹果的选择。而曾几何时，正确的选择离它又是那么接近。

　　第三只毛毛虫有非常清晰的人生规划，也总是能做出正确的选择，但是，它的目标过于远大，而自己的行动过于缓慢，成功对它来说，已经是明日黄花。机会、成功不等人。同样，我们的人生也极其有限，我们必须把握，那么单凭我们个人的力量，也许一生勤奋，也未必能找到自己的苹果。如果制订一个适合自己的计划，并且充分借助外界的力量，借助许许多多的望远镜之类的（在我们的现实生活中可以理解为找个贵人帮自己），也许第三只毛毛虫的命运会好很多。

　　第四只毛毛虫，它不仅知道自己想要什么，也知道如何去得到自己的苹果，以及得到苹果应该需要什么条件，然后制订清晰实际的计划，在望远镜的指引下，它一步步实现自己的理想。

　　小启示：其实我们的人生就是毛毛虫，而苹果就是我们的人生目标——职业成功。爬树的过程就是我们职业生涯的道路。毕业后，我们都得爬上人生这棵苹果树去寻找未来，完全没有规划的职业生涯注定是要失败的。

现代社会，规划决定命运。有什么样的规划就有什么样的人生。我们的时间非常有限，越早规划你的人生，你就能越早成功。要想得到自己喜欢的苹果，想改变自己的人生，就要先从改变自己开始，做好自己的职业生涯规划，做第四只毛毛虫。

（资料来源：人人网）

活动2 主顾开拓

➤ **活动目标**

掌握主顾开拓的方法和开门话术技巧，获得推介名单。

➤ **活动内容**

1. 学生每6人分为一组，3人做业务员，3人做客户，分别运用缘故法、转介绍法和陌生拜访法进行演练，演练时间约10分钟。然后由其他学生和老师做出点评。

2. 学生每2人分为一组，1人做业务员，1人做客户，演练获取推介名单的场景，然后由其他学生和老师做出点评。

➤ **活动指导**

主顾开拓是用一种有系统的方法来决定该跟谁接触，寻找符合条件的销售对象的活动。在人身保险的营销工作中，主顾开拓是最重要的一环，这项活动要求营销人员通过一定的方法，从许多人中找出适合招揽的对象，也就是常说的准客户，然后通过对这些准客户的整理分析，最终辨识出可以成为保户的对象。

一、主顾开拓的重要性

对于营销人员个人来说，主顾是业务员宝贵的资产，主顾越多表示可推销的对象越多，成交的机会就越大，营销员收入相对就越高；对于寿险事业来说，主顾决定寿险推销事业的成败，寿险推销工作的重点就在于寻找多数人谈保险的功能和重要性。

每个人的资源再多也是有限的，只有持续不断地发掘寻找，养成一种习惯，主顾名单才不会枯竭，因此，主顾开拓是一种持续性的工作。

二、准主顾应具备的条件

（一）有寿险需求

虽然每个人都需要人身保险，但是真正认识到这一点的人并不是很多，对于营销员来说必须具备协助主顾去发现他们的需求的能力。营销员要通过自己的努力帮助客户了解自己的需求，让他们意识到保障的重要性，把他们潜在的需要变为现实。

（二）有继续缴纳保费的能力

保险合同是一种商品，要缴纳保费才能获得，所以除了具有保险需求外，还要有一定的经济条件，具备继续缴纳保费的能力。那些有稳定的工作和收入、具有持续缴费能力的人士一般都具有开发潜力。

（三）身体健康、能通过核保标准

在投保过程中，被保险人会遇到核保程序，如果不符合寿险公司的承保条件，就会成为拒保体，所以营销员在接触准主顾时，要对他的身体健康有一个大致的了解，对于不符合条件的人，要做出基本的筛选，对于次标准体的人要事先说明特殊的承保条件。

（四）易于接近的人

易于接近的人容易拜访和接触，会缩短推销时间，提高推销效率，即便是遇到本人不需要购买保险，也可以较容易地从他那里获得推介名单。

总而言之，对于那些经济实力比较强、家庭美满、事业成功、有子女、人缘好的人应作为优先拜访对象，重点突破。

三、主顾开拓的方法和开门话术

（一）缘故法

1. 方法简介。缘故法就是利用个人的人际关系，向亲朋好友介绍寿险。在缘故法中要建立正确的销售观念，卖保险给亲朋好友，绝不是人情销售，要有基本的职业道德，不要认为是熟人就可以只为自己的利益任意推销，而是要把最适合的保险推荐给亲朋好友，且在实际推销过程中，应秉持专业专精的态度，不必过于计较成败得失。

利用缘故法的时候，因为彼此之间存在一种已有的信任关系，容易沟通交流，被拒绝的机会较少。所以，此法是寿险业务人员最常用的一种方法。

一般来说，缘故法中可以利用的关系有亲戚关系、工作关系、学校关系、邻里关系和其他宗教、社团等关系。

2. 开门话术参考。

（1）小李，像保险这么好的东西，我连陌生人都可以为他们服务，更何况我们这么深的交情呢？如果我没有把这么好的保险计划提供给你做参考，我会觉得很对不起你，至于要不要买，你可以听我说明后，自己做决定。

（2）姐姐，你刚刚结婚，你老公在事业上那么成功，对你又那么关心，妹妹真为你高兴。我学会了一套家庭理财计划，你的意识又那么超前，好东西要分享。听听怎么样？买不买听了再说嘛。

小贴士：接触案例

步骤一：寒暄。

叔叔您好，好长时间没来看您了，最近很忙吗？

步骤二：明意。

叔叔，最近我通过了寿险从业考试，现在在新华人寿上班，最近公司推出了一个新的保险计划，是保障加理财型的，我觉得挺好，您平时最有远见、能够接受新鲜事物，我想和您分享一下。

步骤三：说明。

但是，您别误会我向您推销保险，您就一定要买，这样的话万一您觉得不合适，浪费您的钱，我也没什么成就感，您就当是陪我练习一下，您当我的客户，我锻炼一下营销能力，要是您觉得这个产品不错想买也可以啊，我可以根据您的情况做最适合您的方案。

步骤四：感谢。

（对方听了后拒绝了购买）叔叔，谢谢您，别人很难给我这样锻炼的机会的，以后您要有需要，我一定尽心帮您。

（对方有兴趣购买）叔叔，太好了，那明天我把给您的保险计划书设计好，带来给您看，您明天空闲的时间给我打电话。

（二）介绍法

1. 方法简介。介绍法就是利用缘故关系以及原有保户的介绍展开连锁性客户开发工作。介绍法由于是朋友或熟人的介绍，可以减少客户直接拒绝、争取到面谈的机会，从而达到签下保单的目的。

通过介绍法有很多的优点，介绍人一般都会对自己介绍的人做一个简单的描述，所以对于营销人员来说，可以在拜访前做事先的客户筛选，收集准备客户资料，了解准客户潜在需求，在拜访时因为双方有共同认识的人，所以较易建立双方信任关系，减少拒绝，可减轻拜访压力；此外，还可以建立和巩固与老客户的支持、信任关系。

2. 开门话术参考。

（1）王先生，您好！我是您的朋友李先生介绍我来认识您的，敝姓刘，得知您最近刚结了婚，恭喜您了。前段时间我刚给李先生设计了一份新的保险计划，他很满意，他说您的情况和他差不多，所以觉得您可能也适合这份计划，所以我今天来拜访您，给您说明一下这份计划的内容。

（2）张女士，您好，我是李经理的表妹，我叫小玲，我想您已经接到他的电话了吧？是这样的，上次您和他一起参加爬山活动，听您说想为您女儿积累一些教育基金，正好我这里有一份子女教育保险金计划，所以他推荐我来拜访您，给您介绍一下这份计划，看您有没有兴趣。

小贴士：如何获得转介绍

步骤一：说明目标。

刘先生，您是我很好的客户之一，所以我非常重视您的意见，我们彼此都很信任，以前合作也很愉快，所以我这次来是希望您能给我提供一些帮助，不知道您是否能够给我推荐一些跟您情况差不多的人与我认识。

步骤二：引导客户。

刘先生，其实我的大多数客户都是通过客户介绍的，我发现这种方法非常好，因为彼此更容易产生信任感，而且交谈会比较顺利，设计保险计划也更加贴合客户实际需求，而且这些客户知道是自己的朋友推荐的，会觉得自己的朋友很关心自己，也会比较开心，所以我就想麻烦您介绍几个人给我认识，例如，您最好的几个朋友，或者是刚结婚的，刚生小孩的……

步骤三：打消顾虑。

其实很多人排斥保险，是因为不了解，没有意识到保险的意义，甚至没有意识到自己的养老问题和财务问题。如果没有您的介绍，他们可能不会来找我，就像当初您也不会主动来找我一样，可是您看，您现在不是也很满意这份保险计划吗？

步骤四：感谢。

（对方听了后拒绝了推荐）那好，刘先生，我不会勉强您的，以后如果您的朋友有这方面的需要，您可以推荐我与他们认识，也希望今后我们继续合作愉快，谢谢。

（对方同意了推荐）太好了，我不会让您的朋友失望的，现在麻烦您把这些朋友的信息填在这份表内，谢谢了。

（三）直接拜访法

1. 方法简介。直接拜访法是指直接走进陌生人群体，通过各种途径去与他们沟通，达到推销保险、签署合同的目的。

直接拜访法是以任何行业的人士，或陌生人为直接拜访的对象，展业空间无限广阔。它是磨炼推销技巧及个人胆识的最佳法宝，由于我们对直接开拓的准主顾，无法事先预测他们的情况，所以要有效使用直接拜访法，必须采取有系统、有计划的销售流程才能奏效。

想和陌生人接触可以采用很多种方式，如请求他们填写事先准备好的调查问卷；向他们发放彩页、小册子；给他们派发小礼物等。

2. 开门话术参考。

（1）女士，您好，耽误您一分钟时间，我这里有份理财的计划，想要给您看看，给您做个参考……

（2）先生，您好，这是我们产品的宣传册，您可以看一看，有什么需要了解的可以问我……

（3）您好！我是保险公司的保险代理人及家庭理财顾问，我们公司在这个社区做市场调研，想了解您的意见，可不可以配合一下做个有奖的市场调查问卷？

需要注意的是，由于直接拜访法所产生的挫折会比缘故法和介绍法多，所以初入职场的营销人员应以直接拜访法为辅，以缘故法和介绍法为主。

小贴士：提高拜访量的方法

每日六访的含义是：有 6 个初访客户（注：一天的展业活动中，充分利用时间，完成六访的指标，要有实质性的收获，如复访机会、增员或介绍客户）。

基本形式是：初访 + 复访 + 回访 + 陌生拜访。

如：2 个初访 + 1 个复访 + 1 个回访 + 2 个陌生拜访。

1 个初访 + 2 个复访 + 3 个回访。

3 个初访 + 1 个回访 + 2 个陌生拜访。

四、获取推介名单

获取客户的推介和得到介绍名单是目前为止寻找主顾最好的方法，在第三者热诚推介或引见下，可协助业务员在有利的情况下接触原来不认识的人，因此，为了取得有潜力的准主顾名单，业务员必须与推介者建立良好的关系，这样他才能不断地为你提供新名单，不管你用缘故法、介绍法或直接拜访法，无论成交与否，任何时候都需要导入寻求推介名单。

（一）获取推介名单的步骤

1. 与现有客户建立共识。通过和现有客户的沟通交流，使其认识到自己买保险是明智之举，认为保险是有意义的，为下一步工作奠定基础。

2. 引导现有客户提供名单。通过各种方式或话题，引导现有客户提供名单，如他们的亲友、同事、客户等。

3. 要求现有客户推荐介绍。现有客户如果有推荐愿望，可以提供给他们推荐表，请他们将所推荐的人员信息填写清楚，便于后期进行分析筛选，并且可以请他们为自己开立推荐函。

小贴士：推荐表

客户姓名：

介绍名单	关系	单位或住址	联系电话	职务	其他

推荐函

_____：

　　您好！

_____是我的保险代理人。经过一段时间的相处，他的人品、专业知识和售后服务令我非常满意。现在我把他推荐给您，希望他也能为您提供专业的服务和讯息！

　　祝好！

————————

2012. 7. 12

---

4. 将推介名单及时补填进"计划100"。根据推荐表的信息资料，在推介名单中进行分析和筛选，甄选出值得开发的客户，准备拜访资料。

（二）参考话术

1. 未促成时的请求推介。小吴，我知道一时之间你可能很难决定是否会参加这个寿险计划。虽说咱们是朋友，但我仍然要谢谢你在百忙之中抽空聆听我的说明。不知道你的朋友当中，是否已有小孩的……让我有机会为他们服务。

2. 促成时的请求推介。陈先生，首先，感谢您对我们公司的支持及对我的肯定，其次，有件事想要麻烦你，不知在您的朋友或亲戚当中，有没有像您这么有成就、观念又开明的人。真希望能有机会认识他们，和他们聊聊成功之道，也能有机会把保险这么好的商品介绍给他们。能不能请您提供3个名单？陈先生请放心，我会先用电话联络的，如果他们不愿意，我不会勉强向他们介绍商品。感谢您的支持，我会把联络的结果告诉您的。

➤ **知识拓展**

原一平的故事

有一天，原一平到一家百货公司买东西。任何人在买东西的时候，心里总会有预算，然后在这个预算之内，货比3家，寻找物美价廉的东西。忽然间，原一平听到旁边有人问女售货员："这个多少钱？"说来真巧，问话的人要买的东西与原一平要买的东西一模一样。

女售货员很有礼貌地回答："这个要7万日元。""好，我要了，你给我包起来。"想来真气人，购买同一样东西，别人可以眼也不眨一下就买了下来，而原一平却要为了价钱而左右思量。原一平有条敏感的神经，他对这个人产生了极大的好奇心，决心追踪这位爽快的"有钱先生"。

"有钱先生"继续在百货公司里悠闲地逛了一圈，他看了看手表后，打算离开。那是一只名贵的手表。"追上去。"原一平对自己说。

那位先生走出百货公司门口，横过人潮汹涌的马路，走进了一幢办公大楼。大楼的管理员殷勤地向他鞠躬。果然不错，是个大人物，原一平缓缓地吐了一口气。眼看他走进了电梯，原一平问管理员："你好，请问刚刚走进电梯那位先生是……""你是什么人？""是这样的，刚才在百货公司我掉了东西，他好心地捡起给我，却不肯告诉我大名，我想写封信给他表示感谢，所以跟着他，冒昧向你请教。"

"哦，原来如此，他是某某公司的总经理。""谢谢你！"

推销没有限制地方，只要有机会，你都可以找到你要找的准客户。

成功处方：

- 观察入微，从生活中寻找准客户。
- 不要让机会白白流失。

（资料来源：经营界）

活动3　接触前准备

➤ 活动目标

掌握接触前准备的工作要点，养成接触前进行精心准备的良好习惯。

➤ 活动内容

1. 每一位学生选择一个约访的对象，设计一个拜访计划。
2. 学生2人一组作电话接触演练。

➤ 活动指导

接触前准备是为了在与客户接触面谈前，在充分掌握客户资料的基础上，分析出寒暄、赞美的话题以及可能的购买点，以提高接触的质量。

在专业化推销中，接触前准备的目的只有一个，即为客户寻找到可以接纳或者信任我们的理由。但是如何做到这一点呢？我们接触的客户来自于各行各业，各自都有不同的教育背景、理解能力和嗜好习惯，而在选择客户时，又不能以自身的好恶为转移，所以为了增加市场开拓的成功率，就必须全方位地培训自己，平时多做准备，不断学习，掌握各种专业知识，了解其他学科和一些常见的兴趣话题，养成拟定拜访计划的习惯，锻炼应对突发事件的反应能力。

一、确定拜访计划

（一）拜访人选

拜访人选可以参考计划 100 的分析评级来确定，但是还要考虑一些当时的实际情况，如有时可能只选择准客户 1 人拜访，有时可能选择准客户和家人在一起时拜访更合适。

（二）拜访时间和地点

拜访时间和地点的安排应依据客户的习惯、生活规律和职业等来确定，注意不要和客户的工作、生活发生冲突，以免引起客户的反感。

（三）拜访礼仪

拜访时穿什么风格的衣服，言谈举止如何定位，要依据客户的职业和拜访场所而定。不同的职业和地位有不同的着装要求。拜访大公司的领导、有地位的客户时着装一定要严肃，最好穿职业装，尊重他的时间、头衔和身份，要赞美他事业有成，切勿自吹自擂。如果拜访的是中产阶级、知识分子，你应像对待上层人物一样对待他，并且行为举止要与他相同，使他对你产生信任感。如果拜访的是工厂里的员工，则穿着应随便一些，其原则是不要造成太大反差。

二、电话约访

电话约访的目的不是在推销保单，而是在取得初次见面的机会。

（一）电话约访的流程

1. 表明自己的身份。

2. 介绍人的运用。向对方说明是谁介绍你来的，因为介绍人一般都是对方认识的人，所以这样有助于对方放下防备心，便于下面的沟通。

3. 争取面谈。电话是讲不清楚保险产品的，所以电话最主要的作用就是争取到和对方面谈的机会。

4. 拒绝处理。如果遇到对方拒绝，要事先考虑好可能拒绝的原因，对此设计好应对拒绝的处理方法。

（二）电话约访的注意事项

1. 言辞简洁，通话时间不宜超过两分钟，因为在两分钟以内客户没有任何准备，处于被动地位，等他反应过来后，会给你制造许多麻烦。

2. 语气坚定、话语连贯。

3. 尽量使用"二择一法"，不要让主顾有机会去选择要不要见面，而是让他选择见面的时间。

（三）话术参考

1. 吴先生，我知道你最近非常忙碌，不过，我要提供给你的这项计划，很值得参考，你只要给我 10 分钟的时间，听一听我的建议，请问不知道是星期一下午，还是星期二上午比较方便呢？

2. 王先生您好！我是李杰，前两天给您的信收到了吗？针对信上的内容我想和您商量一下，请问是在明天下午两点钟还是定在后天下午两点钟好？好，那明天下午两点我会准时拜访，再见。

小贴士：信函接触

　　电话约访前，可以先做一个信函接触，引起客户的注意和好奇，避免突然的电话或拜访的唐突。信函中应包括自我介绍、赞美对方、表明意图和提出要求几部分。

　　举例：

刘女士：

　　您好！

　　我是新华保险公司的李文，和您的同学王丽是好朋友，从她那里得知，您刚刚做了妈妈，恭喜您！

　　我非常想能有机会跟您讨教子女培养的问题，同时也让我能有机会给您推荐一份适合您现在的保障计划，相信对您一定会有帮助。我将在近日内拜访您，恳请接见。

　　顺祝万事如意！

李文　呈上

2012 年 7 月 12 日

三、展示资料准备

　　展示资料是展业必备的工具，在接触过程中，客户会对公司、商品服务，甚至你个人存在许多疑问，必要的资料展示在解决这方面问题上会起到事半功倍的效用。

（一）展示资料的内容

　　制作展示资料的目的，在于强化客户对公司、保险及个人等的认同。因此，要求营销人员在展业活动中必须准备一个漂亮的展示夹，并将以下资料放入其中：

1. 公司简介。
2. 商品介绍。
3. 个人资料。
4. 客户投保资料。
5. 理赔案例。
6. 宣传单。
7. 各种简报、数据。
8. 推销图片。

（二）制作展示资料的注意要点

1. 要养成搜集和分类展示资料的习惯，这样有助于丰富展示资料和便于查看，节省时间。
2. 要基于对客户的了解，针对其不同的需求，强化展示资料的内容。
3. 要注意配合各项展示资料，熟悉话术运用。

四、推销工具的准备

　　推销工具的准备是在拜访客户前的重要任务，这些工具包括推销图片、保单条款、投保书、圆珠笔、名片、工作证、计算器、承保资料、理赔资料、剪报、便条纸、商品简介、建议书、客户资料表等。

五、约访时客户的反对问题的处理

在电话约访客户时，难免会遇到客户的拒绝，所以在打电话之前，应该设想好一些常见的拒绝理由，并设计好应对的话术。

（一）常见的拒绝理由

1. 没有钱。

2. 没时间。

3. 没需要。

4. 没兴趣。

（二）面对拒绝的处理技巧

1. 用心聆听、尊重理解。要认真聆听，不要随意打断客户的话，让客户觉得受到了尊重。回答客户的拒绝要有礼貌，使客户感受到尊重和体恤，从而消除彼此的隔膜，尽量将客户的异议一般化，比如可以说：我很理解您的想法，其实很多人也是这么想的……

2. 澄清事实、持续话题。锁定拒绝理由，使用"是……但是……"的方法处理回答，为下一步提出方案打下基础。比如说：先生，您说的是，但是还有没有别的原因；或者说：您说的确实是这样，但是保险还有其他的功能……

3. 提出方案、请求行动。针对客户的拒绝理由，提出解决异议的方法，或者承诺约见的情形及内容，解除客户恐惧心理。在所提出的方案中，如果客户始终拒绝见面交谈，还有几种方法可以提供客户选择：

（1）请求客户留下邮箱或通讯地址，将资料寄给客户阅读。

（2）请求客户答应下次有时间能再联系。

（3）请求客户承诺如果以后万一有保险需求可以先和你联系。

（4）请求客户订下有空顺便拜访的承诺。

（5）询问客户能否转介绍别人来了解保险。

小贴士：应对拒绝的回答话术

没时间——我本人受过专业训练，只需要10分钟。

没钱——只是要您了解一下，没有要求您马上买的意思，这点您可以放心。

没兴趣——我很理解您的想法，我们了解一件事之前没有兴趣是很正常的，因此我才希望能当面为您介绍，您了解之后再做决定也不迟。

没需要——现在没需要也没关系，您可以先听听，万一以后有需要可以直接购买啊，而且如果您的朋友有需要，您还可以为他们介绍，关心朋友，朋友也会很开心的。

➢ **知识拓展**

年末拜访客户应做足准备工作

年终，其实是1年整理以及新1年的规划时段。营销员应该针对自己所有的客户进行1年的盘点，分层次用不同的工具进行回访和再次开发。同时，公司也为大家提供了多种"借口"、服务形式和活动支持，营销员一定要会整合，根据客户情况合理利用各种资源。

老客户：首先是感恩，回访递送礼品送上新年祝福；其次为客户进行保单整理、保障诊断、公司的最新活动和利好消息的告知；再次询问调查客户对自己服务的满意度；最后寻求加保可能性和转介绍。

准客户：意愿强的，递送礼品送上新年祝福；分享公司信息，建立客户对公司信心；客户保障分析，利用奖品方案随时促成。意愿弱的，递送礼品送上新年祝福；分享公司信息，建立客户对公司信心；培养感情，利用节假日拉近关系，以待后期开发。

（资料来源：中国保险报，曾桂平）

活动 4　接触

➤ **活动目标**

掌握接触的要领，锻炼寻找客户购买点的能力。

➤ **活动内容**

1. 将学生 3 人分为一组试作接触演练，1 人为业务员，1 人为客户、1 人为观察员，由观察员对接触过程做出评价。

2. 学生分组模拟练习如果遇到拒绝怎么应对？

➤ **活动指导**

直接接触客户可以得到很多其他方式得不到的信息，所以不管之前采取了哪些方式，最终还是希望能和客户直接见面。在接触中，业务员要以专业的形象，运用一定的技巧去唤起并激发客户这种潜藏的需要，要让客户感到保险的重要性，也就是要寻找客户的购买点，当然最终目的是希望能够切合客户的需求，为客户设计完整的保障计划，做一个专业的销售人员。

一、接触步骤

接触的基本步骤是"寒暄→寻找购买点→切入主题"。

（一）寒暄

寒暄简单来说就是与客户拉家常，和客户说些轻松的、有兴趣的话题。通过寒暄，可以让彼此第一次接触的紧张心情放松下来，消除客户的戒心，建立起彼此的信任感。

当然这里的寒暄是带有一定目的性的，所以要注意通过寒暄表明自己的身份，赞美对方，从客户感兴趣的事入手，发掘客户的潜在需求，要表明自己的来意，引导客户进入你计划的主题或思路。

（二）寻找购买点

寻找购买点，是为下次拜访铺路。要寻找客户购买点，就要先寻找客户的心理需求点，在交谈时，要善于多问问题，同时让客户有发言机会，这样可以多收集客户资料，搞清楚这个保险是为谁买、买多少和何时买。

常见的购买点有：意外保障的需求、养老保障的需求、医疗保障的需求、合理避税节税的需求、子女教育费用的需求和投资升值的需求。

（三）切入主题

在切入主题的时候要注意不要一见面就谈保险，也不要一直和客户谈论与保险无关的话题，更不能让客户牵着你的思绪走。

二、接触要领

（一）避免争议性话题

推销保险，并不是参加辩论会，因此要尽可能避开容易引起争议的话题，如政治、宗教或对方敏感、有闪避倾向的问题。

（二）不要制造问题

不要一会儿谈子女教育，一会儿谈养老问题，一个问题没结束，便制造别的问题，这样反而会使客户不知道业务员要谈的重点所在，容易感到无所适从，入不了主题。

（三）建立共同问题

业务员要适时配合展示资料谈论有关子女教育费用、退休、房屋贷款等共同问题，然后再将这些共同问题转化成客户的个人问题，让他们产生关心与认同后，提出寿险是最佳解决之道。

（四）倾听、微笑

要用心倾听客户需要什么、关心什么、观察客户的肢体语言，以掌握购买点，而不是只专注你要灌输给客户什么观念。

（五）接触后应该得出必要的结论

1. 他能否投保，要为谁投保。
2. 他的购买点是什么。
3. 根据他的购买点应该投保什么险种。
4. 投保的份额是多少，大概要付多少保费，他能否负担得起。
5. 什么时候投保最适合。

➤ 知识拓展

最佳的开场白

每一个人，包括我们的准客户，都渴望别人真诚的赞美。有人说："赞美是畅销全球的通行证。"因此，懂得赞美的人，肯定是会推销自己的人。

原一平有一次去拜访一家商店的老板。

"先生，你好！"

"你是谁呀！"

"我是明治保险公司的原一平，今天我刚到贵地，有几件事想请教你这位远近出名的老板。"

"什么？远近出名的老板？"

"是啊，根据我调查的结果，大家都说这个问题最好请教你。"

"哦！大家都在说我啊！真不敢当，到底什么问题呢！"

"实不相瞒，是……"

"站着谈不方便，请进来吧！"

……

就这样轻而易举地过了第一关，也取得准客户的信任和好感。

赞美几乎是百试爽，没有人会因此而拒绝你的。

原一平认为，这种以赞美对方开始访谈的方法尤其适用于商店铺面。

那么，究竟要请教什么问题呢？

一般可以请教商品的优劣、市场现况、制造方法，等等。

对于商店老板而言，有人诚恳求教，大都会热心接待，会乐意告诉你他的生意经和成长史。而这些宝贵的经验，也正是推销员需要学习的。

既可以拉近彼此的关系，又可以提升自己，何乐而不为呢？

记住，下次见到准客户，以赞美对方开始访谈。

成功处方：

- 赞美别人的优点。
- 以赞美为开场白。
- 多加练习。

（资料来源：经营界）

活动 5　建议书说明

➤ 活动目标

掌握设计建议书的技能，熟悉建议书的说明要领。

➤ 活动内容

1. 现有一个客户：丁先生，男性，32 岁，事业单位工作人员；其妻 31 岁，教师；女儿 2 岁；希望购买人身保险，愿意承受的年缴保费为 5 000 元左右，请为其设计一份保险建议书；

2. 针对设计的保险建议书演练说明流程。

➤ 活动指导

保险的利益在于长远的未来，看不到，摸不着，是一种无形且长期的商品，如何使无形变有形，这就有赖于建议书的设计及说明的好坏了，同时建议书的说明可以算是促成的敲门砖，这个步骤的熟练与否，对于准主顾是否会购买保险，占有绝对的关键性。

一、建议书的制作

（一）建议书的制作理念和要点

保险建议书制作有一个前提就是未找到购买点不要递出建议书，因为没有需求，即使商品再好也难以激起客户的购买欲望。

保险建议书的设计首先要全面，也就是应该具有全险观念，要包括主险，也要包括附加险；其次要突出重点，建议书一般包含五大主题，即满期利益、疾病保障、意外保障、身故保障和全家保障，但每个准主顾投保都有自己的侧重点，对于这些地方可以说就是他们的购买点，所以要重点规划。

保险销售人员根据调查得到的信息，可以设计几种保险建议书，并说明每一种可供选择方案的成本和可以得到的保障，以适应准主顾的保险需求。

一般来说，设计保险建议书时应遵循的首要原则是"高额损失优先原则"，即某一风险事故发生的频率虽然不高，但造成的损失严重，应优先投保。

一个完整的保险建议书至少应该包括：保险标的的情况、投保风险责任的范围、保险金额的大小、保险费率的高低、保险期限的长短等。

至于格式，并没有绝对的标准，基本上包括前言、基本情况、设计计划、保险利益介绍、设计理由、综合分析、结束语等。

（二）建议书的包装

保险建议书的内容固然重要，但是一定的包装也很必要，合适的包装能体现出专业特色，能够使准主顾产生被重视感，容易对营销人员产生信任。

保险建议书的封面封底的设计要大方、清晰、醒目。封面清楚标明项目名称或客户名称、建议书类型、提交人名称、日期等，另可依据项目情况增添类似项目插图、客户和提交人的 Logo 等；封底上可标明提交人的详细信息，如公司名称、地址、邮编、电话、传真、网址等。此外可根据建议书的薄厚考虑装订的方式，如厚最好胶装。

在扉页设计上可以设计一段问候，感谢客户给我们提供了机会，亲切的问候使客户如见其面，徒增亲切之感。有时建议书的内容较多，客户可能一时没有时间详读，所以最好能在扉页中增加一个建议书概要，简单介绍建议书的框架及内容，突出建议书表达的中心思想，最好能够提出客户最感兴趣的问题，引导客户去阅读建议书。

此外，建议书尽量不要在正文部分写得太多，造成冗长之感，所以为了保证建议书的简约和缜密，对需要重点说明的内容可用附件的方式予以补充，比如客户想要了解具体的条款内容，我们可在正文的保险专业建议部分简要介绍条款主题，并将具体条款内容作为附件。

> **小贴士：自制保险建议书的框架**
> 1. 问候客户。
> 2. 陈述购买人身保险的理由。
> 3. 为客户量身设计产品组合。
> 4. 说明保险责任和保险利益。
> 5. 介绍保险公司和保险代理人。
> 6. 合规范围内对客户做出承诺。

二、建议书的说明

针对保险建议书的说明可以强化准主顾的风险意识，使保险这个无形商品转化为有形的保障方案，能让客户认知保险商品，激发他的购买欲。

说明建议书是一个强化需求的过程，也是不断让客户反复认同他自己的问题，说明的任务不是让客户签单，而是让客户感到自己问题的严重性，注意在解说中不断地说我为什么这样给您设计，可以考虑重点谈医疗和养老。

（一）建议书说明要点和原则

1. 强调人生五大问题：健康问题、养老问题、子女教育、家庭理财和意外保障；

2. 注意保险商品说明的五大切入点，即特点、优点、利益、费用、证据；

3. 说明过程中最好不要让客户打岔儿，这样容易打断说明的思路，忽略掉可能引起准主顾购买兴趣的地方；

4. 熟练度：对建议书内容不够熟悉容易导致客户产生质疑；

5. 不与客户争辩：应强调不同的人生阶段，会产生不同的需求；

6. 避免使用专业术语：建议书的制作要求专业化、标准化，但解说的时候一定要口语化，如果客户听不懂你的专业术语，彼此间极易产生隔阂，所以解说时应该尽量生活化，即所谓"生活保险化、保险生活化"；

7. 简明扼要：重点说明即可，不必每个条款都提出说明；

8. 避免忌讳用语：解释说明时，少用"你死的时候"、"你发生事情时"这种容易让人产生反感的词，而要用委婉的口气代替，如"当有一天，我们懒得呼吸了……"

9. 避免制造问题：如果客户未提出较为烦琐的问题，如退保金计算方式、责任准备金等，不必主动解说，以免自己制造困扰；

10. 解说具体化：尽量以故事或真实事件做例子，引导至保单的利益；

11. 数字功能化：具体化的最好表现是数字，可以将保障的利益明确显示。

（二）建议书说明的技巧

1. 用笔指点、少用手；

2. 目光正视对方；

3. 谈费用时要用便宜的暗示、折算；

4. 要掌握主动、注意时间的掌控；

5. 少说多听（问）、调动客户的参与意识；

6. 尽可能坐在客户两旁（感性空间），避免坐在客户对面（理性空间）；

7. 配合话术适时促成签单，如：刘先生，总共是×××元，请问您打算使用 10 年缴，还是 20 年缴？

李先生，每天花费不到×××元，您觉得这样的费用可以吗？

（三）建议书说明举例

客户：30 岁，女性。建设书见表 5 - 3。

表 5 - 3　　　　　　　　　　保险建议书简介

保险种类	保险期限	缴费期限	保险金额	保费
锦绣年华 A	至 81 周岁	30 年	50 000 元	6 000 元
健宁还本	终身	30 年	50 000 元	2 290 元
意外伤害	1 年	1 年	50 000 元	100 元
意外伤害医疗	1 年	1 年	2 份	80 元
住院补贴	1 年	1 年	1 份	100 元
首年缴费合计	8 570 元（合每天约 23.5 元）			

保险建议书说明过程：

1. 数据说明。

保费计算：

锦绣年华 A：6 000 元 ×30 年 = 180 000 元；

健宁还本：2 290 元×30 年 = 68 700 元；

意外及医疗：180 元×30 年 = 5 400 元；

住院补贴：100 元×30 年 = 3 000 元；

合计共缴费：257 100 元。

2. 产品说明。

（1）生活无忧是长寿的秘诀，"锦绣年华 A"是为了解决我们养老时的保障问题。在规划和享受生活的同时您也参与了新华人寿的盈利分红，意外的收获总是会给您带来无穷的惊喜！60 周岁开始每月领取 1 396 元养老金直至 80 周岁，20 年一共领取 335 136 元。在我们为您提供优质服务赢得快乐人生的同时，我忠心地祝愿您能够健康长寿，因为到 81 岁时我们还为您准备了一笔祝寿金，这笔钱能够供您自由安排未来生活，幸福美满，其乐融融，颐养天年，使您保有高品质的老年生活！您说好吗？

（2）王女士，追求健康一定是每个人一生的最大追求，您同意吗？这款综合保障中的"健宁还本"产品专门为您提供了 11 种重大疾病的保障，一旦您有需要，绝不让您今天辛苦挣的血汗钱，明天变成为医院打工交的钱。请相信：没有治不好的大病，而是缺少治好大病的钱。您说对吗？那么您看 50 000 元的保障可以吗？

（3）为您设计的"住院补贴"、"意外伤害"险种，可以补充社保保障不全面的缺陷，有效缓解因意外或疾病产生的医疗费用压力。不限次数，每次住院治疗，按住院天数，每日可获得 50 元的营养及误工津贴，最长达 180 天。因意外所致的门诊及住院治疗费用，50 元以上均可按 80% 的比例在 18 000 元保障内报销。现在为您设计的每年保障额度在 77 000 元，是真正的低投入高回报。您看这样的保障行吗？

（资料来源：新华人寿保险股份有限公司网站）

➤ **知识拓展**

不同年龄所需保险分析

● 保险人生的第一阶段：单身期

一般来说，"年纪越小，保费越便宜"，这是购买寿险商品的基本观念。单身期也是创业期，一般在 20~30 岁之间。此时是一个人身体状况的黄金时期，同时经济独立，所需承担的经济责任相对较少。那么，作为年轻人，此时的保险需求应以自身保障为主。

初出茅庐的年轻人，收入不是很稳定，主要的风险来自意外伤害，特别是开车族，因此可以选择定期寿险附加意外伤害保险，在发生意外事故或因疾病身故后，可以为家人、为父母提供一笔资金或基本的生活费用。

这个时候，养老保险可以暂缓考虑，等收入比较稳定时再根据财力购买。

1. 阶段状况：年轻气盛、四处奔波、意外事故发生率高、保费非常便宜。

2. 购买理由：a. 父母真的很辛苦，培养我们大学毕业容易吗？

　　　　　　　b. 一旦由于意外，致使我们来不及孝顺父母，怎么办？

　　　　　　　c. 透过保险，可以帮助我们完成实现孝敬父母的心愿。

3. 理财方式：努力工作、增加收入、创造财富。

4. 适合险种：a. 意外伤害保险；

　　　　　　　b. 住院医疗保险；

　　　　　　　c. 定期寿险。

● 保险人生的第二阶段：新小家庭

结婚是人生的一个重大转折，也是保险需求升高的第一阶段。

对于一个双薪家庭而言，由于家庭的经济收入比较固定，对于保障的需求也就比较强烈。夫妻双方都应充分考虑到整个家庭的风险，任何一方如果遭遇意外或疾病，都会对另一方和整个家庭造成莫大的伤害。这一时期的保险设计，一般以家庭的主要经济支柱为主。夫妻双方都可以选择保障性比较高的终身寿险、定期寿险并附加一定的重大疾病保险和意外险。同时，也应尽早考虑到未来的养老计划，建议购买一定的养老保险，对夫妻双方的老年生活早做规划。

1. 阶段状况：人生的一大转折，双薪家庭，两人工作忙于奔波，可能贷款买房。

2. 购买理由：家庭的主要经济支柱责任较重，一旦发生意外或疾病可能会陷入困境，透过保险，可以对心爱的人说：只要你活着，我一定要照顾好你！

3. 理财方式：以买房为主要目标、增加积极性投资。

4. 适合险种：a. 意外伤害保险；

　　　　　　　b. 住院医疗保险；

　　　　　　　c. 定期寿险；

　　　　　　　d. 重大疾病保险；

　　　　　　　e. 女性生育保险。

● 保险人生的第三阶段：为人父母

孩子的出生，对于一个家庭来说，甚至可以称为"划时代"的变化。此时，对于下一代的抚养和教育将成为整个家庭最重要的事情。同时，这一阶段父母的事业均达到高峰，任何一方发生意外，对整个家庭以及孩子人生的影响都是很大的。所以这个阶段，也是父母人生责任最重、保险需求最高的时候。

为了保证孩子的健康成长，首先，作为父母要有相应的保障，因为在孩子人生的最初阶段，父母是最好的安全屏障。家庭中的主要经济收入者应考虑到如果遭遇意外或疾病，如何保障自己和家庭的生活，缓解由此带来的家庭生活危机。建议购买含重大疾病的保障型保险，并附加较高比例的意外险和健康医疗险。

其次，可以选择为孩子投保。每个孩子都是父母心中的宝贝，为子女规划万无一失的人生，更是身为父母者的天职。随着教育费用的不断上涨，应当为孩子的教育基金早做规划，另外还可以购买保障较高的重大疾病保险。由于目前多数家庭都是独生子女，孩子生性爱动，而且孩子的活动空间也扩大了，因此还需考虑意外伤害保险。

父母在经济允许的前提下可投保一定的养老保险，对自己的晚年生活早做规划。

需要提醒的是，不要光为孩子投保，而忽视了对父母自己本身的保障，如果父母有意外，为孩子购买保险的保险费由谁负担？

1. 阶段状况：划时代的变化，家庭责任最重的时候，子女教育费用高，成人病危险群体，着手退休金规划。

2. 购买理由：a. 父母发生意外或疾病引起收入中断对孩子的健康成长影响很大；

　　　　　　　b. 您的钱包里只有两种钱：一个是属于现在的您，另一个是属于未来的一位老翁所有。如果您今天将老先生的钱花掉，那就是年轻岁月透支晚年岁月，今天透支明天，年轻力壮透支年老力衰，生命的现在时透支了生命的未来时；尤有甚者，我们千不该万不该的竟透支了人活着最重要的"尊严"二字。

3. 理财方式：为子女存储教育基金、兼顾收益与成长平衡、为退休金做准备、维持积极性投资。

4. 适合险种：a. 子女教育保险；

b. 意外伤害保险；

c. 住院医疗保险；

d. 定期寿险；

e. 重大疾病保险；

f. 补充养老保险。

● 保险人生的第四阶段：养老计划

每个人都有走到老年的时候，而随着现代人平均寿命的延长，退休后的生活保障问题也就显得越来越重要。按一般人 60 岁退休计算，退休后有 15~20 年的经济衰退期，此时一个人的收入不断减少甚至没有什么收入，到老了才防老就有点太晚了，而且此时由于身体条件的限制，还很容易失去好的保险机会。

如果想要过个有尊严的老年退休生活，无须依靠子女来供养，在年轻时候就必须未雨绸缪，做好老年退休计划。因此，应该在青、中年的时候为自己积累一笔足以支付老年生活的基金。

对于迈入 50 岁以后的中年人，这时候由于子女已经长大，家庭负担也渐渐减轻了，在保险规划方面，应修正或着重于准备退休后的生活费用，可以考虑投保或转换保险契约，修正为具有储蓄理财功能的保险，例如，养老保险、定期缴费还本型终身寿险或是年金保险，以透过保险公司的经营运作，保障退休后的老年生活；另外还可附加一些医疗费用保险，以应对老年医疗费用或长期看护支出的需求。适应高龄化社会的来临，及早做好保险规划，让自己的晚年，享有一个尊严自主的银发生活，相信会是您我共同的愿望。

1. 阶段状况：家庭责任减轻、人的寿命日益延长、医疗费用增加、生活费用逐渐增加退休后收入大幅减少。

2. 购买理由：养儿防老风险大、有失尊严、基本养老保险只提供基本保障。

3. 理财方式：投资以保本安全为主、减少积极性投资。

4. 适合险种：a. 意外伤害保险；

b. 住院医疗保险；

c. 重大疾病保险；

d. 补充养老保险。

（资料来源：向日葵保险网，作者为白浩江）

活动 6　促成

➤ 活动目标

掌握促成交易的技巧和获得其他客户介绍的能力。

➤ 活动内容

1. 学生 2 人一组，1 位扮演业务员，1 位扮演准主顾，模拟练习促成的方法及异议处理的方法，练习完毕后角色互换。

2. 评选优秀组队上台表演，其他同学做出评价。

➤ **活动指导**

前期的主顾开拓、接触前准备、接触和建议书说明等每一个环节，其最终的目的就是要完成促成，也就是要让客户在投保书上签上姓名，并交付第一期保险费。促成一旦完成，不仅客户可以得到完善的保障，对于业务人员来说，也得到了工作的成就感，更为日后的业务拓展打下良好的基础。

一、促成的时机

促成的时机没有固定的模式，下面有一些可以参考的促成时机判断方法。

（一）表情信号

1. 客户好像有心事般沉默下来；

2. 格外聚精会神听业务员说明时；

3. 客户紧锁的双眉分开、上扬；

4. 神色活跃；

5. 态度更加友好；

6. 表情变得开朗。

（二）动作信号

1. 客户拿保险费率查看时；

2. 动手拿业务员所提供的资料时；

3. 明显对业务员的意见表示赞同时；

4. 将电视声音关掉或调小；

5. 客户频频点头；

6. 让小孩或旁人离开。

（三）语言信号

1. 问起别人投保情形时；

2. 问起保险金缴费方式时；

3. 与业务员讨价还价时；

4. 问起体检方法时；

5. 问起投保后优惠或其他事项时；

6. 赞扬业务员时；

7. 问起其他相关事项时。

当然，因为具体情况不同，个人性格不同等原因，导致促成过程中会有各种情况发生，是否是促成时机，关键就要看业务员本人的经验判断和把握了。

二、促成的方法和话术

（一）默认法

默认法就是不必探询客户的决定，假设客户已想购买。例如，王先生，这份计划非常适合您，您可以在这里签个字……

（二）二择一法

让客户只能就两种选择做出决定，而这两种选择对业务员都是有利的。例如，王先生，这两份保险您打算签哪一份？王先生，您打算采用 10 年缴费还是 20 年缴费？

（三）激将法

利用从众心理，用激励的字句唤起客户的实际行动。例如，王先生，陈总他们都买了保险，以您的能力，我相信……王先生，强者和弱者的区别是，一个在想，一个在做……

（四）利诱法

利用人怕吃亏、贪小便宜的心理，创造稀缺，说话时可以用漫不经心的口气。例如，王先生，我们这个保险计划比平时优惠的多，但是只剩下最后两天的活动期了，如果您今天不做决定，以后再买要贵得多哦……

王先生，按照保险年龄计算，后天开始您就要多加一岁，保费要提高，还不如现在就投保，马上就可以赚到差额。

（五）偶像模仿法

用客户喜欢且形象良好的人投保的案例来引导。例如，华人首富李嘉诚都认为保险很重要，你看这些资料就记载了他对保险的看法。

（六）定心丸效应法

用高额保件的案例或展示公司实力使客户放心购买。例如，我们公司大楼在××街，那可是金融中心地带哦，寸土寸金，只有有实力的公司才能入驻。

三、促成的有效动作

在促成过程中，除了话术的使用外，还要适时配合有效的促成动作，不要失去任何可能成功的机会。

1. 适时取出便条纸。
2. 适时取出投保书。
3. 请客户拿出身份证。
4. 请客户确定受益人。
5. 业务员自己先签名，诱导客户签名。
6. 签发收据，使用收费的方式（现金或支票）。

四、未促成的处理

（一）拒绝处理

准主顾的拒绝并不都意味着失败，可以把它转化为购买信号，利用试探性问题，进一步挖掘出准主顾的真正需求，进行适当的商品说明，准主顾便有可能转而接受。

例如，赵先生，通过与您的接触，我觉得您是一位办事严谨的人，现在我真不知道您为什么一直下不了决心，不知道是我的服务还是别的什么原因，如果有请您告诉我，或您的真实想法，不管能不能做成保险，首先我希望成为您的朋友，其次成为您的业务员。

（二）寻求介绍

面对拒绝，要以平常心态对待，寻求推介名单，要保持和客户的友好关系，为下次接触打下基础，为自己留有余地。

五、促成签单

1. 认真、细致地帮助客户填写投保相关资料。
2. 收取第 1 期保险费。
3. 告知客户临时收据、保单生效日、保单送达等的时间安排。
4. 恭喜客户获得保险保障。
5. 适时请求客户是否能推荐一些朋友，获得推介名单。

➤ **知识拓展**

保险促成十五戒律

● 急躁盲目

在促成的过程中，最忌讳的是盲目躁进，在时机未成熟时，给准保户留下不良的印象。

● 争执

在促成的关口上，绝不能和客户起争执，否则前功尽弃，前头一切的努力，可能就成为泡影了。在行销的过程中，观念的沟通是很重要的，但在促成的这一关键时刻，和准保户起争执，结果可想而知。

● 耻笑

尽管准保户提出的质疑很无知、很可笑，您一定要有君子之风。毕竟，这世上什么样的人都有，一旦您流露出对其言谈不屑，甚至耻笑的表情，这笔生意可能无法成交。

● 面露不悦

修养到家、火候纯青的行销高手，在促成的节骨眼儿，绝不能面露不悦，更不能动怒。

● 准备不周

不论在内在、外在的准备上，必须十分周到，方能发展到促成的阶段。如果您觉得准保户的心理准备已经健全，在出门前，您是否要仔细检查自己的配备是否齐全？纸、笔、名片夹、要保书、详细的资料，甚至再多准备一份建议书。准备不齐，即贸然想让签约成功，无疑是舍近求远、痴人说梦。

● 施加压力

在买卖的过程中，消费者最不愿面对强迫推销的情况，也很容易令人产生反感而断然拒绝。因此，不要给保户太大的压力，否则，易招致反效果。

● 多话

促成前夕的气氛，营造功夫犹如艺术创造的高难度。要想掌握住促成的良好气氛，必须依靠不断地学习。一次促成是可遇不可求，在此，我们假设您已和准保户沟通过两三次，在可望促成的当时，何妨让准保户多发表其看法，而您扮演听众的角色，相信会有不错的效果。您的多话，在促成时是一大忌讳；何妨主客易位，将说话的角色交给准保户，可能会缩短促成的时间。

● 制造问题

新人在促成期间就常犯的错误是，在彼此交换意见后，业务员已做好拒绝处理，一切看起来似乎水到渠成之际，新人会突然冒出一句：还有问题吗？反倒令准保户感到讶异，有时使问题复杂化，令行销过程再添变数。甚至一些新人会将拒绝处理的问题、答案，一一熟记在脑海中，即使准保户未提及，自己反倒主动提出问题，让促成的时机化为乌有，这是新人较常犯的毛病。

- 立场相左

如果您在促成期，给准保户产生"彼此是对立"的感觉时，要想顺利缔约成功，恐怕是难上加难。基本上，保险行销不同于传统的推销，应是站在客户的立场，为其规划人生的理财、风险等方面。一旦产生立场对立的气氛，彼此犹如战场上的敌人，不是你亡，就是我胜。准保户会一心想要逃避、想要拒绝。因此，促成时，多站在客户的立场，为他们着想，您反而会获利。

- 贪念

促成并非一夕可期，在多次的往来沟通中，相信已经和准保户建立一定的共识与默契。即使是成就高保额的个中高手，也必须一步步踏实地经营。如果您一心只想到佣金的多寡，想要促成，成功几率微乎其微，因为客户的眼睛是雪亮的，心思是灵敏的。您所想的，是会形诸于色的。因此，您一旦不顾客户的真正需求，只想到自己的奖金、佣金及报酬时，贪念一生，即使生意做成，恐怕也是仅此一次，绝无下回了。

- 墨守成规

促成的机会是处处存在的，关键在于您能否确实抓住。在和准保户相谈甚欢时，可以试探性地尝试促成。从中可以探寻出促成的几率有多少。因此，毋须萧规曹随，一定要将所有步骤完成，方能进展至促成阶段；有时配合当时的状况先促成，再慢慢服务消费者，也是个可行的方法。墨守成规，不知变通，不思创意，是现代保险伙伴的大忌。

- 轻许承诺

在促成的前夕，准保户最关切的议题，应数理赔、满期的种种权利为主。您切莫为了争业绩而轻然许诺，夸张了理赔的额度，故意避重就轻。万一日后发生理赔纠纷，吃亏的除了消费者，保险伙伴在良心上也很难交代得过去。诚实告知，不仅仅在于消费者，您更要确实做到。

- 恶意攻击

在日益竞争的环境下，您可能会面临同业的竞争，尤其是针对有能力买高保额的有钱准客户，可能早已是同业拜访过多次的对象。凭着真本事，如专业知识、个人的个性本质及品牌、形象，甚至投其所好地提供足够的新资讯给准保户，方可能产生良质的竞争。高保额的准保户，不是企业主就是有钱人，可能比一般消费者更精明，恶意攻讦别人的结果，可能导致原本到手的生意，就这么插翅高飞了！

- 削价或退佣

相信部分的行销伙伴，曾面临过准保户要求降价、退佣的要求；不管真是同业的作为或是准保户的手段，您一定要守住这项规则——不能降价或退佣。因为，保险是长久的服务事业，价格是公司制定的，削价求售或退佣以招揽保户，绝非长期的经营之道。在促成的关口，您一定要守住这一项原则。您是让准保户有此认知，您是站在他的立场，为其设计最合适的保单，而获得应有的报酬。未来，将有一二十年的服务工作要做，您的坚持，才是保户最大的保障。否则，您在价格让步，准保户可能会需求无度，希望在保费上获得更大的降价空间，届时要如何收拾呢？

- 忽略时空因素

决定购买保单，对许多准保户而言，可能是人生历程的重要决定。在此重要的时刻，保险伙伴切莫草率地选择不合适的时间，如相约夜间工作者在早晨签约，或是地点不当，选在嘈杂的速食店。当然，时空的取决，固然是因人而异，事前妥善的规划，才是上上之策。更何况促成之后，有些保户可能要详细的填写要保书，甚或当场缴纳保费，地点、时间的合适，真的是忽略不得。

（资料来源：百度文库）

活动7　售后服务

➤ **活动目标**

掌握售后服务的观念和做法，养成维护客户关系的习惯。

➤ **活动内容**

在老师的组织下，讨论下面的问题：

1. 多长时间回访客户一次为宜，谈什么内容的话题比较合适？

2. 不良售后服务的后果是什么？

➤ **活动指导**

保险业是服务业，当客户缴纳了第一期保险费，并在投保书上签上姓名后，并不表示这笔交易到此终止；相反，这表示公司与业务员对客户的责任与服务才正式登场。人身保险大多数是长期合同，需要长期的缴纳保险费，再加上其本身是无形商品，如果业务人员不能做持久性的良好服务，那么很可能会遭到半途解约或是保单失效的命运，当然更可能因此而失去保户介绍新主顾的机会。所以可以说销售的完成并不意味着推销工作的结束，良好的售后服务才是真正推销的开始。

一、递交保单

促成合同之后，要将保单交给保险公司进行核保，在核保通过发单后，业务员就须负起递交保单的重责，递交保单是售后服务的第一关卡。

（一）递交保单的作用

1. 使客户认同保障。

2. 创造再次销售的契机。

3. 获得介绍准主顾的机会。

4. 建立业务员本身和公司的威信。

（二）递交保单前的检查动作

1. 检查保单上的记载事项有没有错误，如投保人、被保险人、受益人姓名等。

2. 建立客户档案：将客户的保障内容、保单号码与其他相关资料建档。

3. 在保险单封套内附上个人名片。

4. 打电话给客户，约定交付保单的时间。

二、售后服务的目的和内容

通过高品质的售后服务，可以树立业务员的个人形象和公司品牌，随着为客户不断变化的情况提供保障，还可以避免保单失效，获得满意的客户群，创造增加购买及推荐购买的机会。业务员售后服务的主要内容包括迅速为客户办理理赔、准确收缴续保保费和为客户提供咨询。

三、售后服务的功能

（一）对于保户

1. 可以获得更充分的保障。
2. 可以克服经济上的困难。
3. 可以获得一个专业的保险服务人员。

（二）对于业务员

1. 增加保户信心，提高继续率。
2. 了解客户，获得客户再次购买与增加保障的机会。
3. 可以使客户自动为你介绍新主顾，造成良性循环。

（三）对于保险公司

1. 获得良质契约。
2. 创造利润，回报保户。
3. 创造最佳的广告与企业形象。

四、售后服务的技巧与方法

1. 以定期的访问、书信或电话问候，与保户保持联系。
2. 赠送小纪念品。
3. 节日、纪念日与季节性的问候，如生日、过年等。
4. 保户发生不幸时的慰问。
5. 报告公司近况与动态，如新商品的销售、联谊活动等。
6. 理赔给付、契约保全等相关资料的尽快办理。
7. 其他。

五、售后服务工具

1. 感谢投保函。
2. 生日祝贺卡。
3. 节日慰问信。
4. 要求推荐信。
5. 问候卡。
6. 宣传资料。
7. 其他小礼品等。

➤ **知识拓展**

长达百年的"售后服务"

上海外白渡桥是我国第一座全钢结构的桥梁。长期以来，外白渡桥一直是上海一座标志性景观，它的沧桑、它的古朴、它的构造，妙趣横生，令人流连忘返，感慨万千。在普通人的眼里，外白渡桥始终没有什么变化，它钢筋铁骨，坚实硬朗，一直就是这样静静地横卧在那里。每天，桥面上车来人往，川流不息。

2007年年底，上海市政工程管理局收到一封寄自英国名叫华恩·厄斯金设计公司的来信。信中说，外白渡桥当初设计使用期限是100年，于1907年交付使用，现在已到期，请注意对该桥进行维修。信中还特别提醒，在维修时，一定要注意检修水下的木桩基础混凝土桥台和混凝土空心薄板桥墩。这家设计公司还为上海市政工程管理局提供了当初大桥设计的全套图纸。铺开这些设计图纸，人们惊讶地发现，虽然经历了百年的岁月，这些图纸依然被保存得完好如初，没有一点划痕、皱褶。图纸虽然是手工绘制而成的，但却线条工整，每一数据、每一符号，都不差分毫；设计者、审核、校对、绘图人的姓名都一目了然，清晰可见。

这是外白渡桥的"出身证明"和"护身符"。有了这些完整、准确、无误的设计资料，就为外白渡桥的体检和维修，提供了完善、充分的科学依据。

英国这家大桥设计公司的郑重提醒，方使我们如梦初醒，恍然大悟：原来这座大桥已"百岁高龄"了，需要给它来一次全面体检维修了。又似乎给人们敲响了警钟：不能只知道使用，而不知道维修，否则，到时桥毁人亡，后果不堪设想。生活中，一些惨痛的事故教训，已让我们屡见不鲜。

经过百年历史的沧桑巨变，这家英国设计公司的办公场所是换了一处又一处，人员是换了一茬又一茬，当初大桥的设计者也早已作古，没有留下一点印记，无论发生了什么，不再需要承担任何责任了。但是，为顾客搞好售后服务，讲究信誉，视质量为生命，却一直没有变。当初大桥的设计使用期限是100年，100年到了，他们没有忘记为大桥使用者提醒。这一及时的提醒，不仅使我们对这家大桥设计公司充满了敬佩之情，心中氤氲着别样的温暖，更引起了我们对职业精神的思考和追求。

（资料来源：爱电子书吧）

任务2 训练团队建设技能

【任务描述】保险事业不是一个人的事业，而是一个团队经营的活动，优秀的团队是保险业务持续经营的基础。本任务将主要介绍保险营销员的招募训练、会议组织、晨会管理等知识，使学生掌握这些活动开展的技能，具备团队建设的基础知识和基本能力。

活动1 保险营销员的招募及训练

➢ 活动目标

掌握保险公司增员与甄选的基本技能，熟悉专业化增员的流程及操作要点，能灵活运用这些活动中的各种话术。

➢ 活动内容

1. 学生2人一组，1个扮演被增员者，1个扮演增员者，进行增员面谈演练；
2. 增员演练前，请每个组设计3个反对问题，针对反对问题进行话术设计；

3. 推荐优秀小组公开演示。

➤ **活动指导**

一、保险营销员增员的流程

保险营销员增员是指不断地寻找符合基本条件的人，吸引这些人来参与销售保险的过程。

（一）增员的原因和意义

1. 增员是单位组织发展最主要的过程；

2. 增员是为业务员以后的发展奠定基础，提升晋升空间；

3. 增员可以补充单位人力的流失；

4. 增员可以引进竞争机制，刺激老员工的工作热情，提高团队的工作士气；

5. 增员可以发挥团队的力量，提高销售业绩；

6. 增员可以扩展人际关系及管理能力；

7. 增员也是为广大客户提供更多的、诚信的、专业的保险代理人为之服务。

（二）增员的流程

增员工作其实和展业工作一样有固定的环节，形成一个完整的流程，缺少中间的任何一个环节都有可能导致增员工作的失败。一个完整的增员流程主要包括9个流程：

1. 增员开拓；

2. 接触前准备；

3. 增员接触；

4. 说明；

5. 促成；

6. 说明会；

7. 甄选；

8. 培训考证；

9. 上岗。

二、增员开拓

增员开拓其实就是指利用各种途径建立增员名单。一般来说，增员的来源主要有以下几个方面。

（一）缘故增员

这种方法主要包括个人接触的亲戚、朋友、同学、邻居、准主顾、现有客户、过去同事、社交团体和消费对象等。这些人增员者比较熟悉，成功率较高，增员重点可以放在增员者认为能力较强的人身上。

（二）推介增员

这种方法就是利用推介人的作用，由他们推介人选。推介人可以是业务员、业务主管、业务来源中心、公司行政人员等，此法的成功率也相对较高。

小贴士：推介法引导话术

1. 你觉得在你的朋友中，有谁怀才不遇、景况不佳或收入太低的？
2. 在你的朋友中，谁有业务销售经验的？
3. 你知道最近有谁受经济不景气影响而结束营业，或想转行的？
4. 你知道朋友中有谁以经常出差为苦？
5. 你知道最近哪家公司因不景气而裁员或公司改组的吗？
6. 你知道有谁对其工作有职业倦怠感而想改行的吗？
7. 你的朋友中，有谁在私营家族企业中无法出人头地的吗？
8. 你知道谁想创业吗？
9. 你知道有谁被调职而感到不快乐吗？
10. 你知道你的朋友中有谁的家人刚毕业吗？
11. 你知道最近有哪一家公司要搬到郊区吗？
12. 你知道有谁迫切需要增加收入买房的吗？

（资料来源：百度文库，民生人寿保险股份有限公司总公司培训部培训材料）

（三）陌生增员

这种方法可以从求职广告、人才市场、职业介绍所等地方获得增员人选。有些保险公司长期在人才市场租定场位在求职者中寻找合适的人选，还有些保险公司和一些职业介绍所订立合约，委托他们帮助物色合适人选。这些方式机会较多，选择性也较大，只是了解程度不深。

（四）集体增员

这种方法是指根据新闻等信息，与破产公司的人事部门联系人员安置、招聘问题。此法可以一次性招聘到很多人选，但是还要进一步进行筛选。

（五）学校学员增员

这种方法就是和一些大学、高职院校、技校等联系介绍毕业生就业，此法招聘的人员一般理论知识较好，但是实践能力欠缺，后期培训非常重要。

（六）其他方式增员

如还可以定期给一些人和团体寄信，请他们考虑加入团队或推荐他人加入；也可以直接自己上门动员目标人选等。

小贴士：信函增员

某某兄（某商场家电促销经理）：

昨日在商场和您相遇，您的敬业与热忱让人佩服，先附上名片和一些资料给您参考。一样的努力，在不同的公司，不同的制度，会有截然不同的表现与成就，您觉得呢？希望下次还有机会和您面谈，相互交流！敬祝

业绩辉煌，万事顺意！

三、接触前准备

（一）确定选才标准

选才标准可以按自己地区及营业单位经营的风格来弹性调整，但是要注意并不是人人都能做保险，选才的标准是灵活的，因为客户是多层次的，相应的业务员的层次也是多层次的，所以增员时，不能一概而论，学历、个性等条件都属于参考条件，唯一必须严格要求的是被增员者的人品，对事业的一种执着。

1. 年龄。中国高龄化社会已经来临，年龄的条件将来会逐渐提高，被增员者的年龄可能显示他的市场。一般男性可以考虑 25～50 周岁，女性可以考虑 23～45 周岁。

2. 学历。现在的客户个人素质越来越高，所以需要的服务更加的专业，如果被增员者的学历较好，学习能力较强，就会易于接受专业训练，推销保险时的知识技巧和专业素质会更好，提供的服务会更加专业。

3. 婚姻。已婚、有子女，有家庭经济负担的人最好，因为已成家者以后的人生阶段会产生一定程度的经济需求，会更加重视工作，而且人格特质与社会阅历也比较成熟。

4. 个性。业务员从事的是和人打交道的工作，所以为人要乐观、正直、品德良好，而且还要踏实勤奋，具有良好的抗挫折能力，想成功，企图心强。

5. 外表及风度、谈吐。业务员要形象好，有风度，谈吐大方，这样容易让客户觉得这个人专业，具有职业特征，可以产生信赖感。

6. 有现成的市场和工作经历。有过工作经历，工作形象良好，而且和销售工作有关最好，这样可能就有现成的市场可以开拓。

7. 能得到家人的支持。很多人对保险不了解，会有排斥感，所以对销售人员不太欢迎，所以很多人并不希望自己的家人做保险推销，没有家人的支持，就容易产生家庭矛盾，不利于工作的开展和持续性，所以被增员者要能得到家人的支持是最好的。

8. 其他。如做人成功、志同道合、身体健康、精神良好等。

（二）预备好异议处理话术

增员过程中，如果遇到被增员者的异议或拒绝，会容易导致增员失败，所以面对常见的异议理由，可以事先准备好一些应对的话术，这样既可以体现增员者的专业化水平，又可以增强增员者的自信和感染力，可以提高增员效率。

小贴士：增员异议处理话术举例

1. 家人反对。

因为他们不了解这个行业，但说明他们都很关心你，你可以用你的行动来证明你的能力。如果你成功了，他们一定会支持、鼓励你的。因为他们对保险不了解，误以为保险很难做，怕你胜任不了。所以，你更要去试一试，体现一下你的能力和自身的价值。

2. 很多人都讨厌保险营销员。

这个问题是因为很多业务员，在做业务过程中，只是一味使用人情压力，而没有把保险真正的意义，以及内容详细地加以解释，而遭到了许多困扰，当我们在推销时客户也许觉得很不耐烦，但经过我们一番解释之后，他便了解了保险，所以客户常说：当初叫我买保险的人，若像你如此的解释，我就不会这么讨厌做保险的人了。同时，也说明存在巨大的市场，我们才得以有发挥的机会，如果大家都喜欢保险，乐意主动地去买保险，今天我们就不会出人头地了，不是吗？所以只要我们以专业的姿态来面对客户，客户都会喜欢我们的。

3. 做保险收入不稳定

王先生，哪个行业收入高又很稳定的。这样的行业我也想干，事实上是没有的。再说你所说的稳定又是指什么呢？要你不会下岗还是单位永远不会倒闭呢？做保险 1 年可以赚到几年的钱，稳定与不稳定还重要吗？

（资料来源：万一网）

（三）准备好增员工具

增员中，增员者应该学会充分利用增员工具，以提高自己增员的成功率。常见的增员工具包括：

1. 金钱诱因：薪资情况。在交流中可以将公司的晋升及薪金制度做一个具体的说明，让对方知道，只要愿意努力，薪金是没有上限的，不用担心会论资排辈，得不到晋升和加薪的机会。

2. 成就诱因：可以告诉被增员者在公司里一个平凡的人可以创造不平凡的事业，最好拿本公司的成功人员举例，更有说服力。

3. 公司的宣传资料：用这些资料说明公司的实力和发展前景。

4. 展示资料：如剪报、名片等。

5. 增员建议书：相当于职业导引之类具有感召性、有诱惑力的传单。

6. 增员影像资料。

7. 专业行销系列丛书。

8. 人类五大需求的实现：从生理、安全、情感、自尊和自我实现五个方面给被增员者以说明、暗示及激励。

四、增员接触、说明和促成

通过前期工作，已经获得了一份增员的名单，接下来就是要和这些人员面谈沟通，这个过程类似于保险产品的营销工作，要循序渐进。一般会安排三次面谈机会。

为什么不能一次把话讲完，而要分三次跟被增员者接触，原因有三个：第一，对于被增员者来说，他加入保险是要转换自己的工作，这是很严肃的事，他在初次接触时会不太了解，存在很多疑问，如这究竟是一份什么样的工作？这是什么样的公司？进入这个公司我能干什么？一定会比现在的工作状况好吗？……所以在这种情况下，即使第一次见面就向他们表达欢迎之词，他们也不会马上做出决定，反而可能会觉得这些增员者做事草率。第二，增员者有责任帮助被增员者做出合理的抉择，而这样做就必须要他们有时间好好的吸收增员者讲的话，从而经过认真思考、比较再做出决定。第三，对于增员者来说，以前对被增员者的了解毕竟不多，如果跟一个人见一面就决定录用，很可能会找错人，这样增员的效果会大打折扣。所以，多面谈几次，对双方都有益。

增员面谈的方法流程是：寒暄→开门→说明→反对问题处理→促成，要在这三次面谈中将这些流程贯穿进去。

（一）第一次面谈

初次面谈的目的是双方沟通和交流，激发增员对象对寿险工作的兴趣，建立信任，初步筛选，约定下次面谈的时间。

1. 寒暄。寒暄的目的有两个：第一，以适度的赞美拉近与对方的距离，通过提问的方式去了解增员对象过去及目前的情况，在客户回答的过程中认真的倾听，在心中加以分析，想出最好的增员话术；第二，在对方面前建立自己的成功形象，给对方一个直观的成功范例。

常用的寒暄问题可以有：您对目前的工作有什么不满吗？你心目中的理想工作是什么样的啊？您现在的工作状态是在不断改善还是在不断恶化呢？……

2. 开门。从与对方的寒暄中得到他目前工作不满意的情况及未来工作的理想情况，捕捉增员点，肯定加强观念。主要从两个方面入手：

（1）目前工作。通过了解增员对象对目前工作不满意的情况，捕捉增员点。例如，您觉得目前贵公司的营运状况好吗？有展望性吗？如果很好，您的努力与收入成正比吗？如果不好，公司可能结束营业，那你怎么办？

贵公司是什么企业？您的升迁道路畅通吗？公平吗？靠本事还是靠关系？

您觉得主管和同事间相处和谐吗？工作环境喜欢吗？能充分享受工作乐趣吗？您觉得您只适合这份工作吗？

您满意目前的生活品质吗？您的薪资能跟得上物价上涨吗？

您觉得工作上有尊严、有成就感吗？您的工作有不断的训练及自我成长的机会吗？您的工作能让您的才华能力完全实现吗？

您觉得目前的工作是靠体力还是靠智慧？如果可以选择，您比较喜欢哪一种？为什么？

（2）未来理想。通过了解增员对象未来工作上理想的情况，捕捉增员点。例如，您可不可能换工作？如果您换工作，希望待遇是多少？怎样的工作环境和条件才能吸引你？

您想不想创业？如果想，那是什么行业？

如果有人愿意提供资本和技巧，而您只提供时间和工作，您有没有兴趣？

您的理想是什么？想创一番新事业吗？

您想过您目前的工作可以当您终身的事业吗？

如果有一个工作待遇是您目前的两倍而且每年调薪1倍以上，工作时间每天5个小时，您有没有兴趣试一试？

假如有一个事业，保证您只要努力，3年可以赚到50万元，而且不需要资本，您想不想听听看？

您想从事一份既能赚钱又能帮助别人的工作吗？

3. 说明。在了解了被增员对象的情况后，可以进一步向他介绍保险的意义与功用、公司简介、保险营销工作的特点等。这是初次面谈的重点，应力求做到让被增员对象对保险工作有一个正面的、全方位的了解，同时解答被增员对象的各种提问。

在结束时，一定不要忘了约定下次见面的时间和地点。

（二）第二次面谈

第一次面谈是设法让被增员者了解自己目前的工作与理想之间的差距，而寿险工作是帮助他实现自己理想的一个途径。第二次面谈则是通过沟通去深入地了解他是否适合寿险营销这一行业，从而达到甄选人才的目的。

1. 面谈举例。新华保险培训资料：

业务员：您好，欢迎您来参加这次面谈，我们相信一个很有前途的工作必须要公司和员工双方都彼此满意。所以，这次面谈的目的就是要帮助您了解我们公司，也让公司更进一步的了解您，我们要一起来看看我们公司是不是值得您投入的公司，也要看看您在公司是否有成功的潜力。我们会问您一些问题，您也可以在我们问完之后，反问我们任何问题，让您也能做最明智的决定。另外，在提问前，我必须先解释清楚，我所提的问题可能会涉及一些私人的东西，我只是想进一步的了解您，并希望能够帮助您。

那下面我就开始提问了。

第一，您觉得从事寿险事业有前途吗？（志趣）

客户：……

业务员：为什么？（首先认同）

第二，您觉得自己适合当个销售人员吗？为什么？（成熟度、自信心）

如果要把销售当做您一生发展的事业，您认为您最需要加强的是哪些？为什么？（认识自我）

如果您最亲近的朋友要用五个最能描述您的形容词来描述您，您想他们会用哪些形容词？（认识自我）

请您告诉我，到目前为止，您最大的成就是什么？（成就/企图心）

到目前为止，您最大的失败是什么？（面对挫折）

您觉得自己是个有责任感的人吗？请举例说明。（责任感）

您曾否因为要完成一件您想完成的事而不眠不休？可不可以举个例子？（毅力）

您对目前的工作与生活满意吗？为什么？您有什么打算？（满足感）

第三，能力。假设在一个婚礼宴席上，同桌的您一个都不认识，您会不会觉得不自在？为什么？（与陌生人相处）

请您告诉我，我们这一次面谈的目的是什么？（表达/倾听）

未来3年您的工作、生活目标是什么？您计划如何达成？5年呢？（计划能力）

第四，结语。您有没有什么问题，我可以回答的？

2. 反对问题处理。

（1）常见的反对问题：

我没有时间（朋友、口才、兴趣、信心等）；

我不喜欢推销；

家人反对；

我迈不开面子；

做保险太麻烦；

孩子还小，家里事多；

我很累，不想再赚钱；

现在这点收入可以了；

我不适合做保险；

我觉得市场已经饱和了；

做保险要考试，我肯定考不过的；

现在做保险太迟了；

做保险的人太多了；

……

（2）处理反对问题的常用方法。

● 真诚的表达出对对方的赞美，寻求认同。其实人类本性最深的需要就是渴望得到别人的欣赏。

● 让对方一开始就说"是"。

● 多问、倾听、寻找增员点。

● 站在对方立场，了解别人的态度和观点。

● 对不同意见的冷却，沉默处理。有时候直接反驳还不如冷却处理更让人容易接受，所以面对对方的反对问题，如果特别不好回答，可以先冷却处理，免得急于辩解，适得其反。

第二次面谈的最后仍然不要忘记约定下次面谈的时间和地点。

（三）第三次面谈

第三次面谈可以说是决定性面谈，可以被称为 CLOSE。

这是彼此做决定的时候，地点选择在办公室较为合适。在第三次面谈开始时，先要对前两次的面谈做一个总结，清楚说明从事保险营销的好处及他要付出的代价，并强调加入保险行业将是他人生的新起点。接着可以谈谈自己在这个行业里的经历，也可以再讲讲发生在身边的很多成功人士的故事，增加他对保险行业的感性认识。还应该介绍团队的其他人员与他认识，让他体会到整个团队高昂的士气和蓬勃的朝气。

基于前两次的面谈和观察，增员者应该已经了解了被增员者身上诸多适合保险行销的特质，所以此时应该将这些特质加以肯定和重复，有条理的分析这些特质，并描述出一幅他加入保险业后的美好前景，让他觉得有人在关心他和帮助他。在此基础上，方可顺利导入 CLOSE。

到此为止，增员工作已经基本完成，但是要保证这个被增员者能够成为合格优秀的业务人员，并且拥有理想的留存率，后续的工作也非常重要，否则将前功尽弃。

五、说明会、甄选、培训

（一）邀请增员对象参加创业说明会

办说明会，向增员对象详细介绍公司情况和保险营销体系是增员工作中最重要的一个步骤。说明会要办出档次来，档次越高越能增强增员对象的信心。首先要讲究说明会的会场布置，在公司条件最好的地方举办，职场布置富有激励性。其次要选素质最好，水平最高的讲师或成功业务员去演讲，这样才能体现保险事业的高档次，引起增员对象对保险推销的向往。

（二）进行增员对象面试甄选

说明会后要乘胜追击，马上进行面试工作，面试工作最好在正规的场合进行，严肃庄重，发给同意参加面试的证明，证明要比较规范，这样能增强面试合格者的自豪感。然后要求面试合格者凭证明去办理面试手续。整个面试过程要求严肃、认真，避免造成随意、草率的印象。

（三）组织增员对象培训辅导

在培训阶段对增员对象继续给予指导和帮助是增员工作一个很重要的步骤，在增员对象参加培训的过程中，可以举办一些答疑活动和联谊活动，帮助增员对象消化培训内容，加强与增员对象的感情联系，有助于进一步增强他们对保险工作的信心和决心。

➤ 知识拓展

从四大古典名著谈增员

中国四大古典名著《三国演义》、《水浒传》、《西游记》、《红楼梦》，无一不告诉我们"增员"的重要性。虽然《红楼梦》12金钗，宝玉连林妹妹都增不进来，第一次接触就摔玉，后面的增员全失败。不过，另外三部名著，却均说明了增员的无限重要和必要。

先看《水浒传》，一个"逼"字，造就108条梁山英雄好汉，天魁星呼保义宋江选择水泊梁山，占山为王，立志成就梁山霸业，其最大的成功秘诀就是增员，不断地增员。宋江增员非常讲求策略，既增文官也增武官，重用武将，更重用文臣。宋江"二次创业"之初，他雄心勃勃："增来卢员外，梁山霸业可成矣！"天罡星玉麒麟卢俊义被增来之后，又增来了让我们如数家珍的英雄好汉，智多星吴用、豹子头林冲、小旋风柴进、美髯公朱仝、花和尚鲁智深、打虎英雄武松、青面兽杨志、黑旋风李逵，还有浪子燕青……增员名单数不胜数，无疑，宋江是增员、增才的顶尖高手。

再看《三国演义》，"义"字与"情"字造就了刘备的帝王地位，三分天下有西蜀。刘备一生中增员不计其数，但其中最为精彩的三个增员案例可圈可点。这三个案例皆成为了千古佳话。一是"桃园三结义"，增员关羽和张飞，一生驰骋沙场，为大哥效命，也成就了各自的不朽人生。二是增员赵云，赵云千里走单骑，救回少主阿斗。拥有超长臂膀的刘备"智摔阿斗"，牢牢地抓住了赵子龙的心。三是增员诸葛亮，"三顾茅庐"的故事家喻户晓，三请诸葛亮反映了刘备的求贤若渴，也折射出刘备慧眼识英雄的增员天赋。难怪关云长对天长叹："大哥增了俺和三弟，加上孔明先生，成就了三分天下之大业！大哥待我们不薄啊！"

最后看《西游记》，一个"援"字让唐玄奘修成正果。《西游记》这部经典名著的漫长精彩故事更是从增员说起。唐僧先是增员了大徒弟孙悟空，然后又相继增员猪八戒、沙和尚和白龙马，走遍千山万水，历经九九八十一难终于取回真经。整个西天取经之行的成功实施，得益于唐僧的全面增员。唐僧先是在观世音菩萨的引荐之下增员了行业精英、业绩高手孙悟空。这个增员动作至关重要，没有孙悟空，唐僧团队断然无法取得真经。唐僧也增员了虽然业绩不行，但却常陪师傅身边、善于哄师傅开心、让师傅不感到孤独的猪八戒。尽管老猪经常打退堂鼓，动不动就要回高老庄，几次差点从团队脱落，但猪悟能毕竟在关键的考核阶段能出一两单，最终还是陪伴师傅到了西天大雷音寺。唐僧更是增员了简单、听话、照做的沙僧，沙僧是整个团队的忠实战友，是团队目标的虔诚拥护者和坚定执行者。一个健康的、有战斗力的团队，缺少不了像沙和尚这样的优秀组员。

（资料来源：中国保险报，作者为何四炎）

活动 2　会报管理技能

➤ **活动目标**

掌握保险公司会报管理的基本内容，具备会报管理的职业技能。

➤ **活动内容**

在老师的带领下，全体学生一起进行一次完整的晨会活动。

➤ **活动指导**

一、会报管理基础知识

（一）概念与目的

会报是指保险公司或者营业部门为了达到某种特定目标所召开的常态性或非常态性的各项会议，通过这些会议可以起到交流沟通、绩效追踪，培训、辅导、激励的作用，达成建立成员共同远景，鼓舞士气，解决存在问题，提升成员专业素质，提高业绩的经营目的。

会报管理主要包括会议管理和汇报管理，是销售组织管理的重要形式和工具。其目的是在营造某种"场合"，让成员能融入其中，借着会报运作的功能、成员的参与，以达到提升经营能力，改正经营缺失，塑造成员保险行销的个性与特质。

会报本身是知识运作的工具，无须拘泥于何种形式，而应着重于会报的效果。

（二）形式

1. 座谈会，如营销会议、业务促进会等。

2. 专题报告，如外聘讲师讲座等。

3. 说明会，如产品说明会、创业说明会。

4. 餐宴，如庆功宴、年会等。

5. 活动，如郊游、烧烤、参观其他单位等。

（三）类型

1. 营销会议：主要有保险展业员和主管参加，一般会议的内容是检讨上月工作，展望本月指标，布置本月工作，表扬先进，报道竞赛进度，通报公司最新动态，培训等，起到导向、监督、预警和总结的作用。

2. 专业会议：主要是针对业务领域的问题进行讨论、咨询和交流。

3. 产品说明会：主要是为了向专业群体和消费者推广某一新险种，介绍投资理财知识，提高整体营销的专业、规模和档次，增强营销的促成度。

4. 创业说明会：是为了高效利用寿险公司资源，显现寿险公司整体形象的增员办法，通过这种会议可以提供招募支持辅导平台，促进增员成功。

5. 晨会和夕会：由全体保险展业员共同参加并由一名主要发言人及一名或几名报告人做心得分享的每日早（晚）间的例行会议。

6. 表彰大会：为了表彰业务精英而进行的年中大会和年度大会，目的是为了激励士气和推动业务发展。

7. 年会：由团队全员参加的计划工作会议或每年一次的全员业务启动大会。

除此之外还有很多各种类型的会议，如营销经理会议、经策会议、保户联谊会、爱心激励会和其他各种会议。

二、会议管理工作

（一）会议前的筹备工作

1. 确定会议主题。如果会议主题不明确，开会就解决不了问题，有的会议虽然有目的，但目的过于抽象和空洞，同样也收不到应有的效果，因此只能增加开会的次数，这种流于形式的会议开得过多，势必影响工作效率。所以，一定要确定会议的主题，一般会议的主题应当是团队亟待解决的重大问题。

2. 制订会议计划。会议计划一般包括会议的指导原则、方针、方法、议程、时间、人员、角色和会场等，会议召集者必须做好这些会议准备工作。

3. 准备会议资料。会议计划做好后，要将其形成文件资料并预先分发给每一个与会人员，要让他们明确会议的议题、目标、议程等信息。如果要求与会者携带笔记本或者汇报材料等，也必须在会议通知中备注说明。如此，与会者方可有备而来。

4. 安排会议服务。周到服务既是开好会的重要条件，也是会务人员作风的体现。这一原则要求全体会务人员都要热情地为会议服务，为与会人员服务。做到热情接待与会人员，周到安排与会人员的食宿，交通和会场布置，努力为与会人员创造一个良好的生活环境，使他们集中精力开好会议。

（二）会议中的组织工作

1. 会议开始。会议开始阶段，要注意控制会议开始的时间，无特殊情况要保证会议准时召开。会议一开始，主持人就应该将本次会议的主题、目的和议程交代清楚，并且如果有贵宾还应该向大家介绍清楚。此外会议开始时还应该创造良好的会议气氛，鼓励每个人积极参与。

2. 会议过程。会议过程中，可能会需要与会者展开讨论，所以要注意监控大家讨论的主题，防止跑题偏题，而且还要做好会议记录，控制好会场秩序，掌握好讨论时间，尽量使每一个人都有发言机会，并且发言时能受到其他人的尊重。

3. 会议结束。会议结束阶段首先要做好决策工作，对于讨论的问题尽量通过团队共识来做出决策，而不是投票表决，避免造成团队分裂；其次要做好总结，根据决议分派工作、明确责任、规定期限，对整个会议做出评价，总结经验教训，并以振奋人心的话语结束会议。

（三）会议后的追踪工作

会后，应及时整理会议记录，做出会议简报或纪要分发给与会者，传达给相关个人和部门，做好档案管理工作。同时，要建立会议事后跟踪程序，确保会议的各项决议能够顺利的贯彻执行。

三、晨会管理

晨会是指利用上班前的一段时间，全体员工集合一起，互相问候，交流信息和安排工作的一种管理方式。晨会是人员点到，活动发表，作业指导，工作总结，唤起注意，培训教育，信息交流的场所；有利于团队精神建设；能产生良好精神面貌、培养全员文明礼貌、提高职员自身水平、提高工作布置效率、养成遵守规定的习惯。

（一）晨会的流程

1. 奏国歌或者公司歌等激励性的歌曲。通过这项活动可以营造健康向上的积极氛围，建设爱国、爱公司的职场文化，体现寿险公司的企业特色。

小贴士：新华保险新司歌——《新华进行曲》

作词：阎肃　作曲：孟庆云

新华情最浓　新华业正丰

襟怀蓝天阔　青春火焰红

回首望征程　风雨见彩虹

一路春光美　勇攀最高峰

追求卓越　方显英雄本色

追求宁静　才能致远畅通

漫洒鲜花香四海

耿耿丹心九州同

我是新华人　亲切又热情

诚信肝胆壮　进取乐无穷

我爱新华人　坚毅又年轻

重任担肩上　永远向前冲

（资料来源：新华人寿保险股份有限公司官网）

---

2. 做晨操。做晨操是寿险公司的一大特色文化，有利于树立团队形象，展现营销风采。晨操可以是规范的广播体操，也可以是自编的舞蹈、互动游戏等，通过晨操可以起到锻炼身体，活跃气氛的目的，可以有助于职员振奋精神，积极投入。

3. 出勤公布。由晨会负责人申报出勤状态，落实公司的管理制度，鼓励出勤。

4. 喜讯报道。向与会者通报喜讯，大家一起向受表扬的个人或团队给予祝贺，这项活动可以鼓舞人心，使每个人取得的成绩能得到集体的认可，达到激励和鼓舞的目的。

5. 心得分享。选择成绩突出或有进步的职员上台来分享成功心得，塑造典范，鼓舞士气，建立团队精神，形成企业文化。

6. 专题时间。根据工作情况选择专题来供大家进行讨论或分享，一般主要是传递与营销业务有关的或发生在公司内外的综合信息或围绕近期的经营主题进行知识性和经验性的讲解，通过这项活动可以丰富职员的展业知识，坚定工作信心。

7. 政令宣导。及时传播公司的政策、方针、制度、规则和相关管理措施和方案。

8. 轻松时刻。通过游戏或故事等调节晨会气氛，塑造团队精神。

小贴士：晨会小游戏

1. 串名字游戏。

游戏方法：小组成员围成一圈，任意提名一位队员自我介绍单位、姓名，第二名队员轮流介绍，但是要说：我是×××后面的×××，第三名队员说：我是×××后面的×××的后面的×××，依次下去……最后介绍的一名队员要将前面所有队员的名字、单位复述一遍。

分析：活跃气氛，打破僵局，加速队员之间的了解。

2. 猜人名游戏。

形式：分5人一组，20人一个班最为适合，这样就有4个小组。

时间：15～20分钟。

材料：4顶写有名人名字的高帽。

适用对象：最适用于训练销售人员及一线管理人员。

活动目的：训练一线管理人员，或参加培训的销售人员熟练使用封闭式问题的能力，利用所获取的信息缩小范围，从而达到最终目的。该训练让学员在寻求YES答案的过程，练习如何组织问题及分析所得到的信息。

操作程序：

1. 在教室前面摆4把椅子。

2. 每组选一名代表为名人坐在椅子上，面对小组的队员们。

3. 培训师给坐在椅子上的每一位名人带上写有名人名字的高帽。

4. 每组的组员除了坐在椅子上的自己不知道自己是什么名人，其他人员都知道，但谁都不能直接说出来。

5. 现在开始猜，从1号开始，他必须要问封闭式的问题如"我是……吗？"如果小组成员回答YES，他还可以问第二个问题。如果小组成员回答NO，他就失去机会，轮到2号发问，以此类推。

6. 谁先猜出自己是谁者为胜。

有关讨论：你认为哪一位名人提问者最有逻辑性？

如果你是名人，你会怎样改进提问的方法？

9. 欢呼结束。大家一起欢呼一些有激励性的口号，再次激励职员，使他们带着好心情出门工作。

（二）二次晨会

由于业务员进公司的时间不一样、文化程度、掌握的保险知识和行销技巧都不一样，而且接受能力和理解能力也有差距，所以晨会内容不可能让每一个人都满意，晨会结束后还要由营销业务主任召开二次晨会。二次晨会的内容主要有：

1. 活动管理。检查组员的出勤情况和活动日志，督促组员完成今日的拜访量，对未出勤的组员进行电话跟踪。

2. 经验分享。了解组员的展业情况，分享组内高额保单，帮助组员解决展业遇到的困难。

3. 专题教育。对今日晨会的专题内容讨论或针对组员遇到的困难作另一个专题教育。

4. 业务推动。针对小组业绩达成率，完成工作目标。

5. 角色演练。邀请自愿者或指派合适人选做角色扮演，并且要求其他人认真观看，事后作出评价和讨论，让大家总结经验。

6. 个案研讨。针对个案进行研讨，提出问题引发组员思考，总结个案经验。

7. 目标市场。帮助营销组员进行客户目标市场分析。

8. 激励。对于业绩优秀、互帮互助、售后服务良好、保单退保率低、保单续保率高、增员辅导优秀、热心关心集体、起到积极向上推动作用的员工做二次表扬激励。

9. 形象仪表。对于每个人的形象予以关注，按公司的要求提出指正。

10. 组织展业资料。在二次晨会上，组员之间相互交流保险信息、理赔信息、金融资讯、重大事件等方面的资讯。

➤ **知识拓展**

夕会

● 夕会运作的目的

夕会对于管理层面，主管可以及时对当日经营状况加以总结评估，合理调整下一步工作内容与重点，加强对活动管理的追踪。

夕会对于业务层面，可以有针对性地解决当日业务员在工作上的问题，及时给予指导与辅导，并对次日工作进行安排或调整，具体而言：

及时发现、总结、归纳、解决问题；

帮助业务员调整心态；

帮助业务员提高技能；

提高业务员基本素质；

调动业务员学习积极性；

增加团队凝聚力，统一思想；

帮助业务员拓宽视角；

提高主管自身水平落实活动管理。

● 夕会的内容

主体演讲、个人成长训练、梦想聚会、商品组合、市场开拓、游戏、表彰、技术比武、采访、"实话实说"、分组研讨、庆祝活动、话术研讨、经验分享、辩论比赛等。

● 夕会定位

检讨当日拜访活动的状况；

业务员清理卡片，填写活动日志做本周总结与下周计划。

● 夕会流程

主持人主持夕会，营造夕会前的氛围，调动业务员参与的热情；

当日开单人员经验分享；

主持人作专题讲解；

政令宣导、明日重点工作提示；

处/组经理做工作要求；

业务员填写日志、卡片；

训练、话术通关。

（资料来源：百度文库）

※项目考核要点※

1. 计划 100 的编制。
2. 主顾开拓的方法。
3. 接触前的准备工作。
4. 接触客户的技巧。
5. 建议书的制作和说明。
6. 促成的技巧。
7. 售后服务的方法。
8. 保险增员的流程和方法。
9. 会报管理的技能。

项目六

人身保险业务流程及业务处理

项目描述		本项目旨在培养人身保险从业人员必须具备的业务操作技能，主要包括人身保险的核保、承保、理赔和客户服务等内容，同时也站在投保方的角度介绍了投保和索赔的内容。
项目目标	知识目标	◇ 掌握人身保险展业、承保、理赔、客户服务的基本工作要领和知识。 ◇ 掌握人身保险投保和索赔的内容和操作要求。
	技能目标	◇ 能进行人身保险各业务环节的操作，具备业务操作的技能。 ◇ 能指导客户完成投保和索赔的活动流程。
项目任务		**任务1　处理投保方的活动。** 　　活动1　投保。 　　活动2　索赔。 **任务2　处理保险人的业务。** 　　活动1　核保。 　　活动2　承保。 　　活动3　理赔。 　　活动4　客户服务。
建议学时		18学时

【引导案例】随着人们生活水平的不断提高，保险已越来越多地走进百姓家庭。然而，据了解有很多的保户不了解保险公司的业务流程和要求，特别是出险后不能及时报案，使理赔工作延后，进而认为买保险容易理赔难。下面我们可以看这样一段对话：

客户：专家，我前些日子摔了一跤，伤了腿住了几天医院。不知道怎样去办理赔？

专家：什么时候发生的意外？

客户：大约一个月前吧。

专家：有没有在事故发生时马上通知保险公司？

客户：当时没顾得上。等伤好了才想起来这回事。

专家：那你还是抓紧时间去保险公司"补报案"。

客户：对理赔会有影响吗？

专家：没有及时报案，将会影响到理赔的及时有效。

客户：为什么？

专家：《保险法》规定，被保险人、投保人或受益人在出险后应及时通知保险人，以保证及时取得认定保险事故的有关证据。一般的保险合同上都会写明：若被保险人发生事故，索赔申请人应于知道保险事故发生之日起的 10 个工作日内通知保险公司。

客户：为什么呢？

专家：保险公司在做出理赔决定前需要对保险事故进行勘查与核实，如果延误了时间没有及时通知保险公司，会给调查取证增加困难，影响理赔的进程。如果因此而致使保险公司增加勘查检验的费用，也可能需要自己承担。

客户：原来要想能得到及时的理赔首先应该及时报案。

专家：对，尤其是对于意外伤害的事故，更要及时报案。如果是涉及身故的案件，保险公司更需要第一手的现场资料，协助对保险事故进行性质认定，身份核定等工作。

客户：去保险公司办理理赔是不是会很复杂？

专家：当及时报案后保险公司的理赔专业人员会对如何进行理赔给予指导。告知你该准备哪些相关的资料，要有什么样的手续；涉及医疗费用的案件，会提醒你要去医院办理什么样的相关手续，准备什么样的票据。

客户：这样的话对提高理赔效率也是有很大帮助的。

专家：是的。及时报案能帮助保险公司尽快确定保险事故的事实，快速做出及时理赔决定；反之，如果没有及时报案，可能会带来保险事故事实的认定困难，导致理赔的时间延长；而如果影响到保险事故不能确认，还有可能无法得到理赔。

客户：看来要牢牢记住，发生保险事故时一定要及时报案。

专家：发生事故后及时报案是保险理赔的前提条件，一定要给予足够的重视。在拿到保单后，一定要留意对报案时间的要求，并及时咨询保险公司了解延迟报案会对理赔造成哪些影响。

（资料来源：齐鲁晚报）

任务1　处理投保方的活动

【任务描述】人身保险从业人员应该掌握投保方的活动流程和技巧，这样才能正确指导保户完成保险活动，因此，本任务将站在投保方的角度介绍如何投保和索赔，使学生了解投保和索赔的相关实务知识，提升专业技能。

活动1　投保

➤ 活动目标

了解人身保险的投保内容和技能要求。

➤ 活动内容

1. 两位学生一组，1人扮演投保人，为自己投保，1人扮演业务员，指导对方投保；

2. 利用课本中的投保单样本，正确填制该投保单；

3. 业务员指导投保人确认人身保险投保提示书；

4. 扮演业务员的学生完成销售人员报告书。

➤ 活动指导

一、投保的流程

投保是指投保人与保险人（通常是保险公司）订立保险合同，并按照保险合同支付保险费的过程。

投保的流程如图6-1所示。

（一）分析保险需求

投保人在购买保险产品之前，首先要根据自己和家庭的情况选择适合自己的人身保险产品，投保人要考虑自己的风险状况、实际保险需求及缴费能力等，这项活动也可以在保险展业人员的指导和帮助下完成。

（二）确定投保方案

一般保险展业人员会为客户提供产品咨询并设计保险方案，有时保险方案不止一个，投保人要根据自身实际情况选择确定其中一种。

（三）填写投保申请

正确的填写投保申请，也就是投保单，对于投保的是否成功非常重要，后面将会重点介绍投保单的填写要求。

（四）缴纳首期保险费

客户填写投保单后，需要缴纳首期暂收保费或填写银行授权转账通知书，由业务员交单到保险公司。

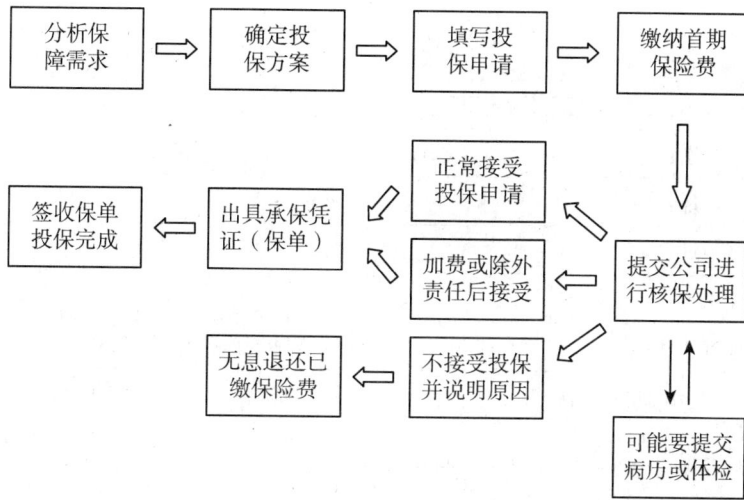

图 6 - 1 投保流程

（五）核保

保险展业人员将投保单交到保险公司后，要经过多道程序的核保过程。因为人身保险有些险种涉及身体健康问题，所以可能还需要提交被保险人的病历或体检报告等资料。如果核保正常通过，就可以顺利进入下一个程序，有些非标准体会因为各种问题需要加费或除外责任才能通过，还有些超出保险公司承保条件的，保险公司会拒保并说明拒保理由，无息退还已缴保费。

（六）出单

核保通过的，可以由保险公司出具承保凭证，也就是保险单。

（七）签收保单

保险展业人员将保险单交给投保人，投保人确认无误后签字确认，投保活动就结束了。

二、各种投保单证的填制

（一）投保单样本

投保单样本如表 6 - 1 所示。

表 6 - 1   **人身保险个人投保单**   编码：

投保人资料	姓　　名：　　　　　　　　　有效证件类型：□身份证　□军人证　□护照　□其他	
	证件号码：□□□□□□□□□□□□□□□□□□　出生日期：　年　　月　　日　　周岁	
	性　　别：□男　□女　　　　婚姻状况：□已婚　□未婚　□离婚　□丧偶　□其他 与被保险人关系：	
	住　　址：　　　　　　　　　邮编：□□□□□□　　　电话：	
	收费地址：　　　　　　　　　邮编：□□□□□□　　　电话：	
	工作单位：　　　　　　　　　　　　　　　　　电话：	
	职业（工种）：　　　　兼职：　　　职业代码：□□□□□□　类别：	

<table>
<tr><td rowspan="10">被保险人资料</td><td colspan="2">姓　名：</td><td colspan="4">有效证件类型：□身份证　□军人证　□护照　□其他</td></tr>
<tr><td colspan="2">证件号码：□□□□□□□□□□□□□□</td><td colspan="4">出生日期：　　年　　月　　日　　周岁</td></tr>
<tr><td colspan="2">性　　别：□男　□女</td><td colspan="4">婚姻状况：□已婚　□未婚　□离婚　□丧偶　□其他</td></tr>
<tr><td colspan="2">住　　址：</td><td colspan="4">邮编：□□□□□□　　电话：</td></tr>
<tr><td colspan="2">收费地址：</td><td colspan="4">邮编：□□□□□□　　电话：</td></tr>
<tr><td colspan="2">工作单位：</td><td colspan="4">电话：</td></tr>
<tr><td colspan="2">职业（工种）：　　　　兼职：</td><td colspan="4">职业代码：□□□□□□　　类别：</td></tr>
<tr><td rowspan="4">家庭保单请填写</td><td>配偶姓名</td><td></td><td>性别</td><td>出生日期</td><td>年　　月　　日</td></tr>
<tr><td>子女姓名</td><td></td><td>性别</td><td>出生日期</td><td>年　　月　　日</td></tr>
<tr><td>子女姓名</td><td></td><td>性别</td><td>出生日期</td><td>年　　月　　日</td></tr>
<tr><td>子女姓名</td><td></td><td>性别</td><td>出生日期</td><td>年　　月　　日</td></tr>
</table>

受益人资料	满期、生存保险金受益人：姓名：　　　　性别：□男　□女　与被保险人关系：
	证件类型：　　　　　　证件号码：□□□□□□□□□□□□□
	出生日期：　　年　　月　　日
	身故保险金受益人：姓名：　　　　性别：□男　□女　与被保险人关系：
	证件类型：　　　　　　证件号码：□□□□□□□□□□□□□
	出生日期：　　年　　月　　日
	若受益人超过一人，请在特别约定栏内注明，除另指定分配方式外，本保单之利益由相对应的所有受益人平均分配。附加家庭保单时，被保险人之配偶及子女身故受益人为被保险人本人。

投保事项	交别：□年交　□半年交　□季交　□月交　□趸交
	保费交付方式：□自动转账：＿＿＿＿＿＿□自交　□人工收取
	开户银行：＿＿＿＿＿＿＿＿账号：□□□□□□□□□□□□□□□□□□□
	利差返还方式（本项仅适用于"利差返还"型险种）： □抵交保费　□储存生息（本栏如未选择，本公司按"储存生息"方式处理）
	保险起期：自　　年　　月　　日起　　　保险期限：□终身　□定期（　年） 交费期：　　年　　　　　　　　　　　约定领取年龄：　　周岁

主险	投保项目	保险金额或份数	投保档次	标准保费
				元

续表

		投保项目	保险金额	保险费	投保项目	保险金额	保险费
投保事项	附险	意外伤害保险	万元	元			
		意外伤害医疗保险	万元	元			
		住院医疗保险	档次：	元			
		住院安心保险	档次：	元			
		万寿两全保险	万元	元			
		保费合计：（大写）　　拾　　万　　仟　　佰　　拾　　元　　角　　分					
		￥　　　　　元					

业务员姓名：　　　　　　　投保单号码：　　　　　　　业务员代码：

险　　别：　　　　　　　营 业 部：　　　　　　　暂收收据号：

业务员手机：

说明栏	上述健康、财务及其各项告知，若答复"有"或"是"时，请注明序号及对象（投保人或被保险人），并在说明栏中详细说明。如有诊治，请告知原因、日期、医院名称及诊治结果；如有负债请告知债务情况。对本投保书及告知内容，本公司承担保密义务。		
	序号	说明对象	说明内容

特别约定：

投保声明栏	本人对投保须知及所投保险种的条款，尤其是保险人责任免除条款均已了解并同意遵守。如有告知不实，保险人有权解除保险合同，对于合同解除前发生的保险事故，保险人不承担保险责任。 投保人签章：　　　　　　监护人签章：　　　　　　被保险人签章： 日期：　年　月　日　日期：　年　月　日　日期：　年　月　日

（公司内部作业栏，客户无须填写）

业务员报告书

1. 投保人或被保险人有无身体缺陷或其他疾病？

_____ □有　□无

（不涉及投保人保费豁免的，只回答被保险人）若"有"请说明：

2. 投保人、被保险人是否有危险嗜好或从事危险活动？□有　□无

若"有"请说明：

3. 您估计投保人的年收入约为_____万元，来源：

4. 投保人的家庭财产约为_____万元。

业务员声明

所投保险种的条款、投保单各栏及询问事项确经本人如实向投保人说明，由投保人、被保险人亲自告知并签章。如有不实见证或报告，本人愿负法律责任。

营业部经理签名：　　　业务员代码：　　　业务员签名：　　　年　月　日

核保意见栏

□标准体承保_____□次标准体承保_____□附加特别约定_____□延期_____□拒保_____□其他

核保要求	生调重点	核保结论

核准保费：（大写）　　拾　万　仟　佰　拾　元　角　分￥　　元

核保人签章：　　　　　　　　　　日期：

初审		暂收：	
		复核：	
预收		问题件处理	

编码：

健康告知（如保险条款中涉及投保人保费豁免事项，投保人栏必须填写）

投保人	被保险人	询问事项
有无	有无	
☐ ☐	☐ ☐	1. 近期体况： 最近 6 个月内是否有新发的或以往既有的任何身体不适症状或体征？如反复持续头痛、眩晕、胸痛、咯血、气喘、腹痛、便血、紫斑、消瘦（体重短期内下降超过 5 千克）、视力下降。
☐ ☐	☐ ☐	2. 近期诊治： 最近 6 个月内是否接受过医师的诊察、治疗、用药，对其结果医师是否提出检查、治疗、住院或手术建议？
☐ ☐	☐ ☐	3. 2 年内健康检查： 过去 2 年内接受的健康检查（如血压、尿液、血液、肝功能、肾功能、心电图、X 光、B 超、CT、核磁共振、脑部等），检查结果有无异常情形或被医师建议接受其他检查？
☐ ☐	☐ ☐	4. 住院史：过去 5 年内曾否住院？
☐ ☐	☐ ☐	5. 过去曾否患有下列疾病？ 霍乱、肺结核、脊髓灰质炎、肝炎病毒携带；癌症、肿瘤、何杰金氏病、囊肿、结石；甲状腺疾病、糖尿病、甲状旁腺疾病、肾上腺疾病、高脂血症、痛风；贫血、血友病、紫癜、脾脏疾病；精神疾患、抑郁症、神经官能性疾患、儿童多动症；脑膜炎、脑炎、脊髓炎、神经麻痹、癫痫、脑部疾病、脊髓疾病、白内障、青光眼、视网膜或视神经病变；风湿热、风湿性心脏病、高血压病、继发性高血压、冠心病、肺心病、心肌炎、传导阻滞、心律失常、心脏病、脑中风、血管疾病、下肢静脉曲张；肺炎、支气管炎、肺气肿、哮喘、支气管扩张、肺大泡、胸膜炎、气胸；慢性胃炎、肠炎、消化道溃疡或出血、疝、肠梗阻、肝炎、脂肪肝、肝肿大、肝硬化、肝功异常、胆石病、胰腺疾病；肾炎、肾病、肾衰竭、肾盂积水、多囊肾、性病；红斑狼疮、脊椎疾病、类风湿性关节炎、风湿病、肌肉、骨骼、关节疾病；结缔组织疾病；自体免疫性疾病；先天性疾病、遗传性疾病；脑外伤后综合征、内脏损伤、中毒。
☐ ☐	☐ ☐	6. 身体残障情况： 有无智能障碍；有无失明、聋哑、跛行或小儿麻痹后遗症；有无语言、咀嚼、视力、听力、嗅觉、四肢及中枢神经系统机能障碍；有无脊柱、胸廓、四肢、五官、手指、足趾缺损或畸形？
☐ ☐	☐ ☐	7. 您或您的配偶是否曾接受验血而得知为艾滋病毒阳性反应？

□ □	□ □	8. 妇女栏（女性请填写）： ① 目前是否怀孕，若有，怀孕_____周？ ② 目前是否有乳房肿块、疼痛、血性溢乳等不适感觉及异常发现？ ③ 目前是否有阴道不规则流血、白带异常、下腹痛等不适感觉及异常发现？ ④ 过去曾否患乳房、子宫、子宫内膜移位、卵巢等的疾病而接受医师的诊察、治疗、用药和住院手术？ ⑤ 过去曾否因异常妊娠、分娩而住院治疗或手术（包括剖腹生产）？
□ □	□ □	9. 少儿栏（2 周岁以下填写）： ① 出生时体重_____千克，有无难产、窒息、先天性疾病或畸形？ ② 有无体重不增或增长缓慢？有无肺炎抽搐、腹泻等疾病？
□ □	□ □	10. 不良嗜好及过敏史： 过去有无使用镇静安眠剂、迷幻药及其他违禁药物或吸食有机溶剂、毒品或有酒精中毒、药物中毒？有无对某物过敏的历史？
□ □	□ □	11. 有无职业病，如尘肺、慢性铅中毒等？
□ □	□ □	12. 有无参加飞行、潜水、拳击、赛车等危险运动或嗜好？
□ □	□ □	13. 被保险人有无吸烟习惯？每天_____支，约有_____年历史。
□ □	□ □	14. 被保险人有无饮酒习惯？（若有，请在说明栏内说明酒的品种、酒精度数、每周饮酒数量及历史）
□ □	□ □	15. 被保险人有无机动车驾驶执照？
□ □	□ □	16. 家族史： 被保险人的双亲、子女、兄弟姐妹是否患有心脏病、中风、高血压、肾脏疾病、癌症、血友病、糖尿病、甲状腺疾病、高脂血症、风湿性疾病、精神病患、肺结核、哮喘、病毒性肝炎、性病、艾滋病等遗传性疾病？
□ □	□ □	17. 家庭栏：被保险人配偶及子女是否有以上 1～12 项情况？（附加家庭保单时，请告知）

身高体重栏：被保险人身高_____厘米，体重_____千克。

财务及其他告知

□ □	□ □	18. 有无负债？
万元	万元	19. 每年固定收入约：
□ □	□ □	20. 主要收入来源：（请填写：工薪、个体、私营、房屋出租、证券投资、银行利息，其他请说明）
□ □	□ □	21. 目前是否有人身保险单或已在申请本保险以外的人身保险？
□ □	□ □	22. 过去 2 年内是否曾被保险公司解除合同或申请人身保险而未被承保、延期或附加条件承保？
□ □	□ □	23. 过去有无人身保险金的索赔？

（二）投保单填写基本规则

投保人填写投保单时，应实事求是地如实填写各项内容，确保填写的资料完整、内容真实。否则，投保人在投保单中填写不实或有意隐瞒真实情况，则会导致保险人拒绝承保。即使侥幸订立了保险合同，一经查证属实，保险人亦有权解除保险合同。

具体来讲，投保人填写投保单时，应注意以下各点：

1. 投保书填写时应字迹清楚、字体工整；一切告知项不能为空，在填写时使用正楷字体，字迹要清晰，投保书保持整洁，避免发生涂改。如由于笔误发生的更改，一般应重新填写一份投保书。投保书应使用黑色墨水笔或黑色签字笔填写，不宜使用铅笔、圆珠笔或蓝色笔填写。

2. 姓名、生日均以身份证为准。投保人的姓名或名称应当用投保之时的法定姓名或名称，户口簿（身份证）上登记的公民姓名或在主管机关（如工商行政管理部门或民政部门）登记注册的法人名称。

3. 年龄必须以身份证为准，如果未过生日，年龄＝投保当年－出生年－1；如果已过生日，年龄＝投保当年－出生年。

4. 投保人、被保险人的关系不能为空；地址、邮编不得为空，填写清楚；交费地址要求至少是省内有分支机构的地区；对难以辨认或不清晰的字用铅笔在旁边注明。

5. 工作单位不能为空。如为个体，须告知具体的经验内容。

6. 投保人的职业或经营范围，应当填写投保人在投保之时，所从事的职业或主管机关批准的经营范围。具体的职业，不要用工、农、商、学、兵等简单写法。而应当写出具体的工作性质，如司机、教师、纺织工、大学生等。

7. 投保人的地址要详细写清地址全称。如果住所地（户籍所在地或法人注册地）与其居所地（居住地或法人营业地）不一致时，应当分别填写清楚。

8. 投保的保险标的应当填写清楚。人身保险的投保单，则应就投保生存、死亡、伤残、劳动能力、疾病及其医药费支出等标的予以明确填写。

9. 当身故受益人为两人以上的，在"其他声明"栏注明受益人姓名、证件号码、生日、性别、与被保险人的关系、受益份额、受益顺序。

10. 缴费方式为银行转账的，须填写委托银行代扣协议书，注明银行转账账号，账号持有人与投保人必须为同一人。

11. 如健康告知选择"是"，必须在说明栏中详细说明，如是否吸烟，选择了"是"，就要注明吸烟数量及时间。

12. 签名处应当在投保单上亲自签名或盖章。如果是文盲的，可用右手拇指画押，不要用手指模来替代。

（三）人身保险投保提示书

除了填写投保书之外，销售人员还应该指导投保人仔细阅读《人身保险投保提示书》，并由投保人亲笔签名、填写日期。同时由销售人员填写投保单号码、销售人员代码信息并签名确认。

人身保险投保提示书样本如下。

单证编码：FYY20060161

版　　本：V1.0

版本时间：2011 年 9 月

百年人寿保险股份有限公司人身保险投保提示书

（中国保险监督管理委员会"保监发（2009）68 号"）

尊敬的客户：

人身保险是以人的寿命和身体为保险标的的保险。当被保险人发生死亡、伤残、疾病等风险事故时或者达到合同约定的年龄、期限时，保险公司按照保险合同约定给付保险金。人身保险具有保障和长期储蓄功能，可以用于为人们的生活进行长期财务规划。为帮助您更好地认识和购买人身保险产品，保护您的合法权益，中国保监会请您在填写投保单之前认真阅读以下内容：

一、请您确认保险机构和销售人员的合法资格

请您从持有中国保险监督管理委员会颁发《经营保险业务许可证》或《保险兼业代理许可证》的合法机构或持有《保险代理从业人员展业证书》的销售人员处办理保险业务。如需要查询销售人员的销售资格，您可以要求销售人员告知具体查询方式，或登录保险中介监管信息系统查询（网址：http://iir.circ.gov.cn）。

二、请您根据实际保险需求和支付能力选择人身保险产品

请您根据自身已有的保障水平和经济实力等实际情况，选择适合自身需求的保险产品。多数人身保险产品期限较长，如果需要分期缴纳保费，请您充分考虑是否有足够、稳定的财力长期支付保费，不按时交费可能会影响您的权益。建议您使用银行划账等非现金方式缴纳保费。

三、请您详细了解保险合同的条款内容

请您不要将保险产品的广告、公告、招贴画等宣传材料视同为保险合同，应当要求销售人员向您提供相关保险产品的条款。请您认真阅读条款内容，重点关注保险责任、责任免除、投保人及被保险人权利和义务、免赔额或免赔率的计算、申请赔款的手续、退保相关约定、费用扣除、产品期限等内容。您若对条款内容有疑问，您可以要求销售人员进行解释。

四、请您了解"犹豫期"的有关约定

1 年期以上的人身保险产品一般有犹豫期（投保人、被保险人收到保单并书面签收日起 10 日内）的有关约定。除合同另有约定外，在犹豫期内，您可以无条件解除保险合同，但应退还保单，保险公司除扣除不超过 10 元的成本费以外，应退还您全部保费并不得对此收取其他任何费用。

五、"犹豫期"后解除保险合同请您慎重

若您在犹豫期过后解除保险合同，您会有一定的损失。保险公司应当自收到解除合同通知之日起 30 日内，按照合同约定退还保险单的现金价值（现金价值表附在正式保险合同之中，您若存在疑问，可要求保险公司予以解释）。

六、请您充分认识分红保险、投资连结保险、万能保险等人身保险新型产品的风险和特点

1. 如果您选择购买分红保险产品，请您注意以下事项：分红水平主要取决于保险公司的实际经营成果。如果实际经营成果优于定价假设，保险公司才会将部分盈余分配给您。如果实际经营成果差于定价假设，保险公司可能不会派发红利。产品说明书或保险利益测算书中关于未来保险合同利益的预测是基于公司精算假设，不能理解为对未来预期，红利分配是不确定的。

2. 如果您选择购买投资连结保险产品，请您注意以下事项：您应当详细了解投资连结保险的费用扣除情况，包括初始费用、买入卖出差价、死亡风险保险费、保单管理费、资产管理费、手续费、退保费用等。您应当要求销售人员将投资连结保险账户价值的详细计算方法对您进行解释。投资连结保险产品的投资回报具有不确定性，投资风险完全由您承担。产品说明书或保险利益测算书中关于未来保险合同利益的预测是基于公司精算假设，不能理解为对未来的预期，实际投资可能盈利或出现亏损。如果您选择灵活交费方式的，您应当要求销售人员将您停止交费可能产生的风险和不利后果对您进行解释。

3. 如果您选择购买万能保险产品，请您注意以下事项：万能保险产品通常有最低保证利率的约定，最低保证利率仅针对投资账户中资金。您应当详细了解万能保险的费用扣除情况，包括初始费用、死亡风险保险费、保单管理费、手续费、退保费用等。您应当要求销售人员将万能保险账户价值的详细计算方法对您进行解释。万能保险产品的投资回报具有不确定性，您要承担部分投资风险。保险公司每月公布的结算利率只能代表一个月的投资情况，不能理解为对全年的预期，结算利率仅针对投资账户中的资金，不针对全部保险费。产品说明书或保险利益测算书中关于未来保险合同利益的预测是基于公司精算假设，最低保证利率之上的投资收益是不确定的，不能理解为对未来的预期。如果您选择灵活交费方式的，您应当要求销售人员将您停止交费可能产生的风险和不利后果对您进行解释。

七、请您正确认识人身保险新型产品与其他金融产品

分红保险、投资连结保险、万能保险等人身保险新型产品兼具保险保障功能和投资功能，不同保险产品对于保障功能和投资功能侧重不同，但本质上属于保险产品，产品经营主体是保险公司。您不宜将人身保险新型产品与银行存款、国债、基金等金融产品进行片面比较，更不要仅把他作为银行存款的替代品。

八、选择健康保险产品时请您注意产品特性和条款具体约定

健康保险产品是具有较强风险保障功能的产品，既有定额给付性质的，也有费用补偿性质的。定额给付性质的健康保险按约定给付保险金，与被保险人是否获得其他医疗费用补偿无关；对于费用补偿性质的健康保险，保险公司给付的保险金可能会相应扣除被保险人从其他渠道所获的医疗费用补偿。请您注意条款中是否有免赔额或赔付比例的约定、是否有疾病观察期约定。如果保险公司以附加险形式销售无保证续保条款的健康保险产品，请您注意附加健康保险的保险期限应不小于主险保险期限。

九、为未成年子女选择保险产品时保险金额应适当

如果您为未成年子女购买保险产品，因被保险人死亡给付的保险金总和应符合中国保监会的有关规定。其主要目的是为了保护未成年人权益，防止道德风险；同时，从整个家庭来看，父母是家庭的主要经济来源和支柱，以父母为被保险人购买保险，可以使整个家庭获得更加全面的保险保障。

十、请您如实填写投保资料、如实告知有关情况并亲笔签名

我国《保险法》对投保人的如实告知行为进行了明确的规定。投保时，您填写的投保单应当属实；对于销售人员询问的有关被保险人的问题，您也应当如实回答，否则可能影响您和被保险人的权益。为了有效保障自身权益，请您在投保提示书、投保单等相关文件亲笔签名。

十一、请您配合保险公司做好客户回访工作

各保险公司按规定开展客户回访工作，一般通过电话、信函和上门回访等形式进行。为确保自己的权益得到切实保障，您应对回访问题进行如实答复，不清楚的地方可以立即提出，要求保险公司进行详细解释。请您投保时准确、完整填写家庭住址、邮编、常用联系电话等个人信息，以便保险公司能够对您及时回访。

十二、请您注意保护自身的合法权益

如果您发现销售人员在保险销售过程存在误导销售行为，或认为自身权益受到侵犯，请注意保留书面证据或其他证据，可向保险公司反映（百年人寿保险股份有限公司投诉电话 4006 - 999 - 100）；也可以向当地保监局或保险行业协会投诉；必要时还可以根据合同约定，申请仲裁或向法院起诉。

投保须知

感谢您信赖并选择百年人寿保险股份有限公司（以下简称"本公司"）！为维护您的合法权益，敬请您在投保时注意以下事项：

1. 填写投保书之前，请您详细阅读投保书、保险条款、产品说明及利益测算书（如有），理解您所购买的险种内容，特别是保险责任、免除保险人责任、告知义务、合同的解除、犹豫期、前3年度退保金额、签名要求等各项关键信息。

2. 请您选择合适的基本保额及保险期间。对于选择分期缴纳保险费的，请您根据自身的财务状况，选择适合的缴费期间和缴费金额。如果您无法持续缴纳保险费有可能导致合同效力中止或保险合同解除。

3. 投保人、被保险人对于本公司询问的事项具有如实告知的义务。若因故意或者因重大过失未履行如实告知义务，足以影响本公司决定是否同意承保或者提高保险费率的，本公司有权解除合同。所有告知事项以书面告知为准，口头告知无效。

4. 父母以未满18周岁的子女为被保险人投保含有死亡责任的保险时，本公司对于被保险人所有有效保险合同在其18周岁以前的身故保险金额累计给付不超过中国保险监督管理委员会的规定限额。

5. 本公司可能会要求被保险人进行体检、或要求补充其他材料。根据有关情况，本公司可能会要求增加保险费、附加条件承保、延期承保或拒绝承保。

6. 在您交付首期或一次交清交费保险费，本公司同意承保并签发保险单的条件下，本保险合同开始生效。本公司承担的保险责任从载于保险单上的生效日零时开始。

7. 人身保险的投保人在保险合同订立时，对被保险人应当具有保险利益。

8. 投保书应由投保人、被保险人/或其法定监护人亲自签名，否则合同无效。以死亡为给付保险金条件的合同，未经被保险人书面同意并认可保险金额的，合同无效。父母为其未成年子女投保的人身保险不受此限制。

9. 本公司将使用短信或 E-mail 方式为您提供各类通知或对账单服务（例如，续期保险费交费通知、续期保险费催交通知、续期保险费转账成功对账单等），请您在投保时选择接受本公司的短信及 E-mail 服务。如果您需要其他的服务方式，请您致电本公司的客户服务专线 4006－999－100，提出您的需求。

请您认真阅读、确认并亲自签署这份《人身保险投保提示书》和《投保须知》，这份经您亲自签名的《人身保险投保提示书》和《投保须知》将成为保险合同的一部分。

> 声明：本人已详细阅读《人身保险投保提示书》和《投保须知》，充分了解并确认各项提示和须知内容。
>
> 投保人亲自签名：　　　　　　　　投保申请日期：　　　年　　　月　　　日

为获得全面的保障，请您在投保时综合考虑本公司人寿保险、人身意外保险和健康保险等产品。

（四）销售人员报告书

保险销售人员对投保人和被保险人的各项情况了解后应填写销售人员报告书，这也是核保的重要资料之一，销售人员报告书是保险销售人员对保险公司的工作汇报，所以要如实填写。

销售人员报告书样本如下。

中国平安人寿保险股份有限公司

业 务 员 报 告 书

业务员姓名：　　　　　　　　　业务员部组：

业务员代码：　　　　　　　　　投保书条形码：

A. 被保险人有关资料（所有申请，必须填写此部分）

1. 姓名：　　　　　　性别：　　　　　　年龄：

2. 学历：① 硕士 ② 本科 ③ 大专 ④ 中专 ⑤ 高中 ⑥ 初中 ⑦ 小学 ⑧ 其他

3. 你认识被保险人多久？

4. 投保经过：

① 业务员推销　② 客户自己提出　③ 客户单位提出　④ 其他

5. 投保目的：

① 保障家庭收入　　　② 投资理财　　　③ 作为贷款抵押（请提供贷款证明）

④ 保证子女教育费用　⑤ 保全遗产　　⑥ 养老保障　　　⑦ 医疗费用保障

⑧ 关键人物保险　　　⑨ 其他

6. 目前从事何种职业？　　　　　　　　　　　从事本职业年限：　　　　年

7. 估计全年收入（包括基本工资和红利）：去年　　　万元　　前年　　　万元

8. 从外观看，被保险人是否成病态或有生理缺陷？① 是　② 否，若是，请说明。

9. 你是否曾听闻被保险人有疾病或接受医生治疗？① 是　② 否，若是，请说明。

B. 投保人有关资料（如投保人非被保险人本人，必须填写此部分；若投保人与被保险人为同一人，则仅填写 4~7 项部分）

　　1. 姓名：　　　　　　　与被保险人关系：

　　2. 学历：① 硕士 ② 本科 ③ 大专 ④ 中专 ⑤ 高中 ⑥ 初中 ⑦ 小学 ⑧ 其他

　　3. 目前从事何种职业？　　　　　从事本职业年限：　　　年

　　4. 估计全年收入（包括基本工资和红利）：去年　　万元　前年　　万元

　　5. 家庭住宅所有权状况：① 租用 ② 自置 ③ 按揭 ④ 亲属住房 ⑤ 单位住房 ⑥ 其他

　　6. 出行交通工具：① 私家车　② 公务车　③ 公共交通　④ 其他

　　7. 投保人兴趣爱好：① 文艺 ② 影视 ③ 旅游 ④ 体育 ⑤ 购物 ⑥ 投资 ⑦ 数码产品 ⑧ 宠物 ⑨ 收藏 ⑩ 餐饮 ⑪ 其他

　　8. 投保人拥有本公司以外的产品：① 无 ② 证券账户 ③ 信用卡 ④ 人身保险 ⑤ 财产险 ⑥ 信托投资 ⑦ 其他

C. 高额保件（本次投保人身险保额 50 万元以上）招揽过程说明：（请说明与投保人的认识途径，招揽的时间、地点、方式）

> 业务员声明：
> 　　以上报告的情况属实，如有不实见证或报告，本人知道该承担相关责任。
>
> 　　业务员签字：　　业务员联系电话：　　　　　年　　月　　日

（五）其他单证

除了上述几个必备资料之外，还有一些根据投保户的不同情况需要填写的单证，如《婴幼儿健康状况补充问卷》、《残疾问卷》、《高风险职业问卷》、《饮酒问卷》、《特殊业务爱好及运动问卷》、《出国人员问卷》等其他各种补充问卷。

➤ **知识拓展**

中国人寿保险股份有限公司
银行自动转账授权书

声明：投保人、被保险人（以下简称授权人）自愿授权中国人寿保险股份有限公司（以下简称保险公司），委托本授权书指定的开户银行（以下简称转账银行），从本授权书指定的账户（以下简称转账账户）内，以保险合同约定的交费方式，按期划付下述保险合同约定之各期保险费，或将保险合同约定之各期保险金（包括生存保险金、年金、利差及红利等）划转到本授权书指定的账户内。同时，郑重声明已仔细阅知、理解下述各项规定并同意遵守。

1. 同意保险公司在保险合同规定的保险费交付日期和宽限期内的任意时间，委托转账银行划付到期应付保险费。并同意在上述保险费划付期间存入足够资金以备转账银行划付保险费。

2. 同意保险公司在保险期间届满前根据被保险人的短期险连续投保情况进行重新审核，按续保责任开始时被保险人的年龄和职业、无赔款优待、上年度保额等费率计算因子，重新计算合同保费，并有权决定是否对承保条件作出相应调整。

3. 分期付费保险合同效力中止后，本授权书效力同时中止，保险公司暂停委托转账银行划付保险费/划转保险金。合同效力恢复后，本授权书效力随即恢复。

4. 本授权书自授权之日起生效，持续有效至授权人通知终止授权、或授权账户终止、或保险合同交费期满、或保险合同效力终止时。

5. 同意终止授权或变更账户、通讯地址时，在当期保险费交付或下一个保险金领取日30 日前向保险公司递交书面通知。

6. 因不可归责于转账银行、保险公司的事由，导致不能及时划付保险合同到期应付保险费或划转保险金、划账错误等责任，由授权人承担。

申请事项			□授权	□变更	□终止	申请日期	
序号	保险合同号	投保人	投保人权益款项			被保险人	
1			□续保/期保费 □借款还款 □红利/利差				□生存金 □养老金 □期满金
2			□续保/期保费 □借款还款 □红利/利差				□生存金 □养老金 □期满金

投保人权益 转账授权	账户所有人：　　　　　证件类型□身份证□其他　　　　　证件号码： 与投保人关系：　　　　开户银行：　　　　　　　　　账号：
被保险人权益 转账授权	□转入续期交费账户　　□转入新账户（如勾选此项，请继续填写下栏） 账户所有人：　　　　　证件类型□身份证□其他　　　　　证件号码： 与被保险人关系：　　　开户银行：　　　　　　　　　账号：
投保人联 系信息	通讯地址：　　省/直辖市　　　市　　　区/县 邮编：　　　手机：　　　办公电话：　　　家庭电话： □连带变更本人其他保险合同的联系方式

投保人签名：	被保险人或其监护人签名：	账户所有人签名：

若委托他人代办填写以下内容：（提示：本公司不受理以委托形式代转账领款账户授权业务）
现委托　　　先生/女士（有效证件号码：　　　　　）前往贵公司办理有关本保单申请项下　　　事宜。
本委托授权有效期为　　　天。（委托日期同本申请书的申请日期）
代办人与委托人关系：□本公司服务人员　□亲属　□朋友　□其他

委托人签名：	委托人手机号：	代办人签名：	代办人手机号：
以下栏目由工作人员填写			

处理意见：

受理人：　　　受理日期：　　年　　月　　日　　　作业流水号：

活动2　索赔

➤ 活动目标

了解人身保险索赔的基础知识和活动要点。

➤ 活动内容

1. 两位学生一组，1人扮演索赔者，1人扮演业务员；

2. 业务员指导索赔者正确填写人身保险索赔申请书。

➤ 活动指导

一、索赔的概念

（一）定义

人身保险索赔是指被保险人或其受益人在保险标的遭受损失后或保险期满或保险合同约定事项出现时，按保险单有关条款的规定，向保险人要求给付保险金的行为。

（二）索赔的前提条件

被保险人或受益人在进行索赔时，必须符合下列条件，保险人才会受理。

1. 被保险方必须对保险标的具有保险利益，他才有资格索赔。

2. 被保险方必须在损失前的保险期间及索赔时抱着诚信的态度，也就是说要透露一切重要事实，而且不作虚伪陈述，因为稍微背离这个原则，可能都给予保险人拒绝赔偿或给付的口舌。

3. 所投保的损失确实已经发生，并且不是由其本身过失或其他蓄意引起的。

4. 必须在保险单上规定的时间内尽快通知保险人，如保单上未作规定时，就必须在合理时间内通知保险人，除非保险单上明文载明。

5. 必须向保险人提供发生事故的证据，并说明损失的详细情节。

6. 索赔必须符合法律规定。

7. 索赔金额必须按合同规定。

二、索赔的流程

确定申请人→熟悉保险合同→及时报案→提供索赔材料→领取保险金

（一）确定申请人

并不是每个人都有资格申请保险金的给付，在人身保险中，申请人可以是被保险人或受益人。一般情况下，伤残给付、医疗费（津贴）给付、重疾给付应由被保险人本人提出申请；如被保险人无民事行为能力，则由其法定监护人提出申请。而死亡保险金则由受益人提出申请，没有指定受益人时，则由法定继承人作为申请人提出申请；如受益人或继承人无民事行为能力，则由其法定监护人提出申请。

（二）熟悉保险合同

在进行索赔时，应该仔细阅读手中的保险条款，明确保户所投保险的有效期限、保险责任、保险免除责任和保险金给付办法等，实务中很多理赔纠纷，其实是索赔人没有理解合同条款所致，如不是保险合同范围承保的风险发生，但是受益人没有仔细看合同，就想当然的认为投了保，保险公司就得管，但是保险公司接到报案后，发现不属于自己的保险责任，结果双方产生了矛盾。

（三）及时报案

如果发生的事故符合被保险人所参加保险的责任，申请人可在合同约定的时间内通过电话或上门向保险公司理赔部门报案。申请人在报案时应说明如下内容：出险的时间、地点、原因；被保险人的现状；被保险人姓名、投保险种、保额、投保日期；联系电话、联系地址等。也可以由索赔申请人委托其代理人办理索赔。代理人需出具索赔申请人的委托书和身份证明以及代理人本人的身份证明。

（四）提供索赔材料

人身保险申请索赔时，一般应提供以下基本材料：

1. 人身保险合同；
2. 人身保险金给付申请书或索赔申请书（受益人需要在申请书上签名）；
3. 被保险人发生意外伤害事故的证明文件；
4. 被保险人的门急诊病历和住院证明（包括出院小结和所有费用单据）；
5. 被保险人、受益人身份证明和户籍证明。

保险金给付申请书样本如下。

新华保险索赔申请书

赔案号：

	姓名		性别		与出险人关系	□本人 □配偶 □父母 □子女 □其他		
申请人信息	证件类型	□身份证　□其他			证件号码			
	证件有效期限	20　年　月　日			国籍		职业	
	联系方式	手机			固定电话		电子邮箱	
	联系地址	省/直辖市　　市　　区/县　　乡镇/街道						
	领款方式	□银行转账□现金			开户银行			
	银行账号							
出险人信息	提示：如申请人与出险人为同一人，以下重复信息可免填写							
	姓名		性别		联系地址			
	证件类型	□身份证　□其他			证件号码			
	证件有效期限	20　年　月　日			国籍		职业	
	联系方式	手机			固定电话		电子邮箱	
	申请理赔类型：□身故□伤残□高残/全残□重大疾病□医疗□特种疾病□保费豁免□失能/失业							
事故经过	时间	20　年　月　日	地点					
	详细经过：（如曾住院，请填写住院资料，需明确医院名称、起始日期、疾病诊断名称等）							

续表

	保险合同号码	授权变更项目
1		□固定电话　□手机　□联系地址　□电子邮箱
2		□连带变更本人其他保险合同的上述项目

保险合同变更授权：若本申请书载明的本人固定电话、手机、电子邮箱或联系地址与本人保险合同相关项目不一致，本人同意贵公司按本申请书内容对保险合同进行保全变更。

□出险人在其他保险公司投保	承保公司	
□出险人已经获得第三方赔偿	给付机构	

委托信息栏	是否委托：□否□是　若是，请务必认真填写《委托授权书》

<table>
<tr><td rowspan="5">委
托
授
权
书</td><td colspan="6">1. 向贵公司递交索赔申请材料及受领退回的申请材料　　□同意　　□不同意</td></tr>
<tr><td colspan="6">2. 接受贵公司的理赔决定通知　　　　　　　　　　　　□同意　　□不同意</td></tr>
<tr><td>受托人姓名</td><td></td><td>联系方式</td><td>固定电话</td><td>手机</td><td></td></tr>
<tr><td>证件类型</td><td colspan="2">□身份证　□其他</td><td>证件号码</td><td colspan="2"></td></tr>
<tr><td colspan="6">说明：本委托的受托对象为除新华人寿保险股份有限公司保险代理人以外的完全民事行为能力人；签署本协议时，应同时提供委托人与受托人的身份证原件及复印件。</td></tr>
</table>

声明及授权：（申请人及受托人请务必认真阅读，以便充分理解本"声明与授权"内容）

1. 本人声明所提交的全部证明文件材料均属实，本申请书上填写内容真实详尽；
2. 本人同意并授权新华人寿保险股份有限公司以本人名义向医疗机构、公安部门、其他组织机构、社会团体、企事业单位及个人索取、查询、调阅、摘抄、复印/制所有理赔相关材料，本授权书之影印件、传真件、扫描件和原件具有同等效力，本人愿承担由此产生的一切法律后果；
3. 因本人或受托人过错导致银行转账不成功、未及时或未全额收取理赔款项的，贵公司不承担责任。

申请人签字：　　　　　　日期：　　　　　　受托人签字：　　　　　　日期：
受理人签字：　　　　　　日期：

（五）领取保险金

申请人应带身份证件，到保险公司领取保险金。人身保险的保险金在保险人就被保险人死亡、或保险期限届满而予以给付，或者保险单兑款给付后，保险单效力经保险人注销而终止；但是，对于被保险人残疾而给付的，保险单原则上继续有效至保险期限届满。有些赔案，保险公司需对保险事故相关情况作进一步了解核实，申请人、代理人以及相关人员应积极配合，以有利于尽快明晰案件事实，提高理赔时效。

➤ **知识拓展**

人身保险索赔提供材料详细清单

● 申请死亡保险金

死亡证明书（区县级以上公立医院或公安部门、人民法院出具）

户口注销证明（户籍所在地公安派出所出具）

受益人身份证明或户籍证明。

保险单正本和最后一次缴费凭证。

● 申请伤残保险金：

司法鉴定机构出具的伤残鉴定证明。

出院诊断证明或门诊病历。

被保险人身份证明。

保险单正本和最后一次缴费凭证。

● 申请重大疾病保险金：

保险人认可的医疗机构出具的重大疾病诊断书。

被保险人身份证明。

保险单正本和最后一次缴费凭证。

● 申请住院医疗保险金：

县级或二级以上医院出院诊断证明。

住院费结账单、结算明细表和出院小结。

被保险人身份证明。

保险单正本（主险和附加险）及最后一次缴费发票。

● 申请意外伤害医疗保险金：

区县级以上（含区、县级）医院证明。

门诊诊疗收据、处方和病历。

住院费收据，结算明细表和出院小结。

被保险人身份证明。

保险单正本（主险和附加险）及最后一次缴费凭证。

● 申请住院补贴保险金：

县级或二级以上医院诊断证明和出院小结。

被保险人身份证明。

保险单正本（主险和附加险）及最后一次缴费凭证，还应提供公司认为必要的事故证明和其他有关材料。

任务2　处理保险人的业务

【任务描述】保险业务流程包括核保、承保、理赔和客户服务。本次学习任务主要介绍这几个业务环节的工作流程和操作技巧，通过学习培养学生完成保险各项业务的专业技能和必备知识。

活动1　核保

➤ **活动目标**

通过学习人寿保险核保的发展历程和核保流程，能完成一般的保单核保工作。

➤ **活动内容**

1. 将学生2人一组，利用前面投保章节中所填写的投保书进行核保的练习；

2. 两位学生互相交换自己填写的投保书，互相为对方检查投保书填写的情况，进行初审；

3. 练习结束后，全班进行讨论，总结一下投保资料填写中常见的错误有什么。

➤ **活动指导**

人寿保险的核保是指当人寿保险公司收到投保单时，由公司的核保人员加以审核，以确定投保的被保险人的风险程度，并做出相应的承保或拒保的决定工作。

一、人身保险核保的产生与发展

人身保险核保产生的理论基础来源于风险的同质性和公平合理经营的原则。保险经营过程其实就是一个分散风险和分摊损失的过程，但在承保的风险中所必须注意的是，这种风险必须是同质风险，这样才能借以科学计算和厘定保险费率。但另外一方面，人身保险是以人的寿命或身体为保险标的的，而人自身的属性又具有多重性。就自然属性而言，其具有从出生到死亡这一系列过程的客观属性；就其社会属性而言，则又有种族、国别、民族、教育程度、环境、收入等的区别。所以，保险公司在以大数法则为基础制定保险费率的同时，在一定条件下，如年龄、性别的相同，还应考虑其他一些因素，如健康状况和生活、工作的环境等，并根据这些因素影响的程度，加以考虑保险费率的增减。正是在对这种风险同质性和公平合理经营原则的从无到有，并逐步深入的认识过程中，核保也逐步得以发展。

早在18世纪以前，人身保险几乎是无任何核查措施，采取来者不拒的方式，但随着这种方式的风险和缺乏公平和理性的逐渐暴露，使得很多承保公司均无法维持正常的运营。所以，以后的寿险经营者开始试图根据投保人的年龄、性别等来做出一些选择。

到1706年，美国长期保险公司则已经采取将被保险人的年龄段限定在12～45岁，以及被保险人还必须接受保险公司的询问和有关健康状况、经济地位的调查等一系列措施。而英国公平人寿保险公司于1762年成立后，则第一次采用均衡保险费厘算保险费率，对超出一定条件的投保者，额外加收保费，开始了人身保险费率建立在科学的基础上的历程。1794年，美国北美保险公司则首先为保险人进行普通体检，并以该结果作为核保依据。随后，其他保险公司纷纷效仿。此后，体检也就成了核保的必要项目。到了1811年，体检转由医师来进行，保险公司对健康状况不良者则加收10%的保险费，由此开始了保险公司的体检医师制度。

随着人寿保险业务的不断发展，以及科学手段的增加，1919年纽约人寿保险公司推出了"数理查定法"。即通过对各种不同的影响死亡率的因素赋值，增加死亡率的因素赋以正值，反之，则为负值，最后加总得出终值，并以此来确定费率。这一方法的确立，使医务查定的功能得到真正发挥，同时也使保费的增加真正建立在科学的基础上。这一方法从而也得以沿用至今，并且还在不断地发展完善。

在现代，特别是计算机的广泛应用，各种信息互联网的形成，极大地推动了人类信息化过程。寿险的核保也和其他学科一样，借助现代的科技成果，为自身的发展奠定了良好的基础。从而在如何更全面、完整、系统地控制风险方面进入了一个新的发展阶段。

二、人身保险核保的意义

核保工作在保险市场竞争日益激烈的今天，尤其具有重要的意义。

1. 通过核保工作，可以为投保客户提供适当的保险费率。费率其实就是保险商品的价格，其高低应当与保险的成本保持合理的关系。在竞争性的市场上，任何一个保险公司都必须根据过去的经验，订立一套有差别的费率制度，在对保险危险的程度加以鉴定之后，对特定危险决定适用的合理费率。在良好细致的核保工作中，可以尽可能地克服技术上的限制，不仅做到危险分类分级，而且可以分辨同类危险的程度的不一。

2. 通过核保，提供合理费率，可以维护公平的原则，从而增强保险公司的竞争地位。衡量危险程度，提供适用费率，是要达到"同等危险，同等负担；同等费率，同等保障"的投保客户彼此之间的平等关系。只有这样，保险人在公开竞争市场上才可以维护老客户，招揽新客户，形成业务经营的良性循环。

3. 通过核保工作的开展，对危险进行必要选择，可以达到危险的有利分配，保证保险公司的正常经营与合理利润。

进行危险的选择，并不是不要危险发生，这样的话，保险公司的存在就没有任何意义了。保险人所追求的，不过是不要发生超过一定费率所预期发生的人身危险。这里包括两个方面，其一是危险的品质分配，即选择的危险不仅是可保危险，而且每一类危险都应具有相当的一致性，即指危险的种类、大小与金额等而言，要注意到同种危险细节上的差异所可能导致的保险责任的高低不同。其二是危险的地域分配，即一类相同品质危险如果集中在同一地区，也有造成巨大损失的可能性，因此承保时要注意危险的分散。当然这些都是可以通过再保险的运用而实现所谓的有利分配的。但有利的再保条件仍需要承保方面适当的选择与分配。核保与再保的相互运用，通常可以使得承保业务实现最优。

三、人身保险核保的内容

寿险的风险因素是指有可能对死亡率造成影响的因素。由于寿险是以死亡率为基础的，所以诸多能影响死亡率的因素在核保中就不能不予以考虑。只有在确定各种因素后，并综合权衡才能最终决定承保条件。这些因素包括政治的、社会的、经济的、环境的、医学的、自然的以及个人的等。具体来说，有以下几大类因素。

（一）生理因素

1. 年龄。年龄是影响死亡率的首要因素，也是最重要的因素，因此，对年龄段的设定是寿险决定是否承保及适用何种费率的重要参考。一般情况下，5 岁之前和 50 岁以后的死亡率相对要高。在这个年龄段之间的死亡率则相对要低些，但即便是处于这一个年龄段之间，年龄的不同，其死亡率仍有很大的差异。在医学上，年龄对于判断疾病的发生率、病种及预防都有一定的价值。这是因为不同的年龄段，其一些常见病的发生率是截然不同的。一般来说，年幼者以急性病的患病率为高，治疗效果好。而人到中年以后则是以慢性病的患病率为高，而且治疗效果不是太理想。凡此种种，在不同年龄段，险种、保额等相应地都是有所不同的。

2. 性别。性别是仅次于年龄需要考虑的因素。一般情况下，女性的平均预期寿命除在妊娠期间外总是要高于男性。而且，男性社会交往频繁，从事的危险性行业较女性要多，也更具冒险性，以及不良嗜好也多，因此，男性的意外发生率较女性要高得多。所以，在相同条件下，很多国家都采取女性低于同龄男性一定费率来计算保费。此外，不同的性别，对于寿险的需求也是不一样的。一般而言，女性在寿险方面的需求相对要小些。这主要是因为，男性通常是家庭收入的主要来源，一旦男性出现不测，将会给整个家庭带来很大的影响，因此男性通常更需要保险的保障。但随着各国的形势发展，在需求这一问题上，也逐渐有些变化。

3. 健康状况。寿险的费率是根据人群死亡率而制定的，而一个人的健康状况对死亡率的影响是至关重要的。在这一因素当中，首先得注意既往病史。过去曾患过某种疾病或外伤都成为既往病史，疾病的出现使得死亡率可能增加。但一般而言，急性类的疾病在治愈以后对人的寿命基本上是没什么影响。而某些慢性类疾病，由于不容易治愈，所以对死亡率的影响相对也就大些。所以，在核保时，这一点是不能不考虑的。其次是现有病症。现有病症指的是被保险人在参加保险时仍有的未被治愈的病症。在这一环节上，也是得依不同性质的病症做出不同的承保决定。再次是体格是否适度、血压值、心跳频率等是否正常。因为这些的正常与否预示着种种疾病的有无或将来疾病发生的可能性等。此外，今天的健康已不仅局限于身体无病的物理状态，同时还包括健康的行为、良好的心理状态，健全的性格等，因为不健康的行为，不好的心理状态、扭曲的性格，同样会导致疾病，乃至死亡。所以，后者在寿险的发展过程中也越来越受到重视。

4. 家族史。这里的家族史除了包括家族病史所涉及的家族遗传和某些疾病遗传倾向外，还包括家族平均寿命、家族背景、家族习俗的因素。由于人的生理病理的生命现象通常受到基因的影响，尤其是家族遗传基因的影响。尽管基因对寿命长短的控制并未完全被解释清楚，但基因在其中的作用则是显而易见的，所以上一辈的平均寿命也自是会影响到下一代的寿命预期，但这并不表明就可以完全忽视其诸如社会、自然等因素对疾病的影响。另外，家族的一些传统习俗，总是会导致一些特定的疾病患病率增加或减少。这样的话，在核保时，就必须区别对待，对于其中的增加或减少的疾病患病率必须综合考虑，才能做出适当的承保。

（二）非生理因素

1. 职业。职业的不同，其所具有的危险程度不同，对死亡率的影响也不同。职业按其危险度可分为事故危险职业、健康危险职业、工作环境危险职业。在寿险核保时，这也是一个非常重要的因素。在了解被保险人职业时，必须清除其所从事职业的具体工作岗位及工种和工作性质，以确定其所属哪一类职业，然后再确定是否承保或费率。一般的寿险公司都订有危险职业的最高保险金额及附加危险保险费明细表，以作为核保的依据。当职业变更时，应予以重新划分职业类别，并审定新的保险费率。特别注意的是，某些曾长期从事危险职业的人尽管变更职业但仍需慎重考虑。

2. 嗜好。在这里，嗜好主要是指一些不良的生活习惯，如吸烟、酗酒，尤其是毒品的滥用等。这些都严重危害人的身心健康，甚至增加突发死亡的可能。现代生活条件，嗜好的存在与否对死亡率的影响越来越大，这已成为核保时不能不关注的因素。

3. 环境。环境包括自然环境和社会环境。自然环境主要是居住环境、工作环境等。社会环境则包括人际关系、周边社会状况等。环境对人的影响已是众所周知，好的环境对人的生存与发展无疑起着良好的促进作用，对降低死亡率的作用也是明显的。而恶劣的环境势必对人的身心健康造成不利影响，从而增加死亡率。所以，环境也就不可避免地成为寿险核保必须考虑的因素之一。

4. 经济状况。这一方面要从投保人来看，看他是否有足够的收入来承担保费，另一方面，从受益人来看是否其现有收入与将来可能的收益相差过于悬殊。这一因素的考虑，也是基于避免出现道德风险。核保人员接到保单的时候，应核查所投险种和保险金额是否与其年龄、职业、婚姻等尤其是经济收入是否相符。一般参加保险人员，对于所要投保的险种和保险金额都有明确的认识，如果险种与保险金额出现明显的不相符，那么此时的重新审核是十分必要的。

5. 投保动机。顾名思义，就是投保者参加保险的目的。投保动机可以从投保人、被保险人、受益人之间的保险利益关系中有所发现。它主要考虑是否存在道德风险问题，这主要可以结合被保险人的年龄、职业、健康状况、经济状况、嗜好、以往记录、有否隐瞒重要信息以及投保险种、交费方式等方面予以考察。

6. 保费缴纳方式。一般而言，保费的缴纳方式是采取自愿的方式，它一般不影响保险合同的实质内容。但在实务中，缴纳方式仍是作为是否存在道德风险的判断依据之一。如果投保申请选择趸交的时候，道德风险相对要小些，以年交方式次之，若投保人坚持以月交方式投保高额保险，特别是有保险费豁免和意外事故加倍给付的险种中，则核保人要进一步多加调查，以弄清真实原因，再作决断，必要时甚至可以考虑拒绝该种投保。

四、人身保险核保的资料

为了充分考虑各项风险因素，核保人员就必须要有足够的信息资料，并从中进行筛选、分析、判断，去粗取精，去伪存真，最终得出以翔实、准确、可靠的评估结果，为核保的顺利完成奠定良好的基础。核保所需信息，基于上述必须考虑的风险因素，一般从以下几方面来获取。

(一) 投保单

投保单是核保的第一手资料，也是最原始的危险选择记录。投保单是保险合同的重要组成部分之一，其实质是投保人向保险公司提出需要提供风险保障的申请书，是投保人及被保险人的投保意愿的书面报告，其内容涉及投保人和被保险人的基本情况。投保单是一个非常重要的资料来源。从投保单的各项填写内容可以了解投保人和被保险人一般情况，以及投保人、被保险人、受益人之间的关系等。核保就是要从这些信息当中来判定被保险人的危险等级，以及适用何种险种与保险费率。并且投保单还是保险契约的一部分，是整个核保过程中重要的法律依据。

(二) 调查问卷

调查问卷主要是获得补充告知和具体的健康状况。尽管投保单上的内容涉及很广，但涉及具体的情况还不是很详细，所以必须借助调查问卷来对情况进行更深入的了解，否则将无法进行正确的危险评估。这种形式尤其适用于那些保险金额不高，保险费也不多，而体检费用却又较大的情况。调查问卷一般含有疾病起病时间、病情发展情况、治疗情况、目前的情况等一些项目，甚至还有些是专门为某类病例所设计的。通过这一调查问卷形式更能提高危险判断的准确率。

（三）体检报告

体检报告在信息收集当中也是非常重要的。体检报告较其他形式具有更高的科学性、客观性、准确度和直接性。其主要适用那些保险金额巨大的保件。在这种情况下，被保险人一般被要求到指定的医院、医疗机构或人寿保险公司的专门体检机构进行相关的项目严格体检，以获得足够的健康资料。因为这种保额巨大的保件，如果不进行严格的体检，一旦发生风险，将使公司面临巨额赔付，甚至影响到公司的运营和其他保户的利益。另外，体检还得非常注意被体检人与被保险人是否相符，谨防冒名顶替。最后，体检医师必须做出体检结论及健康状况的评价。

（四）以往病历

疾病由于某些特性，即便在一定时期内被治愈仍有可能复发，或给人留下后遗症等，因此增加了危险因素。但如果能彻底治愈而又不会复发或无后遗症的疾病，则对寿险评估无任何影响。对于前者由于在当期已可能无法觉察，这就得靠查阅以往病历来进行了解，确定其风险程度。查阅被保险人的以往病历一般必须征得本人的同意。通过查阅病历，有可能了解投保客户更多的客观情况，可以帮助核保人员提高对被保险人的健康状况和危险程度评估的准确度，尤其是那些投保人无法详尽告知的情况，更加适用这种方式。

（五）客户调查

客户调查是又一获取核保资料的重要途径，同时也是核保的一个重要步骤，通过对被保险人的直接与间接的调查来获取相关资料。由于存在逆选择的问题，所以在承保前后对被保险人深入细致地调查仍是十分重要的。客户调查有利于保险公司控制风险，稳健经营，同时有助于提高服务质量，维护广大保户利益，提高保险公司信誉，还有助于查缺补漏，及时补救，杜绝逆选择。客户调查一般分为直接调查和间接调查。直接调查就是面对面地对客户进行查问。间接调查则是对被保险人除自身之外的周边的人进行查问。查问内容主要是被保险人的健康状况、经济状况等是否符合投保要求。但客户调查不管是直接调查还是间接调查，由于诸多原因多少存在一些主观的东西，所以这一点在实践当中是必须注意的。如果在客户调查中发现问题，必须再作认真的核查，并视具体情况做出相应反应。

（六）财务报告

这主要是针对高额保件而进行的，各国视具体情而有所不同。国内 10 万～20 万元以上为高额，50 万元以上为巨额，最高限额为 200 万元。由于高额保件的存在势必增加潜在的公司经营风险，所以一般公司都对之采取审慎的态度。一旦有高额保件，公司必须对被保险人做出其财务报告，以切实了解其投保目的，有无续保能力，保费是否与其收入相称等。财务报告主要包括被保险人的职业、投保人和被保险人的收入主要来源、资产状况，以及以往保险状况等。

五、保险公司核保的流程

人身保险核保流程如图 6-2 所示。

（一）营销人员核保

营销人员核保被称为"第一次风险选择"。营销人员在销售保险过程中，对客户的投保

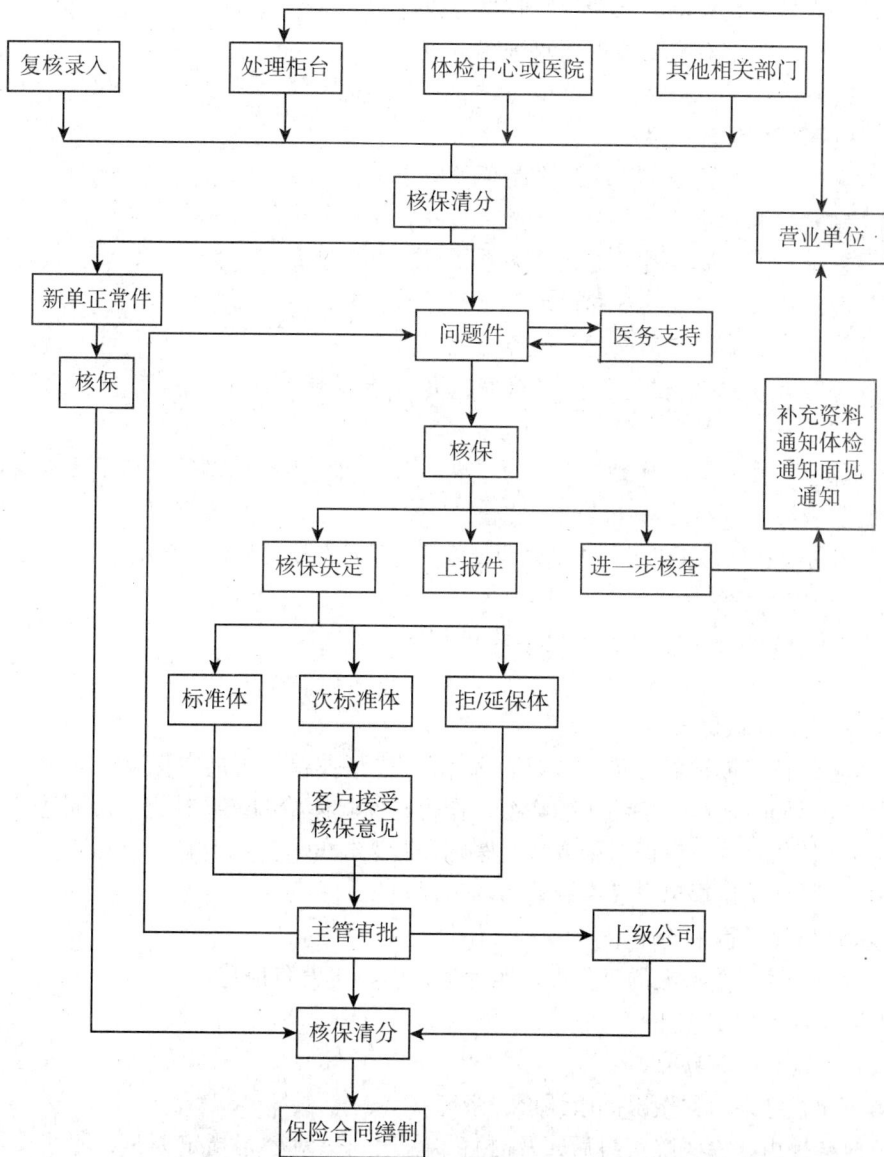

图6-2 人身保险核保流程

动机、财务状况、家族情况、健康情况、生活习惯与环境、职业及工作情况等较公司其他人员了解得更加清楚。通过良好的营销人员核保，寿险公司在营运上可避免逆选择，健全经营；提高工作效率；减少保险纠纷。

营销人员核保的过程并非是在短时期内完成的，而是和整个展业、促成过程密切相关、逐步深入的，其主要的核保内容包括面晤、观察、询问、了解投保人的经济能力、填写报告等方面。

营销人员在亲自接触投保人和被保险人时，可以了解投保动机，指导投保人填写投保单，对被保险人的健康状况和生活环境进行观察；通过交谈了解投保人的经济能力等情况，进行初步的风险筛选。

随后营销人员将投保书、保费暂收收据等投保文件交给保险公司的初审内勤，初审内勤会按照寿险公司的规定对有关投保资料进行审核。

小贴士：初审内勤审核内容

1. 投保书及相关报告书、通知书是否填写完整。

2. 投保人和被保险人的年龄都应该为周岁。

3. 身份证是否填妥，是否有性别关系错误，身份证是否过期。

4. 收费地址及所属地区的邮编填写是否详细、准确。

5. 被保险人职业、工种与类别是否匹配。

6. 健康与财务告知栏是否全部填写，是否有说明，说明是否同投保书提示项目相符。

7. 投保人、被保险人及营销人员的签名，以及营销人员所属部门标记是否完备。

8. 营销业务人员报告书是否填写完全。

9. 缴费方式选择委托银行转账方式的投保书是否附有《委托银行代扣保险费协议书》。

10. 是否有过多涂改或应重填项目。

11. 暂收收据回收时，正式收据签收栏是否有客户签字。

（二）体检医师核保

体检医师的核保被称为"第二次风险选择"。投保体检尽可能在保险公司的体检机构由专任医师进行，同时还应与特约医院联系，作为对保险体检的必要补充，从而达到危险选择特别是健康评估的目的。专任医师或特约医师在听取告知和进行身体检查后，要出具体检报告书，还应对核保结论提出自己有影响力的核保建议。

体检医师核保过程中要注意：

1. 体检前要核对受检人的身份证、照片等，以防止冒名顶替；

2. 引导受检人如实告知；

3. 按要求检查所有项目；

4. 填写检查结果，并做出健康评价，亲笔签字；

5. 体检结果由体检医院密封后，及时直接送达到保险公司指定人员，不可交给受检人或业务员代为转交。

（三）核保员核保

核保员核保被称为"第三次风险选择"。核保员核保是指核保人员根据业务人员的报告和投保单再次进行审核，判别是否可以承保或者以何种方式进行承保的过程。

核保人员的核保可以筛选符合保险公司预定死亡率的被保险人，淘汰危险性较高的劣质被保险人，以保证公司经营的安全。另外，根据被保险人的风险程度对被保险人进行细分，划分为标准体、次标准体和非保体，并采用不同等级费率，保证被保险人之间的相对公平性。

核保员核保先要收集投保客户资料，如投保单、代理人报告书、体检报告书、补充告知、健康及疾病问卷、职业及驾驶问卷、既往病史及住院病历、生存调查报告、高额件财务状况报告书、同业资料等，对客户资料进行初步审核，在投保金额较高，告知声明有异常、不全面或核保员在初步审核过程中发现有疑点时，有必要进一步收集有关资料。然后进行综合分析，查定核保手册，并依次确定被保险人所处的危险等级，决定承保的条件。

（四）生存调查

生存调查被称为"第四次风险选择"，是指保险合同成立前后，由保险公司调查人员收集被保险人的各项资料，为承保决定提供依据的风险调查过程。

1. 保险合同成立前的生存调查。生存调查人员要进一步收集资料，辅助核保人员做出可否订立保险合同和承保条件的决定。针对大额的或有疑问的保件，为了避免投保人、被保险人过失未如实告知或故意隐匿，需要进行生存调查。

2. 保险合同成立后的生存调查。保险合同成立之后，如果客户申请变更、复效、加保等项目时需要进行生存调查，通过调查对已成立的保险合同做出相应的处理。

3. 生存调查的方式。

（1）直接调查。直接调查就是和投保人及被保险人见面，了解被保险人的各种情况。这种方法最直接、最经济，但是容易受到对方的抵触，对方也可能会故意隐瞒，不易获得真实的情况。

（2）间接调查。间接调查就是通过与被保险人生活圈中的其他人接触，从这些人的口中得到被保险人的情况，这种方法时效慢、成本高，而且如果客户知道，可能会引起不必要的麻烦，影响保险公司的形象，所以一般用在保额过高，或是有特别危险顾虑的情况。

小贴士：生存调查案例

投保人及被保险人张某，男，32岁，未婚，职业为农民，四川省江安县某乡人。身高175厘米，体重65千克，年收入1.5万元；既往无投保记录；无吸烟史及饮酒史；健康告知无异常；无遗传性家族病史。购买寿险公司某产品1份，风险保额5万元，20年缴，年保费592元。受益人为法定。

核保分析：被保险人为青年男性，职业风险小，受益关系合理，健康告知无异常，投保险种为终身寿险，目的明确，无明显逆选择及道德风险，其累计风险保额5万元，乍一看，可以算得上是一件标准件。但核保员没有放过任何一点蛛丝马迹，通过对被保险人生存地区及生存条件分析，以其175厘米的身高，1.5万元的年收入，在该居住地区无疑是"钻石王老五"级青年，成为异性追逐的对象。而32岁仍然未婚，必有缘由。于是将这张所谓的"标准件"转核保生存调查。

通过生存调查发现，被保险人全身瘫痪，长年卧床不起，没有收入来源，依靠父母及兄长养活。而代理人明知被保险人生存及身体状况，对公司刻意隐瞒事实真相，得知公司进行生调，就自动撤回投保申请。

➢ **知识拓展**

核保专员

核保专员是指保险公司中的一个职位名称。

● **职位描述**

1. 负责公司特定险种的核赔的日常管理工作；

2. 对公司的特定险种核赔经营指标进行监控；

3. 负责权限内保险业务的核保、风险调查、评估及承保方案制订的指导和审核；

4. 负责对超权限的保险业务进行调查、分析，并提交处理意见。

● 入职门槛

学历要求为本科以上，因为核保涉及保险、医学、金融、统计、法律等多方面的知识，因此除了要懂保险、法律外，还应有 2～4 年相关领域的从业背景。另外，对于保险精算原理以及财务管理等方面的知识，也要有一定的了解和掌握。对于没有核保经验的新手来说，一般都要从出单、接报案等初级工作做起。

● 国际认证

北美核保师资格证书。北美核保师协会（ALU）作为一个国际性的核保教育和研究机构，在全球核保界享有极高的地位和荣誉，2005 年全球仅 38 人通过北美核保师资格考试。2005 年 6 月，我国保险业内出现首位获得此证书成为具有国际资质的国际核保师。

● 国内认证

中国人身险核保师。连续从事核保、核赔专业工作 5 年以上，原则上应该获得所在公司首席或首席助理核保、核赔作业授权。对于已获得北美核保师协会（ALU）核保师或国际理赔师资格的人员，可由所在公司直接申请核保师、核赔师候选人资格。考试合格后，由资格考试评审委员会评审并报保监会备案、审批，合格人员将由中国保险行业协会颁发资格证书。

（资料来源：百度百科）

活动 2　承保

➢ **活动目标**

通过了解承保员的工作，熟悉承保的内容和保险公司对承保的管理。

➢ **活动内容**

在老师的指导下，利用保险模拟操作系统，完成一笔业务的承保流程。

➢ **活动指导**

虽然在大多数场合，我们可以说，保险市场总是类似于一种买方市场，但这并不等于说，只要投保人或被保险人需要某种保险，他或她就能够得到。实际上，即使保险中介人不遗余力地劝说投保人购买保险，后者在很多情况下也将受到保险人严格的检查和筛选，只有符合一定条件的投保人和被保险人才能被保险公司接受为其消费者。这个过程，从保险公司的角度来说，就是保险承保。

一、承保员的主要职能

承保员是在保险合同上签署自己的名字，对风险作出接受、拒绝、部分接受等各种抉择的人。承保的总目标是选择和保持能够使公司的利润迅速增长的业务。围绕着这样一个总目标，承保员的职能主要包括确定供需规模、确定价格、确定保单条件和承保条件分析等四项内容。

（一）确定供需规模

保险公司可能每天都要收到许多投保申请，那么，是不是承保员将接受所有的投保申请并发售保单呢？在现实中，保险公司不可能接受所有的申请者，这是由于逆选择和公司的承保能力这两个因素的存在。

逆选择通常是与信息的非对称相联系的。对于任何一家保险公司来说，它当然预期到了赔偿损失的问题，否则保险也就没有存在的必要了。然而，从投保人的角度来说，那些有很大可能遭受风险损失的人要比一般的人更希望购买保险。例如，一个身患癌症的人就比一个健康的人对保险的需求更强烈；一个经常出车祸的人也比驾驶车辆非常小心谨慎的人更希望购买保险。这种对于投保者个人来说是有利的选择，对于保险公司来说，显然是一种很不利的选择。

承保能力成为限制公司接受新业务的理由在于：第一，保费实际上是保险人对投保人的负债。保险人接受的保单越多，其负债越大。同时，发售新保单还意味着保险人要支付新的费用，像保单的制作、代理人的佣金、展业成本等。第二，如果公司接受的业务太多，损失和费用又超过了净承保保费，公司就必须动用以前的盈余来偿还债务。因此，保险公司必须在其业务容量允许的范围内保持业务的增长，以便维持公司经营的稳定。

（二）确定价格

由于风险的特征和风险因素是在不断变化的，费率也必须得到修正以反映这些变化。虽然费率是由精算师确定的，但承保员的工作也是定价过程中的一个非常重要的部分。事实上，对一些罕见的风险和损失标的来说，其费率就是由承保员根据以往的经验来决定的。从这个意义上来看，承保员也是一个费率的制定者。

（三）确定保单条件

一般来说，大多数被保险人都适合于标准保单。在西方国家，标准保单通常是由一个权威机构制定的。从这一点来看，不同的公司发售同一险种的保单可以说没有太大区别。但是，各公司也可以根据自己的情况，使用所谓的非标准保单，即公司自己制定的保单。

在大多数场合，保单条件的决定是很简单的，即承保员只是向投保人提供一个他所需要的保单，并不修改附加条款；但在另一些场合，承保员与投保人可能要就险种、保险条件、免赔数额、除外责任和附加条款等进行进一步的协商。协商的最后结果与标准保单相比可能有很大的不同。

（四）承保条件分析

承保员要定期地检查风险因素、损失状况和被保险人的其他情况，以便观察这些条件和因素是否发生了重大改变。如果一个被保险人的风险因素增加了，那么承保员就要对他进行重新归类。例如，从可接受的投保人的类别中转到不可接受的投保人类别中。假定一个被保险人将他的住所搬到了一处生产有毒气体的实验室附近，那么，承保员就可能需要提高他的保费，以反映风险因素的增加这一客观事实；或者不接受该投保人的续保。

二、承保的流程

承保决定是在每一份保险申请、续订保单和附加条款的基础上做出的。承保过程主要包括信息的收集和整理、风险的识别和分析、承保的抉择和实施等步骤。

（一）信息的收集和整理

承保员是在综合各种信息和个人判断的基础上做出有关承保的决定的，为了做出决策，承保员需要从各个方面得到各种信息，以便分析每个申请者所具有的潜在的损失。在保险业发达的国家，信息的来源主要有：

1. 中介人。包括保险代理人、保险经纪人等。中介人通常能够提供一些并不包括在申请表上的一些信息，如对申请者的个人评价。

2. 消费者调查报告。一些独立的消费者服务机构将调查和提供有关未来或潜在的被保险人的背景材料和信息。

3. 体检报告。这主要是用于人寿与健康保险的场合。报告的内容包括身高、体重、腰围、胸围、血型、心肺和神经系统等。一般来说，投保数额越大，体检的项目就越详细。

4. 地区销售经理。许多保险公司都有地区销售经理，这些人通常长期与保险代理人或经纪人打交道，了解情况，因此，他们经常能够提供一些与投保人有关的有用的信息。

5. 中介人的经营业绩。在评价投保申请时，承保员通常十分重视代理人和经纪人的经营业绩。

（二）风险的识别和分析

对于承保员来说，一旦得到了所需的信息，他就必须识别和分析投保人所具有的或呈现出的一些风险因素。确定了这些风险因素以后，他就必须做出分析，对投保人的情况进行总体评估，然后决定。风险因素的识别和分析主要包括以下几方面：

1. 有形风险。即提高损失发生的可能性和严重性的个人、财产和经营的物质方面的特征。

2. 道德风险和行为风险。这两种风险都属于无形风险。相对于有形风险来说，无形风险较难识别，但承保员还是可以通过一些线索和指标，如投保个人或单位的财务状况，投保人的生活习惯和个性等观察了解到。

3. 法律风险。通常有几种情况：主管当局强制保险人使用一种过低的保费标准；要求保险人提供补偿范围很广泛的保险；限制保险人使用撤销保单和不予续保的权利等。除了风险因素本身，承保人还应当审查投保人在风险控制和防范方面所做的一些积极有效的工作。

（三）承保的抉择和实施

做出承保抉择。对于承保员来说，经常面临着如下三种抉择：接受投保；拒绝投保；接受投保，但要做出一些变动。第三种情况最需要承保员的创造性活动。当要做出选择时承保员必须同时考虑风险单位、风险因素、保单期限和条件，以及保费等各种条件。通常来说，承保员不应当孤立地考虑某一个因素，除非在一些极端场合，这一个因素极端的糟糕，以致不论投保人其他条件多么好，承保员也不愿接受他。

实施抉择。一般来说，每一个承保员都是有自己的业务范围和授权范围的。在此范围内，承保员可以拒绝或接受投保，然后再将此转至下一个部门。但如果投保单超出了承保员的授权范围或业务范围，就只有向上一级主管部门或经理的建议权而没有批准权。通常来说，上一级主管或经理可以对承保员的建议做出三种决断：批准，否定，将投保单转给更专业的承保员或高级承保员处理。

三、保险公司对承保的管理

承保管理是保险公司经营风险的总关口，承保质量如何，关系到保险公司经营的稳定性和经营效益的好坏，同时也是反映保险公司经营管理水平高低的一个重要标志。目前，随着我国保险市场主体日益增多，保险竞争日趋激烈，同业公司间为争夺业务资源竞相压价，使得市场费率持续走低，既增添了保险公司业务拓展的难度，又加大了经营管理风险。在这种状况下，如果承保管理工作跟不上，对风险听之任之，后果不堪想象。保险公司必须通过加强风险分析，科学厘定费率，合理承担风险责任，把好每一笔业务的入口关，确保每一笔业务的质量，才能持续获得稳定的承保利润，进而实现又快又好地发展。

保险公司承保管理有四个主要任务：第一，建立经营目标，以补充或支持公司的总目标；第二，管理人员应当告诉承保员怎样完成这些特定的目标；第三，管理人员必须定期检查承保员的工作，以便判断他们是否按照公司制定的承保指南的要求去做的，是否满足了承保的目标；第四，承保管理者必须不断地修改承保指南，以适应客观情况的变化。

➤ **知识拓展**

承保中的风险标准

1. 标准风险。属于标准风险类别的人有正常的预期寿命，对他们可以使用标准费率承保。大多数被保险人面临的风险属于这类风险。

2. 优质风险。属于这一风险类别的人，不仅身体健康，且有良好的家族健康史，无吸烟、酗酒等不良嗜好。对该类被保险人，在基本条件与标准相同的情况下，保险人在承保时可适当给予费率的优惠，即按照低于标准的费率予以承保。

3. 弱体风险。属于弱体风险类别的人在健康和其他方面存在缺陷，致使他们的预期寿命低于正常的人，对他们应按照高于标准的费率予以承保。

（资料来源：保险知识大讲堂）

活动 3   理 赔

➤ **活动目标**

熟悉人寿保险理赔流程，熟悉理赔要素，具备理赔业务操作的技能。

➤ **活动内容**

在老师的指导下，利用保险模拟操作系统，完成一笔业务的理赔流程。

➤ **活动指导**

理赔是指应投保方申请保险金的请求，保险人以法律规定和合同约定为依据，审核认定保险责任并给付保险金的业务。

一、人身保险理赔的原则

（一）重合同守信用的原则

保险人应依据保险合同的约定进行理赔，不得无故拒赔或进行不合理赔付。

（二）实事求是的原则

保险人应本着以实事求是的原则来进行保险核赔，而不能仅考虑自身的经济利益而损害被保险人或受益人的权益，遇到复杂赔案时应根据实际情况进行灵活处理。

（三）主动、迅速、准确、合理的原则

保险人在收取保险费后就承担了保险事故发生后的理赔义务，因此当保险事故发生时，保险人应主动、迅速地采取行动，并客观、准确、合理地估算理赔金额，及时将保险金给付给受益人。

小贴士：人寿保险理赔的时效问题

保险人对保险事故的发生要承担给付保险金的责任，同时被保险人或受益人也应承担保险事故发生的通知义务，只有及时通知了保险人才有利于保险人展开调查和准确的核赔。

因此，我国的《保险法》在第 26 条明确规定：人寿保险以外的其他保险的被保险人或者受益人，对保险人请求赔偿或者给付保险金的权利，自其知道保险事故发生之日起 2 年不行使而消灭。人寿保险的被保险人或者受益人对保险人请求给付保险金的权利，自其知道保险事故发生之日起 5 年不行使而消灭。

二、人寿保险理赔的特殊性

与财产保险和其他非寿险险种比较起来，寿险理赔具有自身的特殊性。

（一）寿险保险金给付的确定性

寿险合同一般是定额给付，只要约定的保险事故发生，保险人不得就保险金额进行增减。

（二）寿险理赔不适用损失补偿原则

由于人的生命是无价的，因此不存在损失金额的衡量与补偿问题，自然寿险理赔中对由损失补偿原则派生出来的比例分摊原则和代位追偿原则同样不适用。

（三）寿险理赔中不存在对施救费用进行补偿的问题

被保险人发生疾病、意外等原因而造成的死亡所导致的医疗费用、救治措施等虽然是合理的、必要的支出，但不能要求保险人承担，保险人也仅对合同约定的给付金额进行给付而不承担其他费用。

三、人身保险理赔环节与流程

通常情况下，人身保险理赔要经历下列流程：接案、立案、初审、调查、理算、复核审批、结案归档七个环节。

（一）接案

接案是指被保险人发生保险事故后，保险人接受客户的报案和索赔申请的过程。

投保人、被保险人、受益人自其知道保险事故发生后应及时通知保险人，申请保险金给付。此部分在前面索赔环节有具体介绍，此处不再详述。

> **小贴士：保险人的接案要求**
>
> 接案人员要准确记录报案时间；引导和询问报案人以便掌握更多的案情；准确设定报案编号，确认出险人身份。接案人员应根据所掌握的案情，依相关理赔规定判断案件性质以及是否需要采取适当的应急措施，并在《报案登记表》中注明。对于应立即展开调查的案件，如预计赔付金额较大或社会影响较大的，应尽快通知理赔主管及调查人员展开调查；对于应保留现场的案件，应通知报案人采取措施维护现场。

（二）立案

立案是指保险公司的理赔部门受理客户索赔申请并按公司相关规则对索赔案件进行登记和编号的过程，以使案件进入正式处理阶段。

1. 索赔资料的提交。索赔申请人应填写《索赔申请书》并提交相关的单证资料。若委托他人代为办理，还需提交委托代理的授权委托书。

2. 索赔资料受理。保险公司在收到索赔申请书后一般在3日内对索赔资料进行审核，并分别做出以下处理：单证齐全且符合立案条件的，予以立案；不符合立案条件的，不予立案，并将决定及理由及时采取书面方式通知申请人，退还原始单证；单证不全的，书面通知申请人补交，待资料符合要求后再行立案。

3. 立案条件。包括：保险合同责任范围内的保险事故已经发生；出险人是保单上载明的被保险人；保险事故发生在保险合同的有效责任期内；索赔申请在索赔时效内提交；提交的相关单证符合要求。

4. 立案处理。对符合立案条件的索赔申请，保险人应及时进行立案登记，生成赔案编号，记录立案时间、经办人等情况，并将所有资料归档后移交下一环节进行处理。

（三）初审

初审是理赔人员对索赔申请案件的性质、合同的有效性、索赔材料等进行初步审核的过程。

1. 案卷移入登记。初审人员接收案卷后应进行移入登记，记录所接案件的报案号、初审人员的姓名、代码及接案时间。

2. 审核保险合同的有效性。初审人员根据保险合同原件、最近一次的缴费凭证等资料来判断申请索赔的保险合同在出险时是否真实有效，特别是出险前后是否有中止复效或其他变动申请的情况。

3. 审核出险事故的性质。初审人员应审核出险事故是否在保险合同保险责任条款约定的事故范围之内，是否是责任免除中的情形等。

4. 审核事故证明材料是否完整、有效。包括判断出险的事故类型、证明材料是否完整齐全、证明材料是否具备法律效力等。

5. 审核出险事故是否需要理赔调查。根据上述步骤，初审人员判断该案件是否需要进行理赔调查，对于需要进行理赔调查的案件，提出初审意见并缮制《理赔调查通知书》，提示调查重点并移交调查人员，等待调查结果出来再提出意见；对于无须理赔调查的，出具初审意见后移交理算人员。

（四）调查

调查是指对保险事故进行核实和查证的过程，它对理赔处理结果有着决定性的影响。

1. 调查的原则。包括实事求是的原则，迅速、准确、全面的原则，双人查勘的原则，回避原则，调查过程中禁止做任何承诺的原则等。

2. 调查的依据。包括有关保险合同的内容，被保险人、受益人的情况，保险事故的疑难点，理赔申请文件是否有效等。

3. 调查的方法。包括现场查勘、调查询问、聘请专业机构鉴定等方式。

（五）理算

理算是指理算人员对索赔案件做出给付、拒付、通融赔付、豁免处理和对给付保险金金额进行计算的过程。理算人员根据出险合同以及类别进行理赔计算并缮制《理赔计算书》与《理赔案件处理呈报表》。

1. 给付理算。对于应正常给付的索赔案件，按保险合同的约定进行保险金给付，应补交保费及利息或归还贷款及利息的，应进行相应的扣除。

2. 拒付理算。对不应进行给付的案件，做出拒付确认并记录原因及意见，对于因此而引起保险合同终止的，如果按约应退还保费或现金价值、归还贷款及利息的，应计算出具体金额；对于合同继续有效的进行注明并将合同置于继续有效状态。

3. 通融赔付。对一些需要进行通融赔付的案件，理算人员做出相关通融赔付金额的确定意见。

4. 豁免保费计算。对于该类案件，理算人员做出豁免确认并将保险合同作"已理算且保费豁免"的处理。

（六）复核审批

1. 复核。复核的内容有出险人的确认、保险期间的确认、出险事故原因及性质的确认、保险责任的确认、证明材料完整性与有效性的确认、理赔计算准确性与完整性的确认等。

2. 审批。已复核的案件根据保险公司的相关规定逐级呈报给有相应审批权限的主管进行审批，并根据审批结果进行相应处理。

（七）结案归档

1. 结案。结案人员根据复核人员送交的理赔案卷的批示进行不同的处理：

（1）给付案件的处理。对继续有效的合同，缮制《批单》一式两份，一份附贴在合同上，交还客户以明示，另一份归档；同时缮制《理赔领款通知书》寄送申请人并将合同作"已结案且合同继续有效"处理。对于终止的保险合同，缮制《理赔领款通知书》寄送申请人并注明保险合同效力终止的原因，同时将保险合同作"已结案且合同终止"处理。

（2）拒付案件的处理。对继续有效的合同，缮制《拒赔通知书》寄送申请人并注明拒赔原因和提示申请人取回相关材料，同时将保险合同作"已结案且合同继续有效"处理。对于效力终止的合同，缮制《拒赔通知书》寄送申请人并注明拒赔原因及合同效力终止的原因，如有退还款项的，同时在通知书中注明应退款项，将保险合同作"已结案且合同终止"处理。

（3）豁免案件的处理。对豁免保费的案件，缮制《豁免保费通知书》寄送申请人并将合同作"已结案且合同豁免保费"处理。

2. 归档。归档是结案人员将已结案的理赔案件的所有材料按规定的顺序排放和装订，并按业务档案管理的要求进行归档管理，以便将来查阅和使用。

人寿保险理赔流程如图6-3所示。

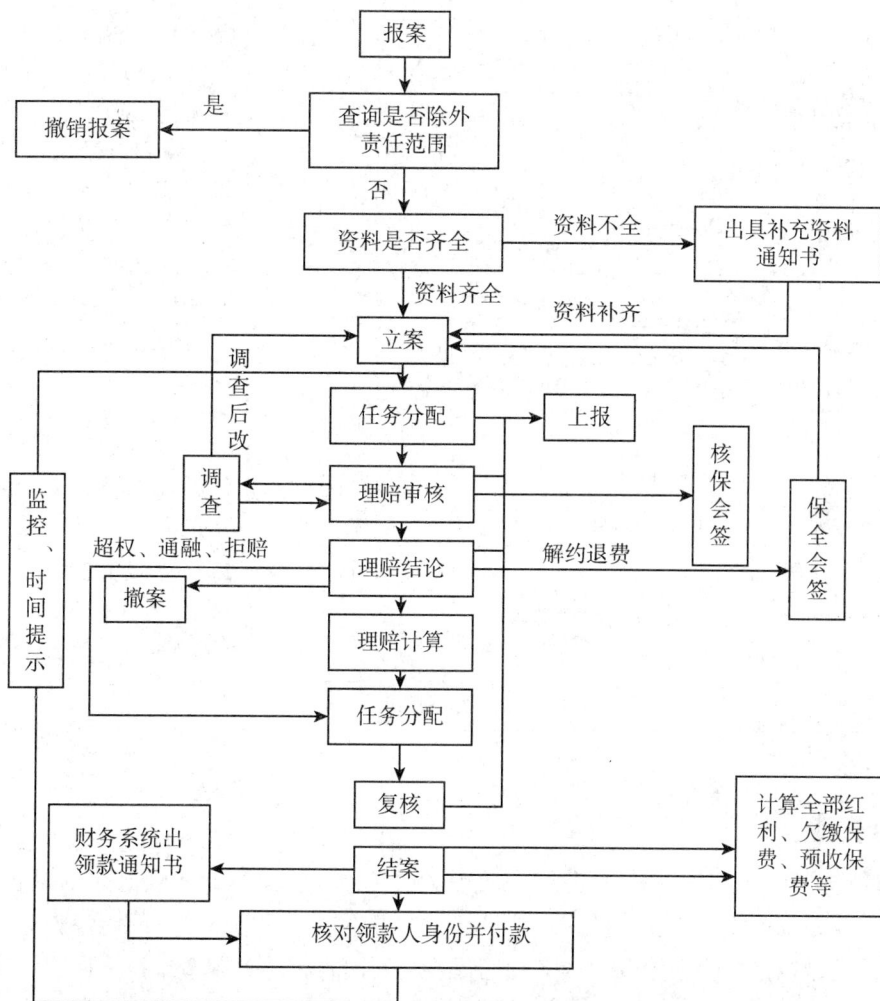

图6-3　人寿保险理赔流程

四、人身保险理赔资料

被保险人或受益人在正确填写理赔申请书和授权委托书，备齐相关索赔材料（表6-2）之后，可通过下列途径递送给保险公司：自己亲自递送到保险公司；委托业务员递送到保险公司；通过邮政途径寄到保险公司。受益人应提供资料原件，案件所需特殊资料由当地理赔部解释。

表 6 - 2 　　　　　　　　　　　　　　所需资料一览

申请项目	应备证件	说明
意外医疗（门诊）	1、2、3、6、8、12	1. 保单；
意外医疗（住院）	1、2、3、7、8、12	2. 人身险理赔申请书；
住院医疗	1、2、3、7、8	3. 被保险人的身份证明；
一般住院津贴	1、2、3、7、9	4. 被保险人的户籍证明；
癌症住院津贴	1、2、3、7、9、10	5. 受益人身份证明和户籍证明；
手术津贴	1、2、3、7、9、11	6. 门诊手册；
重大疾病	1、2、3、7、10	7. 出院小结；
防癌	1、2、3、7、10	8. 医疗费用收据原件；
因患癌症的保费豁免	1、2、3、7、10	9. 医疗费用收据复印件；
生命尊严提前给付	1、2、3、7、10	10. 重大疾病诊断证明书；
疾病身故	1、2、3、4、5、6、7、13、15、16	11. 手术证明；
因疾病身故的保费豁免	1、2、3、4、5、6、7、13、15、16	12. 意外事故证明；
意外身故	1、2、3、4、5、6、7、12、13、14、15、16	13. 居民医学死亡证明书；
因意外身故的保费豁免	1、2、3、4、5、6、7、12、13、14、15、16	14. 法医学鉴定书或医院鉴定诊断书；
疾病残废（高残或全残）	1、2、3、6、7、14	15. 户口注销证明；
意外残废（高残或全残）	1、2、3、6、7、12、14	16. 尸体处理证明；
宣告死亡	1、2、3、4、5、17	17. 法院出具的宣告死亡证明文件。

五、保险欺诈及防范

保险欺诈国际上一般也称保险犯罪。从严格意义上说，保险欺诈较保险犯罪含义更广。保险当事人双方都可能构成保险欺诈。凡投保人一方不遵守诚信原则，故意隐瞒有关保险标的的真实情况，诱使保险人承保，或者利用保险合同内容，故意制造或捏造保险事故造成保险公司损害，以谋取保险赔付金的，均属投保方欺诈。凡保险人在缺乏必要偿付能力或未经批准擅自经营业务，并利用拟订保险条款和保险费率的机会，或夸大保险责任范围诱导、欺骗投保人和被保险人的，均属保险人欺诈。保险欺诈一经实施，必然造成危害结果，有必要严加防范。此处主要介绍投保方的保险欺诈行为。

（一）常见的保险欺诈行为

1. 虚构事实。指投保人、被保险人或受益人在未发生保险事故的情况下，谎称发生了保险事故并索取保险金的行为。

2. 故意不如实告知。指投保人或被保险人在投保时隐瞒既往病史和现有病症，或者隐瞒真实年龄、真实职业等，以达到影响保险人承保的目的。

3. 先出险后投保。指被保险人已发生风险事故，然后为骗取保险金而进行投保并伪造或修改相关凭证以达到骗取保险金的目的。

4. 冒名顶替。将被保险人进行冒名顶替，或者顶替投保，或者顶替索赔。

5. 预谋杀人。投保人先骗取被保险人信任并为其投保，然后谋杀被保险人伪装为意外事故等以诈取保险金。

6. 医患勾结，出具伪证。达到骗取更多保险金的目的。

7. 夸大损失程度。对发生的保险事故，夸大损失程度，借以骗取保险金。

（二）保险欺诈的防范

1. 加强立法和加大司法处理力度，从制度上进行防范。国家通过完善法律法规体系，细化保险欺诈的相关规定，加大处罚打击力度，从而起到威慑作用。

2. 建立严格的承保预防体系，加大风险管控力度。提高核保人员的风险防范意识，提高保险从业人员的道德素质水平，建立一整套科学合理的核保体系并责任到人，从程序上堵塞漏洞。

3. 建立行业保险信息交换系统，加强全社会诚信体系建设，形成畅通的资源共享渠道。保险人在核保时就可通过信息共享、理赔时互通有无来挤压保险欺诈的空间。

4. 加强理赔体系的建设，规范理赔与调查程序，健全审核制度，加强监督管理，从而防止内外勾结、恶意骗保。

5. 加强与其他行业和司法部门的联系与合作。通过加强与医院、交通部门等行业和与公安、交警、法院等国家机关的联系与合作，多方获取相关信息，借助他方的技术力量来达到防止保险欺诈的目的。

6. 加强法制宣传，提高人们的法律意识和社会整体道德水平，从根本上和源头上杜绝保险欺诈产生的土壤。

➤ 知识拓展

保险反欺诈

实际上，自保险业产生以来，保险欺诈便一直如影随形。据有关资料显示，在国际上，保险诈骗金额约占赔付总额的 10% ~ 30%，某些险种的欺诈金额占比甚至高达 50%。保险欺诈早已成为世界各国保险业不得不面对的共同难题。

为了共同防范保险欺诈风险，欧洲 25 个实施市场经济体制国家的保险公司专门组成了跨国界的保险联合体——欧洲保险人联合会。据了解，该联合体成立于 1953 年，总部设在巴黎。自 1992 年欧共体统一市场形成以来，作为经济系统的一个子系统，保险业也形成了统一大市场。欧洲保险人联合会成为全欧洲保险人的唯一代表机构，并成为欧洲保险反欺诈的枢纽组织。

自 1992 年以来，欧洲保险人联合会着手建立起一系列覆盖全欧洲的计算机数据库。在此基础上，于 1994 年开始组建"理赔与承保交换网"（Claims and Underwriting Exchange，CUE）。该网络最重要的数据库主要涉及承保和理赔两个环节。通过在承保和理赔两个环节进行审查、发现并制止恶意投保、确认诚实保户、建立理赔的历史档案以防范潜在的欺诈者等行动，有效应对保险欺诈。随着该网络的全方位运作，保险人还能从数据库中调出过去 3 年中不良索赔案的全部信息，从而在承保和理赔两个环节进行卓有成效的风险防范。

在美国，全美保险反欺诈联盟是一家由政府机构、保险公司、执法机构、学术机构以及消费者协会等共同成立的非营利性组织，成立于 1993 年。其宗旨是协助社会各界不遗余力地与保险欺诈作斗争，协调全美的保险反欺诈工作，减少因保险欺诈给消费者、保险人、政府与各类商业组织带来的损失。此联盟成立后，陆续提供了一系列的立法范式供各州立法机构参考，加强了美国保险反欺诈的基础建设。

通过对保险欺诈的深入研究，全美反欺诈联盟为保险反欺诈工作提供了技术保证，其公开发表的年度报告对保险欺诈产生的原因、后果以及保险欺诈的形式、表现进行了详尽分析，基于实际数据研究得出权威性的结论。不仅如此，该联盟还定期把保险欺诈的典型案例刊登在全美最有影响的报纸和期刊上，让公众了解保险欺诈活动的特点及给社会带来的危害，对培养和提高公众的反欺诈意识和能力起到了很好的效果。

（资料来源：金融时报，作者为张兰）

活动 4　客户服务

➤ **活动目标**

了解人身保险客户服务的主要内容，正确处理客服中的常见问题。

➤ **活动内容**

在老师的指导下，利用保险模拟业务软件，完成下列任务的保全处理：

1. 投保人的联系地址和联系方式变更；
2. 客户办理保单贷款；
3. 客户委托他人办理保险金的部分领取；
4. 客户办理退保手续；
5. 客户办理保单补发手续。

➤ **活动指导**

保险公司的产品销售过程就是对客户的服务过程，而且是一种全面的服务，其过程包括咨询、约访、面谈、缔约、收费等，如果保险标的发生了符合合约规定的保险事故，还要包括审核、理赔、契约变更、附加服务等过程，还有可能发生投保人和保险人之间的法律申诉过程。这些复杂的过程可归结为三类服务：售前服务、售中服务和售后服务。其中售后服务是本节内容的重点。

一、售前服务

售前服务主要是咨询服务。投保人在投保前，需要先掌握有关人身保险的信息，因此，人身保险公司除了通过广告宣传其产品服务以外，还要为客户提供信息咨询服务。咨询服务可以由公司设置专门的咨询服务窗口、开通咨询服务电话或由营销员向客户详细解释的方法来进行。不论通过哪种方式，人身保险公司事前都要对相关咨询服务人员进行培训，保证其精通本公司的服务业务。

咨询服务是营销员推荐保单的第一步，也是最重要的一步，因此，要在提供咨询信息时细致、耐心，从客户的需求出发，洞察客户心理，满足其所需。在客户实际购买保单之后，营销员也可提供咨询服务，通知其保单分红状况，现金价值如何，公司目前经营状况如何等，还可进一步劝说其购买其他产品。

二、售中服务

售中服务是指投保人决定投保后，营销员在合约签订过程中所提供的各项服务，主要是指导投保人如何正确地填写投保书。因为投保书是人身保险合同的重要组成部分，而投保人对此又不甚了解，所以营销员有责任指导其填写，并把其投保后的利益和责任详细地告知投保人，这样才能真正地体现客户的投保意愿，维护客户的正常利益。

三、售后服务

由于人身保险公司提供的人身保险合同都是长期性合同，尤其是终身寿险，保险合同的有效期都很长。在这样长的保险期限内，保险公司和被保险人都会发生很大变化，如被保险人年龄增长、收入增长或有的被保险人工作地点变化等情况，均会使原有保单的保障范围及人身保险金额与保护的实际需求有较大偏差。而保险公司也可能由于技术不断进步而能为客户提供更多更新的服务。这些变化都需要保险公司为客户提供大量方便、及时的售后服务，避免保单的中途失效，真正保障投保人利益。

我们所说的保险保全业务其实就是售后保险公司为了维护现有人身保险合同的持续有效与完整所进行的一系列服务，主要包括：保单变更、保单复效、保单退保、保单迁移和保险合同的补发等服务。

（一）保全业务的基本流程

保全申请→保全复核→保单核保→收付费→保全确认。

（二）保全主要业务内容

1. 保单变更。保险合同是投保人与保险公司双方订立的契约，具有种种法律上的关系。保险合同内容或有关事项如有不符、错误或更动，投保人应办理变更或更正，并经保险公司同意，且批注在保险单上，才开始产生效力。

有关保险合同变更及注意事项主要如下：

（1）保单主体变更。保险合同中存在着四个主体关系，分别是保险人（保险公司）、投保人、被保险人和受益人。其中，被保险人的变更，只能发生在财产保险合同中。在人身保险合同中，保险标的即被保险人的生命或身体，这是保险关系确立的基础，是不能变更的。而投保人和受益人，在可变更范围内。

对于投保人，如果投保人的地址、邮编、联系方式、证件号码等各种资料需要变更，投保人可以提出变更申请。保险公司的受理时间是在保单效力终止前；变更时应准备的文件包括保险单、保全变更申请书、新旧投保人的身份证件。

对于受益人，其变更一般要经过被保险人的同意才能变更，并且要批注在批单中才能生效。保险公司在保单有效期内均可接收受益人变更申请；变更时需要准备保险单、保全变更申请书、新受益人的身份证件、被保险人身份证件和投保人的身份证件（若由被保险人提出则不需要）。被保险人、投保人（投保人必须征得被保险人同意）均可向保险公司提出变更受益人。

（2）保单内容变更。

住所变更。住所或收费地址是合同双方当事人往来与联系的地点。投保人要维护保险权益不致中断，在住所或收费地址有更动时，应即时以书面通知保险公司；投保人若不做通知，保险公司以保险合同记载最后住所或收费地址所发送的通知，视为已送达投保人。

姓名或出生日期更正。被保险人的姓名有错误，将影响各种保险金的申请；出生日期错误，则会影响被保险人年龄计算与保险费率。投保人收到保险单时应立即核对，如有错误或不符，应即时办理更正。

印鉴变更。投保人于投保书上所盖的印章，是行使各种保险权益的印鉴，须自行妥为保存。若因遗失或更换，应亲自到保险公司办理印鉴变更。

缴费方法变更。分期缴付的续期保险费，于各期续期保险费应缴日前，缴费方法皆可申请变更。即月缴、季缴、半年缴及年缴均可相互变更，但实务上，以配合年度内已经交付的月数办理，例如，月缴缴付 3 次保险费可变更为季缴，缴付 6 次可变更为半年缴等。

伤害保险职业类别变更。伤害保险的保险费率，是依据被保险人所从事的职业或职务分类计算，现行职业分类表有八类（含适用特别费率及拒保）。被保险人所从事的职业或职务有变更时，投保人或被保险人应即时以书面通知保险公司。

保险金额变更。长期人寿保险合同于保险契约有效期间内或年金保险于进入年金给付期间前，投保人可以申请变更保险金额。目前主要有主险减保、短期附加险减保、新增短期附加险、新增长期附加险等。

其他客户基本信息如有变化，同样要备齐证明材料到保险公司进行变更申请和变更批注。

2. 保单复效。投保人可在合同效力中止日起 2 年内随时申请复效办理。复效时须填写一系列文件，经保险公司同意并缴付欠缴的保险费，扣除期间的危险保费金额后自次日上午零时起保险合同恢复效力。

一般来说，投保人申请复效时应具备保险合同变更申请书、健康、财务告知及投保人或付费人的银行个人结算账户存折复印件；如果投保人委托业务员或他人前往办理复效，则还应该具备授权委托书、代办人身份证件。

3. 保单退保。退保是指在保险合同没有完全履行时，经投保人和被保险人申请，保险人同意，解除双方由合同确定的法律关系，保险人按照《中华人民共和国保险法》及合同的约定退还保险单的现金价值。

在保险期内投保人可申请退保，如果被保险人申请办理退保，须征得投保人书面同意，并明确表示退保金由谁领取。

投保人可以在犹豫期内退保。犹豫期退保指投保人在合同约定的犹豫期内的退保。一般保险公司规定投保人收到保单后 10 天为犹豫期。通常保险公司会扣除工本费后退还全部保费。如果超过犹豫期退保，就被视为正常退保，通常发生伤残医疗赔付的保单和已进入生存保险金领取期的保单及短期保险不得申请退保。正常退保一般要求保单经过一定年度后，投保人可以提出解约申请，保险公司应自接到申请之日起 30 日内退还保单现金价值。

小贴士：退保的要求

1. 投保人申请退保，合同生效满 2 年且缴费满 2 年，保险公司收到退保申请后退还保单现金价值，投保人缴费不满 2 年的，保险人收取从保险责任开始之日起至解除之日止期间的保险费后，剩余保险费应当退还给投保人。

2. 退保人在办理退保时应当提供以下文件：

投保人的退保申请书，被保险人要求退保应当提供经投保人书面同意的退保申请书。

退保人提供的证明合同成立的保险单及最后一次缴费凭证。

投保人的身份证明。

投保人或被保险人委托他人代为办理的，应当提供投保人或被保险人的委托书、委托人的身份证。

（资料来源：智库百科）

---

4. 保单迁移。如果客户因住所变动或前往外地生活、工作等原因，可以申请将保单由原签单机构迁往该保险公司的其他分支机构继续享受保险合同权益、履行保险合同义务。

　　保单迁移的申请人是投保人，在除犹豫期外的合同有效期内任意时间，都可以申请保单迁移。

　　申请保单迁移时应具备《保全作业申请书》、保险合同原件、最近一期缴费凭证、投保人身份证明原件、受托人身份证明原件（如委托他人办理）。

> **小贴士：保单迁移注意事项**
>
> 　　1. 投保人在迁入机构所在地提出申请，填写《保全作业申请书》，并由投保人、被保险人（如被保险人为未成年人，需由其监护人签名）、委托人（若为委托他人办理）签名同意后，按规定向保险公司提交相关申请资料；
>
> 　　2. 迁出机构和迁入机构均为该保险公司已开业的分支机构；
>
> 　　3. 保单迁移过程中发生的保险事故，以迁出日期的零时为标准界定责任，即迁入机构自迁出日期零时起承担保险责任，迁出机构承担迁出日期的零时前的保险责任；
>
> 　　4. 对于在理赔中、在宽限期内，有未偿清的垫缴保费或保单质押贷款、有未领款项，在银行划款中的保单保险公司不受理申请。

　　5. 保单补发。保单如果不慎遗失或污损，将失去证明保险人和投保人之间合同关系的凭证，所以必须重新办理，办理时保险公司会收取相应的工本费。

　　投保人可以在保险合同有效期内任意时间申请保单补发，申请时备齐申请书、保险合同原件（保单污损）、投保人身份证明、受托人身份证明原件（如委托他人办理）。

　　在填写申请书时，应写明补发原因，如丢失或污损。

➤ **知识拓展**

保全作业申请书——基本信息

（新华人寿保险股份有限公司）

保单号码：　　　　　　　　投保人：　　　　　　　　被保险人：

填写说明：在所选变更项目前□内打钩，并填写具体变更内容：

基本信息	1. □投保人资料变更	国籍　　婚姻状况　　工作单位　　驾照类型　　职业编码 联系地址　　省　　市　　区（县）　　邮编 电话：移动　　办公　　传真　　住宅　　电子邮箱
	2. □被保人基本信息 　□第一被保人 　□第二被保人	国籍　　婚姻状况　　工作单位　　驾照类型　　职业编码 联系地址　　省　　市　　区（县）　　邮编 电话：移动　　办公　　传真　　住宅　　电子邮箱

如选择委托他人办理须填写事项：

　　根据贵公司保全作业规则的规定，现委托　　　先生/女士（身份证号码　　　　　）前往贵公司申请办理有关　　　　号保单的上述变更事宜。本授权委托的有效期为　　　　　天。

　　委托人签名：　　　　　　年　　月　　日

投保人签名：　　　证件名称：　　　证件号码：

被保险人或其监护人签名：　　证件名称：　　证件号码：　　　年　　月　　日

审核：　　业务员：　　营销服务部：　　　营销部：　　　年　　月　　日

※项目考核要点※

1. 投保的流程和投保单证的填写。
2. 索赔的流程和索赔单证的填写。
3. 核保的内容和流程。
4. 承保的内容和流程。
5. 理赔的内容和流程。
6. 售后服务的内容。

人身保险监管

项目描述	本项目系统地介绍了保险监管的基础知识、人身保险机构的监管、人身保险业务的监管以及人身保险偿付能力的监管。让保险从业人员能够了解目前我国的人身保险监管现状，掌握人身保险监管的具体内容以及人身保险监管方式的选择。
项目目标	**知识目标** ◇ 了解保险监管的概念、必要性、目标。 ◇ 掌握人身保险监管的方式和主客体。 ◇ 掌握人身保险监管的具体内容。
	技能目标 ◇ 掌握人身保险机构监管、业务监管和偿付能力监管的具体监管内容。 ◇ 掌握保险监管方式的选择和各种监管方式的优缺点。
项目任务	**任务 1　认知人身保险监管。** 　　活动 1　了解人身保险监管基础知识。 　　活动 2　认知人身保险监管的主体和客体。 **任务 2　熟悉人身保险监管的内容和方式。** 　　活动 1　熟悉人身保险机构监管。 　　活动 2　熟悉人身保险业务监管。 　　活动 3　熟悉人身保险偿付能力监管。
建议学时	4 学时

【引导案例】保费规模迅速扩张之时，保险业的各类违规行为成为市场的一大焦点。记者最新统计，2010 年保险监管机构开出罚单 1 534 张，而 2011 年更加大了整治决心，1 月各地监管机构再次开出 61 张罚单，其中中介业务违规成最大顽疾。2010 年是保险监管年，各地保险监管机构加重各项惩处力度，开出的罚单明显增多。其中，规模较大公司的违规罚单占比较大，保险业发达省份的违规记录又遥遥领先，保险大省广东的保险机构去年领到罚单 177 张；湖南省位列第二，罚单数为 150 张。另据 1 月 11 日召开的全国保险监管工作会议数据显示，全国仅处罚的保险机构就达到 905 家次。"在保险业的上千张罚单中，绝大多数是针对保险公司的中介业务违规操作发出的。"一位保险分析师解释，中介业务涉及保险营销员、专业保险中介机构和银行等兼业代理机构，且中介渠道保费规模占比超过 80%，保费增速最快。

(资料来源：北京商报，崔启斌文，2011 年 1 月 26 日)

任务 1　认知人身保险监管

【任务描述】为了维护保险市场秩序，保护被保险人及社会公众的利益，我国对保险业实施了有效的监督和管理。本任务主要介绍保险监管的含义、必要性、原则、目标、方式和保险监管的主体与客体。通过学习可以使学生全面了解保险监管的基本知识。

活动 1　了解人身保险监管基础知识

➤ 活动目标

掌握保险监管的含义、必要性、原则和目标。

➤ 活动内容

请阅读"保险监管机构 2011 处罚经典案例"摘选，并讨论以下几个问题：

"最新披露的按照新会计准则前 11 个月数据，全国共实现规模保费收入 13 257.6 亿元，较上年同期 13 440 亿元略降 1.36%。其中，按照规模保费高低排名，全国排在前十位地区依次为广东、江苏、山东、河南、北京、四川、上海、河北、浙江和湖北。而此 9 大保监局（北京除外）2011 年度的监管风格及经典处罚案例不得不说。"

……

"10 月 24 日，广东保监局发布行政处罚公告，粤保监罚〔2011〕196 号显示，经查，2010～2011 年 5 月，天安保险营销阳江中心支公司阳春营销服务部存在私自制作客户印章，导致业务数据不真实的行为，违反了《中华人民共和国保险法》第 86 条的规定，依据《中华人民共和国保险法》第 172 条第（一）项，广东保监局责令该营销服务部改正，并决定给予罚款 15 万元的行政处罚。

　　另外，粤保监罚〔2011〕133 号显示，经查，2010 年 1 月~2011 年 2 月期间，人保寿险佛山市中心支公司存在以下违法行为：一是银行保险业务账外给予激励费用。2010 年 1 月~2011 年 2 月期间，该中心支公司部分分支机构存在通过向银保专管员发放佣金收入，向有银保业务合作的银行柜员进行业务激励的行为。二是虚拟投保人出具团险保单。广东保监局责令该中心支公司改正，给予罚款 5 万元的行政处罚。"

　　……

　　"今年 3 月 30 日，苏保监罚〔2011〕13 号罚单显示，2008 年 8 月 31 日，人保财险淮安市清浦支公司在与昆山吉峰保险代理有限公司泰州分公司（以下简称'泰州吉峰'，该机构 2009 年 7 月 16 日撤销）合作学生、幼儿意外伤害保险（以下简称'学平险'）业务过程中，在泰州吉峰未提供学平险卡式保单、投保单和人员清单情况下，按照泰州吉峰口头确认的学生人数，将 12 000 份卡式保单以阳山学校和临城镇刘陆小学作为被保险人，分 3 张台账保单录入公司承保业务系统。上述学平险业务中有 3 619 份卡式保单业务实际并未发生。该公司在系统中合计录入上述学平险业务保费 334 493.6 元，但实收保费合计 238 451 元，该公司把保费差额部分在业务系统中虚挂应收，并于 2008 年 12 月~2009 年 12 月期间，通过 9 张财务凭证下虚列业务员手续费、办公费等费用的方式冲抵上述虚挂的学平险应收保费。江苏保监局责令该公司改正，并作出罚款 5 万元的行政处罚。"

（资料来源：中国台湾网）

　　1. 你认为在保险活动中，为什么会出现一些违规操作？
　　2. 保险监督管理部门的监管可以起到什么样的作用？

➤ **活动指导**

一、保险监管的含义

　　保险监管是指政府的保险监督管理部门为了维护保险市场秩序，保护被保险人及社会公众的利益，依据有关的法律、行政法规、规章和规范性文件，对保险业实施的监督和管理。

　　每个国家一般都将监管权赋予享有监督和管理权利并实施监督和管理行为的政府部门或机关，也称为监督管理机关。不同国家的保险监督管理机关有不同的形式和名称。目前，我国保险监督管理机关是中国保险监督管理委员会。

　　保险监督管理是以法律和政府行政权力为根据的强制行为，也是国家干预保险经济的行为。保险监督管理仅限于商业保险领域，不涉及社会保险领域。保险监督管理的内容是保险经营活动，除涉及保险组织的相关内容外，主要指保险业务经营活动，即"保险保障的生产"和"风险转移的生产"活动，还包括资金运用等领域。需要指出的是，保险监督管理对有些保险经营活动（如保险资金运用）需要与其他监督管理部门协调（如证监会）来实施监督管理。

　　人身保险监管是我国保险监管的一个重要部分。

二、保险监管的必要性

（一）建立和形成合理的保险市场结构的需要

　　1. 保护自由竞争的需要。在自由经济的情况下，每一个经济利益都会追求理性的最大化行为，使其自身利益最大化。而资源配置的手段是"看不见的手"，即价格和价值规律。市场自由的核心在于自由竞争，"看不见的手"的作用是以竞争为基础的，竞争越充分，资源配置的效率就越高。因此，保险市场的竞争程度决定了该市场的效率，保险监管对保护保险市场的自由竞争十分必要。

2. 反垄断的需要。垄断是市场失灵的重要表现，反垄断是保险市场需要监管的重要原因。保险市场失灵的首要表现是保险市场的自然垄断。保险市场的垄断表现为单个保险公司完全垄断或少数保险公司寡头垄断。由于各家保险公司入市时间不同，经营管理水平、业务活动区域以及职工队伍素质各异。实力较强的保险公司在竞争初期将其保险商品价格即费率降至边际成本以下，以此排挤其他保险公司，迫使它们退出保险市场，以便取得垄断地位，然后再抬高费率至边际成本以上，获取垄断利润，从根本上损害被保险人利益。因此，有必要通过保险监管，发挥消除或防止保险市场垄断的作用。

3. 避免过度竞争的需要。过度竞争是由于有市场进入机制而没有正常的退出机制造成的，多数市场主体都达不到经济规模，整个市场集中度不高，同样导致社会资源配置的低效率。保险市场上如果众多小公司达不到保险行业的合理规模，成本降不下来，反而因竞争的需要而将费率人为地压低，其后果是削弱甚至丧失偿付能力，最终损害被保险人的利益。因此，加强保险监管，防止保险市场上出现过度竞争是非常重要的。

（二）保险行业的特殊性

保险业需要监管的原因还在于保险业本身的特殊性。保险公司的经营是负债经营，其通过收取保费而建立的保险基金是全体被保险人的财富，保险公司一旦经营不善出现亏损或倒闭，将使广大被保险人的利益受到极大损害。另外保险公司的承保对象涉及社会各部门、各阶层，保险公司的经营一旦出现问题，影响甚大，所以应加强对保险业的监管。保险技术的复杂性也是其需要严格监管的原因。这主要是指保险商品的价格即费率的拟定与普通商品不同，保险经营以大数法则为数理基础，只有通过集合足够多的保险标的，保险人才能计算出合理的保险费率。

因此，保险商品的定价需要非常专门的技术，而且一般不被投保人所掌握。所以需要政府对此加以监管以保障投保人获得合理的保障条件和费用支付条件。最后，保险是一种无形商品，保险人所"出售"的是未来的损害赔偿责任，是一种承诺。保险人能否真正实现其承诺，承担保险责任将取决于它是否具有足够的偿付能力。不仅如此，在很多情况下，这种承诺是长期性的，甚至可能长达几十年。所以被保险人（受益人）希望政府能够有效地监督保险人在未来的某一时期向他支付保险金。

综上所述，在保险业的发展中，一方面，要依靠市场这只"看不见的手"，以引导保险公司积极进取；另一方面，也应当承认政府保险监管部门这只"看得见的手"在宏观调控方面的必不可少的作用。要适度地把握两只手之间的力量平衡，兼顾保险业发展中的效率与公平，保障保险市场各主体的合法权益和保险业的稳定发展。

三、保险监管的原则

（一）依法监督管理的原则

保险监督管理部门必须依照有关法律或行政法规实施保险监督管理行为。保险监督管理行为是一种行政行为，不同于民事行为。凡法律没有禁止的，民事主体就可以从事民事行为；对于行政行为，法律允许做的或要求做的，行政主体才能做或必须做。保险监督管理部门不得超越职权实施监督管理行为，同时，保险监督管理部门又必须履行其职责，否则属于失职行为。

（二）独立监督管理原则

保险监督管理部门应独立行使保险监督管理的职权，不受其他单位和个人的非法干预。当然，保险监督管理部门实施监督管理行为而产生的责任（如行政赔偿责任）也由保险监督管理部门独立承担。

（三）公开性原则

保险监督管理需体现透明度，除涉及国家秘密、企业商业秘密和个人隐私以外的各种监管信息应尽可能向社会公开，这样既有利于保险监督管理的效率，也有利于保险市场的有效竞争。

（四）公平性原则

保险监督管理部门对各监督管理对象要公平对待，必须采用同样的监管标准，创造公平竞争的市场环境。

（五）保护被保险人利益原则

保护被保险人利益和社会公众利益是保险监督管理的根本目的，同时也是衡量保险监督管理部门工作的最终标准。

（六）不干预监督管理对象的经营自主权的原则

保险监督管理对象是自主经营、自负盈亏的独立企业法人，在法律、法规规定的范围内，独立决定自己的经营方针和政策。保险监督管理部门对监督管理对象享有实施监督管理的权力，负有实施监督管理的职责，但不得干预监督管理对象的经营自主权，也不对监督管理对象的盈亏承担责任。

> **小贴士：保险监管的五项新原则**
> 以我为主、安全可控、优势互补、合作共赢、和谐发展。

四、保险监管的目标

（一）保护被保险人的利益

保险合同的附和性特点使被保险人在与保险人进行交易时处于相对不利的位置，即使被保险人可以通过保险经纪人办理保险业务，或者可以拟订协议条款或合同，但与保险公司的地位和能力相比，或者从保险交易方式看，被保险人是先交费，在发生保险事故后才向保险人索赔，被保险人还是处于相对不利的地位和属于弱势群体。如果保险公司经营行为不规范、不守信用就会损害被保险人的利益，因此需要通过保险监督管理来保护被保险人的利益。

（二）维护保险市场的秩序

保险监督管理的另一目的是维护保险市场秩序，为保险业提供公平竞争的机会和环境。为保险业提供公平竞争的机会体现在：保证社会资源在保险业中的公平合理配置，保证不同的保险公司享有均等的业务经营机会。为保险业提供公平竞争的环境是指保险监督管理部门对于保险公司采取不正当的竞争手段的行为，必须采取处罚等措施，纠正不规范的竞争行为，从而保证保险公司之间能够公平竞争。

五、保险监管的方式

我国目前的监管方式可以分为三种。

（一）公示主义

公示主义亦称公告管理，指国家对于保险行业的经营不进行直接监督，而将其资产负债、财务成果及相关事项公之于众的管理方式。

（二）准则主义

准则主义称实体管理，是国家保险管理机关在制定保险法规的基础上，根据保险法规所赋予的权力，对保险业实行的全面有效的监督管理措施。

（三）批准主义

批准主义亦称实体管理，是国家保险管理机关在制定保险法规的基础上，根据保险法规所赋予的权力，对保险业实行的全面有效的监督管理措施。其监管的内容涉及保险业的设立、经营、财务乃至倒闭清算。其监管的内容具体实际，有明确的衡量尺度，是对保险业监管中最为严格的一种。

➤ **知识拓展**

保险监管体系的发展历史

历史上，保险监管首先出现在 19 世纪的美国。1810 年，美国宾夕法尼亚州率先通过一部法律，禁止外州保险公司在本州开办保险业务，随后，马里兰州和纽约州相继通过了类似法律，保险监管开始萌芽。1814 年，纽约州通过立法规定了保险公司的破产清算程序，保护被保险人的利益，加强了对保险公司破产的管理。1837 年，马萨诸塞州要求保险公司提交关于保险准备金的资料。

1849 年，纽约州通过保险分业经营的法律，要求保险公司只能经营其中的一类业务，产寿险分业经营的原则开始确立。1853 年，纽约州又通过了关于未到期责任准备金的法律。

到 19 世纪 50 年代，美国各州开始设立专门的保险监管部门。1851 年，新罕布什尔州首先成立保险委员会，次年，佛蒙特州也建立了本州的保险委员会，1855 年，马萨诸塞州也成立了类似的委员会。现代意义上的保险监管部门是于 1859 年在纽约州成立的，即纽约州保险监督委员会。

在欧洲，奥地利于 1859 年率先建立了保险监管制度，此后，英国也于 1870 年建立了保险监管制度。从此，尽管欧美各国经济政策经历了由自由放任到政府干预及自由主义复兴的变迁，但由于保险业本身的特殊性及其在整个国民经济中的举足轻重的地位，各国政府对保险业的监督管理一直朝着强化的趋势发展，其目的是建立一套严格的宏观保险监管体制，从制度上确保保险业的稳定发展。

（资料来源：智库百科）

活动 2　认知人身保险监管的主体和客体

➤ **活动目标**

掌握保险监管的主体和客体。

➤ **活动内容**

请通过各种方式查找主要发达国家的监管机构是哪些机构，通过阅读这些资料讨论一下它们的监管模式有没有我国可以借鉴的。

➤ **活动指导**

一、保险监管的主体

保险监管的主体是指保险行业的监督者和管理者。保险业的管理可以分为国家对保险业的管理和保险业的自我管理。国家对保险业的管理通常为保险监管。保险业的自我管理通常称为行业自律，保险监管主体包括三个部分：国家保险监管机构、保险行业自律组织、保险信用评级机构。

（一）国家保险监管机构

我国保险监管机构是中国保险监督管理委员会，是国务院直属事业单位。中国保险监督管理委员会成立于 1998 年 11 月 18 日，其基本目的是为了深化金融体制改革，进一步防范和化解金融风险，根据国务院授权履行行政管理职能，依照法律、法规统一监督和管理保险市场。

中国保险监督管理委员会的主要任务是：拟订有关商业保险的政策法规和行业规则；依法对保险企业的经营活动进行监督管理和业务指导，依法查处保险企业违法违规行为，保护被保险人的利益；维护保险市场秩序，培育和发展保险市场，完善保险市场体系，推进保险改革，促进保险企业公平竞争；建立保险业风险的评价与预警系统，防范和化解保险业风险，促进保险企业稳健经营与业务的健康发展。

中国保险监督管理委员会的成立体现了我国政府对保险监督的重视。我国保险业起步较迟，但其发展速度极快，市场潜力亦很大。保险业在快速发展的进程中，自身的风险也在不断积累。中国保险监督管理委员会的成立，有利于排除干扰，提高保险监管的独立性与权威性，对于保险市场的良性发育及保险企业的公平竞争有着不容低估的意义。

（二）保险行业自律组织

保险行业自律即保险行业自我管理，是指保险行业通过建立行业公会等行业组织形式，在遵守国家对保险业管理的法律、法规的前提下，对保险行业内部相互关系的自我约束和协调。以保险同业公会或保险行业协会为基本形式的保险行业自律组织，是保险行业自我管理的具体实施机构。

同业公会的地位因国而异，大致可以区分为两种情况：一种是充当政府与保险人、被保险人及社会大众之间的桥梁，保险公司通过保险行业组织与政府管理部门进行沟通；另一种是保险同业公会不具有某种约束力，只是提供同业沟通的场所，本身不具有管理职能。

保险同业自律组织的作用是有限的。

小贴士：中国保险行业协会

我国的保险行业自律组织是中国保险行业协会，该协会成立于 2001 年 3 月 12 日，是经中国保险监督管理委员会审查同意并在国家民政部登记注册的中国保险业的全国性自律组织，是自愿结成的非营利性社会团体法人。

2007 年 12 月 17 日，根据中国保监会《关于加强保险业社团组织建设的指导意见》（保监发〔2007〕118 号）精神，中国保险行业协会召开第三届会员代表大会并成功实现了换届，顺利开展了体制机制改革，建立了专职会长负责制，稳步推进人员队伍规范化、专业化、职业化建设。

截至目前，中国保险行业协会共有会员 176 家，其中保险公司 105 家、保险中介机构 36 家、地方保险行业协会 35 家。中国保险行业协会的最高权力机构是会员代表大会。理事会是会员代表大会的执行机构，理事会选举产生会长、副会长、常务理事。协会实行专职会长负责制，由专职会长负责协会日常工作。协会根据工作需要聘任秘书长和副秘书长。协会通过每年度召开理事会的形式共同商讨协会的工作。协会下设财产保险工作委员会、人身保险工作委员会、保险中介工作委员会和保险营销工作委员会四个二级机构，各工作委员会的日常工作由协会相应部门承担。协会还通过定期召开全国地方协会秘书长联席会议，交流情况，协调工作。目前，协会日常办事机构由办公室、法律法规部、财产保险工作部、人身保险工作部、保险中介工作部、信息统计部、培训认证部七个部门组成。

（三）保险信用评级机构

保险信用评级是指保险信用评级机构利用保险市场公开信息和部分保险企业内部信息，通过加工并出售保险信息产品的方式，为保险市场参与者提供服务的一种制度。

保险信用评级机构的作用：一是降低监管成本，提高监管效率；二是提供预警信号，减少监管失误。

小贴士：主要的保险信用评级机构

以贝斯特（A. M. Best）、标准普尔（Standard & Poor's）、惠誉（Fitch）和穆迪（Moody's Investors Service）为代表的保险信用评级机构日益受到全球的广泛认可。目前，在世界范围内全球 50 家最大的商业保险公司中已正式评级的有 35 家，进行公开信息评级的有 12 家，未进行评级的仅有 3 家。

二、保险监管的客体

保险监管的客体即保险市场的被监管者，包括保险人、保险中介人（代理人、经纪人、公估人）、投保人、被保险人和受益人。

（一）保险人

根据中国《保险法》规定，保险人又称"承保人"，是指与投保人订立保险合同，并承担赔偿或者给付保险金责任的保险公司。在中国有股份有限公司和国有独资公司两种形式。保险人是法人，公民个人不能作为保险人。保险人的具体形式有保险股份有限公司、相互保险公司、相互保险社、保险合作社、国营保险公司及专业自保公司。

（二）保险中介人

保险中介，指介于保险经营机构之间或保险经营机构与投保人之间，专门从事保险业务咨询与销售、风险管理与安排、价值衡量与评估、损失鉴定与理算等中介服务活动，并从中依法获取佣金或手续费的单位或个人。保险中介在保险市场上作用的发挥，是由其在专业技术服务、保险信息沟通、风险管理咨询等诸方面的功能所决定的。按照建立和完善社会主义市场经济制度、推行改革开放政策的客观要求，市场化、规范化、职业化和国际化是未来中国保险中介行业生存的前提，也是发展的方向。

保险中介人的主体形式多样，主要包括保险代理人、保险经纪人和保险公估人等。此外，其他一些专业领域的单位或个人也可以从事某些特定的保险中介服务，如保险精算师事务所、事故调查机构和律师等。

（三）投保人

根据中国《保险法》规定，投保人是指与保险人订立保险合同，并按照保险合同负有支付保险费义务的人。投保人可以是自然人也可以是法人。

（四）被保险人

被保险人，是指根据保险合同，其财产利益或人身受保险合同保障，在保险事故发生后，享有保险金请求权的人。

（五）受益人

保险受益人又称为"保险金领取人"，是指由被保险人或者投保人指定，在保险事故发生或者约定的保险期限届满时，依照保险合同享有保险金请求权的人。

➤ **知识拓展**

中国保监会的机构组成

中国保险监督管理委员会内设 16 个职能机构，并在全国各省、直辖市、自治区、计划单列市设有 35 个派出机构。其中，16 个内设部门为：

1. 办公厅（党委办公室、监事会工作部）。拟定会机关办公规章制度；组织协调机关日常办公；承担有关文件的起草、重要会议的组织、机要、文秘、信访、保密、信息综合、新闻发布、保卫等工作。拟订派出机构管理、协调工作的规章制度，负责派出机构工作落实情况检查和信息收集整理等工作。负责保险信访和投诉工作；承办会党委交办的有关工作；负责国有保险公司监事会的日常工作。

2. 发展改革部。拟订保险业的发展战略、行业规划和政策；会同有关部门拟订保险监管的方针政策及防范化解风险的措施；会同有关部门研究保险业改革发展有关重大问题，提出政策建议并组织实施；会同有关部门对保险市场整体运行情况进行分析；对保监会对外发布的重大政策进行把关；归口管理中资保险法人机构、保险资产管理公司等的市场准入和退出；负责规范保险公司的股权结构和法人治理结构，并对公司的重组、改制、上市等活动进行指导和监督；负责保监会对外重要业务工作与政策的协调。

3. 政策研究室。负责保监会有关重要文件和文稿的起草；对保监会上报党中央、国务院的重要文件进行把关；研究国家大政方针在保险业的贯彻实施意见；研究宏观经济政策、相关行业政策和金融市场发展与保险业的互动关系；根据会领导指示，对有关问题进行调查研究；开展保险理论研究工作，负责指导和协调中国保险学会开展研究工作。

4. 财务会计部（偿付能力监管部）。拟定保险企业和保险监管会计管理实施办法；建立保险公司偿付能力监管指标体系；编制保监会系统的年度财务预决算；审核机关、派出机构的财务预决算及收支活动并实施监督检查；审核会机关各部门业务规章中的有关财务规定。负责机关财务管理。

5. 保险消费者权益保护局。拟订保险消费者权益保护的规章制度及相关政策；研究保护保险消费者权益工作机制，会同有关部门研究协调保护保险消费者权益重大问题；接受保险消费者投诉和咨询，调查处理损害保险消费者权益事项；开展保险消费者教育及服务信息体系建设工作，发布消费者风险提示；指导开展行业诚信建设工作；督促保险机构加强对涉及保险消费者权益有关信息的披露等工作。

6. 财产保险监管部（再保险监管部）。承办对财产保险公司的监管工作。拟定监管规章制度和财产保险精算制度；监控保险公司的资产质量和偿付能力；检查规范市场行为，查处违法违规行为；审核和备案管理保险条款和保险费率；审核保险公司的设立、变更、终止及业务范围；审查高级管理人员任职资格。承办对再保险公司的监管工作。拟订监管规章制度；监控保险公司的资产质量和偿付能力；检查规范市场行为，查处违法违规行为；审核保险公司的设立、变更、终止及业务范围；审查高级管理人员的任职资格。

7. 人身保险监管部。承办对人身保险公司的监管工作。拟订监管规章制度和人身保险精算制度；监控保险公司的资产质量和偿付能力；检查规范市场行为，查处违法违规行为；审核和备案管理保险条款和保险费率；审核保险公司的设立、变更、终止及业务范围；审查高级管理人员任职资格。

8. 保险中介监管部。承办对保险中介机构的监管工作。拟定监管规章制度；检查规范保险中介机构的市场行为，查处违法违规行为；审核保险中介机构的设立、变更、终止及业务范围；审查高级管理人员的任职资格；制订保险中介从业人员基本资格标准。

9. 保险资金运用监管部。承办对保险资金运用的监管工作。拟订监管规章制度；建立保险资金运用风险评价、预警和监控体系；查处违法违规行为；审核保险资金运用机构的设立、变更、终止及业务范围；审查高级管理人员任职资格；拟订保险保障基金管理使用办法，负责保险保障基金的征收与管理。

10. 国际部。承办中国保险监督管理委员会与有关国际组织、有关国家和地区监管机构和保险机构的联系及合作。负责中国保险监督管理委员会的外事管理工作；承办境外保险机构在境内设立保险机构，以及境内保险机构和非保险机构在境外设立保险机构及有关变更事宜的审核工作；承办境外保险机构在境内设立代表处的审核和管理事宜；对境内保险及非保险机构在境外设立的保险机构进行监管。

11. 法规部。拟订有关保险监管规章制度；起草有关法律和行政法规，提出制定或修改的建议；审核会机关各部门草拟的监管规章；监督、协调有关法律法规的执行；开展保险法律咨询服务，组织法制教育和宣传；承办行政复议和行政应诉工作。

12. 统计信息部。拟订保险行业统计制度，建立和维护保险行业数据库；负责统一编制全国保险业的数据、报表，抄送中国人民银行，并按照国家有关规定予以公布；负责保险机构统计数据的分析；拟订保险行业信息化标准，建立健全信息安全制度；负责保险行业信息化建设规划与实施；负责建立和维护偿付能力等业务监管信息系统；负责信息设备的建设和管理。

13. 稽查局。负责拟订各类保险机构违法违规案件调查的规则；组织、协调保险业综合性检查和保险业重大案件调查；负责处理保险业非法集资等专项工作；配合中国人民银行组织实施保险业反洗钱案件检查；调查举报、投诉的违法违规问题，维护保险消费者合法权益；开展案件统计分析、稽查工作交流和考核评估工作。

14. 人事教育部（党委组织部）。拟订会机关和派出机构人力资源管理的规章制度；承办会机关和派出机构及有关单位的人事管理工作；根据规定，负责有关保险机构领导班子和领导干部的日常管理工作；负责指导本系统党的组织建设和党员教育管理工作；负责会机关及本系统干部培训教育工作；会同有关部门提出对派出机构年度工作业绩的评估意见。

15. 监察局（纪委）。监督检查本系统贯彻执行国家法律、法规、政策情况；依法依纪查处违反国家法律、法规和政纪的行为；受理对监察对象的检举、控告和申诉。领导本系统监察（纪检）工作。

16. 党委宣传部（党委统战群工部）。负责本系统党的思想建设和宣传工作；负责思想政治工作和精神文明建设；负责指导和协调本系统统战、群众和知识分子工作。机关党委，负责会机关及在京直属单位的党群工作。

（资料来源：中国保监会官网）

任务 2　熟悉人身保险监管的内容和方式

【任务描述】人身保险监管主要是从保险机构、保险业务和保险偿付能力三个方面进行的。本任务主要介绍保险监管三个方面的内容和方式。通过学习可以使学生全方位了解目前我国对人身保险监管的基本情况。

活动 1　熟悉人身保险机构监管

➤ 活动目标

掌握人身保险机构监管的内容和方式。

➤ 活动内容

保险业受到高度的监管，因此，公众往往预期保险公司不会破产。然而现实并非如此，英国每年大约有 0.5% 的保险公司破产，其中 1992 年达到了 2%；20 世纪 90 年代以来，美国保险公司破产比率日趋上升，每年大约有 0.5% ~ 1% 的保险公司破产。2001 年 HIH 保险集团被宣告破产，并成为澳大利亚历史上最大的破产案之一；1997 年日产生命保险的破产宣告了日本保险业"不倒神话"的破灭，并引发了一连串动荡，东邦生命保险、第一火灾海上保险、第百生命保险、千代田生命保险、协荣生命保险等保险机构相继破产。毋庸置疑，社会所关注的并不仅仅是保险公司破产的频率，而是保险公司破产所造成的影响。保险业的兴衰关系到社会公众的利益，因此，当保险公司发生破产时，无论对于个人、组织或社会均将造成重大影响。这正是保险公司破产特殊性之所在，保险公司破产的宏观影响包括对保险业的影响和国民经济的影响两个层面。

请讨论保险公司破产会造成什么样的影响。

➤ **活动指导**

人身保险机构是指人身保险市场上的供给主体，是进行人身保险业务活动的基础和载体。人身保险机构的监管是对人身保险机构的组织形式、市场准入、变更、兼并、市场退出以及人身保险中介人实施的监管。

一、人身保险公司的市场准入监管

（一）人寿保险公司的组织形式

目前，人寿保险公司的组织形式主要有两种：股份有限公司和国有独资公司。

股份有限公司是指其全部资本分为等额股份，股东以其所持股份为限对公司承担责任，公司以其全部资产对公司的债务承担责任的企业法人。保险公司采取股份有限公司形式，可以募集到大量资金，其财力越雄厚，其信誉就越好，对被保险人就越有保证。

国有独资公司是指国家授权投资的机构或者国家授权的部门单独投资设立的有限责任公司。国有独资公司的股东仅就其出资额对公司承担责任，股东将其资产投入公司后，该资产即构成公司的法人财产，如果公司在经营中出现资不抵债的情况，只能以公司的全部资产对公司的债务承担责任，股东不承担出资额以外的责任。

保险公司应当采取股份有限公司和国有独资公司这两种形式，主要是考虑：第一，股份有限公司是当今世界保险业最主要的组织形式，规定保险公司采取股份有限公司形式符合国际通行的做法。第二，我国是公有制国家，国有企业在国民经济中占主导地位。中国人民保险公司是我国最早成立的由国家出资的保险公司，截至 1999 年年底，我国已有 4 家国有独资保险公司。中国人民保险公司、中国人寿保险公司、中国再保险公司等国有独资保险公司，是我国保险业的主导力量，并承担了国家政策性保险业务的经营。因此，规定保险公司采取国有独资公司形式符合我国国情。

（二）人寿保险公司的设立条件

2009 年修订后的《保险法》第 68 条规定，设立人寿保险公司应当具备下列条件：

1. 主要股东具有持续盈利能力，信誉良好，最近 3 年内无重大违法违规记录，净资产不低于人民币 2 亿元；

2. 有符合本法和《中华人民共和国公司法》规定的章程；

3. 有符合本法规定的注册资本；

4. 有具备任职专业知识和业务工作经验的董事、监事和高级管理人员；

5. 有健全的组织机构和管理制度；

6. 有符合要求的营业场所和与经营业务有关的其他设施；

7. 法律、行政法规和国务院保险监督管理机构规定的其他条件。

（三）人寿保险公司的设立程序

1. 申请和审查。设立保险公司，应向保险监督管理机构提出申请并提交规定的文件资料。设立保险公司的申请经初步审查合格后，申请人应当依照保险法和公司法的规定进行保险公司的筹建。具备保险法所规定的设立条件的，向保险监督管理机构提交正式申请表和有关文件、资料。

2. 审批。在我国，对保险公司的设立采取许可主义，设立保险公司，必须经保险监督管理机构批准。审批部门对设立保险公司的条件进行实质审查。

3. 登记。经批准设立的保险公司，由批准部门颁发经营保险业务许可证，并凭经营保险业务许可证向工商行政管理机关办理登记，领取营业执照。营业执照是保险公司取得企业法人资格和经营保险业的合法凭证。

4. 缴存保证金：我国《保险法》第78条对保险保证金的缴存规定："保险公司成立后应当按照其注册资本总额的20%提取保证金，存入金融监督管理部门指定的银行，除保险公司清算时用于清偿债务外，不得动用。"依此规定，保险保证金的提取比例为其注册资本的20%，注册资金越多，缴存的保证金就越多。对于接受保险保证金存款的银行一般应为中国人民银行及其分支机构，但有时也有例外，即中国人民银行可以指定专业银行吸收保险金的存储。尤其需要指出的是，我国保险法对于保险保证金的用途之规定是较为严格的，即在保险公司清算时用于清偿债务，除此之外，不得动用。之所以如此是为了杜绝保证金的缴存流于形式，确保保险公司之偿付能力。

（四）保险公司分支机构的设立条件

根据《保险公司管理规定》第15条规定，保险公司申请设立分支机构，应具备以下条件：

1. 有利于当地保险市场发展；

2. 总公司开业1年以上，且资本金符合法定要求；

3. 内控制度健全、机构运转正常、偿付能力充足；

4. 最近2年无严重违法、违规行为，拟设分支机构的上级机构年检合格；

5. 具有符合中国保险监督管理委员会规定任职资格的分支机构高级管理人员；

6. 上次批设的分支机构筹建成功，运转正常；

7. 中国保险监督管理委员会要求具备的其他条件。

二、人身保险公司变更的监管

（一）保险公司变更下列重要事项之一的，须报经中国保监会批准：

1. 变更资本金；

2. 股份转让；

3. 股东更名；

4. 变更营业场所；

5. 调整业务范围；

6. 修改公司章程。

（二）变更资本金

1. 保险公司申请增加或减少注册资本金，应向中国保监会提出申请，并提交下列材料：

（1）公司股东大会通过的增加或减少资本金的决议；

（2）增加或减少资本金方案和可行性分析报告；

（3）新增或退出的股东名称、股东组织形式、工商执照副本复印件、情况介绍、拟出资本增（减）金额及其经中国保监会认可的会计师事务所审计的连续 3 年的资产负债表和损益表；

（4）增加或减少资本金后的股权结构；

（5）中国保监会要求的其他材料。

2. 中国保监会依据有关法律法规对变更资本金材料进行审查，作出批准或不予批准的决定；审查未批准的，在 1 年内不得再次提出同样的申请。

3. 经批准增加或减少资本金的保险公司由原股东认购的，应当自批准之日起 3 个月内完成增加或减少资本金的工作；向社会募集的，应当自批准之日起 6 个月内完成增加或减少资本金的工作，并向中国保监会报送以下材料：

（1）公司关于增加或减少资本金完成工作情况的汇报；

（2）经中国保监会认可的会计师事务所出具的验资报告和股东的出资或减资证明；

（3）新增股东的认股比例及公司股权结构表；

（4）如因增加或减少资本金需变更公司章程和公司高级管理人员的，同时报送修改后的公司章程和高级管理人员的任职资格审查材料。

因特殊情况在规定时间内未完成增加或减少资本金工作，确需延长期限的，应当报请中国保监会批准，但延长期限不得超过 3 个月。

4. 中国保监会根据申请人提交的材料，对申请人变更资本金的落实情况进行审查和验收。

（三）股份转让

1. 保险公司的股东转让其持有的股份，应向中国保监会提出申请，并提交下列材料：

（1）公司董事会同意股份转让的决议；

（2）持有公司股份 10% 以上的股东转让其持有股份须报送股东大会通过的决议；

（3）转让股数、转让价格及转让意向书或协议书；

（4）股份受让方的名称、组织形式、工商执照副本复印件、情况介绍及其经中国保监会认可的会计师事务所审计的连续 3 年的资产负债表和损益表；

（5）中国保监会要求的其他材料。

2. 中国保监会依据有关法律法规对股份转让材料进行审查，作出批准或不予批准的决定。审查未批准的，在 1 年内不得再次提出同样的申请。

3. 经中国保监会批准后，股份转让双方应在 1 个月内完成转让工作，并向中国保监会报送中国保监会认可的会计师事务所出具的验资证明。

（四）股东更名

1. 保险公司股东需要更名的，应向中国保监会提出申请，并提交下列材料：

（1）股东上级主管部门或董事会的批准文件；

（2）股东向保险公司董事会提出的更名申请；

（3）股东更名后的工商执照副本复印件；

（4）中国保监会要求的其他材料。

2. 中国保监会依据有关法律法规对股东更名进行审查，作出批准或不予批准的决定。

（五）变更营业场所

保险公司变更营业场所，应事先向中国保监会提出申请，并提交公司购买或租赁新营业场所的协议及办公设备报告。未经中国保监会批准，不得擅自迁入新址。

（六）调整业务范围

1. 保险公司调整业务范围，应向中国保监会提出申请，并提交下列材料：

（1）拟调整业务范围原因及说明；

（2）业务范围中有法律、法规规定必须报经国家有关部门审批的批准文件；

（3）中国保监会要求的其他材料。

2. 中国保监会依据有关法律法规对调整业务范围的申请材料进行审查，作出批准或不予批准的决定。审查未批准的，在 1 年内不得再次提出同样的申请。

（七）修改公司章程

1. 保险公司修改公司章程，应向中国保监会提出申请，并提交下列材料：

（1）股东大会通过的同意修改公司章程的决议；

（2）修改前的公司章程；

（3）修改后的公司章程；

（4）章程修改说明；

（5）中国保监会要求的其他材料。

2. 中国保监会依据有关法律法规对修改后的公司章程进行审核，作出核准或不予核准的决定。未予核准的，在 1 年内不得再次提出同样的申请。

上述变更经中国保监会批准后，需到公司登记机关登记的，应及时提交有关文件向原公司登记机关申请和办理变更登记；涉及保险许可证登记事项的，应尽快到中国保监会办理许可证更换手续。

三、人身保险公司市场退出的监管

市场退出主要指保险公司的解散、撤销、破产。保险监督管理机构批准保险公司解散的，保险公司应当依法成立清算组，进行清算。清算是指依法对解散、被撤销或者被宣告破产的保险公司，清理公司财产和债权债务、处理公司剩余财产等的法律行为。清算组是指负责解散、被撤销或者被宣告破产的保险公司的清算事务的专门机构。

（一）清算组的职权

根据《公司法》的相关规定，清算组在清算期间行使下列职权：

1. 清理公司财产，分别编制资产负债表和财产清单；

2. 通知或者公告债权人；

3. 处理与清算有关的公司未了结的业务；

4. 清缴所欠税款；

5. 清理债权、债务；

6. 处理公司清偿债务后的剩余财产；

7. 代表公司参与民事诉讼活动。

（二）清算组的相关义务

根据《公司法》和《保险公司管理规定》的有关规定，清算组在清算期间的相关义务一般有以下几项：

1. 通知、公告和登记债权。清算组应当自成立之日起 10 日内通知债权人，并于 60 日内在保险监督管理机构指定的报纸上至少公告 3 次。债权人应当自接到通知书之日起 30 日内，未接到通知书的自第一次公告之日起 90 日内，向清算组申报其债权。债权人申报其债权，应当说明债权的有关事项，并提供证明材料。清算组应当对债权进行登记。

2. 清理公司财产。清算组应当委托中国保险监督管理委员会认可的会计师事务所、精算师事务所、律师事务所，对公司债权债务和资产进行评估，对公司财产进行清理，分别编制资产负债表和财产清单。

3. 制订清算方案。清算组在清理公司财产、编制资产负债表和财产清单后，应当制订清算方案，并报有关机关确认。

4. 清偿公司债务。清算组负责清偿公司债务。公司财产能够清偿公司债务的，应当分别支付清算费用、职工工资和劳动保险费用，缴纳所欠税款，清偿公司债务。

5. 处理公司剩余财产。清算组负责处理公司清偿债务后的剩余财产。国有独资保险公司的剩余财产，归出资人即国家授权投资的机构或者国家授权的部门处分；保险股份有限公司的剩余财产，按照股东持有的股份比例分配。

6. 制作清算报告。公司清算结束后，清算组应当制作清算报告，并报有关机关确认。

7. 申请宣告破产。清算组在清理公司财产、编制资产负债表和财产清单后，发现公司财产不足清偿债务的，应当立即向人民法院申请宣告破产。经人民法院裁定宣告破产后，清算组应当将清算事务移交给人民法院。公司财产清算与债权债务处理，按照破产程序进行。

（三）清偿顺序

1. 保险公司因分立、合并或者公司章程规定的解散事由出现，须经保监会批准后才能解散。取得保监会的批准后，保险公司应当依法成立清算组进行清算。因市场竞争的原因，保险公司要做强就必须做大，因此有保险公司追求规模合并之说；保险公司要做活就要与其规模相适应，因此有保险公司分立之说。保险公司的合并和分立是其多数股东根据市场竞争的情况决定的，一般而言这是公司的自主权，但是保险公司是一种金融企业，其货币运动涉及千家万户的利益，《保险法》规定，保险公司的设立、变更和消灭必须经过其监管机关保监会的批准。

人寿保险公司经营的业务实际上是投保人以现在的钱买将来的利，投保人买的人寿保险单就是为了将来年老或者疾病时的财政依赖，是一种为了将来的投资，如果投资的人寿保险公司不见了，投保人、被保险人和受益人的利益将会受到极大的损害。所以，经营有人寿保险业务的保险公司除分立或合并外，不得解散，以保护被保险人和受益人的合法利益。

2. 保险公司违反法律、行政法规，被保监会吊销经营保险业务许可证的，依法撤销。保险公司严重违法违章经营，造成资产危机或者经营危机，保监会可依法撤销其经营保险业务许可证，并及时组成清算组，对该保险公司的债权债务进行清算，清算完毕，该保险公司注销。

3. 保险公司不能清偿到期债务，由债权人或者保险公司自己提出破产申请，经保监会同意，由人民法院依法宣告破产。保险公司被宣告破产的，由人民法院组织保监会等有关部门和有关人员成立破产清算组，进行破产清算。通过破产清算将保险公司现有的总财产中减去他人的财产（取回权）、减去已经作为担保的财产（别除权）、减去与他人债务相等的财产（抵销权），剩余的财产就是破产财产，破产财产在优先支付破产费用后，按照下列顺序清偿：第一，所欠职工工资和劳动保险费用；第二，赔偿或者给付保险金；第三，拖欠的税款；第四，清偿公司的其他债务。破产财产不足清偿同一顺序清偿要求的，按照比例分配。

4. 经营有人寿保险业务的保险公司被依法撤销的或者被依法破产的，其持有的人寿保险合同及准备金，必须转移给其他经营有人寿保险业务的保险公司；不能同其他保险公司达成转让协议的，由保监会指定经营有人寿保险业务的保险公司接受，务必使人寿保险合同的财产利益在合同约定的期限届满时能够产生预定的社会保障作用，以最大限度地保护人寿保险被保险人和受益人的利益。申请人寿保险公司破产只有在人寿保险单被其他人寿保险公司承接之后才能被法院受理。

四、人身保险中介人的监管

在发达的保险市场上，作为保险公司和保险消费者之间的纽带——保险中介，对保险关系的形成和实现起着越来越重要的作用。保险中介主要包括保险代理人、保险经纪人和保险公估人。保险公估人是接受保险人或被保险人的委托，事故发生后从事财产损失原因的鉴定和财产损失金额的估算的仲裁机构，其主要服务的对象是财产保险。与人身保险有关的中介主要是指保险代理人和保险经纪人。鉴于保险中介的特殊地位和重要作用，各国的保险监督管理部门在保险中介行业自律的基础上，都通过立法对其实施监管，以规范竞争秩序，充分发挥其对保险业的推动作用。

保险代理人是根据保险人的委托。向保险人收取手续费，并在保险人授权范围代为办理保险业务的单位或者个人。保险代理人是根据保险人的授权代为办理保险业务，其主要内容包括：代理销售保险产品，代理收取保险费，根据保险公司的委托，代理相关业务的损失勘查和理赔，其所产生的权利和义务由保险人承担。保险代理机构在保险人授权范围内代理保险业务，其代理行为所产生的法律责任由保险人承担。因授权不明，给他人造成损害的，法律责任由保险人承担，保险代理机构负连带责任。保险代理机构不履行代理职责或履行代理合同义务不符合约定，而给被代理人造成损害的，应当依法承担法律责任。保险代理机构没有代理权、超越代理权或者代理权终止后以被代理人名义从事的保险代理活动，未经被代理人确认的，由保险代理机构承担法律责任。投保人有理由相信保险代理机构有代理权的，该保险代理活动有效，由保险人承担法律责任。若超越代理权而导致被代理人的损失，被代理的保险人有权向代理人追偿。在办理保险业务时，保险代理人不得有下列行为：

1. 与非法从事保险业务或保险中介业务的机构或个人发生保险代理业务往来；
2. 超出中国保监会核定的业务范围和经营区域；
3. 超越授权范围，损害被代理保险公司的合法权益；
4. 伪造、散布虚假信息，或利用其他手段损害同业的信誉；
5. 挪用、侵占保险费；
6. 向客户做不实宣传，误导客户投保；
7. 隐瞒与保险合同有关的重要情况或不如实向投保人转告投保声明事项，欺骗投保人、被保险人或者受益人；
8. 利用行政权力、职务或职业便利以及其他不正当手段强迫、引诱或限制他人订立保险合同；

9. 串通投保人、被保险人或受益人恶意欺诈保险公司;

10. 法律、行政法规认定的其他损害投保人、被保险人或保险公司利益的行为。

国家对保险代理人的监管主要包括:代理机构资格的监管、代理人资格的监管、代理人执业的监管和代理人财务的监管。

我国《保险法》规定保险代理人从事保险代理业务,必须具备中国保监会规定的资格条件,取得保监会颁发的经营保险代理业务许可证并向工商行政管理机关办理登记,领取营业执照,并缴存保证金或者投保职业责任保险。如未取得经营保险代理业务许可证,非法从事保险代理业务的,由中国保监会予以取缔,处以 10 万元以上 50 万元以下的罚款;有违法所得的,并处没收违法所得。我国《保险代理机构管理规定》规定,保险代理机构可以以合伙企业、有限责任公司或股份有限公司形式设立,对于不同形式的代理人有不同的资格监管。在具备资格条件后,还须取得中国保监会颁发的经营保险代理业务许可证,向工商行政管理机关办理登记,领取营业执照,并缴存准备金或投保职业责任险。

➤ **知识拓展**

保险公司破产了,我们的保单怎么办

钱先生是一位很有经济实力的客户,也非常具有保险意识,但处事谨慎,当营销员小张多次找他买保险时,他关心最多的就是保险公司的经营状况。

小张:您好,钱先生!上次我送给您的保障计划您研究的怎么样了?

钱先生:现在金融危机这么厉害,那么多公司都倒闭了,谁知道你们保险公司会怎么样!要是买了保险,万一有一天你们保险公司也倒闭了怎么办?

小张:钱先生的担心是可以理解的,很多人都有这样的问题,特别是现在,不过,担心归担心,只是这种担心是没有太多必要的。

钱先生:为什么这么说?

小张:一方面从保险的发展历史来看,人寿保单持有人、被保险人、保险金受益人的权益一般很少受到时局和政策的影响;另一方面,所有国家的法律都对保险公司的经营行为作了严格的规定,实行严格的监管。《保险法》第94条规定,"保险公司应当根据保障被保险人利益、保证偿付能力的原则,提取各项责任准备金。"保险准备金是为了承担未到期责任或者未决赔款等将来发生的责任,而从保险费收入中提存的准备基金,它的作用在于保险公司承担保险责任时,有此项资金作为保证。这项资金不能视其为保险公司的营业收入,而要看作是保险公司的负债,这就从法律上保证了保险金的给付。

钱先生:可是如果保险公司真的倒闭了怎么办?

小张:当然,由于保险公司也是一个企业,一般企业经营中发生的问题保险公司都有可能发生,也包括"破产",但是,由于人寿保险合同周期长,为保障合同的有效性,国家会通过专门立法予以保障。一般公司只适用企业法,而保险公司还必须严格遵守保险法,保险公司通过保险法实现对客户利益最有效、最安全的保护。《保险法》第85条明确规定,"经营有人寿保险业务的保险公司,除分立、合并外,不得解散。"第88条规定,"经营有人寿保险业务的保险公司被依法撤销的或者被依法宣告破产的,其持有的人寿保险合同及准备金,必须转移给其他经营有人寿保险业务的保险公司;不能同其他保险公司达成转让协议的,由保险监督管理机构指定经营有人寿保险业务的保险公司接受。"同时,进一步规定,"转让或者由保险监督管理机构指定接受前款规定的人寿保险合同及准备金的,应当维护被

保险人、受益人的合法权益。"

也就是说，经营有人寿保险业务的保险公司是不允许随意解散了事的，万一如您所说经营不善而濒于"倒闭"，也只能"分立"或者"合并"，分立后的各保险公司或者合并后的保险公司，会承接原有效的人寿保险合同和准备金，承担原有的保险责任，因此，其原有的人寿保险合同是不会因此而受任何影响的。

钱先生：噢，这样我就放心了！

（资料来源：凤凰财经转载自中国保险报）

活动2 熟悉人身保险业务监管

➤ **活动目标**

掌握人身保险业务经营的监管。

➤ **活动内容**

保监会主席项俊波在17日召开的2012年上半年保险监管工作会议上指出，最近，保监会专题研究了关于保险资金运用的一系列规章制度，近期将推出《保险资产配置管理暂行办法》、《保险资金投资债券暂行办法》、《关于保险资金投资股权和不动产有关问题通知》和《保险资金委托投资管理暂行办法》，将进一步放宽保险资金投资债券、股权和不动产的品种、范围和比例的限制，允许保险公司委托有关金融机构进行投资。

项俊波称，这次政策调整的主要方向就是推进保险资金运用市场化改革。当前，要适当提高监管的宽容度，允许市场主体在创新方面大胆试错。监管本身也要在监管理念、监管机制、监管制度和监管手段等方面加强创新。

请分析：1. 国家为什么会鼓励保险资金进行市场投资？

2. 你认为保险资金在投资时应该怎样进行风险控制？

➤ **活动指导**

一、经营范围的监管

人身保险业务范围的监管是对有权开展人身保险业务的机构是否在核定的业务范围内从事保险经营活动的行为实施监管，禁止没有取得授权而开展全部或部分人身保险业务的行为。

我国现行的规定是保险机构不得兼业、兼营，即保险与银行、证券分业经营，财产保险业务与人身保险业务分业经营。保险企业与非保险企业的业务性质不同，经营技术有别，其收取保费在前、赔偿支付在后的经营特点以及对人民生活、社会稳定的重要性使得兼业可能会在一定程度上加大保险公司的经营、投资风险，危及保险公司的资本金和偿付能力，损害被保险人和受益人的利益。因此，规定非保险企业不得经营商业保险或类似商业保险的业务，保险公司不得经营其他业务（保险资金运用除外），不得设立证券经营机构或向企业投资。在我国经营商业保险业务的公司必须是依照《保险法》设立的保险公司，其他单位和个人不得经营商业保险业务。保险人不能经营的其他业务主要是指银行业务、商业性批发业务、房地产业务和生产性业务，对于一些特殊的保险业务如失业保险、社会养老保险等由国家成立特定的机构专门经营，也不由商业保险人经营。我国将全部保险业务分为财产保险和人身保险，将介于财产保险和人寿保险之间的健康保险、意外伤害保险与人寿保险归为一类，组成人身保险。保险公司的业务范围在设立之时由金融监管部门核定，保险公司只能在被核定的业务范围内从事保险经营活动。

根据《保险公司管理规定》，经中国保监会批准，经营人身保险业务的保险公司可以经营以下全部或部分业务：（1）个人意外伤害保险；（2）个人定期死亡保险；（3）个人两全寿险；（4）个人终身寿险；（5）个人年金保险；（6）个人短期健康保险；（7）个人长期健康保险；（8）团体意外伤害保险；（9）团体定期寿险；（10）团体终身寿险；（11）团体年金保险；（12）团体短期健康保险；（13）团体长期健康保险；（14）经中国保监会批准的其他人身保险业务；（15）上述保险业务的再保险业务。

经中国保监会批准，人寿保险公司分支机构可以经营其总公司业务范围内的全部或部分保险业务，保险公司申请增加业务范围的，其资本金、经营年限、经营业绩也应符合中国保监会的有关规定。若人寿保险公司及其分支机构违反以上规定，超出核定的业务范围从事保险业务或擅自在规定的经营区域外开展保险业务的，给予警告，责令改正；有违法所得的，没收违法所得，并处以违法所得1倍以上5倍以下的罚款，没有违法所得的，处以10万元以上50万元以下的罚款，逾期不改正或者造成严重后果的，可以责令停业整顿或者吊销保险许可证。

对于兼业，大多数国家都有具体的规定。20世纪90年代以来，美国和西欧等国，银行保险呈不断融合的趋势，产生了规模经济、范围经济、协同效应甚至品牌效应。保险人利用银行的网络代销保单，直接从银行的账户上划拨保费。为通过按揭购房的人办理其丧失支付能力时由人寿保险公司代为偿还贷款的人寿保险等业务正在逐渐使金融业条块分割的障碍消失，银行保险联姻的步伐越迈越大。各国在如火如荼的金融创新前，对分业经营监管的规定有较大放松。美国已有数千家银行依据州法律进入保险领域，且允许保险公司以设立子公司的形式经营除银行、储蓄等金融机构以外的行业。英国的法律规定，在保险财务会计保持独立核算的前提下，从事其他商业业务为主的公司，经过批准也可从事其有关保险业务，作为其对顾客提供的额外服务。

二、合同的监管

人身保险合同的监管主要包括三方面的监管：合同形式的监管、合同主体与客体的监管、合同基本条款的监管，在本书第三章已经对人身保险合同做了详细的讲解，所以这里只做简单介绍。

（一）人身保险合同的形式监管

保险合同的形式是指投保人与保险人就其保险权利义务关系达成协议的方式，是保险合同当事人表示意思一致的方式，其包括书面形式和口头形式。为了便于当事人双方履行合同规定的权利义务，我国《保险法》规定无特殊情况均采取书面形式；我国目前仅有人身保险合同中的航空人身意外伤害保险的保险单由中国保监会监制，要求各人寿保险公司必须使用监制单证，其他人身保险的保险合同由各保险公司自行制定。

（二）人身保险合同的主、客体监管

人身保险合同的主体监管主要是对保险人、投保人、被保险人、受益人和辅助人的监管，客体监管主要是对人身保险保险利益的监管。

（三）人身保险合同的基本条款监管

人身保险合同的基本条款是保险人和投保人关于权利与义务的约定，是人身保险合同的核心内容。为了维护投保人及被保险人的合法利益，我国的保险监管部门对保险合同的基本条款进行了严格规定。

三、资金运用监管

人身保险投资，又称人身保险资金运用或人身保险资产业务，是指人寿保险公司为扩充保险补偿能力、分享社会平均利润而将暂时闲置的保险资金，包括自有资金和外来资金（主要为责任准备金），在金融市场上进行各项资产的重组、营运以使资金增值的活动。在此，人寿保险公司是保险投资的主体，保险资金和保险资金的投资对象则是人身保险投资活动中的客体，而保险投资的结果便是投资收益（盈利或亏损）。人寿保险公司进行保险投资的最大目标是通过保险资金的有偿营运，获得稳定的高额投资回报率以创造出最大的投资价值。人身保险投资是由人身保险尤其是人寿保险的特征（长期性和储蓄性）和功能（保障和融资）所决定的，是寿险融资功能的具体实现形式。

人身保险市场竞争的存在及其激烈化，使得保险公司通过保险投资并创造收益显得十分必要，而保险资金从收到付之间存在的时间差又为保险公司进行投资活动提供了现实条件。在当代各国的人身保险市场上，如果说提供危险保障和开展人身保险业务是人寿保险公司产生和存在的基础的话，那么，保险投资则是人寿保险公司生存与发展、壮大的重要保证。保险投资不仅构成了许多国家保险公司管理与运作中的重要内容，在发达国家的人寿保险公司中甚至还占据着与保险主业——人身保险业务经营同等重要的地位，并且对各国的资本市场和整个经济的发展产生着举足轻重的作用。可以断言，在开放条件下，任何保险公司要想在保险市场上求得生存与发展，都必须高度重视保险投资；任何国家的资本市场要想不断壮大并获得充分的发展，也必然需要利用保险公司的力量，依靠其雄厚的保险基金的参与。

（一）人身保险投资的资金来源

人寿保险公司的本源业务是保险业务，但由于其保费收取在前、保险金支付在后的经营特点导致的时间差，以及人身保险负债结构的特殊性，使得运用人身保险资金进行投资成为人身保险业重要的衍生业务。保险公司的资金来源对保险投资具有如下影响：一是资金来源的规模在客观上决定着保险投资的规模。二是资金来源的特点及其相互间的关系影响着保险投资的形式和结构。例如，长期闲置的资金可用于长期投资，而短期的资金来源所形成的短期负债则不能用于投资或只宜进行短期投资。对于人寿保险公司与财产保险公司来说，前者的资金来源具有稳定性和长期性的特点，而后者的资金来源具有短期性和相对流动性的特点，因此，寿险公司的资产结构与产险公司的资产结构有一定差异，其资金运用亦有区别，其中人寿保险公司的资金更是各国资金市场上举足轻重的资金供应渠道。

正因为寿险公司经常拥有大量的货币资金并能够在资本市场上运营这些货币资金，所以，在资本市场上寿险公司已成为机构投资者的主体力量之一。对于寿险公司来说，也并非所有资金都能运用。这是因为保险事故的发生具有随机性和不确定性，寿险公司在任何时候都必须保留相当数额的存款资金以供赔付之用；同时，公司的各项营业费用（如工薪支出）、税收等亦须经常动用资金。因此，各国保险法律与政策规定，保险公司只能运用其总额货币资金中的一部分，主要包括资本金的绝大部分、保险总准备金与各种责任准备金。

1. 资本金。资本金是寿险公司的开业资金，也是备用资金，是公司成立之初由股东认缴的股金或政府拨款的金额以及个人拥有的实际资本。各国政府一般都对寿险公司的开业资本金规定有一定的数额。

对于保险企业来说，资本金的主要功能在于确保保险公司开业之初的正常运营之需；同时作为保险公司的自有资金，资本金属于企业的所有者权益部分，因此，其还可以防治公司偿付能力的不足，即在发生特大自然灾害或危险事故后各种准备金不足以支付保险金时，寿险公司可以动用资本金来承担责任。但在正常状况下，保险公司的资本金，除按规定上缴部分保证金外，绝大部分处于闲置状态，从而可以成为保险投资的重要来源。

2. 保证金。人寿保险公司在成立之后，要按照其注册资本总额的一定比例提取保证金，并存入监管当局指定的银行。寿险公司除用于清偿债务外，不得动用该部分资金。在我国，保证金只能用作中央银行的存款。

3. 各种准备金。各种准备金是保险公司为履行其未来理赔或给付责任而从收取的保费中提存的负债，因保险业务种类不同，准备金的期限特点也各不相同，因此可以进行相应的投资业务。人身保险业务提存的准备金中占主体的是：寿险责任准备金、长期健康险责任准备金、未到期责任准备金和未决赔款准备金四种。其中，短期人身保险业务提存的准备金包括未决赔款准备金和未到期责任准备金，长期人身保险业务提存的准备金包括寿险责任准备金和长期健康险责任准备金。

4. 留存收益。留存收益包括保险公司的资本公积和盈余公积、总准备金以及未分配利润。

（1）资本公积和盈余公积。保险公司的资本公积用于弥补公司亏损、扩大公司业务经营规模或转为增加公司资本金。盈余公积金包括法定盈余公积金、法定公益金、任意盈余公积金等。

（2）总准备金。总准备金是寿险公司在提足各项准备金后，在向投资者分配利润之前，经公司董事会或主管财政机关批准，按一定比例从税后利润中提取的资金，是保险公司为周期较长、后果难以预料的巨灾和巨额危险而提取的准备资金。

（3）未分配利润。是指保险公司每年用于积累的资金，属于股东权益的一部分。这部分资金通常随着保险公司经营规模扩大而逐步增长，除某些年份因保险费不抵偿付而用于抵补之用外，一般可以长期运用。

（4）保险保障基金。保险保障基金是根据保险财务制度的规定，从当年的自留保费收入中按一定的比例计提，并用于防范保险公司可能出现的经营风险而建立的基金。

综上所述，在所有保险资金中，除保证金、保险保障基金和总准备金有其特定用途之外，其他所有暂时闲置的资金均可以灵活运用于投资。保险公司可以根据这些资金期限的不同特点运用于不同的投资方向，进行有效地组合投资。随着人寿保险公司实力的不断增强，保险资金也会日益雄厚，这一点已被20世纪90年代以来我国保险公司纷纷增资扩股、新保险公司的成立所带来的资本流入得到了充分的证明。随着社会生产的不断发展，国民生活水平的不断提高，人们的保险需求也在不断地扩大，保费收入的持续增长又直接使可供运用的保险基金规模不断扩大，进而也将使保险投资规模不断扩大，投资收益亦会相应增加。这就是各国保险公司保险基金的一般的总体运动过程。

（二）保险投资方式准入

从理论上说，人身保险投资可以选择资本市场上的任何投资工具。但综观世界各国寿险公司的投资发展情况，选择的往往是那些收益性、风险水平及流动性与寿险公司本身要求最合适的投资工具。其投资形式虽然多种多样，但主要的仍然可以概括为储蓄存款、有价证券、贷款、不动产投资、项目投资等形式。

1. 储蓄存款。储蓄存款是最简单的投资方式，是保险公司将保险资金存放在银行及可以办理存款业务的非银行金融机构并获取利息收入，一般以定期存款形式出现。这种资金运用形式利用银行为保险资金的投资中介，其特点是安全性较高，但因银行要扣除存贷利差（银行自身效益），保险公司固然可以因投资双方相互背离而不担风险（除非银行破产），其投资收益却较低，而且期望通过调高银行存款利率来增加保险资金运用的收益是不现实的，因为银行利率提高，保险人用以计算保费的预定利率也将提高，否则人们宁可储蓄而不保险，同时流动性也不够好。这种投资方式不可能带来保险资金运用真正意义上的投资利润和扩大保险基金的积累，所以不适宜作为人身保险资金运用的主要形式。各保险公司的储蓄存款只是留作必要的、临时性的机动资金，一般不会保留太多的数量。

2. 有价证券。有价证券是指具有一定券面金额、代表股本所有权或债权的凭证。它作为资本证券，属于金融资产，持有人具有收益的请求权。证券投资作为各国保险公司资金运用的主要形式，可以分为债券、股票、证券投资基金券三大类。

3. 贷款。贷款是指保险公司作为信用机构以一定利率和必须归还等为条件，直接将保险资金提供给需要者的一种放款或信用活动。寿险公司进行贷款可以获得稳定的利息收入；可以和借款者建立稳定良好的客户关系，促进人身保险业务的发展；通过和借款者协商贷款利率、期限等还可以进行资产和负债的匹配；可以提高企业知名度，树立良好的企业形象。贷款作为保险公司资金运用的主要形式之一，按其形式又可以分为：（1）抵押贷款；（2）流动资金贷款；（3）技术改造项目贷款；（4）寿险保单贷款。

4. 不动产投资。不动产投资也就是房地产投资，是指保险公司投资购买土地、房产，并从中获取收益的投资形式。保险公司的不动产投资在19世纪中叶即已出现，这在欧洲出现较早，在日本的人身险保险投资中尤其重要。进入21世纪以来，开始为一些保险公司所重视。如英国保险业投资于不动产的资金占其总资产的20%左右，美国不动产投资亦占保险业总资产的5%~15%。因此，不动产投资是保险公司投资的主要项目之一，但风险亦大，有时收益颇高，有时收益却低，从而使各保险公司既重视不动产投资，又对此相当审慎。

5. 项目投资。项目投资属于保险公司直接投资，是保险公司利用所拥有的保险资金直接投资到生产、经营中去，或建立独资的非保险企业，或与其他公司合伙建立企业，并通过其获取投资收益。不过，项目投资建立的独立的企业，它具有独立于保险公司之外的法人资格，其经济效益要受市场的检验。

（三）资产类别的最高或最低比例

在对人身保险资金投资方式进行监管的同时，大多数国家和地区还对这些资金投资于某类资产的最高或最低比例做了规定，这样可以分散风险，防止保险资金投资方向过于集中，保证了保险资金的安全性、流动性和营利性的协调统一。

四、再保险监管

再保险监管是指一个国家对再保险业进行的监督和管理。再保险监管是保险监管体系的重要组成部分，既具有保险监管的一般性特征，又具有其自身的独特内涵，对保险业的健康发展、保险市场的稳定运行以及被保险人利益的有效保护起着强有力的保障作用。随着世界经济形势的不断变化，特别是"9·11"事件对全球再保险业带来的巨大影响，使得如何加强再保险业的监管成为国际保险界关注的热点问题。中国再保险业的发展历史不长，目前既存在难得的发展机遇，也面临严峻的生存挑战，存在相关制度缺失、市场不完善、人才匮乏等问题。与之相对应，我国的再保险监管也是保险监管中比较薄弱的一环，仍处于探索阶段。

由于再保险业务的全球性扩展，确定对再保险人监管的国际公认原则是必要的，为此，国际保险监督官协会 2002 年 10 月颁布了关于再保险人监管最低要求的原则。目的是通过这些原则确保参与再保险市场竞争的新公司或快速扩张业务的现有再保险实体的安全性，不仅直接保险人需要评估与其交易的再保险人的安全性，而且直接保险人的监管机构也需要取得有关再保险人的信息。

对再保险人进行有效监管的全球趋势的进一步发展，将为再保险人、直接保险人以及保单持有人创造许多有利条件，便于更大范围地分散风险，更有效地运作资本，也便于评估方法的简化统一和最大限度地减少多重监管。各国对再保险人的监管要求应当与再保险的业务特征和风险类型相适应，监管原则和措施不应抑制那些能够改善和促进再保险市场效率和稳定性的各种创新。

在中国，20 世纪末至 21 世纪初，虽然《中华人民共和国保险法》、《中华人民共和国外国保险公司管理条例》、《保险公司管理规定》、《再保险公司设立规定》以及《保险公司偿付能力额度及监管指标管理规定》等监管规章中有原则要求，有了一个再保险监管的初步框架，但由于过去的中国再保险市场还很不成熟，市场化程度低，缺乏竞争，而再保险业务本身的技术含量和复杂程度都很高，国际性也很强，因此，中国的再保险市场与国际水准的差距较大。相应地，中国的再保险监管与再保险监管国际规则也存在相当差距。

➤ **知识拓展**

保监会拟推 13 项险资投资新政

1. 保险资金境外投资管理暂行办法；
2. 保险资金投资债券暂行办法；
3. 关于调整基础设施债权投资计划有关规定的通知；
4. 关于保险资金投资股权和不动产有关问题的通知；
5. 保险资金境外投资管理暂行办法；
6. 保险机构融资融券管理暂行办法；
7. 保险资金参与金融衍生品交易暂行办法；
8. 保险资金参与股指期货交易监管规定；
9. 保险资金委托投资管理暂行办法；
10. 保险资产托管管理暂行办法；
11. 保险资产配置管理暂行办法；

12. 保险资产管理产品暂行办法;

13. 加强保险资金公平交易防范利益输送的通知。

活动3 熟悉人身保险偿付能力监管

➤ **活动目标**

掌握人寿保险公司偿付能力的监管内容。

➤ **活动内容**

根据各人身险公司 2010 年度信息披露报告,截至 2010 年年末,在我国所有人身险公司(包括健康保险公司,不含养老险公司,下同)中,偿付能力充足率低于 100% 的公司有两家,分别为新华人寿(34.99%)和嘉禾人寿(71.26%);偿付能力充足率在 100% ~ 150%之间的有 6 家,分别为海尔纽约(103%)、人保健康(115%)、恒安标准(116%)、人保寿险(124%)、太平洋安泰(132%)和中意人寿(145%)。根据监管规定,偿付能力低于150% 的这 8 家公司都存在提升偿付能力充足率的压力。2011 年以来,人身险业在保费规模继续增长、人力成本不断攀升、投资收益水平继续下降、货币政策收紧等因素的综合影响下,各人身险公司尤其是新小公司的资本需求持续上升,偿付能力面临较大压力。截至今年3 季度末,许多人身险公司偿付能力水平更是下降得很快,资本补充的需求非常迫切。

请进行分析讨论:偿付能力对于保险公司的意义是什么?怎样才能提高保险公司的偿付能力?

➤ **活动指导**

一、人寿保险公司的资本金

人寿保险公司的资本金即人寿保险公司的自有资本额,是人寿保险公司成立时由股东认缴的股金或由政府拨款的金额。资本金是人寿保险公司从事经营活动的基本保障,不仅可以在企业重组和清算时提供所需费用,减少被保险人、受益人或债权人的损失,也可以被认为在因某些突发因素导致企业资产价值下降或负债上升时的缓冲剂,是保证公司偿付能力的主要方面,有利于提高社会对人寿保险公司的信任程度。

大多数国家都规定了人寿保险公司的最低资本金要求,将其作为控制新成立人寿保险公司的财务状况的重要手段,既要用于支付开业费用,又要用于开业之初可能发生的赔款支出。但最低资本限额只适用于控制刚刚开业的保险公司的财务状况,不能反映随着保险公司业务规模扩大和风险增加对资本金的要求,也没有考虑保险公司资产和负债的风险性,鉴于此,有些国家也对资本充足规则进行了完善,提出了风险资本标准。

美国对人寿保险公司的资本金做出了各种规定。各州都以立法的形式规定人寿保险公司在取得人寿保险公司的执照之前,须具备最低资本额与盈余。以纽约州为例,人寿保险公司不但必须具备 200 万美元的资本,还须具备至少 400 万美元或其资本额 200% 之较高的期初实收公积金,这些公司还必须随时维持 200 万美元的最低资本额。一旦股票被认购且符合各州的不同要求,该保险人便可由股东成立并开始营业。

据我国有关规定,设立保险公司,注册资本的最低限额为人民币 2 亿元,且必须为实缴资本,金融监管部门根据保险公司业务范围、经营规模,可以调整其注册资本的最低限额,但不得低于上述规定。全国性保险公司实收货币资本金不得低于人民币 5 亿元，特定区域保险公司的实收货币资本金不低于人民币 2 亿元。公司根据国家法律、法规的规定，可以采取国家投资、各方集资或者发行股票等方式筹集资本，采取发行股票方式筹集的资本按照股票面值计价，采用吸收实物、无形资产筹集的资本按评估价确认价值。公司筹集的资本，必须请中国注册会计师验资，并出具验资报告，由公司据此发给投资者出资证明。

二、人寿保险公司的保证金

保证金是人寿保险公司成立时向国家缴存的、由政府控制、非遇特殊情况并经保险监督机关批准不得提取使用的保证资金。与资本金作用相似，为保障保单持有人的利益，国家通过控制保险企业的保证金，掌握保险公司的一部分实有资本，只有在保险公司出现赔偿、给付危机或破产时，经保险监管机关批准后，清偿债务。各国保险法一般都有缴存保证金的规定。日本《保险业法》规定，主管大臣如认为必要，可以要求申请经营保险业的人提取一定数额的保证金，但外保险业经营人在日本开始营业以前必须具有 1 000 万日元的信托保证金。只有在保险公司宣告停业、依法完成清算，保证金才能发还。保险公司营业损失达到保证金额时，主管机构应命其以现金或提供其他财产补足。

我国规定保险公司成立后应按其注册资本总额的 20% 缴存保证金；在全国范围内开办业务的保险公司向中国人民银行总行缴存保证金，在特定区域内开办业务的保险公司向注册地的中国人民银行省、自治区、直辖市分行缴存保证金；未经中国人民银行批准，保险公司不得动用其保证金。

三、人寿保险公司的总准备金

总准备金是指保险公司在经营过程中逐渐积累，为应付超常损失和巨灾损失从每年的利润中提存的准备金，是构成保险公司偿付能力的重要因素。其主要来源于附加保费中的安全系数以及企业每年利润分配中的一部分盈余积累。总准备金是保险公司的资产，总准备金的积累速度应与其承担的风险责任和业务发展速度相适应，与经营的连续性、营利性和业务的增长性结合起来，合理分配企业盈余。各国一般都对总准备金的监管作了具体规定。在我国，总准备金由公积金和保险保障基金组成。

公积金是保险公司为增强自身的资金实力，扩大营业规模、预防亏损，保护股东及债权人的利益，依照法律和公司章程的规定，从公司每年税后利润中提取的累积资金。公积金包括法定公积金和任意公积金，法定公积金是按照法律规定强制提取的公积金，任意公积金不由法律强制规定，而是根据公司股东大会的决议或公司章程提取的公积金。各国对公积金的提取都有强制性的规定。法国规定，在宣布股息之前，公司至少应将本年度利润中的 25% 列为法定盈余公积金，直到公司公积金数额达到公司资本的 10% 为止。

我国规定保险公司除按规定提取准备金外，还应该依照有关法律、行政法规及国家财务会计制度的规定提取公积金。保险公司分配当年税后利润时，应当计提利润的 10% 列入公司法定公积金，公司法定公积金累积为公司的注册资本的 50% 以上的，可以不再提取；同时，保险公司从税后利润中提取法定公积金后，经股东大会决议，可以提取任意公积金。其中资本公积金还来源于资本溢价、接受捐赠实物资产和住房周转金转入。公司的资本金用于弥补公司的亏损，扩大公司生产经营或者增加公司资本。股份有限公司经股东大会决议将公积金转为资本时，按股东原有股份比例派送新股或者增加每股面值；法定公积金转为资本金时，应该留有适当比例的留存，不得少于注册资本的25%。

保险保障基金是保险公司为应付可能发生的周期较长、后果难以预料的巨灾或巨大危险而提存的准备金。保险危险的发生具有偶然性和不可逆性，保险公司在经营过程中不可避免地会遇到突然发生较大事故或保险事故发生较为集中的年度，此时仅凭当年的保险费和准备金难以应付赔偿和给付责任，特别是人寿保险合同又多为长期合同，保费价格和利率呈长期趋势，这些都给保险公司的偿付能力提出了挑战。因此，为了保证保险公司的偿付能力，提出了提存保险保障基金的规定。

保险保障基金或来源于保险业自身，或由财政拨款。当保险保障基金来自保险公司自身时，就构成保单价格的因素之一。保险保障基金有按规定标准提取，也有事后在保险公司丧失偿付能力后，再按照保险保障基金的实际需要，在保险公司中筹集。事前筹集可以将保险保障基金在时间上分担，有利于各保险公司的财务安排，且可以防止丧失偿付能力的公司逃避责任。事后筹集则有利于根据实际数额需要，在短期内聚集力量筹集，不必作为平时的财务安排，也可降低保单价格，但有悖于公平的原则。

四、人寿保险公司的责任准备金

人寿保险责任准备金指为承担人寿保险规定的给付义务，保险人从应收的净保险费中逐年提存的一种准备金。长期寿险中，为了适应被保险人的需要，保险费往往不按自然费率而按趸缴费率一次缴清，或用均衡费率按年缴付，而保险赔偿则因人们死亡率的规律，随着年龄的增高而增大，于是产生了开头年份保费溢收而末后年份保费欠收的现象。溢收的保费虽归保险公司掌握，却是保险公司的负债，必须严格核算积存，以便补足欠收年份中应赔金额的缺损。因为死亡率和应收的各种纯费率都是科学计算的结果，互相间存在着配合，开头年份中溢收的保费加上规定的利息，正好等于末后年份中短亏之数。保险公司为了履行契约责任，对于被保险方提前缴付的保费部分有责任进行积存。为了使保险公司能够切实履行其各种给付义务和保障保单所有人的利益，各国的保险法规都明确规定了保险公司必须提存责任准备金额度的方法。提存责任准备金的方式有两种：一种是理论责任准备金；另一种是实际责任准备金。理论责任准备金是对投保人交付的净保险费逐年加上利息和生存利益的积存值，减去死亡给付的保险金和利息的积存值所得的差额。至于保险公司在实际业务处理过程中已经付出的各种费用，以及这些费用在时间上怎样分摊，在准备金提存时都不予以考虑。由于保险公司在早期经营时要垫付大量资金（如宣传费、业务招揽费、凭证印刷费等），须待相当长的时间后才能从保险费中陆续收回，为了使保险公司能够及早收回垫付的一些经费支出，必须根据实际权责发生的情况，对理论责任准备金作一些年度间的平衡。这种经过年度间平衡的责任准备金就成为实际责任准备金。年度平衡有各种方法，但是不论采用哪一种平衡方法，最终在保险期满时实际提存的准备金必须等于理论责任准备金。

五、人寿保险公司的最低偿付能力

保险公司实际偿付能力额度等于认可资产减去认可负债的差额。保险公司应当根据保障被保险人利益、保证偿付能力的原则，稳健经营，确保实际偿付能力额度随时不低于应具备的最低偿付能力额度。

我国《保险法》第98条规定，"保险公司应当具有与其业务规模相适应的最低偿付能力。保险公司的实际资产减去实际负债的差额不得低于保险监督管理机构规定的数额；低于规定数额的，应当增加资本金，补足差额。"

偿付能力充足率等于实际偿付能力额度除以最低偿付能力额度，保险公司偿付能力充足率应大于或等于100%。对偿付能力充足率小于100%的保险公司，公司将被中国保监会列为重点监管对象，根据具体情况采取如下监管措施：（1）对偿付能力充足率在70%以上的公司，中国保监会可以要求公司提出整改方案并限期达到最低偿付能力额度要求；逾期仍未达到要求的，可以采取要求公司增加资本、责令办理再保险、限制业务范围、限制向股东分红、限制固定资产购置、限制经营费用规模、限制增设分支机构等监管措施，直至其达到最低偿付能力额度要求。（2）对偿付能力充足率在30%~70%的公司，中国保监会除采取前项措施外，还可以责令其拍卖不良资产、转让保险业务、限制高级管理人员薪酬水平和在职消费水平、限制公司商业性广告、调整资金运用、停止开展新业务等监管措施。（3）对偿付能力充足率在30%以下的公司，中国保监会除采取前项措施外，可以对该保险公司依法实行接管。

六、人寿保险公司利润分配

人寿保险公司在每一个会计年度如有盈余，就有必要进行各项提取和分配，为了保证人寿保险公司的偿付能力，各国对人寿保险公司的利润分配也做出了相应的规定。我国现行的保险公司财务制度对保险公司利润分配的规定如下：

保险公司该会计年度的利润先用于弥补上年度的亏损，具体的方法如下：保险公司发生的年度亏损，可用下一年度的利润在所得税前弥补，一年度利润不足弥补的，可在5年内连续弥补；5年内不足弥补的，用税后利润弥补。

公司利润总额按国家有关规定作相应调整后，依法缴纳所得税。

公司缴纳所得税后的利润，除国家另有规定外，按下列顺序分配：（1）被没收的财物损失，支付各项税收的滞纳金和罚款，利差支出，以及保险监督管理部门对公司因少交或迟交保证金的加息。（2）弥补公司以前年度亏损。（3）提取法定盈余公积金。公司法定盈余公积金按税后利润（减弥补亏损）的10%提取，法定盈余公积金累计达到注册资本的50%时，可不再提取。（4）提取公益金。（5）经批准提取总准备金。公司经主管财政机关或公司董事会批准提取的总准备金用于巨灾风险的补偿，不得用于分红、转增资本金。（6）向投资者分配利润，公司以前年度未分配的利润，可以并入本年度向投资者分配。其中，股份有限公司按下列顺序分配：（1）支付优先股股利；（2）提取任意盈余公积金，任意盈余公积金按公司章程或股东会议的决议提取和使用；（3）支付普通股股利。

公司当年无利润时，不得向投资者分配利润，但股份有限公司用盈余公积金弥补亏损后，经股东会议特别决议，可按不超过股票面值6%的比率用盈余公积金分配股利，分配股利后，公司法定盈余公积金不得低于注册资本的25%。

公司法定盈余公积金可用于弥补亏损或转增资本金，但转增资本金时，以转增后留存公司的法定盈余公积金不少于注册资本的25%为限。公益金主要用于公司职工集体福利设施支出。

➤ 知识拓展

保监会：2012 年五方面推进人身保险监管工作

据悉，保监会副主席陈文辉在 2012 年度全国人身保险监管工作会议上强调，当前人身保险市场面临的环境依然十分严峻，行业发展面临多方面挑战，受外部投资环境不稳定和粗放发展隐患逐渐显现的影响，今年行业发展形势依然严峻；去年以来复杂的外部环境仍在继续，寿险公司面临较大的偿付能力压力；业务结构"一险独大"、"偏重理财功能"的问题没有解决，产品竞争力不强；主要渠道转型面临瓶颈，行业发展动力不足。

陈文辉指出，当前寿险业处于新的发展时期，监管要有新理念、新思路，要从以下五个方面改进和完善人身保险监管：一是监管要以防范风险为核心；二是监管要以保护消费者权益为根本目标；三是监管要坚持市场化方向；四是监管要适应市场实际；五是监管工作要依法合规。

（资料来源：网易财经转自中国保险报）

※项目考核要点※

1. 保险监管的含义、必要性、原则、目标和方式。
2. 保险监管的主体和客体。
3. 人身保险的机构监管。
4. 人身保险的业务监管。
5. 人身保险的偿付能力监管。

参 考 文 献

1. 郑祎华，辛桂华主编. 人身保险理论与实务. 东北财经大学出版社，2011.
2. 邹茵编著. 人身保险实训教程. 北京大学出版社，2010.
3. 张弦主编. 人身保险业务. 中国财政经济出版社，2010.
4. 朱佳主编. 人身保险实务. 中国金融出版社，2008.
5. 张炳达，王晓静编著. 保险实务与案例. 上海财经大学出版社，2012.
6. 张代军主编. 保险实务. 经济科学出版社，2007.
7. 徐昆主编. 保险基础与实务. 人民邮电出版社，2011.
8. 邓华丽编著. 保险实务. 中国财政经济出版社，2009.
9. 刘金章主编. 保险学基础. 高等教育出版社，2007.
10. 段文军主编. 保险学概论. 西南财经大学出版社，2009.
11. 苏世伟主编. 保险学原理与实务. 科学出版社，2004.
12. 蒋丽君主编. 保险基础. 机械工业出版社，2008.
13. 郭颂平主编. 保险营销. 高等教育出版社，2008.
14. 董玉凤，金绍珍主编. 保险公司经营管理. 高等教育出版社，2003.
15. 粟芳编著. 保险营销学. 上海财经大学出版社，2009.
16. 许谨良编著. 人身保险原理和实务. 上海财经大学出版社，2011.
17. 张晓华主编. 人身保险. 机械工业出版社，2011.
18. 池小萍，郑祎华主编. 人身保险. 中国金融出版社，2006.
19. 刘子操，杜能主编. 人身保险. 中国金融出版社，2003.
20. 魏华林，林宝清主编. 保险学. 高等教育出版社，2006.
21. 中国保险监督管理委员会网站。
22. 网络资源：百度网、智库网等。